8° R 9596 1

Paris
1889-94

Laffitte, Pierre

Cours de philosophie première

Théorie générale de l'entendement

Tome 1

8° R.9596

COURS

DE

PHILOSOPHIE PREMIÈRE

COURS

DE

PHILOSOPHIE PREMIÈRE

PAR

Pierre LAFFITTE

DIRECTEUR DU POSITIVISME

TOME PREMIER

THÉORIE GÉNÉRALE DE L'ENTENDEMENT

PARIS
ÉMILE BOUILLON, Libraire-Éditeur
67, RUE RICHELIEU, 67

1889

TABLE DES MATIÈRES DU TOME PREMIER

Pages.

INTRODUCTION.

- I. Évolution préliminaire de la Philosophie première. . .   I
- II. De la constitution positive de la Philosophie première. .   XIV
- III. Théorie générale de la raison.   XXIX

PREMIÈRE LEÇON. — *Discours d'ouverture.* — *Nature et destination de la Philosophie première.*

- I. De la méthode subjective   1
- II. Du matérialisme   24
- III. Nature, destination et plan de la Philosophie première .   40

DEUXIÈME LEÇON. — *De l'institution de l'abstraction.*

- I. Théorie statique de l'abstraction.   51
- II. Des conditions sociales de l'institution de l'abstraction, ou théorie dynamique de l'abstraction.   69
- III. De l'institution subjective de l'abstraction   79

TROISIÈME LEÇON. — *Du siège de l'abstraction.*

- I. Histoire des efforts successivement tentés pour synthétiser l'abstraction   90
- II. De l'incorporation du Fétichisme au Positivisme. . . .   107
- III. Du siège de l'abstraction.   118

QUATRIÈME LEÇON. — *De la première loi de Philosophie première :* — Former l'hypothèse la plus simple et la plus sympathique que comporte l'ensemble des renseignements obtenus.

- I. Conception générale du premier groupe de lois de la Philosophie première.   125
- II. De la première loi de Philosophie première   133
- III. Théorie des hypothèses.   151

CINQUIÈME LEÇON. — *De la seconde loi de Philosophie première :* — Concevoir comme immuables les lois quelconques qui régissent les êtres d'après les événements.

- I. De la notion de loi.   168
- II. Établissement du principe des lois immuables.   183
- III. Institution subjective du dogme des lois immuables. . .   191

SIXIÈME LEÇON. — *De la troisième loi de Philosophie première :* — Les modifications de l'ordre universel sont bornées à l'intensité des phénomènes dont l'arrangement demeure inaltérable.

- I. Théorie positive de la notion de modificabilité.   199
- II. Établissement du dogme de la modificabilité   210
- III. Institution subjective du dogme de la modificabilité . .   224

SEPTIÈME LEÇON. — *De la quatrième loi de Philosophie première :* — Subordonner les constructions subjectives aux matériaux objectifs.

    I. Considérations sur l'ensemble du second groupe de lois de la Philosophie première. 237
    II. De la plus grande extension que comporte la notion de sensation 243
    III. De la quatrième loi de Philosophie première 262

HUITIÈME LEÇON. — *De la cinquième loi de Philosophie première :* — Les images intérieures sont toujours moins vives que les impressions extérieures.

    I. Démonstration de la cinquième loi de Philosophie première. 271
    II. Théorie positive de la continuité des images 284
    III. Des modifications pathologiques que comporte la cinquième loi de Philosophie première. 293

NEUVIÈME LEÇON. — *De la sixième loi de Philosophie première :* — Toute image normale doit être prépondérante sur celles que l'agitation cérébrale fait simultanément surgir.

    I. Considérations générales sur le travail cérébral 301
    II. De la sixième loi de Philosophie première 312
    III. Des modifications pathologiques que comporte la sixième loi de Philosophie première. 318

DIXIÈME LEÇON. — *De la septième loi de Philosophie première :* — Chaque entendement présente la succession de trois états : fictif, abstrait et positif, envers les conceptions quelconques, avec une vitesse proportionnée à la généralité des phénomènes correspondants.

    I. Considérations préliminaires. 333
    II. De la loi des trois états. 339
    III. De la hiérarchie des conceptions abstraites. 349

ONZIÈME LEÇON. — *De la huitième loi de Philosophie première :* — L'activité est d'abord conquérante, puis défensive, enfin industrielle.

    I. Considérations préliminaires. 361
    II. Loi de l'évolution active. 367
    III. Corrélation entre les deux lois d'évolution mentale et active. 377

DOUZIÈME LEÇON. — *De la neuvième loi de Philosophie première :* — La sociabilité est d'abord domestique, puis civique, et enfin universelle.

    I. Considérations préliminaires. 385
    II. De la loi d'évolution sentimentale. . . . . : 392
    III. Des relations entre les trois lois d'évolution mentale, active et sentimentale. 400

INTRODUCTION

I

Evolution préliminaire de la philosophie première.

Je publierai en deux volumes mon *Cours de philosophie première ;* ces deux volumes correspondront aux deux parties dans lesquelles je la décompose définitivement. La première partie, qui contient les douze premières leçons, peut porter le titre de : Théorie générale des lois de l'entendement. Le second volume contiendra la seconde partie destinée à la Théorie générale des lois universelles du monde. Je justifierai bientôt, dans cette introduction, une telle division; mais je dois auparavant indiquer l'histoire sommaire de l'évolution de la Philosophie première jusqu'à son institution positive par Auguste Comte, et la réalisation effective que j'ai accomplie.

Toute mon évolution philosophique, depuis ma plus grande jeunesse, m'avait préparé, j'ose le dire, à cette grande opération. Même avant le cours de philosophie que j'ai suivi au lycée Charlemagne, de 1839 à 1840, mon attention ardente s'était portée sur quelques-uns de nos philosophes; mais c'est surtout à partir de cette époque que je me livrai activement à l'étude des grands penseurs philosophiques et notamment de Descartes, Leibnitz et Malebranche. Je poursuivais en même temps, bien entendu, mes études purement scientifiques de mathématique, de physique et de chimie, tout en me préoccupant de questions politiques et sociales et aussi de lectures historiques. Mais je me livrai avec une telle ardeur aux spéculations de philosophie abstraite que j'osai concevoir à cet égard un système de philosophie générale, dont une des bases devait être une théorie abstraite de la *possibilité*. Je poursuivais de telles méditations, qui constituaient nécessairement un état réellement incohérent mais fécond, comparable à celui de beaucoup d'esprits de ma génération. La lecture, en 1842, du cinquième volume du *Cours de philosophie positive* fut pour moi un véritable coup de foudre, d'illumination, qui décida de toute ma carrière philosophique et sociale. Sans doute, beaucoup de choses me choquaient dans les énoncés précis d'Auguste Comte; mais je compris néanmoins que là était la véritable source de l'équilibre cérébral réel qui devait lier, par un véritable système, des études et des méditations si diverses poursuivies avec une extrême activité. Je pris dès lors une décision énergique, où le profond sentiment de vénération pour les grandes natures qui m'a toujours dominé aida sans aucun doute un bon sens spontané. Je renonçai absolument à toutes sortes de lectures philosophiques quelconques, autres qu'Auguste Comte. Mais je poursuivis en même temps énergiquement mes études scientifiques et employai mes études historiques surtout à éclaircir par des exemples ou, comme disent les Anglais, par des *illustrations* bien choisies, les conceptions générales de Comte. Mes relations personnelles avec Auguste Comte, depuis le commencement de l'année 1844, me confirmèrent dans cette décision que j'ai maintenue d'une manière persévérante pendant un grand nombre d'années.

Néanmoins, quoique mes méditations fussent dirigées par le *Cours de philosophie positive* et par les vérifications précises que me permettaient mes études scientifiques poursuivies et étendues jusqu'aux études biologiques, j'avais toujours conservé un goût vif pour les méditations philosophiques d'un ordre plus abstrait, et, de plus, pendant la période qui a précédé mon accession au Positivisme, j'avais accumulé une érudition assez étendue. A mesure que je sentais davantage que mon équilibre cérébral était enfin obtenu d'une manière tout à fait définitive, je me laissais aller à des excursions de plus en plus grandes sur le terrain de ce que l'on appelait la philosophie proprement dite. Je ne craignais pas de retomber à l'état métaphysique, et je sentais toute la valeur des grands philosophes qui avaient précédé Auguste Comte. Mes études et mes méditations à ce sujet reprirent par la lecture de Hume, qui m'était resté étranger pendant ma période métaphysique, si ce n'est par les indications de mon cours de philosophie, et par les résumés qu'en donnent les historiens de la philosophie.

Dans l'hiver de 1852-1853, c'est-à-dire avant la conception par Auguste Comte du plan de la *Philosophie première,* je fis chez mon ami le docteur Robinet, rue du Faubourg-Saint-Jacques, devant un certain nombre de personnes, un Cours d'Arithmétique conçue comme un préambule et une base essentielle de la Philosophie positive. Mais, ce qui est caractéristique, j'ouvris ce Cours par quelques leçons philosophiques, où j'exposai pour la première fois une théorie systématique de l'abstraction. De plus, dans le Cours d'Arithmétique, je fis surtout comprendre le côté essentiellement logique de cette étude. J'instituai le côté philosophique de chaque opération par la distinction de chacune d'elles en deux cas : le cas spontané et le cas systématique. J'introduisis beaucoup d'autres considérations qui, comme le prouvent mes manuscrits, se rapportaient à la Philosophie première. Aussi la publication, en 1854, du quatrième volume du *Cours de Politique positive* où Auguste Comte expose la conception et le plan de la *Philosophie première* constitua pour moi une véritable révélation ; car Auguste Comte, dans ses conversations privées, n'anticipait pas habituellement sur ses publications imprimées.

Depuis 1854, mes méditations, qui depuis quelques années revenaient à la Philosophie première, prirent une consistance de plus en plus inébranlable. Aussi, lorsqu'en 1858 mon malheureux ami, James Wünstanley, vint me demander des leçons de mathématique conçues au point de vue positiviste, je décidai qu'il fallait faire précéder cet enseignement d'un *Cours de Philosophie première* que j'ai effectué réellement en 1858-59, et dont il avait fait une rédaction sommaire qui existe encore en Angleterre. J'ai repris l'exposition publique de la Philosophie première dans le Cours que je lui ai consacré de 1869 à 1870, dans l'appartement d'Auguste Comte, 10, rue Monsieur-le-Prince. Je continuai mes méditations sur ce sujet au milieu de mes occupations professionnelles, de mes travaux historiques, et des obligations relatives à la direction du Positivisme. Elles me permirent de faire de nouveau, 10, rue Monsieur-le-Prince, avec de nouveaux et nombreux développements, le *Cours de Philosophie première* de 1873 à 1874. Enfin, j'ai refait ce Cours, dans le même local, de 1877 à 1878. C'est cette dernière exposition que j'ai publiée dans la *Revue occidentale*, à partir de 1878. La lenteur même de la publication m'a permis, j'ose le dire, d'ajouter de grands développements, des théories complètement nouvelles, comme celles du travail intellectuel et de la folie (neuvième leçon relative à la sixième loi de Philosophie première), et celle des fonctions composées du cerveau qui surgit dans mon *Cours de Morale théorique* et me permit d'instituer sur des bases inébranlables la théorie de l'évolution sentimentale qui, entrevue seulement par Auguste Comte, nécessitait une élaboration scientifique tout à fait systématique.

Telle est l'histoire sommaire de la construction de la Philosophie première, qui se rattache ainsi aux méditations de ma plus extrême jeunesse. On peut y voir, dans un exemple caractéristique, le passage dans un même cerveau de l'état métaphysique à l'état positif quant à la conception de la Philosophie première. L'individu répète l'espèce; l'exposition que je viens de faire en est une frappante vérification. Mais cette exposition acquerra bien plus de netteté et de précision en donnant une théorie générale de l'évolution de la Philosophie première, depuis les premières tentatives des grands philosophes de la Grèce jusqu'à l'avènement d'Auguste Comte. C'est ce que je vais faire sommairement; je compléterai, du reste, un tel travail en publiant comme appendice, à la fin du *Cours de Philosophie première*, une appréciation systématique de Platon, d'Aristote, de Hume et de Kant.

Je rappelle que nous appelons *Philosophie première* l'ensemble des lois générales abstraites indépendantes de la nature des phénomènes; tandis que la *Philosophie seconde* est l'ensemble des lois propres aux divers ordres de phénomènes, rangés suivant leur degré de complication croissante, depuis la mathématique jusqu'à la morale. La Philosophie première porte sur deux grands sujets : l'Homme et le Monde. Quand je parle de l'homme, cela veut dire l'entendement humain, les autres phénomènes qui nous sont propres étant considérés seulement par rapport aux lois du travail intellectuel. Ainsi donc, la première partie de la Philosophie première est relative à l'établissement des lois générales du travail intellectuel; la seconde se rapporte aux lois universelles du monde. Or, dès qu'il y a eu une classe philosophique vraiment disponible, elle a dû s'occuper, et cela a eu lieu effectivement, de ces deux ordres de lois. Je me propose maintenant d'indiquer la marche des opinions principales à ce sujet depuis l'origine de la Philosophie grecque jusqu'à Auguste Comte. L'évolution des conceptions relatives à la Philosophie première a dû suivre et a suivi effectivement la loi des trois états : ces conceptions ont passé en effet successivement de l'état théologico-métaphysique à l'état positif. Nous allons donc en donner une théorie, sommaire sans aucun doute, mais où tous les traits principaux seront indiqués. Nous pourrons ainsi rendre une éclatante justice aux grands métaphysiciens, qui sont l'honneur immortel du genre humain, et montrer qu'en définitive le Positivisme réalise leurs aspirations essentielles, en éliminant ce qui n'a dû avoir qu'une valeur transitoire, quoique réelle.

Je dois rappeler d'abord que la raison abstraite se compose de deux ordres d'éléments : les propriétés abstraites proprement dites, et les lois ou relations qui les lient. Ainsi, par exemple, les notions de ligne, de surface, de couleur, de vie, de sensibilité, de justice, etc., sont des propriétés abstraites, que notre intelligence dégage au milieu des diverses manifestations que les êtres nous présentent, et que le langage consolide en rendant possibles nos méditations sur ces propriétés. Quand, au contraire, on considère et l'on détermine par l'observation le mode de variation régulière entre deux propriétés abstraites, on a des lois inductives, d'où on peut en tirer d'autres par déduction. Ainsi, par exemple, quand, entre la notion abstraite de surface sphérique et la notion abstraite de rayon, Archimède établit une relation précise, on eut la loi qui lie les deux phénomènes (y étant la surface et x le rayon, on a : $y = 4 \pi x^2$). — Si y est l'espace parcouru par un corps qui tombe verticalement et x le temps employé à le parcourir, $y = 1/2\, g\, x^2$ est la loi rigoureuse, établie inductivement par Galilée, pour lier ces deux ordres de phénomènes. L'état scientifique consiste précisément dans l'établissement de telles lois, propres aux divers ordres de phénomènes. Ces lois, qui ont pour base primitive l'observation, constituent l'état normal de notre entendement par la conciliation entre la stabilité et le changement; puisque nous trouvons ainsi ce qui est constant dans la variation. En considérant les propriétés isolément, nous sommes exposés, au contraire, à des divagations indéfinies; car la propriété étant considérée en dehors de l'être qui la fixe et la détermine comporte toutes les variations d'intensité possible et se prête aux combinaisons les plus arbitraires de notre intelligence. L'état métaphysique de l'entendement consiste précisément à personnifier, pour ainsi dire, ces abstractions, qui deviennent alors des entités et qui jouent pour l'esprit le rôle de réalités effectives. Mais on conçoit néanmoins qu'on peut, au moyen de ces entités, représenter des obsevations réelles et qu'elles peuvent finir par n'être que l'énoncé abstrait des phénomènes. Dès lors, on voit que la métaphysique peut présenter une succession qui la rapproche de l'état scientifique ; et qu'elle peut servir à l'évolution même de cet état scientifique, en donnant à celui-ci un caractère provisoire de généralité qui le rattache à l'ensemble, jusqu'au jour où la généralité deviendra elle-même complètement scientifique. Mais il est nécessaire d'indiquer quelle est la force qui produit cette évolution de la métaphysique, qui lui donne la consistance dont elle est par elle-même dépourvue, et limite le cercle de ses divagations. Cette force, c'est la science elle-même. A mesure que celle-ci se développe, elle s'empare d'un nouveau domaine qu'elle ravit aux généralités métaphysiques, et celles-ci prennent alors une plus grande consistance scientifique. Un autre élément tend à limiter le cercle des divagations inhérentes à l'esprit métaphysique, c'est la réaction de la raison pratique; alors l'arbitraire métaphysique se trouve limité par le degré de participation des métaphysiciens à la vie réelle. La science et la raison pratique, tels sont les deux tuteurs de l'évolution métaphysique. Mais la métaphysique, qui, au fond, personnifie les abstractions est, par ce côté fondamental, homogène à la théologie ; par suite, elle exerce sur celle-ci une action modificatrice qui permet à la théologie de mieux s'adapter au développement croissant de la science. Cette action modificatrice était d'autant plus nécessaire que, jusqu'à l'avènement du Positivisme ou de la science coordonnée, la théologie a dû gouverner ; la métaphysique par sa nature inconsistante ne pouvant jamais avoir qu'une action modificatrice et non directrice. Ce sont là les principes généraux, à mon avis incontestables, que je vais appliquer à la théorie de l'évolution de la Philosophie première à l'état métaphysique.

Ce qui caractérise la Philosophie grecque jusqu'à l'avènement de l'école d'Alexandrie, c'est la combinaison de la culture scientifique avec la culture philosophique; il est vrai que la science se réduit alors essentiellement à la mathématique et à une ébauche d'astronomie géométrique. Sous l'impulsion plus ou moins latente de leurs découvertes en géométrie, qui donnaient aux philosophes la notion de relations abstraites précises, se formait en eux l'idée d'ordre et de régularité en dehors des volontés arbitraires. Mais comme ce n'était qu'une longue évolution scientifique qui pouvait découvrir graduellement les relations fondamentales qui constituent la science, les philosophes y suppléèrent par de hardies hypothèses, indémontrées sans doute comme indémontrables, mais qui fournissent à l'esprit une sorte de type anticipé de l'harmonie réelle. L'école d'Ionie construisit, sous une telle impulsion, une conception générale des choses, où tous les phénomènes étaient conçus comme résultant des transformations d'une même substance, telle que l'eau, l'air, le feu, etc., et de la combinaison de quelques-unes de ces substances. C'est là le premier essai d'une Philosophie première, surtout relative aux lois du monde. Pythagore et son école appliquèrent plus directement les idées de relation que fournissaient les conceptions numériques et géométriques. Le sentiment de l'efficacité de ces conceptions abstraites les conduisit à la théorie métaphysique des idées que Platon semble avoir faite sienne par ses explications et ses applications. Dans cette théorie, les idées abstraites sont personnifiées, par un renversement singulier où l'ordre concret est présenté comme une manifestation plus ou moins imparfaite de l'ordre abstrait. Sans doute cette théorie est scientifiquement irrationnelle et absurde, mais elle eut l'avantage de fournir comme une sorte de formulation générale de l'existence d'un ordre fondamental qu'il fallait dégager de l'observation des réalités. Cela ne pouvait certainement pas suppléer à la découverte réelle et scientifique des lois, mais cela fournissait comme une anticipation de la conception positive d'ordre universel, qui pouvait servir de guide. En faisant Dieu lui-même le siège de ces idées personnifiées, Platon, au fond, préparait en outre les voies à un perfectionnement du théologisme qui devait donner à celui-ci plus de généralité et lui permettre de mieux s'adapter aux nécessités de l'évolution scientifique.

En outre, Platon reprit aussi, dans le *Timée*, la seconde partie de la Philosophie première, en donnant une théorie métaphysique du monde, consistant à lier un certain nombre d'observations par des conceptions *à priori* d'ordre et d'harmonie, résultant de la personnification et de l'activité propre données aux propriétés abstraites. Aristote, le prince des philosophes, donna à ses travaux biologiques, sociologiques et moraux un caractère infiniment plus positif; mais ses conceptions les plus générales restèrent néanmoins métaphysiques, soit par les notions d'âme et de Dieu, soit aussi par une personnification des abstractions, quoique moins caractérisée que dans Platon.

La séparation de la science et de la philosophie, accomplie dans l'école d'Alexandrie, ne permit pas à la seconde grande création du monde grec, à savoir l'astronomie mathématique d'Hipparque, de réagir sur le monde philosophique; celui-ci resta livré au cercle indéfini de ses divagations et ne put acquérir une situation passagèrement digne qu'en se subordonnant à la construction du dogme catholique, surtout dans l'étonnante création du type de Jésus-Christ, qui constitue la théorie théologico-métaphysique de l'idéalisation appliquée au perfectionnement moral de l'homme.

Au moyen âge, le problème de la création de la Philosophie première reprit par la grande discussion entre les nominalistes et les réalistes, qui constitue au fond toute la partie essentielle de la scolastique. (Voir, *Grands types de l'Humanité*, par M. P. Laffitte, tome II, l'appréciation de la philosophie ancienne).

Les réalistes donnaient comme Platon une valeur objective aux idées générales. Les nominalistes n'y voyaient essentiellement que des noms qui, effectivement, sont nécessaires pour les fixer ; et Abélard, dans son *Conceptualisme*, les admettait comme l'expression de propriétés communes. Cette grande discussion n'eut d'autre mérite que de maintenir l'énoncé du problème ; car toute théorie relative à la Philosophie première ne peut faire un pas caractéristique et donner des résultats effectifs qu'autant qu'elle s'appuie sur une base scientifique. Or, les philosophes scolastiques qui ont participé à cette discussion étaient bien loin de s'être incorporé la science antique. Ils n'auraient pu faire un pas véritable au delà de ce qu'avaient déjà fait les philosophes de l'antiquité qu'autant qu'ils se seraient appuyés sur une connaissance de l'astronomie mathématique qu'avaient ignorée Aristote et Platon. Bien loin de connaître Ptolémée, ils n'avaient pas même l'initiation mathématique des premiers philosophes grecs. Cela est manifeste surtout dans Abélard. Aussi toute cette discussion n'a-t-elle eu qu'une valeur surtout négative ; elle a maintenu la continuité du problème.

Mais le grand mouvement scientifique, commencé au XVIe siècle et qui s'est continué avec une intensité croissante depuis cette époque, devait nécessairement servir de point de départ et d'appui à une nouvelle tentative de Philosophie première, bien supérieure, en effet, à tout ce que l'antiquité avait pu produire. Deux génies du premier ordre accomplirent effectivement un travail capital à cet égard : David Hume et Kant. David Hume a précédé Kant et, comme ces deux grandes créations n'étaient au fond que provisoires, la première pouvait, à la rigueur, dispenser de la seconde. Hume fut, en effet, un précurseur d'Auguste Comte, comme celui-ci l'a déclaré; tandis que Kant, qu'il n'a connu qu'indirectement, n'a eu aucune influence effective sur sa grande construction. Je me propose, dans un appendice spécial à la Philosophie première, de donner une appréciation approfondie de ces deux grands philosophes; mais il est nécessaire d'en dire quelques mots dans cette introduction, pour que la marche graduelle de l'évolution de la Philosophie première, de l'antiquité à Auguste Comte, soit complètement indiquée.

Hume, dans son *Traité de la nature humaine* (1738) et dans ses *Essais sur l'entendement*, donne une théorie générale du travail intellectuel. Il établit d'abord que les matériaux de toutes nos conceptions reposent sur les sensations, résultant des impressions faites sur nos sens. Ces impressions donnent lieu, dit-il, à des images. Il n'y a d'autre différence entre l'impression et l'image qu'une différence d'intensité. Ces images ou idées sont combinées par l'entendement pour donner lieu à nos théories. Ces combinaisons sont des liaisons qu'on établit entre des idées. Hume se demande quels sont les principes que l'entendement emploie pour, par son activité propre, opérer ces liaisons. Il en trouve trois qui sont: celui de la *ressemblance*, celui de *contiguïté de temps et de lieu*, et celui de *causalité*. Il déclare qu'il y en a peut-être d'autres, mais que l'observation ne les lui a pas fait découvrir. Il donne des exemples nombreux de l'application de ces trois principes. Il étudie surtout celui de causalité, le plus important des trois, il fait voir qu'il ne comporte nullement l'idée de relation nécessaire, et que l'idée de puissance effectivement productrice par la cause est une simple hypothèse. La relation que nous établissons entre deux phénomènes est purement expérimentale, et nous la maintenons par habitude. De là Hume déduit hardiment que toutes les conceptions sur ce qui dépasse l'expérience n'ont qu'une valeur purement subjective. Le théologisme et la métaphysique étaient donc ainsi directement frappés dans leur prétention à établir la réalité effective de leurs conceptions.

Kant reprend le même problème que Hume. La *Critique de la raison pure* est l'expression systématique de ses idées. Elle parut en 1781. C'est un monument véritable de l'esprit humain, dont il faut donner une vue sommaire pour terminer l'appréciation de l'évolution préparatoire de la Philosophie première positive. Le problème que se pose Kant est de constituer une théorie générale de l'entendement humain. Il admet comme Hume que toutes nos connaissances n'ont d'autre base que l'expérience, mais que l'entendement, par des lois qui lui sont propres, coordonne et systématise les données fournies par la sensibilité. Le but essentiel de son travail est de déterminer précisément, dans la sensibilité comme dans l'entendement, les éléments qui leur appartiennent en propre, et qui sont purs de toute expérience quelconque. C'est ce qui en constitue la partie « transcendantale ». Son ouvrage contient trois parties : la première c'est *l'esthétique transcendantale;* la seconde est la *logique transcendantale* et la troisième enfin la *méthodologie transcendantale.* Voyons successivement en quoi consistent ces trois parties.

La sensibilité, en dehors de toute impression extérieure, donne une forme à ses sensations ; cette forme est la partie « subjective et transcendantale », elle consiste dans l'*espace* et le *temps*, qui sont les deux conditions subjectives de toute sensibilité. Dans la seconde partie, ou logique transcendantale, Kant veut constituer la raison pure, c'est-à-dire la détermination des principes généraux de l'entendement, en tant qu'ils sont indépendants de toute expérience quelconque ; celle-ci ne fournissant que la matière de nos constructions mentales. C'est ce qu'il tâche d'opérer dans l'*analytique des principes*, où il essaie de déterminer quels sont effectivement les modes d'action de l'activité de l'esprit, ou les concepts purs au moyen desquels l'entendement pense et coordonne. Dans la seconde partie de la logique transcendantale : la *dialectique*, il établit les illusions propres à la raison pure quand elle veut dépasser les limites de l'expérience proprement dite, ou effective, ou possible. Il arrive ainsi à établir que les conceptions de la théologie et de la métaphysique pure sont purement subjectives. Enfin dans la troisième partie de l'ouvrage, ou *méthodologie*, Kant se propose d'instituer la méthode que doit suivre la raison pure.

Si l'on compare sa création à celle de Hume, on verra qu'au fond elle consiste, en acceptant le principe fondamental de Hume que toutes nos conceptions sont une construction, d'après certaines lois, des matériaux fournis par l'expérience ; elle consiste, dis-je, à déterminer toutes les lois propres à l'activité constructive de l'entendement. Mais si l'on considère la réalisation effective, on verra qu'au fond il n'a pas dépassé Hume et même lui est resté inférieur ; car Kant n'a pas effectivement trouvé et déterminé, malgré des aperçus ingénieux et profonds, les lois effectives de l'activité propre à l'entendement. La conception de Hume, que l'entendement emploie trois principes : celui de la *ressemblance*, de la *contiguïté de temps et de lieu*, de la *causalité*, pour coordonner les matériaux de la sensation, me paraît supérieure au difficile effort de Kant. En second lieu, au point de vue de l'élimination définitive des recherches théologico-métaphysiques, Kant me semble très inférieur à Hume ; car tout en montrant leur caractère purement subjectif, il n'en opère pas l'élimination définitive. Il a seulement, par son élaboration systématique, appelé peut-être plus vivement l'attention que ne l'avait fait Hume dans ses merveilleux *Essais sur l'entendement*. Quoi qu'il en soit, nous voyons que, sous l'impulsion apparente, sentie ou latente de l'évolution scientifique, le problème général des lois de l'entendement humain s'est imposé d'une manière de plus en plus précise aux méditations des philosophes, mais sans aboutir à aucun résultat scientifique définitif ; pas plus, du reste, que sur les lois universelles du monde qui constituent l'autre partie de la philosophie première.

II

De la constitution positive de la philosophie première.

Nous venons de voir l'évolution graduelle qui a posé avec une précision croissante le problème des lois générales de l'entendement. Il est facile de s'expliquer, grâce à la philosophie positive, pourquoi ces tentatives ont dû échouer et pourquoi il était impossible qu'elles produisissent des résultats définitifs.

La détermination des lois générales de l'entendement ne peut résulter évidemment que de l'étude des productions mêmes de cet entendement. Il faut, de plus, que ces produits soient suffisamment simples, mais qu'en même temps ils nous offrent des constructions décisives et certaines. Il faut enfin que ces constructions intellectuelles portent sur les divers ordres de phénomènes accessibles à l'investigation humaine. Ces trois conditions n'ont pu être satisfaites que pour la construction totale de la philosophie seconde. Or, c'est Auguste Comte qui a terminé l'évolution de l'esprit humain dans la construction des sciences élémentaires, en fondant la sociologie et la morale positives ; c'est-à-dire l'étude scientifique des lois des phénomènes les plus compliqués que l'esprit humain puisse considérer. En outre, Auguste Comte a seul dégagé l'institution qui, implicitement, gouvernait l'évolution scientifique, en séparant l'étude des phénomènes de celle des êtres ; l'étude des phénomènes pouvant seule constituer les sciences fondamentales. Puis, il a coordonné en une série continue les diverses sciences abstraites, d'après leur ordre de complication croissante et de généralité décroissante, en allant de la mathématique à la morale.

L'esprit humain, qui n'avait eu dans l'antiquité que la mathématique pour base de ses méditations, et, en outre, dans les temps modernes l'astronomie et la physique, pouvait dès lors observer les productions certaines de l'entendement suivant la grande hiérarchie : mathématique, astronomie, physique, chimie, biologie, sociologie et morale. On avait donc une base suffisante d'observations permettant de se livrer utilement à la recherche des lois générales de l'entendement humain.

Mais si dans les mains de Hume et de Kant la philosophie première s'était réduite aux lois générales de l'entendement humain dans toutes ses constructions quelconques, on ne doit pas oublier que cette philosophie première contient une seconde partie, que les anciens y avaient jointe, à savoir : l'étude des lois universelles du monde. Or, pour cette seconde partie encore plus que pour la première, il est absolument indispensable d'avoir constitué la philosophie seconde. Comment, en effet, trouver les lois positives communes aux divers ordres de phénomènes, si l'on n'a pas trouvé les lois propres à chaque classe spéciale de phénomènes? Ce n'est pas à dire néanmoins que la découverte de ces lois universelles puisse s'obtenir par la simple observation des lois spéciales, il y a un travail beaucoup plus difficile et qui suppose un double effort d'abstraction et d'induction. Mais cependant la connaissance de ces principales lois spéciales est la base nécessaire de toute méditation pour trouver les lois universelles. Ainsi donc, pour cette seconde partie de la philosophie première comme pour la première partie, la construction de la philosophie seconde par Auguste Comte était une condition absolument indispensable.

Mais ce n'est pas tout encore. La fondation de la Sociologie était spécialement indispensable, à un certain point de vue, pour établir les véritables lois de l'entendement humain. Si l'on étudie, par exemple, les deux grands philosophes du XVIIIe siècle, Hume et Kant, on est immédiatement frappé de deux caractères généraux de leurs œuvres. D'un côté, ils établissent que toute recherche réellement scientifique et positive repose sur des impressions ou des sensations que l'entendement humain coordonne et synthétise d'après des lois qui lui sont propres. Mais, en outre, ces deux grands philosophes établissent que les théories théologiques ou purement métaphysiques ne sont, d'après ces principes, que de pures illusions. Or, cela pose immédiatement un problème capital. Pourquoi donc l'esprit humain s'est-il laissé aller partout et pour ainsi dire toujours à ces conceptions qu'on déclare illusoires? L'entendement aurait donc débuté par une sorte d'état de folie, et l'on ne voit pas comment il pourrait y échapper désormais. En outre, la continuité des conceptions humaines se trouve ainsi complètement méconnue, et il y a une sorte de miracle à concevoir comment l'esprit humain, si naturellement illusionné durant la série des âges, pourra devenir raisonnable. Cette grande question, ni Hume, ni Kant ne l'avaient même entrevue. Auguste Comte, par sa fondation de la dynamique sociale, a pu poser et résoudre un tel problème. Il a fait voir, en effet, que l'entendement humain suit une évolution nécessaire, que l'état théologique a été aussi inévitable qu'indispensable et que, dans sa constitution, l'esprit humain obéit au fond aux mêmes lois générales que dans les études scientifiques proprement dites. Ainsi donc, toute véritable théorie positive de l'entendement humain était impossible avant la découverte de la *loi des trois états* qui explique tout le passé. Cette loi a mis ainsi en évidence la possibilité de déterminer une sorte de *coefficient*, qui permet de défalquer dans les constructions de l'esprit humain une part inhérente à l'époque ; c'est une sorte de parallaxe analogue à celle dont s'occupent les astronomes.

Mais, à un autre point de vue encore, la théorie générale de l'entendement humain ne pouvait être tentée d'une manière vraiment décisive, qu'après que la biologie serait devenue positive dans l'étude des phénomènes intellectuels et moraux ; ce qui n'a eu lieu qu'à partir de Gall. Tant que les fonctions intellectuelles et morales n'avaient pas de siège déterminé, c'est-à-dire n'étaient pas conçues comme les manifestations d'un appareil de notre organisation, elles restaient plus ou moins vagues et insaisissables. Ce n'est qu'en concevant nos constructions mentales comme les manières d'être d'une substance déterminée qu'on a pu songer à réduire l'entendement à des fonctions distinctes, quoique néanmoins solidaires, d'après certaines conditions anatomiques. La sensibilité avait, presque dès l'origine, été conçue comme ayant un siège plus ou moins précis ; mais tant qu'il n'en était pas de même de l'entendement, il y avait défaut d'homogénéité entre l'étude des sensations et celle des méditations. Ce pas une fois accompli, on pouvait concevoir d'une manière précise la relation entre la sensibilité et l'entendement. En outre, les fonctions morales et celles du caractère, étant aussi conçues comme les manières d'être de certaines portions de l'appareil cérébral, le problème de la réaction du cœur et du caractère sur l'esprit se posait à son tour d'une manière précise. D'un autre côté, la conception d'un siège pour les fonctions mentales pouvait seule permettre de poser le problème de la modification graduelle de l'entendement par l'évolution même de notre espèce. Enfin, ce n'était que par la conception d'un siège que la réaction de la vie organique sur la vie intellectuelle et morale pouvait être nettement posée et abordée. Ainsi donc la fondation de la physiologie cérébrale était une condition indispensable de la création d'une théorie positive de la Philosophie première.

La conception biologique de la distinction entre l'organisme et le milieu, et celle de leur harmonie mutuelle étaient indspensables pour comprendre scientifiquement la distinction analogue entre le cerveau et le monde extérieur. On voit, en effet, l'organisme emprunter au milieu ambiant des matériaux ; puis, en vertu de la spontanéité vitale, les assimiler en les combinant. L'on voit en même temps qu'il existe nécessairement une harmonie entre l'organisme et le milieu, sans laquelle celui-là disparaîtrait bientôt. Il y a là un exemple logique qu'il faut s'être profondément assimilé pour comprendre l'harmonie analogue entre le monde extérieur et le cerveau. Cette connaissance biologique a manqué à tous les philosophes qui ont précédé Auguste Comte, et cette lacune se fait sentir dans les théories, à cet égard prématurees, qu'ils ont exposées.

Enfin, il faut reconnaître qu'une théorie vraiment scientifique des lois de l'entendement supposait une théorie de la sensibilité, autre que celle si imparfaite que nous avait léguée le passé. L'analyse du nombre des sens vraiment élémentaires n'avait pas été régulièrement accomplie. Auguste Comte, lui-même, l'a perfectionnée en y introduisant les sens de la calorition et de l'électrition ; mais surtout il y a apporté un grand développement en précisant mieux qu'on ne l'avait fait avant lui le rôle du sens de la *musculation*. J'ai fait voir, depuis Auguste Comte, que la notion de *force,* qui a joué et joue encore un si grand rôle métaphysique et scientifique, a pour origine élémentaire la sensation de l'effort, laquelle est caractéristique du sens de la musculation. De cette manière, pour la première fois, la source de la notion de force a été enfin trouvée dans la sensibilité générale. Enfin un dernier complément de la théorie de la sensibilité a été établi par la conception des ganglions sensitifs; c'est dans ces ganglions que se trouve comme le dépôt des impressions sensorielles sur lesquelles s'appuient le travail de la contemplation concrète comme celui de la contemplation abstraite. On voit d'après cela que, quelque précieuses qu'aient été les tentatives des grands philosophes du passé pour poser le problème de la Philosophie première et pour en ébaucher une solution, néanmoins ce n'est que de nos jours, et après la grande élaboration philosophique et scientifique de Comte, que le problème pouvait être enfin définitivement abordé.

Ainsi, il résulte de ce que je viens de dire, la démonstration que la philosophie première ne pouvait être véritablement traitée d'une façon scientifique qu'après la fondation de la philosophie seconde par Auguste Comte. Il nous reste à voir comment celui-ci, après avoir accompli cette œuvre, a graduellement posé les bases de la philosophie première.

C'est en 1842, dans les conclusions du *Cours de philosophie positive*, qu'Auguste Comte envisage, pour la première fois, le problème de la détermination des lois universelles, c'est-à-dire communes aux divers ordres de phénomènes (1). Auguste Comte montre, en effet, que les lois de Képler, de Galilée, de Newton, et le fameux principe de d'Alembert, sont des lois générales qui s'appliquent à tous les ordres de phénomènes quelconques : « Les diverses lois fondamentales de la mécanique rationnelle ne constituent donc, dit Auguste Comte, à tous égards, que la première manifestation philosophique de certaines lois générales, nécessairement applicables à l'économie naturelle d'un genre quelconque de phénomènes. » Auguste Comte avait donc ainsi établi les quatre premières lois de la seconde partie de la philosophie première; mais ce n'était là qu'un point de départ, et il était, en 1842, bien loin encore d'avoir une conception explicite de cette grande base philosophique du dogme positif. Dans ce même chapitre, en effet, il continue à appeler philosophie première, ce que plus tard il a nommé philosophie seconde, c'est-à-dire la coordination hiérarchique des lois générales, propres aux divers ordres de phénomènes.

Mais toute la première partie de la philosophie première, à savoir la théorie générale et abstraite de l'entendement, n'avait pas encore été conçue par Auguste Comte, d'une manière distincte. Pour lui, cette théorie consistait encore seulement dans l'étude des différents procédés d'investigation, tels que les révélaient les diverses sciences dont il avait établi la hiérarchie systématique.

En 1850, dans le chapitre III du *Système de politique positive*, Auguste Comte reprend le problème fondamental de

(1) *Cours de philosophie positive*, 59e leçon; à partir de la page 793.

Gall, la décomposition du cerveau en ses divers organes et, par suite, en ses fonctions élémentaires. La théorie des fonctions intellectuelles lui est absolument propre, et constitue une de ses plus puissantes créations. Il décompose, en effet, le travail intellectuel en ses fonctions élémentaires : contemplation, méditation. La contemplation sert de base à la méditation ; celle-là peut être concrète, c'est-à-dire relative aux êtres, ou abstraite, c'est-à-dire relative aux événements. La méditation est ou inductive, ou déductive. L'induction établit les principes ; la déduction les coordonne. Enfin le langage constitue la cinquième fonction fondamentale de l'entendement. Mais tout ce travail intellectuel repose sur les matériaux fournis par la sensibilité, dont Auguste Comte perfectionne la théorie, en portant à huit le nombre des sens, et en posant la conception capitale des ganglions sensitifs. Ces vues générales posaient ainsi une première base pour une théorie positive de l'entendement humain.

En 1852, dans le tome II du *Système de politique positive*, Auguste Comte revient sur la théorie du travail intellectuel (1). Il y donne la loi des images, à savoir que leur intensité est moindre que celle des sensations. Mais il y expose surtout la conception générale de notre dépendance intellectuelle envers le monde extérieur, comme aussi envers le milieu sociologique dans lequel nous nous trouvons plongés ; l'un et l'autre étant un régulateur nécessaire sans lequel nous serions livrés à d'infinies divagations.

Enfin, en 1853, dans son *Système de politique positive*, tome III, Auguste Comte revient sur le problème du travail intellectuel (2). Pour mieux expliquer les lois de l'évolution mentale, Auguste Comte les subordonne à ce qu'il appelle la doctrine statique de l'entendement. Il fait voir que le monde

---

(1) *Syst. de pol. pos.*, t. II, ch. vi, à partir de la page 382.
(2) *Syst. de pol. pos.*, t. III, ch. 1er, à partir de la page 18, Paris, 1853.

extérieur est, par rapport à notre intelligence, un aliment, un stimulant et un régulateur; exactement comme dans les phénomènes de la vie organique ou de la vie animale proprement dite. Toute théorie nous apparaît alors comme une représentation du monde extérieur; mais, de plus, les diverses théories se succèdent suivant une certaine loi d'évolution.

Auguste Comte avait donc ainsi ébauché isolément, d'un côté, la conception de lois universelles propres aux divers ordres de phénomènes, et, de l'autre, une théorie du travail intellectuel, dont il avait séparément apprécié les éléments fondamentaux dans sa conception sur la sensibilité, sur les fonctions intellectuelles élémentaires du cerveau, et dans ses vues sur l'emploi des images pour nos constructions mentales.

Il y a plus. Auguste Comte avait, dès 1843, dans son *Traité élémentaire de géométrie analytique*, posé le germe de la première loi de philosophie première, à savoir celle qui prescrit de faire l'hypothèse la plus simple en rapport avec l'ensemble des renseignements obtenus. Je vais insister quelque peu à ce sujet, afin de bien montrer cette marche si sage de l'esprit de Comte, qui élabore peu à peu et graduellement les diverses conceptions dont il doit plus tard donner la théorie générale. Dans le chapitre second de son Traité de géométrie analytique, il se propose de discuter l'équation de l'ellipse $u + t = m$; m étant une quantité constante, et u et t étant les distances variables de chaque point aux deux foyers de l'ellipse. Les variations de u et de t lui donnent une série de renseignements qu'il représente par une première figure donnée à la courbe. « En lui attribuant, dit-il, suivant une règle logique qu'il importe de se rendre déjà familière, la figure la plus simple qui puisse satisfaire à l'ensemble des renseignements obtenus... » En note, Auguste Comte présenta les observations suivantes que je crois utile de reproduire intégralement. « Cette maxime, directement conforme au véritable esprit philosophique, est fort importante pour la discussion géométrique des équations, où il convient de former, aussitôt que les documents analytiques le permettent, une première hypothèse sur la figure générale du lieu correspondant, afin d'accélérer sa détermination rigoureuse, en dirigeant plus nettement les comparaisons ultérieures, pourvu toutefois que l'on se tienne toujours disposé à modifier cette supposition initiale autant que le progrès de la discussion pourra l'exiger, jusqu'à ce qu'il ne reste plus aucune incertitude réelle sur la figure finale. Lors même que celle-ci devra être beaucoup plus compliquée que celle supposée d'abord, la simplicité de l'hypothèse provisoire n'en sera pas moins propre à mieux conduire l'ensemble de la discussion; tant que les motifs de complication n'auront pas été suffisamment dévoilés, il serait peu judicieux d'introduire une autre figure, dût-elle être accidentellement plus rapprochée de la véritable (1). » Ainsi donc, Auguste Comte avait, depuis 1842, graduellement élaboré un ensemble de vues relatives, soit à la théorie de l'entendement, soit aux lois générales propres aux divers ordres de phénomènes. Mais il fallait faire un peu plus.

En 1854, il s'éleva à la conception de ce qu'il désigne enfin sous le nom de *Philosophie première*, qu'il avait d'abord appliqué à ce qu'il a appelé depuis *Philosophie seconde*. Cette philosophie première doit contenir, d'après ce qu'il expose dans le chapitre troisième du tome IV du *Système de politique positive*, quinze lois fondamentales qui sont indépendantes de la nature des phénomènes, et qui sont la base du dogme positiviste. Il partage ces quinze lois en trois groupes. Le premier groupe, qui, d'après lui, est à la fois objectif et subjectif, contient les trois premières lois de philosophie première, à savoir : l'obligation de faire l'hypothèse la plus simple en rapport avec l'ensemble des renseignements obtenus; le prin-

---

(1) *Traité élémentaire de Géométrie analytique à deux et trois dimensions*, par M. Auguste Comte, p. 58, Paris, 1843.

cipe de l'assujettissement des phénomènes à des lois invariables; et enfin, celui qui établit que les modifications des lois des phénomènes portent sur l'intensité et jamais sur l'arrangement. Le second groupe est essentiellement subjectif : il contient six lois, trois relatives à la théorie statique de l'entendement humain, les trois autres se rapportent à la théorie dynamique ou à l'évolution de nos conceptions. Enfin le troisième groupe, qui se compose aussi de six lois, est essentiellement objectif. Enfin, Auguste Comte pensa que cette exposition doit être terminée par une théorie de la hiérarchie propre à la succession des études relatives aux divers ordres de phénomènes (1).

Dans le même ouvrage, mais un peu plus loin, Auguste Comte donne le plan général des dix-huit leçons qui doivent constituer la Philosophie première. Quinze sont consacrées aux quinze lois universelles ; elles sont précédées d'une leçon sur la théorie positive de l'abstraction et suivies de deux autres sur la hiérarchie des sciences qui constituent la Philosophie seconde. Il maintient, du reste, la décomposition de la Philosophie première en trois groupes (2).

La conception de la Philosophie première était donc ainsi définitivement constituée, en même temps que son plan général et l'énoncé sommaire des quinze lois qui devaient entrer dans sa composition. Auguste Comte avait donc accompli, dans l'espace de douze années, un pas capital dans son évolution philosophique, et il se plaçait ainsi à un point de vue plus abstrait et plus général qu'il ne l'avait fait au début de ses grands travaux, en 1822. Il est profondément satisfaisant pour le cœur autant que pour l'esprit de suivre cette évolution continue des idées de Comte sur cet important et difficile sujet. En même temps que l'on voit la conception, en se développant, se préciser et s'agrandir, on

---

(1) *Syst. de pol. pos.*, t. IV, p. 173-186, Paris, 1854.
(2) *Syst. de pol. pos.*, t. IV, p. 267, Paris, 1854.

admire cette marche qui présente autant de force que de prudence et de sagesse.

Mais l'esprit de Comte fut loin de rester inerte, dans cette direction, à partir de 1854. En 1857, il publia le premier volume, seul paru, de sa *Synthèse subjective*, qui contient, comme on sait, un traité de logique positive ou de philosophie mathématique. L'ouvrage est précédé d'une introduction des plus remarquables. Auguste Comte y pose le dualisme de l'entendement : en raison abstraite, qui est la coordination des lois des phénomènes ; et en raison concrète, qui consiste dans la théorie des êtres. Puis il montre, par une hypothèse à la fois esthétique et sentimentale que le fétichisme incorporé au Positivisme doit s'appliquer, sous forme subordonnée, bien entendu, à la raison concrète ; de manière à lui prêter ainsi l'aide du sentiment. Mais il semble dès lors, dit Auguste Comte, qu'il y ait un défaut d'harmonie entre la raison abstraite qui est privée d'un tel secours et la raison concrète. C'est alors qu'il systématise la conception capitale des philosophes et des géomètres grecs sur l'*espace;* qu'il conçoit comme le siège du destin, c'est-à-dire de l'ensemble des lois abstraites, fatales, qui domine l'existence humaine. Etendant sa conception de l'incorporation fétichique, il prête à ce siège du destin une sorte de bienveillance, afin d'établir autant que possible entre la raison abstraite et la raison concrète la véritable harmonie mentale. Auguste Comte avait fait ainsi, au fond, un nouveau pas dans la construction de la Philosophie première en concevant avec plus de précision le siège de l'abstraction.

Telle était la situation que laissait Auguste Comte au point de vue de la Philosophie première au moment de sa mort, arrivée le 5 septembre 1857. Il s'agissait désormais de réaliser ce traité de Philosophie première dont il avait posé toutes les bases, et c'est ce que j'ai fait, comme je l'ai déjà indiqué, par une série de travaux commencés dès 1858. J'apportai une première modification dans le plan général de la

Philosophie première, que je décomposai en deux parties au lieu des trois qu'avait indiquées Auguste Comte.

Je divise la Philosophie première en deux parties : la première donne la théorie de l'entendement et la seconde celle des lois universelles du monde. Il n'y a pas de discussion en ce qui regarde la seconde partie de mon plan; puisque je ne fais en définitive qu'accepter la division de Comte en lui donnant le nom de *seconde* partie au lieu de *troisième* qu'il avait employée. Il déclare, en effet que les lois qui la composent sont essentiellement objectives, et, comme elles s'appliquent à tous les phénomènes, elles constituent bien les lois universelles du monde. La dénomination que j'impose à cette partie ne fait donc qu'en résumer synthétiquement l'esprit. Quant à la première partie, j'ai réuni en une seule les deux divisions d'Auguste Comte et je lui ai donné le titre de : Théorie générale de l'entendement, qu'il est facile de justifier. D'abord, sur les neuf lois dont Auguste Comte compose ses deux premiers groupes, il y en a six relatives à l'entendement considéré au point de vue statique et au point de vue dynamique. Quant aux trois lois du premier groupe, celle qui consiste à faire l'hypothèse la plus simple en rapport avec l'ensemble des renseignements obtenus est manifestement subjective et constitue la loi la plus générale du travail mental. Les deux autres, relatives au principe des lois naturelles et au degré de modificabilité qu'elles permettent, nécessitent évidemment une vérification objective; mais, néanmoins, il faut reconnaître que le principe des lois naturelles a toujours précédé, par une anticipation de l'esprit, la vérification qu'on en a faite ; anticipation qui résulte de la première loi de Philosophie première, puisque l'hypothèse la plus simple est toujours de supposer la constance au milieu de la variété. En outre, les deux lois relatives au principe des lois naturelles constituent véritablement une anticipation qui dirige toujours l'esprit dans toutes les recherches scientifiques. C'est là un principe qui, désormais et de plus en plus, donne une direction à toutes les spéculations mentales. Enfin, la théorie de l'abstraction, qui est le préambule de la Philosophie première, se rapporte évidemment à la théorie de l'entendement. Par ces diverses raisons, je crois donc que la réunion des deux premiers groupes d'Auguste Comte en une première partie, caractérisée par la dénomination de : théorie de l'entendement, se trouve réellement justifiée.

Il y a plus. La décomposition de la Philosophie première en deux parties a le grand avantage de rappeler le grand dualisme entre l'homme et le monde qui sera toujours la base éternelle de toute philosophie. Ce sont ces diverses raisons qui m'ont amené à modifier le groupement établi primitivement par Auguste Comte.

Auguste Comte avait posé toutes les bases de la Philosophie première, mais il ne l'avait pas réalisée ; quoiqu'il l'eût fait certainement si une mort prématurée ne l'eût enlevé à l'Humanité. C'est cette réalisation que j'ai effectuée. Ceux qui voudront bien lire avec attention mon travail vérifieront, je l'espère, qu'il consiste en autre chose que des *illustrations*, suivant l'heureuse expression anglaise, appliquées à chacun des énoncés de Comte. Un travail original de méditation était évidemment nécessaire. Bien plus, les lecteurs attentifs pourront constater des conceptions véritablement nouvelles, quoique dans la direction tracée par Auguste Comte ; il y a développement dans la continuité. De toutes manières, il y avait nécessité pour le Positivisme d'établir cette base fondamentale de son dogme.

Pour donner une idée de l'ensemble de l'œuvre, je vais donner ici l'énoncé des vingt leçons consacrées à la Philosophie première.

COURS DE PHILOSOPHIE PREMIÈRE

PREMIÈRE PARTIE.

Théorie de l'entendement.

Première leçon. — Nature et destination de la Philosophie première.

Seconde leçon. — De l'institution de l'abstraction.

Troisième leçon. — Du siège de l'abstraction.

Quatrième leçon. — Première loi de Philosophie première : *Former l'hypothèse la plus simple et la plus sympathique que comporte l'ensemble des renseignements obtenus.*

Cinquième leçon. — Deuxième loi de Philosophie première : *Concevoir comme immuables les lois quelconques qui régissent les êtres d'après les évènements.*

Sixième leçon. — Troisième loi de Philosophie première : *Les modifications quelconques de l'ordre universel sont bornées à l'intensité des phénomenes, dont l'arrangement demeure inaltérable.*

Septième leçon. — Quatrième loi de Philosophie première : *Subordonner les constructions subjectives aux matériaux objectifs.*

Huitième leçon. — Cinquième loi de Philosophie première : *Les images intérieures sont toujours moins vives que les impressions extérieures.*

Neuvième leçon. — Sixième loi de Philosophie première : *Toute image normale doit être prépondérante sur celles que l'agitation cérébrale fait simultanément surgir.*

Dixième leçon. — Septième loi de Philosophie première : *Chaque entendement présente la succession de trois états : fictif, abstrait et positif, envers les conceptions quelconques, avec une vitesse proportionnée à la généralité des phénomènes correspondants.*

Onzième leçon. — Huitième loi de Philosophie première : *L'activité est d'abord conquérante, puis défensive et enfin industrielle.*

Douzième leçon. — Neuvième loi de Philosophie première : *La sociabilité est d'abord domestique, puis civique et enfin universelle.*

SECONDE PARTIE

Des lois universelles du monde.

TREIZIÈME LEÇON. — Dixième loi de Philosophie première : *Tout état statique ou dynamique tend à persister spontanément, sans aucune altération, en résistant aux perturbations extérieures.*

QUATORZIÈME LEÇON. — Onzième loi de Philosophie première : *Un système quelconque maintient sa constitution active ou passive, quand les éléments éprouvent des mutations simultanées, pourvu qu'elles soient exactement communes.*

QUINZIÈME LEÇON. — Douzième loi de Philosophie première : *Il y a toujours équivalence entre l'action et la réaction, si leur intensité est mesurée conformément à la nature de chaque conflit.*

SEIZIÈME LEÇON. — Treizième loi de Philosophie première : *Subordonner toujours la loi du mouvement à celle de l'existence, en concevant tout progrès comme le développement de l'ordre correspondant, dont les conditions quelconques régissent les mutations, qui constituent l'évolution.*

DIX-SEPTIÈME LEÇON. — Quatorzième loi de Philosophie première : *Tout classement positif doit procéder d'après la généralité croissante ou décroissante, tant subjective qu'objective.*

DIX-HUITIÈME LEÇON. — Quinzième loi de Philosophie première : *Tout intermédiaire doit être normalement subordonné aux deux extrêmes, dont il opère la liaison.*

DIX-NEUVIÈME LEÇON. — Des divers arrangements que comporte la hiérarchie des sciences abstraites.

VINGTIÈME LEÇON. — Conclusion synthétique.

III

Théorie générale de la raison

(Raison abstraite, raison concrète, harmonie mentale).

Nous devons terminer cette introduction par une théorie générale de la raison ; et nous allons justifier cette décision.

La première partie de la Philosophie première contient les lois générales de l'entendement ou du travail intellectuel ; mais il est facile de voir que la seconde partie se rapporte aussi, du moins à beaucoup d'égards, à une pareille destination. D'abord, il faut remarquer que cette seconde partie contenant les lois universelles du monde, celles-ci doivent nécessairement s'appliquer au cerveau, siège du travail intellectuel et qui, à ce titre, subit nécessairement les lois universelles. Mais il y a plus ; en examinant de près chacune des lois de la seconde partie de la Philosophie première, on voit qu'elles constituent des principes généraux qui donnent une direction générale au travail intellectuel. Je prends, par exemple, la loi de l'action égale à la réaction. Il est certain qu'elle n'est autre chose que la systématisation précise du principe désigné sous le nom de principe de causalité. Par conséquent, cette loi avait été implicitement pressentie et avait fourni une impulsion et une direction aux spéculations mentales, avant d'être établie avec précision dans un cas particulier, et finalement généralisée dans les théories positivistes. Nous pouvons appliquer la même considération à la *loi de la persistance* qui, dans le cas mathématique, a reçu le nom de Kepler. En ce qui constitue le travail intellectuel, cette loi ne fait évidemment que préciser la disposition de l'esprit à admettre la persistance d'un système, tant qu'on n'aperçoit pas d'élément extérieur qui puisse le modifier. Les mêmes considérations s'appliqueraient à la loi du classement, à celle de la conciliation de l'ordre et du progrès, etc. On peut donc dire, et je le démontrerai abondamment, que toutes ces lois universelles du monde, qui constituent la seconde partie de la Philosophie première, sont en même temps des principes généraux qui donnent au travail de l'esprit une impulsion et une première direction générale. Et à ce point de vue, ces principes ont été entrevus d'une manière implicite et confuse, et ont dirigé le travail intellectuel bien avant d'être scientifiquement formulés. Il résulte donc de cette analyse que, tout en maintenant la division de la Philosophie première en deux parties, son ensemble se rapporte à l'institution générale du travail de l'entendement. Dès lors, l'aboutissant de ces diverses lois est de constituer l'état de raison de l'homme dans tous les sujets quelconques qu'il peut aborder. Par suite, il est nécessaire de donner une conception générale de ce qui constitue l'*état de raison*, de manière à tracer ainsi à l'avance le but suprême vers lequel doivent tendre les diverses lois de la Philosophie première.

Si nous voulons définir, d'une manière abstraite, l'état de raison, en tant que commun à tous les cas, nous dirons qu'il consiste dans l'harmonie entre nos conceptions et la réalité extérieure. Il y a raison lorsque l'évolution et le développement de nos pensées reproduisent tellement la réalité extérieure que nous puissions prévoir celle-ci par la marche même de nos méditations. Ainsi, par exemple, lorsque, par un travail purement cérébral, nous pouvons déterminer à l'avance, pour un jour et une heure donnés, la position du soleil par rapport à l'horizon de Pékin, nous avons atteint à cet égard la plénitude de l'état de raison. Il est de toute évidence, *à priori*, et l'expérience le constate, qu'il faut pour cela qu'il y ait une harmonie entre le monde et l'entendement. Leibnitz a eu de cette notion un pressentiment profond, digne de son génie, dans ce qu'il a appelé l'harmonie préétablie. La méconnaissance de cette conception capitale jette, au contraire, une véritable confusion dans la théorie de Kant dans sa *Critique de la raison pure*. Dans cette œuvre, si éminente à tant d'égards, le subjectif semble constituer un monde absolument distinct de l'objectif ; et l'on ne voit pas nettement comment s'opère le passage de nos théories à la réalité extérieure. Du reste, il est important de remarquer que cette harmonie entre l'entendement et le monde n'est qu'un cas particulier de l'harmonie qui existe entre le monde inorganique et la nature vivante sous tous les aspects qui caractérisent celle-ci. L'entendement, en effet, cherche spontanément à lier tous les phénomènes qui nous sont donnés par la sensation et l'observation ; mais ces liaisons seraient de purs rêves, et n'auraient aucune efficacité, si les phénomènes extérieurs n'étaient pas effectivement liés entre eux. L'harmonie dans ce cas-là n'est pas parfaite, pas plus que celle qui existe dans les phénomènes végétatifs, mais elle existe avec une approximation suffisante ; les conceptions de l'entendement présentant nécessairement plus de simplicité que n'en montre le monde extérieur lui-même. Quand cette harmonie entre nos conceptions et le monde extérieur n'est pas suffisamment établie, l'état de raison n'existe plus. Nos conceptions peuvent à cet égard pécher par insuffisance ou par excès. Dans le premier cas, nous ne savons pas représenter suffisamment la réalité, et dans le second nos théories la dépassent.

Il est évident que cet état de raison ne constitue pas un état d'équilibre absolu ; au contraire, la raison d'un même individu passe par divers états d'équilibre, et il en est de même de celle de l'espèce humaine aux divers états de sa culture. A mesure que l'évolution humaine se complique, que la puissance modificatrice de l'homme sur lui-même ou sur les choses va en augmentant, l'établissement de l'état de raison constitue un problème de plus en plus compliqué. Trois lois de la Philosophie première indiquent les conditions générales de l'évolution de l'état de raison aux diverses époques de l'Humanité. L'état de raison est donc relatif. Si l'on veut introduire cette relativité dans la définition elle-même, il faut dire que l'état de raison consiste dans une représentation de la réalité extérieure avec le degré d'approximation que permettent les résultats obtenus et les nécessités de notre action modificatrice sur le monde, sur l'homme ou sur la société.

C'est dans la raison pratique que l'équilibre cérébral s'est véritablement le mieux produit, et c'est pourquoi il importe d'en donner une définition et une vue précises. La raison pratique consiste dans des conceptions liées d'une manière pour ainsi dire immédiate à la modification des choses. Le caractère de la raison pratique est donc sa profonde réalité ; puisque les vues qui la constituent se trouvent immédiatement en rapport avec une destination extérieure bien déterminée, qui fournit à chaque instant et pour ainsi dire immédiatement des vérifications liées à nos intérêts et à nos penchants les plus intenses. Mais cette raison pratique, si elle est caractérisée par une réalité bien déterminée, présente des inconvénients et des lacunes qu'il faut signaler. Les éléments qui la constituent sont le plus souvent trop confus et trop implicites, à ce point de ne pas être formulables ni, par suite, transmissibles autrement que par l'exemple. En outre, elle est trop spéciale et trop incohérente. Elle est, en effet, liée à des cas tout à fait particuliers; de telle sorte que de nouvelles méditations et de nouvelles observations sont nécessaires quand on passe d'un cas à un cas très voisin. C'est à ces mêmes conditions que tient l'incohérence, par une adhésion trop intime aux cas particuliers qui empêche ainsi de saisir les caractères qui leur sont communs. Ces inconvénients deviennent plus graves et compromettent le but pratique lui-même, lorsque les opérations sur le monde, l'homme et la société s'étendent et se compliquent. De là la nécessité d'y remédier, et c'est le but de la raison théorique dont nous allons donner maintenant une conception générale.

La raison théorique consiste dans une appréciation générale des conditions fondamentales de l'existence des choses, sans aucun but immédiat d'application pratique. Pour atteindre une pareille destination, la raison théorique est, en effet, obligée d'éliminer les considérations trop spéciales et trop particulières, qui sont indispensables à la pratique, mais qui empêcheraient de saisir ce qu'il y a de fondamental dans les choses et, par suite, de commun aux divers cas. La raison théorique construit donc un tableau de la réalité réduite à ses conditions essentielles. Son caractère le plus décisif consiste dans la coordination. La raison théorique ne peut réellement se constituer qu'en systématisant une distinction dont la raison pratique ne tient compte que d'une manière implicite, à savoir la division en *raison abstraite* et *raison concrète*. La raison abstraite est relative aux lois propres aux divers ordres de phénomènes, et la raison concrète est l'ensemble des théories générales qui se rapportent aux êtres eux-mêmes. Cette grande distinction a présidé, au fond, d'une manière spontanée, à l'évolution mentale de notre espèce; mais c'est Auguste Comte qui l'a constituée définitivement.

Si l'on envisage, en effet, tout ce qui nous entoure, on peut constater que tous les êtres avec qui nous sommes en relation se manifestent à nous par un ensemble coordonné de phénomènes particuliers.

Mais un examen plus approfondi ne tarde pas à nous montrer que tous les phénomènes dont la combinaison produit les divers êtres sont en un nombre limité, et qu'ils présentent divers degrés de complication. Pris à part, ces phénomènes deviennent des propriétés abstraites, dont la considération sert de base à la science, mais n'est pas encore la science. Une expérience très difficile à instituer et, qui n'a pu l'être d'abord que dans des cas très simples, montre que ces phénomènes présentent des variations d'après des lois régulières. L'étude des lois des phénomènes constitue la science abstraite. Les diverses sciences abstraites se sont instituées d'après une marche que manifeste la loi hiérarchique d'Auguste Comte. On a ainsi la succession suivante de sciences correspondant à des phénomènes de plus en plus compliqués : mathématique (géométrie et mécanique), astronomie, physique, chimie, biologie, sociologie, morale.

Mais on a pressenti depuis la Philosophie grecque, et Auguste Comte a établi d'une manière définitive, qu'il y a des lois communes aux divers ordres de phénomènes fondamentaux. Ces lois présentent un degré d'abstraction plus grand que celui qui convient aux diverses sciences spéciales. L'ensemble de ces lois constitue la Philosophie première ; de même que les lois relatives aux divers ordres de phénomènes forment la Philosophie seconde. Or, tout ce qui existe se résout dans le grand dualisme depuis longtemps entrevu : l'homme et le monde. Les lois universelles de la Philosophie première se rapportent donc à ce double objet. La première partie de la philosophie première contient la théorie générale des lois de l'entendement, quel que soit le sujet auquel il s'applique ; et la seconde les lois universelles du monde. L'ensemble des lois coordonnées de la Philosophie première et de la Philosophie seconde constitue la *raison abstraite*.

Voyons maintenant comment cette raison abstraite, qui a pris nécessairement pour base les indications de la raison pratique, réagit sur elle et remédie aux inconvénients que nous avons signalés ; et, pour plus de précision, distinguons suivant qu'il s'agit de réagir sur les choses, ou bien sur l'homme et la société. En définitive, quand nous modifions un être, ce n'est jamais que sur un phénomène que nous agissons ; mais la raison pratique le considère toujours dans sa corrélation avec les autres, tandis que la raison abstraite l'en isole et le considère à part. Cela permet de rapprocher les cas semblables, d'utiliser par suite, pratiquement, de tels rapprochements, et aussi d'imaginer une infinité de cas possibles que la pratique immédiate n'indique pas ; ce qui augmente pour ainsi dire à l'infini notre puissance modificatrice. Si nous considérons maintenant la raison pratique d'après son action sur l'homme, nous voyons que son caractère spécial, plus ou moins incohérent, ne permet pas l'entente générale des hommes entre eux ; mais que celle-ci résulte au contraire des lois générales de la raison abstraite, qui devient ainsi la condition du concours des générations, non seulement actuelles, mais aussi passées et futures. Ainsi la raison théorique a pour mission suprême de tracer la limite idéale vers laquelle doivent tendre et converger tous les efforts individuels, tout en éclairant ceux-ci par ses indications plus spéciales. Cette grande harmonie entre la raison pratique et la raison abstraite constitue la première condition fondamentale de l'état de raison qui convient à la situation développée et complexe des sociétés humaines.

Mais cette harmonie entre la raison abstraite et la raison pratique serait insuffisante, par suite du trop grand écart qui existe entre elles. La raison abstraite ne considère que les phénomènes, la raison pratique que la modification de ces phénomènes, mais dans un être spécial et parfaitement déterminé. Or, celui-ci se présente nécessairement à nous dans l'extrême complication de tout être réel ; même ceux qui semblent d'abord les plus simples. De là, la nécessité de la raison concrète, qui a pour but l'étude générale des divers êtres conçus comme étant la combinaison des divers phénomènes étudiés par la raison abstraite, avec un certain nombre de coefficients spéciaux, toujours nécessaires. L'étude de ces divers êtres est abstraite, puisqu'il ne s'agit pas d'individus déterminés, mais elle se rapproche de ceux-ci par une suite pour ainsi dire infinie d'intermédiaires.

Mais pour que la raison concrète puisse remplir réellement son rôle, que nous venons d'indiquer sommairement, il faut qu'elle soit en harmonie avec la raison abstraite proprement dite. Le but final de la raison abstraite est de construire le type idéal de la destinée humaine, qui consiste à nous perfectionner afin de vivre pour et par la Famille, la Patrie et l'Humanité. Or, ces trois êtres collectifs sont conçus nécessairement d'une manière abstraite et générale, suivant un type non encore réalisé ni immédiatement réalisable. Le but de la raison concrète est précisément de construire, en s'appuyant sur les lois générales de la raison abstraite et sur un ensemble d'observations directes plus ou moins nombreuses, la série des types intermédiaires qui nous permettront de tendre vers le type idéal tracé par la raison abstraite, et au moyen duquel se règlent et se déterminent tous les concours. Tel est le principe général de l'harmonie entre la raison abstraite et la raison concrète coordonnées ainsi pour un même but : le service de l'Humanité.

La coordination scientifique de la raison concrète constitue la *philosophie* troisième. La philosophie troisième se compose nécessairement de deux parties fondamentales : la théorie de la *Terre*, siège essentiel de l'Humanité, et la théorie de l'*Humanité*; c'est-à-dire des divers groupes sociaux qui ont surgi à la surface de la terre, ainsi que de l'étude de leur tendance spontanée pour former l'unité du genre humain, dont le type idéal, construit par la raison abstraite, dirigera la modification systématique du mouvement spontané. Mais ces deux théories ne peuvent être que préliminaires dans la constitution de la philosophie troisième, qui a pour but précisément d'organiser la transition de l'abstrait au concret, ou le passage de la théorie pure à la pratique. La troisième partie de la philosophie troisième consiste donc dans la théorie générale de l'*Industrie*, ou de l'action systématique de l'Humanité sur la planète. Je vais donner le plan général de la philosophie troisième.

PHILOSOPHIE TROISIÈME

PREMIÈRE PARTIE.

Théorie de la Terre.

INTRODUCTION (3 leçons).

1re leçon. — Institution objective et subjective de la Philosophie troisième.
2e leçon. — Institution logique de la Philosophie troisième.
3e leçon. — Plan de la Philosophie troisième.

I. — THÉORIE DE LA TERRE (8 leçons).

Géologie (3 leçons).

4e leçon. — Constitution géométrique de la terre.
5e leçon. — Théorie des êtres inorganiques de la Terre
6e leçon. — Théorie de la constitution géologique de la Terre.

Météorologie (3 leçons).

7e leçon. — Théorie de l'enveloppe gazeuse de la Terre.
8e leçon. — Théorie de l'activité propre de la Terre.
9e leçon. — Théorie de l'équilibre de l'activité totale de la Terre

Astrologie (2 leçons).

10e leçon. — Théorie de l'astrologie proprement dite.
11e leçon. — Théorie de l'évolution de la Terre.

II. — THÉORIE DES ÊTRES VIVANTS ET DE LEUR ACTION MODIFICATRICE SPONTANÉE SUR LA TERRE (6 leçons).

Théorie des végétaux (3 leçons).

12e leçon. — Théorie générale de l'histoire naturelle des végétaux.
13e leçon. — Théorie générale de la répartition des végétaux.
14e leçon. — Théorie générale de l'activité des végétaux et de leur action modificatrice.

Théorie des animaux (3 leçons).

15e leçon. — Théorie générale de l'histoire naturelle des animaux.

16ᵉ leçon. — Théorie générale de la répartition des animaux.
17ᵉ leçon. — Théorie générale de l'activité des animaux ; et de leur action modificatrice.

III. — THÉORIE GÉNÉRALE DE L'ÉQUILIBRE DE L'ENSEMBLE DE L'ACTIVITÉ TERRESTRE (2 leçons).

18ᵉ leçon. — Théorie de l'activité terrestre considérée dans son ensemble.
19ᵉ leçon. — Théorie générale de l'activité totale de la Terre.
20ᵉ leçon. — Conclusion synthétique.

SECONDE PARTIE

Théorie de l'Humanité.

INTRODUCTION (3 leçons).

1ʳᵉ leçon. — Institution de la théorie de l'Humanité.
2ᵉ leçon. — Théorie de la modificabilité.
3ᵉ leçon. — Evolution de la théorie de l'Humanité. Plan du cours.

I. — THÉORIE DES NATIONS (11 leçons).

4ᵉ leçon. — Théorie générale de la *République occidentale*.
5ᵉ leçon. — Etude des divers éléments de la *République occidentale*.
6ᵉ leçon. — Théorie de la *Russie*.
7ᵉ leçon. — Théorie générale de *l'évolution islamique*.
8ᵉ leçon. — Situation actuelle de l'*Islamisme*.
9ᵉ leçon. — Théorie générale des *Nations polythéiques*.
10ᵉ leçon. — Théorie abstraite de la *Civilisation chinoise*.
11ᵉ leçon. — De l'évolution de la *Civilisation chinoise*.
12ᵉ leçon. — Théorie de la *Civilisation japonaise*.
13ᵉ leçon. — Théorie des *Nations fétichiques* de la planète.
14ᵉ leçon. — De la colonisation et de l'*Amérique*.

II. — THÉORIE DES RACES (3 leçons).

15ᵉ leçon. — Théorie générale des races.
16ᵉ leçon. — Théorie des *races cosmologiques*.
17ᵉ leçon. — Théorie des *races sociologiques*.

III. — THÉORIE DES INDIVIDUALITÉS (2 leçons).

18e leçon. — Théorie des *grands hommes* et des *familles exceptionnelles*.
19e leçon. — Théorie générale des *Individualités inférieures*.
20e leçon. — Conclusion synthétique.

TROISIÈME PARTIE

Théorie de l'Industrie, ou de la réaction systématique de l'Humanité sur sa planète (20 leçons).

INTRODUCTION (5 leçons).

1re leçon. — Institution objective et subjective de la théorie de l'industrie.
2e leçon. — De l'institution logique de la théorie de l'Industrie.
3e leçon. — Plan de la théorie de l'Industrie. Evolution de la théorie de l'Industrie.
4e leçon. — Organisation spirituelle de l'Industrie positive.
5e leçon. — Organisation temporelle de l'Industrie positive.

Théorie de l'industrie positive (14 leçons).

I. — THÉORIE DES DIVERS MODES D'ACTIVITÉ PROPRES A L'INDUSTRIE POSITIVE (9 leçons).

6e et 7e leçons. — Théorie de l'activité *mathématique*.
8e leçon. — Théorie de l'activité *astronomique*.
9e et 10e leçons. — Théorie de l'activité *physique*.
11 et 12e leçons. — Théorie de l'activité *chimique*.
13 et 14e leçons. — Théorie de l'activité *biologique*.

II. — THÉORIE DE LA HIÉRARCHIE DES ARTS INDUSTRIELS (5 leçons).

15e leçon. — Théorie de l'*agriculture*.
16e leçon. — Théorie de la *manufacture*.
17e leçon. — Théorie du *commerce*.
18e leçon. — Théorie de la *banque*.
19e leçon. — De l'équilibre et du mouvement de l'organisme économique.
20e leçon. — Conclusion synthétique.

J'ai entrepris la réalisation du cours de Philosophie troisième, et je l'ai déjà accomplie en partie à Paris, salle Gerson. Dans l'année scolaire 1886-1887, j'ai exposé les 20 leçons de la théorie générale de la Terre. En 1887-88, j'ai fait les 20 leçons de la théorie générale de l'Humanité, et je consacrerai l'année 1888-89 à la théorie de l'Industrie, ou de la réaction systématique de l'homme sur la planète.

Nous avons donc ainsi le tableau suivant de la raison théorique :

RAISON THÉORIQUE

I. RAISON ABSTRAITE.

1° *Philosophie première*, ou lois générales de l'entendement et lois universelles du monde.

2° *Philosophie seconde*, ou lois propres aux divers ordres de phénomènes (mathématique, astronomie, physique, chimie, biologie, sociologie, morale).

II. RAISON CONCRÈTE.

Théorie générale des êtres (la Terre, l'Humanité, l'Industrie).

La raison théorique a pour base nécessaire la raison pratique. C'est elle qui fournit le point de départ à ses spéculations, sans quoi l'entendement humain se perdrait en divagations indéfinies. Mais si la raison théorique prend son point de départ dans la raison pratique, elle réagit à son tour sur celle-ci, pour mieux en assurer l'action. L'une et l'autre, en définitive, se coordonnent et s'harmonisent vers un même but, qui est celui de la destinée humaine : organiser son propre perfectionnement, afin de mieux assurer le service des êtres collectifs : Famille, Patrie, Humanité.

TABLEAU DE L'ÉTAT NORMAL DE LA RAISON HUMAINE

Base : RAISON PRATIQUE.

Moyen : RAISON THÉORIQUE $\begin{cases} abstraite. \\ concrète. \end{cases}$

But : RAISON PRATIQUE.

Pierre LAFFITTE.

Paris, 6 février 1888 (9 Homère 100).

TABLE DES MATIÈRES

PREMIERE PARTIE

Des lois générales de l'entendement.

PREMIÈRE LEÇON.

DISCOURS D'OUVERTURE. — NATURE ET DESTINATION DE LA PHILOSOPHIE PREMIÈRE.

I. *De la méthode subjective.*

Nécessité, avant d'aborder la Philosophie première, d'examiner la *Méthode subjective* qui doit l'instituer.

L'évolution scientifique s'est accomplie suivant l'ordre de complication croissante des phénomènes, de manière à embrasser l'ensemble des phénomènes réels, mais spontanément. Une direction devient nécessaire.

La *Méthode subjective* a pour destination de gouverner le travail intellectuel en coordonnant nos connaissances, par rapport à l'Humanité.

Réponse aux objections de Littré qui représentent la méthode subjective comme un retour vers l'état métaphysique.

Vue sommaire de la marche d'Auguste Comte vers la constitution de la *Méthode subjective*.

II. *Du Matérialisme.*

Le matérialisme, c'est la subordination des phénomènes supérieurs aux inférieurs, et leur réduction finale à un phénomène unique.

Impossibilité objective du matérialisme.

Impossibilité subjective tenant à la constitution de nos sens.

Services positifs du matérialisme dans l'évolution scientifique.

Services négatifs pour l'élimination de la théologie.

De l'évolution du matérialisme dans son mouvement ascendant jusqu'à Descartes, et descendant à partir de Descartes.

Remplacement du matérialisme, après son rôle transitoire, par la synthèse subjective.

III. *Nature, destination et plan de la Philosophie première.*

De l'évolution d'Auguste Comte vers la constitution de la Philosophie première.

Plan d'Auguste Comte pour la Philosophie première.

Appréciation de ce plan.

DEUXIÈME LEÇON.

DE L'INSTITUTION DE L'ABSTRACTION.

I. *Théorie statique de l'abstraction.*

Le domaine abstrait, composé des Philosophies première et seconde, croissant avec l'évolution humaine, il importe de donner la théorie de sa constitution.

Conception positive de l'abstraction.

De la distinction entre les *propriétés abstraites* et les *relations abstraites*.

Des conditions cérébrales de l'abstraction : influence du sentiment et du caractère sur l'institution de l'abstraction. Evolution préparatoire de l'étude des conditions mentales de l'institution de l'abstraction. Du rôle de la *sensibilité, de la contemplation concrète et abstraite, de la méditation inductive et déductive,* et enfin de *l'expression,* dans l'institution de l'abstraction.

II. *Des conditions sociales de l'institution de l'abstraction, ou théorie dynamique de l'abstraction.*

L'institution du domaine abstrait est une construction de l'Humanité, d'après un point de départ qui nous est commun avec les animaux.

Du rôle du Fétichisme dans l'institution de l'abstraction.

Du rôle du Polythéisme et du Monothéisme dans l'institution de l'abstraction.

Du rôle de la science dans l'institution de l'abstraction.

III. *De l'institution subjective de l'abstraction.*

Nécessité de régler l'abstraction pour le service de l'Humanité.

Le règlement des études abstraites doit consister à déterminer les recherches réelles, utiles et opportunes.

Pour cela il faut, sous l'impulsion d'un sentiment et d'une vue synthétique de l'Humanité, établir son étude analytique, afin d'organiser une réelle direction.

TROISIÈME LEÇON.

DU SIÈGE DE L'ABSTRACTION

I. *Histoire des efforts successivement tentés pour synthétiser l'abstraction.*

Nécessité d'un siège pour l'abstraction.
Tentatives Pythagoriciennes.

Théorie des idées de Platon.
Théorie catholique du *Verbe*.
Évolution de la théorie de Jésus-Christ.
De la discussion, à partir du xi⁵ siècle, entre les nominalistes et les réalistes.
Situation actuelle.

II. *De l'incorporation du Fétichisme au Positivisme.*

Du dualisme entre le Fétichisme et le Positivisme.
D'un mouvement spontané depuis le xviii⁵ siècle vers un certain état fétichique.
Systématisation de cette évolution spontanée, et importance de cette systématisation.
Du grand Fétiche : la Terre, et de son rapport avec le Grand-Être l'Humanité.
Nécessité du Grand-Milieu.
Réponse aux objections de M. Littré.

III. *Du siège de l'abstraction.*

De la *fétichisation* des abstractions.
De la notion du *Destin* et de sa *fétichisation* nécessaire.
De la construction de l'Espace.
De sa fétichisation comme siège du *Destin*, ou ensemble des lois abstraites.

QUATRIÈME LEÇON.

DE LA PREMIÈRE LOI DE PHILOSOPHIE PREMIÈRE : *Former l'hypothèse la plus simple et la plus sympathique que comporte l'ensemble des renseignements obtenus.*

I. *Conception générale du premier groupe de lois de Philosophie première.*

De la situation de l'esprit humain jusqu'à Auguste Comte sur de telles questions.

Du rôle de chacune des lois de ce groupe, pour constituer les forces d'impulsion et de direction dont le concours détermine les constructions mentales.

De l'influence de chacune de ces lois sur la *contemplation* et la *méditation*.

II. *De la première loi de Philosophie première.*

Observations sur l'évolution scientifique qui montrent la tendance de notre esprit à faire l'hypothèse la plus simple.

Conséquence de cette loi : *Assimilation de l'inconnu au connu.*

Autre conséquence de cette loi: *de la disposition analogique de notre esprit.*

De l'influence du sentiment dans la construction de nos hypothèses.

Du règlement du travail mental dans la construction des hypothèses :

1° En les concevant comme relatives; 2° en leur donnant une suffisante stabilité; 3° en tenant compte de leur opportunité.

Règlement de l'intervention du sentiment dans la construction des hypothèses en prescrivant, surtout dans l'ordre concret, la plus sympathique.

Loi complémentaire : Disposition spontanée de notre esprit à croire à la réalité objective des conceptions dont la convenance mentale est établie.

III. *Théorie des hypothèses.*

Définition de l'hypothèse et de sa nécessité.

Les hypothèses ont dû être successivement dominées par l'esprit *fictif* et *abstrait*.

Caractères de l'hypothèse positive d'être: 1° vérifiable ; 2° la plus simple possible; 3° de ne porter que sur la liaison des phénomènes, et jamais sur leur origine, ni leur nature intime.

Exemple tiré de la discussion relative à la substitution de la pesanteur de l'air à l'horreur du vide.

Des hypothèses purement logiques comme celles de la *molécule*, de la *force* et de *l'espace*.

Des hypothèses d'ordre pratique pour régler la vie humaine soit en l'assujettissant à des prescriptions numériques, soit à des prescriptions simples comme celle de la proportionnalité de l'intérêt au *capital* et au *temps*.

CINQUIÈME LEÇON.

DE LA SECONDE LOI DE PHILOSOPHIE PREMIÈRE : *Concevoir comme immuables les lois quelconques qui régissent les êtres d'après les événements.*

I. *De la Notion de Loi.*

Première forme de la notion de loi : la mesure suivant laquelle les variations d'un phénomène sont gouvernées par les variations d'un autre ; de la *constante* dans la *fonction*.

Seconde forme de la notion de loi : saisir la *constance dans le changement*.

Des deux sortes de lois : lois de *succession*, lois de *similitude*.

De la première tentative de définition de la *Loi* par Montesquieu.

II. *Etablissement du principe des lois immuables.*

Nécessité de la première loi de philosophie première pour l'établissement des *lois ;* et du rôle à ce sujet de nos fonctions mentales.

De la nécessité à ce sujet de la précision des mesures.

Condition objective tenant à l'assujettissement effectif des phénomènes à des lois suffisamment simples.

Ce principe a été établi par une longue et lente évolution de l'Humanité représentée par les esprits supérieurs.

III. *Institution subjective du dogme des lois immuables.*

Le dogme des lois immuables créé par l'Humanité doit être organisé pour son service.

Le principe de règlement est : de construire les lois opportunes dans le degré de simplicité que demande le service de l'Humanité.

De l'utilité de ce dogme, dans l'avenir de l'Humanité, au point de vue intellectuel.

De l'utilité de ce dogme au point de vue pratique.

De l'utilité de ce dogme au point de vue moral.

SIXIÈME LEÇON.

DE LA TROISIÈME LOI DE PHILOSOPHIE PREMIÈRE : *Les modifications de l'ordre universel sont bornées à l'intensité des phénomènes dont l'arrangement demeure inaltérable.*

I. *Théorie positive de la notion de modificabilité.*

Nécessité de compléter l'idée d'*ordre* émanée de celle de lois, par l'idée de *modificabilité.*

L'idée de *modificabilité* est subjective, et résulte de ce que, dans l'impossibilité de représenter la réalité effective, nous établissons d'abord la partie fondamentale ou moyenne.

Exemples empruntés aux diverses sciences.

Evolution de l'idée de modificabilité depuis l'état fétichique jusqu'à nos jours.

Similitude entre le phénomène fondamental et le phénomène perturbateur.

En cosmologie cette similitude doit être prise d'une manière absolue.

En biologie, en sociologie, et en morale, cette similitude doit être subordonnée à la différence pratique de deux cas.

d

II. *Etablissement du dogme de la modificabilité.*

Enoncé de la loi.
L'ordre fondamental se manifeste d'abord par des catégories irréductibles de phénomènes sur lesquels la modificabilité ne peut porter.

Du *transformisme*, et de son appréciation positive.

De la *modificabilité* dans les lois de similitude.

De la modificabilité dans les lois de succession.

De la réduction de toute loi à la forme mathématique, afin d'avoir la conception finale de la *modificabilité* comme réductible à l'intensité.

De la hiérarchie de la modificabilité, d'après la hiérarchie scientifique.

III. *Institution subjective du dogme de la modificabilité.*

La modificabilité doit être instituée au point de vue du service de l'Humanité.

Le progrès est le développement de l'ordre; il doit s'accomplir avec *continuité et patience*.

De la modération et de l'économie systématique à introduire dans la modificabilité de l'ordre inorganique.

De l'institution systématique de la modificabilité de l'ordre vital.

De l'institution systématique de la modificabilité de l'ordre sociologique et moral.

De *l'utopie*, comme limite systématique de la modificabilité.

SEPTIÈME LEÇON.

DE LA QUATRIÈME LOI DE PHILOSOPHIE PREMIÈRE : *subordonner les constructions subjectives aux matériaux objectifs*.

I. *Considérations sur l'ensemble du second groupe des lois de la Philosophie première.*

Les trois premières lois de Philosophie première déterminent la marche générale de l'entendement dans toute construction mentale, opérant par l'hypothèse la plus simple pour représenter l'ordre régulier du monde, avec le degré d'approximation suffisant.

Le second groupe composé de six lois détermine les influences du milieu cosmologique, et du milieu sociologique sur ses constructions.

Les trois premières déterminent la nature des matériaux destinés aux constructions.

Les trois dernières montrent la succession régulière de ces constructions, liées à leurs destinations successives, pratiques et sentimentales.

II. *De la plus grande extension que comporte la notion de sensation.*

De la nécessité d'une conception de la sensation qui embrasse tous les cas particuliers.

Des trois éléments de toute sensation complète : 1° impression exercée sur l'être vivant ; 2° conscience dans cet être d'une modification survenue en lui ; 3° acte par lequel l'individu rapporte cette impression à un objet extérieur ; d'ou perception proprement dite.

Nécessité d'étudier le siège de la sensation.

Des trois organes propres aux trois éléments de toute sensation complète.

Des divers degrés d'intensité de la sensation, depuis la sensation *inconsciente* jusqu'à l'hallucination.

Du nombre des diverses espèces de sensations irréductibles qu'il faut porter jusqu'à huit.

De la hiérarchie des sens.

III. *Quatrième loi : subordonner les constructions subjectives aux matériaux objectifs.*

De l'évolution de la découverte de cette loi, d'Hippocrate à Auguste Comte.

Auguste Comte complète cette loi en l'étendant au cas de a mathématique, et il la systématise.

Auguste Comte rattache cette loi à la loi plus générale qu fait du monde extérieur, pour l'organisme : un *aliment*, un *excitant* et un *régulateur*.

HUITIÈME LEÇON.

DE LA CINQUIÈME LOI DE PHILOSOPHIE PREMIÈRE : *Les images intérieures sont toujours moins vives que les impressions extérieures.*

I. *Démonstration de la cinquième loi de Philosophie première.*

De la notion d'image.

Des images *simples* et de leur siège.

Desimages *composées* et de leur siège.

Liaison de *l'image* à *l'émotion*.

De la loi fondamentale : *que les images intérieures sont toujours moins vives que les impressions extérieures.* Antécédents de cette loi.

Des lois de variation d'intensité des images : intensité qu ; dépend habituellement de la fréquence de leur reproduction

Des images *incomplètes* ou *abstraites* qui se rapportent à des phénomènes, et non à des êtres.

De l'*imagination*, ou de la synthèse des images : du concours de toutes les fonctions cérébrales dans une telle synthèse.

De la relation de l'*imagination* avec l'ensemble de l'*organisme*.

II. *Théorie positive de la continuité des images.*

Du *souvenir* de l'image, ou de l'opération par laquelle nous l'objectivons en la rapportant à l'*espace* et au *temps*.

Des conditions physiologiques du *souvenir* de l'image ; étude si peu ébauchée qu'elle n'a jamais été systématiquement posée.

Siège hypothétique du *souvenir* de l'image dans l'organe de la contemplation concrète.

Des diverses questions qui se rapportent à la théorie du *souvenir* de l'image :

1° Théorie de la construction de l'*être* par le cerveau, d'après les images ;

2° Théorie de la *reconnaissance* de l'être, et de l'intervention des trois premières lois de Philosophie première dans la *construction* et la *reconnaissance* de l'être ;

3° Théorie de l'*unité personnelle* ou de l'*unité du moi* ;

4° Théorie des notions de *substance* et de *mode*.

III. *Des modifications pathologiques que comporte la cinquième loi de Philosophie première.*

Nécessité d'étudier les modifications pathologiques que comporte *l'état moyen* fourni par la cinquième loi.

De l'*hallucination* qui a lieu lorsque l'image acquiert une intensité égale ou supérieure à celle de l'impression.

De l'influence de l'organisme sur l'hallucination.

De l'influence du cerveau sur l'hallucination : des caractères de persistance plus ou moins grande de l'hallucination.

Position du problème de l'altération pathologique quant à

l'*espace* et au *temps* ; importance de ce problème qui n'a pas été jusqu'ici systématiquement posé.

De l'influence de l'*instabilité* cosmologique sur le phénomène.

Influence de l'*instabilité* sociale sur le phénomène.

Influence de l'instabilité morale sur le phénomène.

Ces circonstances influent également sur le phénomène de l'hallucination précédemment examiné.

Des conditions de stabilité, nécessaires pour remédier à cet état pathologique, relatif à la cinquième loi de Philosophie première.

NEUVIÈME LEÇON.

DE LA SIXIÈME LOI DE PHILOSOPHIE PREMIÈRE : *Toute image normale doit être prépondérante sur celles que l'agitation cérébrale fait simultanément surgir.*

I. *Considérations générales sur le travail cérébral.*

Nécessité d'une vue d'ensemble du travail cérébral. Le travail cérébral consiste dans la *contemplation* et la *méditation*. Rôle de la *contemplation*.

Du rôle de la méditation.

Généralisation du sens du mot *image*.

De la *méditation* sur les images.

De l'influence du *cœur* et du *caractère* sur le travail cérébral.

Du travail cérébral inconscient.

De l'influence des lois de la *persistance*, de l'*activité*, de l'*habitude* et du *perfectionnement* sur le travail cérébral.

De l'agitation cérébrale.

De l'influence des *conditions biologiques* et *sociologiques* sur le travail cérébral.

Similitude de la marche du travail cérébral dans ses diverses manifestations : un *projet* dans la pratique, un *poème* dans l'art, une *histoire* dans les sciences concrètes, une *théorie* dans la science abstraite.

II. *Théorie de la sixième loi de Philosophie première.*

L'élaboration des images est déterminée par la réaction de l'appareil méditatif sur l'appareil contemplatif.
Des images *homogènes* et *hétérogènes*.
Première loi : nécessité des images *hétérogènes* dans l'élaboration des images.
Seconde loi : nécessité de la prépondérance définitive des images homogènes.
De la *vitesse* dans la succession des images.
Du caractère qui détermine la *prépondérance* dans les images homogènes.
De la *fixité* de l'image.
De l'influence des conditions cosmologiques et sociales sur la loi de prépondérance dans les images homogènes.
Du concours des quatrième, cinquième et sixième lois de Philosophie première dans le travail *cérébral*.

III. *Des modifications pathologiques que comporte la sixième loi de Philosophie première.*

Nécessité d'étudier les perturbations pathologiques relatives à la sixième loi de Philosophie première.
Indications de l'empirisme à cet égard.
Théorie de *l'incohérence*, et des circonstances qui influent sur elle.
Théorie de *l'agitation*.
Théorie de la *folie* et de ses caractères essentiels.
Théorie de la *responsabilité*.
De la *responsabilité sociologique*.
Conception positive de la responsabilité sociologique, et des conditions de sa réalisation.

Distinction positive entre le *criminel* et le *fou*.

De la variation de *l'incohérence* et de *l'agitation* aux diverses époques de l'évolution humaine.

DIXIÈME LEÇON.

DE LA SEPTIÈME LOI DE PHILOSOPHIE PREMIÈRE : *Chaque entendement présente la succession de trois états : fictif, abstrait, et positif, envers les conceptions quelconques, avec une vitesse proportionnée à la généralité des phénomènes correspondants.*

I. *Considérations préliminaires.*

Définition de *l'état dynamique* de l'entendement, ou de ses états successifs d'équilibre suivant l'âge et les époques.

De l'état d'équilibre de l'entendement consistant à représenter la réalité des choses, afin de les modifier.

L'état d'équilibre varie suivant les antécédents créés par l'évolution sociale.

Irrationnalité de l'idée de *race* pour expliquer cette succession.

L'équilibre mental n'étant pas séparable de sa destination, l'étude de ses états successifs nécessite celle de l'évolution pratique, et de l'évolution sentimentale.

L'état positif étant atteint, on étudiera plus tard la succession des théories positives.

II. *De la loi des trois états.*

Le but est d'étudier les modes successifs de liaison des phénomènes observés.

Enonciation de cette succession de liaison, par les fictions, les abstractions et les relations scientifiques.

Marche de l'esprit d'Auguste Comte sur ce sujet depuis 1822 jusqu'à 1854.

Démonstration sommaire de la loi des troits états.

De la prétendue loi des quatre âges de Littré.

Réponse aux objections faites à l'originalité d'Auguste Comte dans la découverte de cette loi.

III. *De la hiérarchie des conceptions abstraites.*

Cette loi règle la vitesse d'évolution de nos théories successives, d'après la nature des phénomènes.

L'évolution s'accomplit suivant la généralité objective décroissante des phénomènes, et la complication croissante subjective des conceptions.

La loi hiérarchique permet de répondre à l'objection contre la loi des trois états, d'après leur simultanéité dans la même intelligence.

Déduction de la loi des trois états de la loi hiérarchique.

Réponse relative à l'astronomie.

De la marche des idées d'Auguste Comte dans l'étude de cette loi.

De la *Philosophie troisième*.

ONZIÈME LEÇON.

HUITIÈME LOI DE PHILOSOPHIE PREMIÈRE : *L'activité est d'abord conquérante, puis défensive, enfin industrielle.*

I. *Considérations préliminaires.*

Des contractions musculaires comme base de toute activité.

Du double point de vue de l'activité, suivant qu'elle agit sur les choses ou les hommes.

De la distinction entre le but de l'activité, et les moyens qu'elle emploie.

La destination de cette loi est de déterminer la succession des buts propres à notre activité.

Cette loi est corrélative à la précédente; l'activité étant pour la mentalité un aliment, un excitant et un régulateur.

Corrélation entre la loi de l'évolution mentale et celle de l'activité par la commune destination, pour le service de la Famille, de la Patrie et de l'Humanité.

II. *Théorie de la loi de l'évolution active.*

Enoncé de la loi.
Le point de départ militaire de l'activité est indispensable.
Ce point de départ est inévitable.
De la conquête : forme normale de l'activité militaire.
Nécessité du régime industriel comme aboutissant de l'évolution active de l'Humanité.
D'un intermédiaire nécessaire entre le régime conquérant et le régime industriel.
Marche des études d'Auguste Comte sur cette loi.
Rapport de la loi d'Auguste Comte avec les opinions contemporaines depuis la fin du XVIIIe siècle.

III. *Corrélation entre les deux lois d'évolution mentale et active.*

Les opinions communes étant indispensables à l'existence des êtres collectifs, il y a corrélation nécessaire entre celles-là et l'activité de ceux-ci.

Des trois couples nécessaires : théologico-militaire, métaphysico-défensif, scientifico industriel.

Du couple théologico-militaire, et de l'harmonie insuffisante de ses deux éléments.

Etude du couple final scientifico-industriel; des conditions d'harmonie de ses deux éléments.

Du couple métaphysico-définitif.

DOUZIÈME LEÇON.

Neuvième loi de Philosophie première : la sociabilité est d'abord domestique, puis civique, et enfin universelle.

I. *Considérations préliminaires.*

Nous avons étudié la loi de succession des constructions mentales, et la loi d'évolution pratique qui crée : des hommes disponibles pour de telles constructions, des sociétés qui les transmettent, et des situations qui les règlent.

Situation contradictoire qui, malgré la prépondérance des penchants, semble rendre impossible une évolution systématique du sentiment, en rapport avec celles de l'intelligence et de l'activité.

Nécessité de considérer les *fonctions composées* du cerveau, c'est-à-dire celles qui résultent de relations constantes entre des fonctions simples, pour résoudre cette contradiction.

J'appelle *fonction composée du sentiment* la relation constante et habituelle d'un penchant du cœur avec une vue de l'esprit.

Cette fonction composée agit comme une force simple qui pousse, retient ou maintient.

L'amour des êtres collectifs est une fonction composée du sentiment, dont la conception permet d'entrevoir la possibilité d'une loi d'évolution sentimentale, en rapport avec celles de l'intelligence et de l'activité.

La nécessité de se perfectionner pour le service des êtres collectifs amène l'évolution des sentiments composés de l'*effort sur soi, du devoir,* etc.

Enfin on pourra compléter ceci par l'étude de l'évolution de l'intensité des fonctions simples et *composées* du cerveau.

II. *De la loi d'évolution sentimentale.*

L'étude tardive d'Auguste Comte sur la loi d'évolution sentimentale a placé son esprit dans une situation contradictoire.

Démonstration inductive de la loi d'évolution sentimentale, et de l'intercalation nécessaire de sentiments composés entre l'amour de la Famille et celui de la Patrie, et entre l'amour de la Patrie et celui de l'Humanité.

Démonstration déductive de la loi d'évolution sentimentale comme autant indispensable qu'inévitable.

De l'évolution complémentaire des trois sentiments du *devoir*, du *perfectionnement*, et de l'*effort sur soi*, connexes de l'amour des êtres collectifs.

De l'évolution de toute une série de sentiments composés à base égoïste ou altruiste : la *sobriété*, la *pudeur*, la *modestie*, la *justice*, le *désintéressement*, la *magnanimité*, la *dignité personnelle*, etc., etc., en rapport avec la complication croissante des relations sociales.

III. *Des relations entre les trois lois d'évolution mentale, active et sentimentale.*

Nécessité d'étudier l'influence de l'évolution intellectuelle et active sur l'évolution sentimentale, et réciproquement.

Influence de la conquête sur l'évolution du sentiment civique, et sur les sentiments composés du *devoir*, du *perfectionnement*, et de l'*effort sur soi*.

A son tour l'évolution fétichique développe le sentiment de la Famille, en coordonnant par le culte des *mânes* le sentiment de la continuité, et le polythéisme cultive ce sentiment par la création des types idéaux.

L'évolution défensive du moyen âge a créé ce sentiment composé de l'*occidentalité*, et celui de l'*honneur*.

Le catholicisme à son tour a influé sur le sentiment : de l'amour de ceux qui ont une foi commune ; et, par sa prétention à l'universalité, il a institué une ébauche de l'amour de l'Humanité. Il a contribué, en outre, à l'évolution des sentiments de la *sobriété*, de la *pudeur*, de l'*humanité*, et de l'*effort sur soi*.

L'évolution industrielle crée le sentiment de la *justice*, et combinée avec la science elle créera l'*amour définitif du genre humain;* la science, en outre, avec la *modestie* développe le sentiment de la *dignité personnelle*.

Enfin l'évolution sentimentale influe sur l'évolution mentale en créant, par un sentiment composé, une vue synthétique que celle-ci rend explicite.

COURS DE PHILOSOPHIE PREMIÈRE

PROFESSÉ PAR M. PIERRE LAFFITTE

PREMIÈRE LEÇON

(RÉDIGÉE PAR LE Dr P. DUBUISSON)

DISCOURS D'OUVERTURE. — NATURE ET DESTINATION DE LA PHILOSOPHIE PREMIÈRE.

14 Bichat 89 (16 décembre 1877).

De la méthode subjective.

La philosophie première, dont nous commençons aujourd'hui l'étude, traite, on le sait, des lois communes aux divers ordres de phénomènes ; elle précède et prépare la philosophie seconde, qui s'occupe des lois propres à chaque ordre de phénomènes ; c'est le domaine le plus abstrait du dogme positif.

Quelques personnes trouveront peut-être singulier que nous ayons choisi un tel sujet pour notre cours de cette année. — Comment imaginer que des hommes qui se disent préoccupés avant tout de questions sociales consacrent leur temps à l'étude et à l'enseignement d'une matière qui semble aussi étrangère aux difficultés présentes, aussi dénuée d'utilité pratique immédiate? — Que ces personnes cependant veuillent bien considérer les choses de plus près : elles ne tarderont pas à s'apercevoir que cette matière, malgré sa transcendance apparente, n'est pas aussi éloignée qu'elles le supposent des questions les plus graves qui, en ce moment, agitent notre monde.

Qu'on le veuille ou non, les conceptions les plus abstraites ont leurs conséquences directes sur la situation et affectent immédiatement les relations humaines. C'est au nom de conceptions abstraites, telles que la théorie des nationalités et des races, que l'Europe est bouleversée et la civilisation menacée depuis un demi-siècle; c'est donc par de nouvelles conceptions abstraites qu'il faut réagir et rétablir l'ordre ébranlé. Ce qui fait défaut aujourd'hui, ce sont moins les sentiments que les idées. Les penchants généreux abondent, mais les penchants généreux sont plus nuisibles qu'utiles lorsqu'ils ne sont point guidés par une vue nette des choses et un jugement droit. Pour donner à la société la direction nouvelle qui lui devient chaque jour plus nécessaire, il s'agit moins désormais de surexciter le sentiment que de l'éclairer. En un mot, il faut refaire des opinions.

C'est précisément parce que la philosophie première nous offre plus que tout autre sujet l'occasion de combattre ces idées fausses, à la destruction desquelles l'ordre de la planète entière est intéressé, que nous l'avons prise pour sujet de notre cours, malgré ce que peut avoir d'effrayant pour quelques-uns son caractère particulièrement abstrait.

Avant d'entrer plus directement en matière, nous devons une explication à nos auditeurs.

Auguste Comte place la philosophie première à l'entrée du dogme positif, et la considère en quelque sorte comme le vestibule de la philosophie seconde, constituée, comme nous l'avons dit, par l'étude des lois naturelles propres à chaque ordre de phénomènes. Au seuil d'un plan philosophique d'une telle étendue, il importe, ce nous semble, que nous en prenions d'abord une vue d'ensemble, que nous examinions l'esprit, la méthode qui en a dirigé l'exécution, que nous recherchions de quelle manière ont été créés et réunis les éléments qui entrent dans sa composition.

Nous exposerons donc avant toute autre chose en quoi consiste la *méthode subjective* qu'Auguste Comte a prise pour guide dans la construction de sa philosophie ; ce sera là l'objet principal de notre première leçon. Dans les deux suivantes, nous montrerons comment s'est lentement formé ce domaine abstrait qui constitue ce qu'on appelle aujourd'hui la science, en exposant la *théorie dogmatique et historique de l'abstraction*.

Qu'est-ce que la méthode subjective, ou, pour mieux dire, en quoi la méthode employée par Auguste Comte est-elle subjective?

On connaît la signification attachée en philosophie à ces deux mots : *objectif* et *subjectif*. Dans les résultats de l'intelligence humaine, acquisitions ou produits, deux parts peuvent être faites : l'une qui provient de nos sensations et est tirée par conséquent du monde extérieur, c'est le domaine objectif ; l'autre qui appartient à l'intelligence, qui est créée directement par elle, en vertu de son exercice propre, c'est le domaine subjectif. L'aphorisme d'Aristote complété par Leibnitz tient compte de cette double condition de tout capital intellectuel : *Nihil est in intellectu quod non prius fuerit in sensu* (Aristote), voilà la part de l'objectif ; *nisi intellectus ipse* (Leibnitz), voilà la part du subjectif.

En deux mots, l'on peut dire : l'objectif, c'est le monde ; le subjectif, c'est l'homme.

De là deux manières de philosopher, deux manières de coordonner et de régler nos connaissances, soit par rapport au monde, soit par rapport à l'homme, et, par suite, deux méthodes : la méthode objective et la méthode subjective.

Coordonner par rapport au monde ou suivant la méthode objective, c'est rechercher dans la multiplicité et la complexité des phénomènes extérieurs celui d'entre eux autour duquel devront se grouper tous les autres ; c'est, par conséquent, se soumettre à la condition préalable de connaître le monde extérieur jusque dans ses moindres détails, de ne rien omettre, de tenir compte du plus humble fait à l'égal du plus important, de ne se décider qu'après avoir tout vu, tout analysé, tout découvert.

Une telle coordination est-elle possible? C'est ce que nous examinerons tout à l'heure en détail en discutant *le matérialisme*, qui l'a tentée. Mais déjà nous pouvons répondre : Non, une telle coordination est impossible, parce que nous ne pouvons nous flatter de connaître jamais complétement le monde extérieur, et alors même qu'elle serait possible, le moment où elle deviendrait réalisable serait encore si éloigné de nous que nous devrions aujourd'hui la regarder comme chimérique et satisfaire autrement notre besoin d'unité.

La seule coordination possible est celle qui prend pour point de départ l'homme ou, pour mieux dire, l'Humanité ; qui fait converger autour de cette connaissance fondamentale toutes les autres connaissances, considérées comme accessoires et n'ayant d'utilité que celle que l'Humanité en tire ; qui, par conséquent, ne les honore et ne les encourage qu'autant que l'exige la bonne organisation de la société. Cette systématisation-là est subjective parce qu'elle dépend non d'un phénomène nécessairement désigné par le monde extérieur, mais d'un phénomène choisi par nous-mêmes, dans notre liberté, pour notre service.

On s'est demandé si elle était suffisante, si le phénomène Humanité était véritablement susceptible de grouper autour de lui tous les autres phénomènes, si l'étude particulière qu'on s'engageait ainsi à lui consacrer n'allait pas détourner de l'étude du monde, maîtresse jusqu'ici de la première place dans les préoccupations des hommes.

C'est là se battre contre des chimères. La connaissance de l'Humanité et de l'homme suppose en effet la connaissance du monde extérieur. L'amélioration physique et morale de l'homme repose avant tout sur celle de la planète et du milieu qui lui fournissent les conditions d'existence et qu'il doit d'abord connaître, s'il veut les améliorer. Loin de nous éloigner de l'étude du monde en nous attachant à celle de l'homme, le point de vue subjectif a au contraire pour effet de la stimuler en lui donnant une direction et un but.

« Soit! Mais pourquoi une direction? Pourquoi vouloir imposer une règle à l'étude, une limite aux recherches, des bornes à la science? Il ne semble pas que depuis l'antiquité jusqu'à nos jours le développement de la science se soit accompli de telle façon que nous devions le regretter, et cependant il s'est fait sans règle et sans direction. Chacun a choisi le genre de recherches qui lui a été le plus agréable; il les a conduites suivant son caprice, et, en vérité, on ne conçoit pas bien comment des recherches moins libres eussent donné des résultats plus merveilleux. »

Il s'agit ici de ne point confondre deux situations profondément dissemblables et de ne point tomber dans l'illusion.

Autre est l'état final, où la science est ébauchée dans toutes ses parties, presque achevée dans plusieurs; autre est l'état primitif, où tout est encore à observer et à découvrir. Qu'aurait-on réglé dans cette période embryonnaire? Ce que l'on allait étudier? Mais on l'ignorait profondément, et l'on ne voit pas bien comment l'homme aurait pu concevoir un plan quelconque de recherches dans une matière dont il n'entrevoyait pas plus la nature que la difficulté ou l'étendue.

Et cependant, pour ne point tomber dans l'illusion, il faut reconnaître que l'esprit humain, dans cette conquête du monde extérieur, a suivi un plan parfaitement déterminé et ne s'est point dépensé au hasard. Mais ce plan, il l'a subi, il ne l'a point fait. L'esprit humain, comme toute autre chose, est gouverné par des lois naturelles; ces lois l'ont guidé sans même qu'il en eût conscience; elles l'ont porté à aborder d'abord les phénomènes les plus simples : toute l'antiquité, depuis Thalès et Pythagore jusqu'à Archimède et Hipparque, s'est consacrée aux recherches géométriques et astronomiques. Quand le grand mouvement social du moyen âge prit fin et que les préoccupations furent ramenées vers la science, on aborda des phénomènes plus compliqués : le XVIIe siècle fit de la physique et le XVIIIe de la chimie; le XIXe, enfin, a fondé la biologie, la sociologie et la morale. Chaque époque, on peut le dire, fit réellement ce qu'elle avait à faire. Il faut voir avec quel enthousiasme les esprits distingués de tous les temps se livrèrent à l'étude qui était, pour ainsi dire, commandée par les nécessités intellectuelles du jour et que les travaux antérieurs avaient suffisamment préparée. Nous ne savons qu'imparfaitement à quel point les études mathématiques passionnèrent les esprits dans le monde grec, mais nous savons très-bien avec quelle noble fureur toutes les classes instruites aux XVIIe et XVIIIe siècles s'adonnèrent à la physique et à la chimie.

L'esprit humain n'a donc jamais travaillé au hasard; il a suivi la marche régulière de toute étude qui veut qu'on s'attache d'abord aux choses les plus simples avant d'aborder les plus composées; il a obéi à la loi naturelle qui guide encore notre hiérarchie scientifique et qui n'a cessé de présider à l'enseignement.

Mais aujourd'hui, ce gouvernement naturel, spontané, latent, peut-il servir encore de guide à l'esprit humain?

Évidemment non. Les raisons qui l'ont fait naître n'existent plus ou, du moins, n'existent plus avec assez de force pour qu'un semblable gouvernement puisse se maintenir. La somme des matières sur lesquelles peut porter notre investigation est épuisée. Si les recherches sont encore loin d'être closes dans quelques-unes, toutes, du moins, sont abordées, toutes sont explorées, et l'homme n'est plus attiré comme autrefois vers l'étude utile, nécessaire, par l'appât de l'inconnu.

L'esprit humain peut aujourd'hui choisir entre mille travaux, et, suivant le caprice du jour, suivant un goût particulier plus ou moins justifié, quelquefois par l'effet d'une circonstance purement fortuite, se déterminer en faveur de tel ou tel, sans avoir à invoquer d'autre raison que son bon plaisir.

Il n'y aurait là que demi-mal, si le choix portait le plus souvent sur les études les moins avancées, sur celles qui exigeraient le plus de capacités et le plus d'efforts. Malheureusement, il n'en est rien. On cherche bien à résoudre des problèmes, mais, suivant l'idéal de Maupertuis, on cherche surtout des problèmes qui ne soient pas difficiles et l'on ne s'occupe guère s'ils sont utiles ou non à la société. Puisqu'il y a profit et renommée à acquérir dans toute sorte de spéculation, pourquoi s'adonner aux plus pénibles?

On ne fait pas assez attention que la richesse intellectuelle est la première de toutes, et que s'il y a dans l'évolution sociale une tendance manifestement croissante à régler la production et la répartition de nos capitaux, il n'y a aucune raison pour que le capital intellectuel échappe seul à la règle générale. Nous aménageons nos terres, nos forêts, nos mines, nos fleuves; il serait curieux vraiment que notre bien le plus précieux, celui d'où dépend la création et l'accroissement de tous les autres, fût le seul qui demeurât sans direction.

Quand il n'est plus aujourd'hui d'entreprise qui ne soit conduite suivant des vues rationnelles, par quel motif négligerait-on de diriger le travail le plus noble, le plus nécessaire et en même temps le plus susceptible de coordination et de règlement? Dans l'ordre intellectuel comme dans l'ordre social, le besoin d'un gouvernement se fait sentir avec d'autant plus de force que la division du travail est plus accusée. Dans l'état d'infinie dispersion auquel est parvenue aujourd'hui la science, il n'est que temps d'intervenir, si l'on ne veut voir la richesse mentale se perdre dans des spéculations sans portée. Le savant n'est pas plus dégagé que tout autre homme de ses devoirs de citoyen; il mérite d'être blâmé toutes les fois qu'il consacre les efforts de son intelligence à des études oiseuses, comme s'il était dispensé de travailler pour la patrie.

La méthode subjective est donc chargée de régler, de gouverner le travail intellectuel.

Qu'est-ce que gouverner? Gouverner, c'est faire réagir l'ensemble sur les parties, en d'autres termes, imprimer aux parties la direction que commande la vue de l'ensemble. Comme l'indique admirablement l'expression employée à désigner le chef militaire, celui qui gouverne, celui qui dirige doit être au point de vue le plus *général;* il doit dominer la situation.

Quel sera donc, suivant la méthode subjective, le point de vue général et dominateur d'où l'on pourra diriger le travail intellectuel et faire tendre toutes ses parties vers un but commun? Ce point de vue sera le point de vue sociologique, le point de vue des conceptions sociales et morales. Vers elles et autour d'elles nous devrons faire converger toutes les autres, ne les cultivant, ne les étudiant que pour mieux connaître l'Humanité, et par là mieux assurer son perfectionnement et son bien-être.

D'un côté, le prodigieux développement de la science, en poussant aux études dispersives, fait perdre de vue le but réel de tout travail intellectuel, qui n'est pas seulement le plaisir qu'en retire le travailleur, mais surtout les applications utiles qui peuvent en sortir. D'un autre, le savant semble trop oublier que sa part dans les découvertes quelconques est relativement faible, comparée à celle de l'Humanité, c'est-à-dire à celle des prédécesseurs et des contemporains. Le géomètre le plus gonflé de son importance n'aurait pas trouvé le plus simple des théorèmes si ses contemporains ne lui avaient fait du loisir et si ses prédécesseurs ne lui avaient fourni un point de départ. Malgré tout leur génie, Aristote, Archimède ou Descartes, livrés à leurs propres forces, n'auraient très-certainement rien produit. Et d'ailleurs, ce génie lui-même n'est-il pas par-dessus tout un produit de l'Humanité? Ces cerveaux extraordinaires se sont-ils créés tout seuls? Ne sont-ils pas le résultat d'une lente élaboration et comme le dernier effort de générations successives? Si l'on va au fond des choses, on s'aperçoit vite que dans cette quantité de découvertes si admirables et si précieuses, c'est à l'Humanité qu'il faut reporter la principale gloire et que les inventeurs les plus illustres ne sont en quelque sorte que les prête-nom et les représentants qui nous servent à l'honorer.

C'est donc simple justice que de rendre à l'Humanité ce qui nous vient d'elle et de travailler pour nos successeurs comme nos pères ont travaillé pour nous. La culture de la science ne peut plus être livrée au caprice de chacun; toutes les questions étudiées doivent être utiles et opportunes : utiles, c'est-à-dire avoir pour but une amélioration de l'état humain; opportunes, c'est-à-dire être suffisamment préparées pour que leur élaboration aboutisse à autre chose qu'à de vains efforts.

Mais ne craignez-vous pas que votre gouvernement intellectuel n'abuse? objectait Dunoyer à Auguste Comte. « J'espère bien qu'il abusera, répliquait celui-ci, sans quoi ce ne serait pas un gouvernement. » Il y a des abus partout, et principalement dans l'ordre vital. Vouloir que nous n'abusions pas, c'est vouloir que nous ne soyons pas. L'imperfection est une conséquence de notre nature, conséquence inévitable et qui se fera sentir dans l'exercice du pouvoir spirituel comme partout ailleurs. Le pouvoir que nous créons n'est pas un pouvoir parfait, incapable de se tromper ou d'abuser; le tout est de savoir si ses inconvénients ne seront pas, et au delà, compensés par les avantages qu'il procurera à l'Humanité. L'objection de Dunoyer est une objection d'ordre parlementaire; elle est puisée à l'argumentation de ces doctrinaires, qui, à force de réclamer l'équilibre et la pondération des pouvoirs, ont fini par supprimer toute espèce de gouvernement et de pouvoir.

L'action de gouverner comporte deux opérations : *réprimer* et *stimuler*. L'une et l'autre sont également nécessaires dans l'état normal, mais la première l'est davantage dans les époques de transition révolutionnaire, où le besoin d'ordre l'emporte sur celui de progrès,

Le gouvernement intellectuel a donc, comme tout autre, à réprimer et à stimuler, répression et stimulation toutes morales, il n'est pas besoin de le dire. Dans l'espèce, cette double fonction consiste à déterminer :

1° Quelles questions doivent être éliminées comme épuisées, inutiles ou inopportunes ;

2° Quelles questions doivent être mises à l'étude ;

3° A quel degré d'approximation l'étude de chacune doit être poussée.

Le premier point se rapporte à la fonction de répression, le second à la fonction de stimulation, et le troisième participe de l'une et de l'autre, comme il est facile de s'en rendre compte.

Auguste Comte a donné un exemple de question à éliminer dans son *Traité d'astronomie*. Parlant de la distinction établie entre l'astronomie solaire et l'astronomie sidérale, il montre que la première seule, nous faisant connaître le monde dont nous faisons partie et ses phénomènes intérieurs plus ou moins liés aux vraies conditions d'existence de l'Humanité, présente à nos recherches un sujet digne d'intérêt ; que l'astronomie sidérale, au contraire, ne pouvant nous procurer que des notions capables seulement de nous assurer que tel ou tel corps que nous apercevons n'appartient pas à notre système, ne mérite pas que nous en fassions une étude spéciale et que nous lui consacrions aujourd'hui, d'ailleurs sans aucun résultat appréciable, plus d'intelligences que n'en a exigées, au siècle dernier, la fondation de la véritable astronomie, de l'astronomie solaire.

Auguste Comte va même plus loin. Il estime que l'astronomie solaire elle-même est aujourd'hui suffisamment étudiée, et qu'en cette matière nous avons essentiellement désormais plutôt à conserver qu'à étendre le domaine acquis. On s'est beaucoup élevé contre cette prétention, et l'on a pompeusement cité les progrès que le spectroscope avait fait faire à la connaissance de quelques étoiles et en particulier du soleil. L'objection n'est pas sérieuse, car Auguste Comte n'a point dit que nous ne devions plus étudier l'astronomie solaire parce qu'il n'était pas désormais en notre pouvoir d'acquérir sur les corps dont elle traite aucune connaissance réelle, mais parce que ce que nous en connaissons est au fond suffisant pour nos besoins et que la nécessité de nouvelles notions n'est point urgente.

Au même rang d'ailleurs que l'astronomie solaire, il met la totalité des études mathématiques, qui, suivant lui, ont depuis longtemps déjà fourni tout le service qu'on en peut attendre. Cette proscription d'Auguste Comte est si justifiée que l'un des plus grands géomètres, l'illustre Lagrange, exprimait spontanément vers la fin de sa vie le regret qu'il éprouvait de ne pouvoir embrasser la carrière physique ou chimique, où il restait tant à découvrir, au lieu de cette voie battue des mathématiques, où l'on ne glanait plus que par hasard. Personne ne saurait nier que les recherches mathématiques soient devenues de nos jours un pur jeu d'esprit, une manière comme une autre de passer le temps, de se distraire, comme l'avouait une femme d'un très-grand esprit, Sophie Germain, qui racontait qu'elle s'était livrée aux mathématiques durant la période révolutionnaire, pour échapper aux terribles préoccupations du moment. C'est bien là, en effet, le genre de services que l'on peut retirer à l'avenir de semblables spéculations. Au point de vue de l'utilité sociale, elles sont essentiellement épuisées. Nous ne devons désormais consacrer aux mathématiques que la part de travail nécessaire à la transmission des notions acquises, au perfectionnement des procédés de vulgarisation et d'enseignement.

C'est vers d'autres objets que doivent se porter les esprits. Ici interviennent le gouvernement intellectuel et la méthode subjective dans leur rôle de stimulant, pour indiquer quelles recherches doivent être entreprises. Sur ce point, il n'y a aucun doute. Les sciences dont la culture s'impose aux intelligences sont les sciences supérieures : biologie, sociologie et morale, celles dont Auguste Comte a fait l'*ordre sacré*. Là, les problèmes se pressent, offrant, à mesure qu'ils s'élèvent, une complication et une difficulté croissantes. Une carrière sans bornes est ouverte à ceux qui aspirent à découvrir et qui ne reculent pas devant les obstacles. En biologie, l'étude du système nerveux commence à peine : le plus élevé et le plus indispensable de nos appareils est encore le plus ignoré. En sociologie, où tant de problèmes attendent une solution, une question domine toutes les autres : c'est celle de la politique planétaire. Les hommes d'État occidentaux, qui, au temps de Richelieu, pouvaient borner à l'Europe le champ de leurs préoccupations, doivent l'étendre aujourd'hui non-seulement aux deux Amériques, ce qui est fait depuis longtemps, mais encore à l'extrême Asie. La Chine, le Japon, l'Inde tiennent maintenant dans nos soucis une place plus grande peut-être que certains États européens. Il nous faut donc les étudier et les connaître, si nous voulons régler pacifiquement les conflits terribles qui se préparent et mettre un terme à cette politique d'académiciens et de journalistes, qui, dans son mépris de toute notion réelle, a fait verser plus de sang que n'en firent jamais couler Torquemada et l'Inquisition.

En morale, c'est bien pis encore. Là, c'est l'immensité des régions inconnues, c'est le monde nouveau, aux bords duquel s'est arrêté Auguste Comte, enlevé par la mort. Qui nous révélera, dans ce mystère de l'âme humaine, le secret de ses réactions sur le corps? Qui expliquera, par exemple, ce fait, qu'une nouvelle douloureuse détermine la sécrétion de la glande lacrymale et sans doute une sécrétion différente, suivant que la larme est une larme de joie ou une larme de douleur? Qui montrera jusqu'où peut aller la puissance du cerveau sur l'organisme, et à quel point l'homme peut dominer sa vie végétative? Nous prétendons que nos pères étaient le jouet d'une illusion quand ils croyaient voir Talma rougir sur la scène, et nous sourions d'incrédulité quand nous entendons parler, sur la foi des historiens catholiques, des stigmates de saint François; mais n'ignorons-nous pas encore à quel point nous sommes maîtres de nous-mêmes et en quel esclavage une âme énergique peut tenir le corps?

Voilà, sans vouloir rabaisser aucune étude réellement utile, voilà les choses qu'il nous importe par-dessus tout de connaître, si nous voulons enfin donner à la puissance humaine tout le développement dont elle est capable et assurer ce régime pacifique après lequel le monde entier soupire.

Le reste ne doit être étudié que pour être transmis à nos descendants, ou encore pour aider à la connaissance des parties de la science dont l'étude est le plus pressante. Dans les recherches physico-chimiques, par exemple, non encore parvenues, comme la mathématique ou l'astronomie, au point où elles doivent être sagement arrêtées, toutes les questions ne sont pas également utiles et opportunes, et c'est un grand malheur qu'une direction convenable ne vienne pas indiquer au savant les points auxquels il doit d'abord s'attacher. Il existe, en effet, dans la science biologique toute une partie qui demeure actuellement pleine d'obscurités, parce que les biologistes attendent des chimistes et des physiciens une foule de renseignements qu'ils ne se sentent point capables de trouver eux-mêmes : c'est celle qui a trait à la végétalité et aux différentes fonctions qui s'y rapportent. Rien n'est moins connu que le phénomène de la respiration; le rôle qu'y jouent les différents gaz, l'azote en particulier, est à peine soupçonné; la part qu'y prend la peau est plutôt entrevue que déterminée. Ce sont là des problèmes dont la solution dépend du progrès que la chimie et la physique réaliseront dans la théorie des phénomènes endosmotiques et exosmotiques, phénomènes malheureusement méconnus, parce qu'au lieu de les observer d'une façon systématique, comme cela aurait dû être, on s'est surtout préoccupé, suivant l'abusive prétention de soumettre la physique à la mathématique, de les ramener aux lois de l'attraction (1).

Si donc la méthode subjective sait éliminer certaines questions, elle sait aussi en mettre d'autres à l'étude et stimuler l'ardeur des savants. Nous avons dit qu'il était encore dans son rôle de fixer les limites que ceux-ci ne devaient pas dépasser dans les recherches même les plus utilement choisies, s'ils ne voulaient point consacrer à un travail sans but des efforts que l'intérêt social leur commanderait de porter ailleurs.

Tout travail scientifique présente en effet une limite au delà de laquelle il devient inutile, presque dangereux de le poursuivre. Sa destination pratique commande le degré auquel il convient de l'arrêter, non-seulement parce que de nouveaux efforts n'offriraient plus d'intérêt réel, mais parce qu'ils nuiraient à la pratique elle-même. Celle-ci, en effet, à cause de la complexité des phénomènes dont il faudrait tenir compte si l'on voulait tout prévoir, n'exige et ne comporte pas en

---

(1) Les phénomènes d'endosmose et d'exosmose sont des phénomènes qui, sans altérer la composition même du corps, ont cependant un caractère spécifique comme les phénomènes chimiques. L'histoire des découvertes, en ce qui les concerne, commence avec la loi de Berthollet sur le mélange des gaz, et se continue par les lois de la capillarité, de la dissolution des gaz dans les liquides, du mélange des gaz à travers les solides, et finalement par les lois du mélange des liquides à travers les solides, découvertes par Dutrochet. C'est dans cette voie que les biologistes trouveront les éléments d'une étude sérieuse de la végétalité et de la nutrition gazeuse, comme de la nutrition solide et liquide.

Si la physique n'a encore sur ce point qu'un trop petit nombre de données, il faut s'en prendre à la prépondérance déplorable que la mathématique a prise en physique, comme la lutte entre Poisson et Dutrochet en a fourni un exemple intéressant.

général une précision indéfinie. Les lois les plus générales, et par conséquent les plus simples, sont celles qui lui conviennent le mieux. Sans être toujours d'une exactitude absolue et ne répondant quelquefois qu'imparfaitement à certains cas particuliers, elles offrent cet inappréciable avantage de se graver aisément dans toutes les mémoires et de ne demander, au moment d'être appliquées, aucune recherche longue et minutieuse. Toutes les fois qu'une de ces lois générales et simples est suffisante pour les besoins de la pratique, nous déclarons qu'il faut s'y tenir, et que c'est un homme coupable celui qui tente de la modifier, sous prétexte d'apporter à nos connaissances une exactitude qui, outre qu'elle est sans utilité réelle, est encore, quoi que nous puissions faire, fort éloignée d'une réalité que notre faible intelligence ne parviendra jamais à connaître absolument.

Prenons un exemple : Mariotte avait, dans une loi très-simple, établi que *le volume d'une certaine masse de gaz varie en raison inverse de la pression qu'il supporte*. Si la pression est double, triple, quadruple, le volume devient deux fois, trois fois, quatre fois plus petit. Rien de plus clair et de plus facile à retenir que cette loi, d'ailleurs très-suffisante dans l'application. Cependant un savant est venu qui a démontré que cette loi ne répondait pas parfaitement à tous les cas, et que certains gaz, l'air en particulier, se comprimaient un peu plus que Mariotte ne l'avait indiqué. Il a donc substitué à cette loi, si admirablement adaptée à nos besoins, des tableaux où se trouve notée la déperdition de volume subie par chaque gaz à chaque nouvelle élévation de pression. Et l'on croit que M. Regnault a rendu ainsi service à la science et à l'Humanité. Il est évident pour nous qu'il leur a porté préjudice. Ne voit-on pas qu'en voulant mettre ce degré de précision dans la représentation de phénomènes dont l'infinie complication nous échappera éternellement, nous risquons de perdre tout le bénéfice de nos plus grandes découvertes scientifiques, qui consistent précisément dans l'institution de lois, c'est-à-dire de formules mettant dans notre esprit l'idée de *constance* aux lieu et place de l'idée de *variété*, nous rendant simple la vue d'un monde qui effraye l'esprit par la multiplicité de ses détails, donnant enfin à notre action une étendue d'autant plus grande qu'elle embrasse des phénomènes plus nombreux. Qu'on cite donc une loi dont on puisse dire qu'elle reproduit fidèlement la réalité? Toutes ne sont-elles point de simples approximations que l'on a modifiées et améliorées incessamment, jusqu'au jour où la pratique les a déclarées suffisantes, et où nous avons pu, d'après elles, prévoir l'avenir et pourvoir à ses nécessités? Les savants qui, à l'instar de M. Regnault, passent leur vie à remplacer par des tableaux, dont les praticiens n'ont que faire, les lois découvertes par le génie de leurs prédécesseurs, sans que la pratique l'ait exigé, sont, dans l'ordre intellectuel, aussi condamnables que les hommes qui, dans l'ordre social, passent leur vie à se révolter contre des institutions nécessaires; ce sont des factieux académiques.

Pour résumer la fonction de la méthode subjective, nous disons donc qu'elle est chargée d'indiquer, du point de vue sociologique, c'est-à-dire du point de vue des nécessités sociales, quelles études ne méritent plus qu'on s'y attache ou ne peuvent être encore utilement abordées, quelles études doivent être entreprises, et jusqu'à quel degré celles-là doivent être poussées. En d'autres termes, la méthode subjective subordonne toute étude à l'étude sociologique, devenue, pour ainsi parler, l'étude suprême à laquelle toutes les autres ne font que prêter assistance.

Donnant à cette conception toute la généralité qu'elle comporte, Auguste Comte l'a étendue à la hiérarchie scientifique dans son entier. Si la sociologie domine toutes les autres sciences, chacune de celles-ci, à son tour, domine les sciences qui lui sont inférieures, et dans quelques-unes même certaines parties plus nécessaires et hiérarchiquement plus élevées dominent les autres parties. En biologie, par exemple,

Auguste Comte établit qu'il faut subordonner systématiquement l'anatomie à la physiologie, non-seulement parce que la connaissance de la fonction nous importe plus que celle de la structure, mais encore parce que la physiologie éclaire plus l'anatomie que celle-ci n'éclaire la précédente. Jamais la structure d'un organe, même des plus simples, n'a dévoilé sa fonction. Dans une foule de cas, au contraire, la connaissance claire de la fonction a dévoilé la structure. Les psychologues n'ont pas tout à fait tort lorsqu'ils tournent en ridicule les anatomistes, cherchant sous leur scalpel le sentiment et la pensée. Loin que la découverte des fonctions intellectuelles et morales soit la conséquence d'une connaissance anatomique même parfaite de l'appareil cérébral, c'est celle-ci qui certainement bénéficiera de la première. Auguste Comte, construisant la théorie cérébrale, a appliqué cette méthode, et sans vouloir dire, puisqu'il s'est hâté de le reconnaître lui-même, que son œuvre est définitive et non sujette à révision, il est permis d'assurer, d'après les découvertes faites depuis, qu'il a réussi dans sa tentative autant qu'il était possible de réussir.

Nous avons achevé d'exposer en quoi consistait la méthode subjective, en indiquant par quelques exemples les applications qu'on en peut faire. Pour répondre à certaines critiques dont nous parlerons tout à l'heure, il nous faut maintenant rechercher quelles fonctions cérébrales participent à l'emploi de cette méthode et si, comme on l'a dit et répété, elle constitue un procédé antiscientifique.

En fait, toutes les facultés intellectuelles, observation concrète et abstraite, méditation inductive et déductive, langage, interviennent dans l'application de la méthode subjective. Il faut d'abord *observer*, cela est certain : le gouvernement intellectuel implique avant tout une notion suffisante des besoins sociaux qu'il faut satisfaire et des choses qu'il s'agit de régler. En second lieu, il faut *induire*, ne fût-ce que pour constater et découvrir dans quel sens marche le travail intellectuel.

Enfin il faut déduire. Examinons avec soin ce dernier point, sans aucun doute le plus important, mais qui, mal apprécié, a contribué à jeter un faux jour sur la méthode subjective.

Qu'est-ce qu'induire? Qu'est-ce que déduire?

Induire, c'est saisir ce qu'il y a de constant dans ce qui varie. Exemple : une personne contemple une série de triangles et remarque que tous ont trois côtés et trois angles : voilà un premier degré d'induction. La même personne découvre ensuite que tous ces triangles présentent une propriété constante, consistant en ce que la somme de leurs trois angles est égale à deux angles droits : voilà un second degré d'induction. Dans le premier cas, la découverte ne porte que sur des propriétés; dans le second, il s'agit de relations.

Déduire, pris dans son sens le plus ordinaire, qui n'est peut-être pas le plus général, *c'est faire voir qu'un phénomène est contenu dans un autre phénomène.* Prenons un exemple. La géométrie nous enseigne que *le plus court chemin d'un point à un autre est une ligne droite;* elle nous enseigne également que *le plus court chemin d'un point à une droite est la perpendiculaire abaissée de ce point sur la droite.* Ces deux théorèmes ont été trouvés d'abord inductivement, c'est-à-dire par l'observation. Eh bien! on eût pu se passer de l'observation pour découvrir le second d'entre eux, et, par un travail purement cérébral, le tirer directement, en d'autres termes, le *déduire* du premier. Cette démonstration facile, que l'on trouve dans les traités les plus élémentaires de géométrie, est une déduction.

Cette forme de la déduction est, avons-nous dit, la plus ordinaire, mais non peut-être la plus générale. Ainsi comprise, la déduction serait étroitement confinée dans le domaine mathématique, qui seul offrirait à cette manière de raisonner une précision suffisante. La déduction possède heureusement une autre forme, qui permet d'appliquer le procédé déductif à bien d'autres sujets que les sujets mathématiques. Il y a au fond de toute déduction un *raisonnement par l'absurde*, dans lequel on part, comme l'a parfaitement vu Leibnitz, du *prin-*

cipe de contradiction. Le raisonnement déductif peut toujours être ramené à démontrer qu'il y a contradiction, incompatibilité, disconvenance entre deux propositions. Il est contradictoire, par exemple, avec le fait que le plus court chemin d'un point à un autre est une ligne droite, que le plus court chemin d'un point à une droite soit une oblique.

C'est là une autre forme de la déduction, infiniment plus générale que la précédente, et dont l'usage n'est pas uniquement borné aux mathématiques. Elle peut utilement être appliquée à toutes les sciences supérieures et en particulier à la sociologie et à la morale. On déduit en sociologie ou en morale en démontrant la convenance ou la disconvenance, la compatibilité ou l'incompatibilité de certaines propositions avec d'autres. C'est là un procédé aussi vieux que l'esprit humain. Constructeurs de religion, législateurs, jurisconsultes, moralistes l'ont employé de tout temps, quelques-uns jusqu'à l'abus. Il est évident que la déduction ne peut prétendre, sous ce nouvel aspect, à la précision rigoureuse qu'elle atteint dans l'autre. Ses résultats sont moins certains et prêtent davantage aux objections. Cela ne l'empêche pas d'être un procédé très-scientifique et très-valable, si la proposition qui offre le point de départ et à laquelle on va comparer toutes les autres pour juger de leur convenance, est préalablement établie avec une rigueur suffisante.

C'est pour n'avoir pas saisi cette forme particulière de la déduction que M. Littré a élevé contre la méthode subjective tant de critiques peu fondées. Examinant s'il est loisible de confondre, suivant la prétention d'Auguste Comte, les deux méthodes subjective et déductive, il recherche, en un passage du livre qu'il a consacré à son maître, quelle est la distinction des deux méthodes : « Elles diffèrent radicalement, dit-il, et cela est facile à voir. Elles n'ont de coïncidant qu'un seul côté, c'est de procéder par voie de conséquence et d'enchaînement ; mais ni le point de départ, ni le système des conséquences et de l'enchaînement n'est le même. Dans la méthode subjective, le point de départ est une conception de l'esprit, qui pose, *à priori*, comme on dit, un certain principe métaphysique d'où il déduit ; dans la méthode déductive, le point de départ est un résultat d'expérience, donné soit par l'intuition comme dans les axiomes mathématiques, soit par la généralisation de l'induction comme dans le principe de la gravitation. Le système des conséquences et de l'enchaînement n'est pas moins opposé dans les deux méthodes. Dans la méthode subjective, les conséquences sont métaphysiques comme le point de départ, n'ont besoin que de satisfaire à la condition d'être logiques, et ne trouvent ni ne requièrent les confirmations *à posteriori* de l'expérience ; aussi s'étendent-elles sans peine à perte de vue. Dans la méthode déductive, les conséquences ne valent qu'après vérification expérimentale ; la déduction indique, l'expérience vérifie ; aussi ne s'étendent-elles qu'avec lenteur et par un travail tout à fait analogue à celui qui a créé expérimentalement les points de départ ou principes. » (A. *Comte et la Philosophie positive*, p. 532.)

On croirait peut-être, après avoir lu ce passage, que M. Littré va démontrer que le point de départ choisi par A. Comte est une conception de l'esprit posant *à priori* un certain principe métaphysique d'où il a déduit. Pas le moins du monde. M. Littré reconnaît qu'*Auguste Comte s'est placé à un point de vue universel, au point de vue le plus élevé que la connaissance humaine ait encore obtenu*, et ce qu'il trouve seulement à reprendre, c'est que *de ce point de vue universel, légitimement conquis, il tire les conséquences, non que l'expérience vérifie, mais que son imagination ou, si l'on veut, une logique subjective lui fournit ; car ici*, ajoute-t-il, *entre l'imagination et la logique subjective je ne fais aucune distinction*.

Que reste-t-il après ces quelques lignes de la prétendue distinction que M. Littré s'est efforcé d'établir entre les deux méthodes ? Il disait tout à l'heure que le point de départ de la méthode subjective était métaphysique et il reconnaît ici qu'il est pleinement positif et légitime, par conséquent tout aussi admissible que celui de la méthode déductive. Voilà déjà une singulière contradiction. Il se rejette alors sur la manière dont Auguste Comte tire les conséquences, et il appelle cela de la *logique subjective*. Nous ne savons ce que signifie une telle expression, à moins qu'il n'entende par là, d'après les dernières lignes de la page que nous avons citée, que les conséquences déduites par Auguste Comte sont sans valeur parce qu'elles n'ont subi l'épreuve d'aucune vérification expérimentale, suivant le principe que si la déduction indique, l'expérience vérifie, ou encore, d'après la note placée à la même page, parce que la difficulté de déduire grandissant avec la complication croissante des phénomènes étudiés, la déduction est réduite à son minimum de puissance et ne peut donner des résultats valables quand elle touche à la sociologie et à la morale.

M. Littré tombe ici dans une grave erreur. Nous venons de montrer en effet que la déduction, sous la forme qu'elle tient du principe de contradiction, est d'un usage constant et légitime en sociologie et en morale. Si les résultats qu'elle y donne n'atteignent pas au même degré de précision et de certitude que dans les sciences mathématiques, son emploi n'en est pas moins légitime et, on peut le dire, indispensable. Autrement il faudrait nous abstenir, non-seulement de constructions semblables à celles que l'on reproche à Auguste Comte, mais même des plus simples prévisions domestiques ou sociales. Autant vaudrait supprimer toute existence.

M. Littré dira peut-être qu'il ne repousse pas la déduction dans le domaine social ou moral, à la condition qu'elle soit vérifiée par l'expérience : mais il semble méconnaître vraiment qu'Auguste Comte n'a conçu l'avenir humain que d'après l'expérience du passé, c'est-à-dire d'après les lois de l'organisation et de l'évolution humaines par lui découvertes, et qu'en bonne conscience on ne peut prévoir et construire que d'après le passé et non d'après un avenir en vue duquel précisément l'on prévoit et l'on construit.

Mais c'est trop discuter avec M. Littré. Un seul fait fera juger de la valeur qu'il faut attacher ici à son opinion. M. Littré croit que la conception de la méthode subjective est un retour vers la métaphysique, que peut expliquer uniquement la passion profonde qui, à un certain moment, serait venue perturber et dévoyer la mentalité du philosophe. Sans nier aucunement la tendance à jamais heureuse que cet événement imprima à ses œuvres ultérieures, il est si peu exact qu'il ait contribué à la fondation de la méthode subjective qu'elle se trouve tout entière, sauf peut-être l'expression qui la désigne, dans ce cours de philosophie positive, pour lequel M. Littré professe un culte si exclusif et dont la dernière ligne fut écrite bien avant qu'Auguste Comte n'eût fait la connaissance de madame de Vaux.

Dès la première leçon, datée de 1830, il pose la nécessité d'un gouvernement intellectuel, et dans les suivantes il démontre l'impossibilité de créer aucune synthèse objective. Six ans après, dans le troisième volume, à propos des considérations philosophiques sur l'ensemble de la science biologique, il pressent déjà l'inévitable conciliation des deux méthodes objective et subjective, sous l'influence de la philosophie positive. « L'étude de l'homme et celle du monde extérieur, dit-il, constituent nécessairement le double et éternel sujet de toutes nos conceptions philosophiques. Chacun de ces deux ordres généraux de spéculations peut être appliqué à l'autre et lui servir même de point de départ. De là résultent deux manières de philosopher entièrement différentes et même radicalement opposées, selon qu'on procède de la considération de l'homme à celle du monde, ou, au contraire, de la connaissance du monde à celle de l'homme. Quoique, parvenue à sa pleine maturité, la vraie philosophie doive inévitablement tendre à concilier, dans leur ensemble, ces deux méthodes antagonistes, leur contraste fondamental constitue néanmoins le germe réel de la différence élémentaire entre les deux grandes voies philosophiques, l'une théologique, l'autre positive, que notre intelligence a dû suivre successivement, comme je l'établirai, d'une manière spéciale et directe dans le volume suivant. » (Tome III, page 269.)

Dans ce volume (tome IV, page 519), il s'exprime ainsi : « Il serait, en ce moment, prématuré de considérer ici, à ce sujet, l'inévitable influence générale que la sociologie doit ultérieurement exercer sur le système des autres sciences fondamentales par cela seul que, constituant le dernier élément essentiel de la philosophie positive, cette philosophie, dès lors irrévocablement complétée, permettra enfin de rationnaliser directement la culture, encore essentiellement empirique, des différentes sciences actuelles, en les faisant concevoir désormais, malgré leur indispensable séparation, comme des branches distinctes d'un tronc nécessairement unique, dont la considération prépondérante devra toujours présider, sans aucune vaine prétention d'universalité, aux divers travaux spéciaux, au lieu de l'anarchique dispersion qui caractérise aujourd'hui le mode effectif de développement de la philosophie naturelle. »

Ce passage est emprunté au début même de la sociologie. Ce que Comte considérait alors comme prématuré devenait opportun et nécessaire quand la sociologie fut achevée. Il consacra alors une leçon entière, la cinquante-huitième (Appréciation finale de l'ensemble de la méthode positive) à l'établissement de la méthode subjective. Nous n'en citerons que cette phrase, courte mais décisive : « Le choix du principe philosophique susceptible d'établir enfin une véritable unité parmi toutes les spéculations positives, ne présente donc plus maintenant aucune grave incertitude : c'est uniquement de l'ascendant sociologique que doit résulter entre nos connaissances réelles une coordination stable et féconde aussi bien que spontanée et complète. »

Il ne saurait donc y avoir de doute sur la façon dont a surgi dans l'esprit d'Auguste Comte la conception de la méthode subjective. Volume à volume, chapitre à chapitre, on la voit naître et se développer dans tout le cours de philosophie positive, à la fin duquel elle est aussi fermement établie qu'elle le sera jamais pour dominer dans la suite l'œuvre du philosophe.

Aussi quand nous voyons M. Littré, s'abandonnant à des sentiments non équivoques d'antipathie contre celui qu'il ose encore appeler son maître, venir traiter de rétrogradation métaphysique la conception de la méthode subjective, et la considérer comme le résultat mental d'une passion funeste, sommes-nous tentés de lui demander s'il a jamais complétement lu et compris Auguste Comte, ou s'il ne fournirait pas, malheureusement pour lui, une regrettable mais précieuse vérification de ce principe qu'il combat, *que le cœur inspire l'esprit*.

II

Du Matérialisme.

On ne peut traiter de la méthode subjective sans être nécessairement amené à traiter de la méthode objective et du matérialisme, qui en est le résultat.

Le Matérialisme, c'est la synthèse objective. Sa prétention, comme nous l'avons déjà énoncé, est de trouver parmi les phénomènes extérieurs, soumis à notre observation, un phénomène servant à expliquer tous les autres, ou, pour mieux dire, dans lequel on fasse rentrer tous les autres. L'on a beau être catholique comme M. Cauchy, on est en même temps le plus profond des matérialistes quand on ne voit partout comme lui que de l'algèbre.

Cette conception du Matérialisme, beaucoup plus large que celle habituellement reçue, a été parfaitement saisie par M. Ravaisson dans son remarquable rapport sur l'état présent de la philosophie (1). Si la synthèse subjective tend à établir la domination des sciences supérieures sur les inférieures, la synthèse objective tend au contraire à imposer aux sciences supérieures le gouvernement des inférieures. L'une conçoit tout et coordonne tout du point de vue humain, l'autre conçoit et coordonne tout du point de vue cosmologique. Ce dernier, à la vérité, peut varier, et il en résulte, comme l'histoire nous le montrera tout à l'heure, qu'il y a plusieurs degrés dans le Matérialisme. Le plus complet est sans aucun doute le Matérialisme mathématique qui réduit tout à de la forme et du mouvement; mais il y a aussi un Matérialisme physique et chimique, qui, tout en admettant la spécificité des phénomènes mathématiques, conçoit que tous les autres faits doivent rentrer dans les faits physiques ou chimiques. Il y a même un Matérialisme biologique, dont les représentants abondent de nos jours, d'après lequel on accorde la spécificité des phénomènes mathématiques, physiques et chimiques, mais on nie celle des phénomènes sociaux et moraux. Ceux-là doivent rentrer, coûte que coûte, dans les phénomènes biologiques, au moyen desquels on tente plus ou moins vainement de les expliquer. On conçoit de suite la raison d'être des dénominations habituelles de *spiritualistes* et de *matérialistes*, de même que l'idée qu'on y rattache. Le nom de spiritualistes appartient à ceux qui croient à l'indépendance supérieure des phénomènes moraux et sociaux, non-seulement parce que l'opinion contraire n'est, à leur avis, appuyée sur aucune preuve tant soit peu sérieuse, mais encore parce qu'elle présente au point de vue social et moral, qui bon gré mal gré nous domine, les plus imminents dangers. Ils défendent ce qu'ils appellent l'Esprit contre la Matière et affirment l'irréductibilité des phénomènes moraux et sociaux aux phénomènes inférieurs. Dans

---

(1) M. Ravaisson déclare dans ce même rapport que la fondation seule de la synthèse subjective suffirait à mettre Comte au premier rang des philosophes.

ce rôle, il faut le reconnaître, ils ont raison mille fois contre les matérialistes.

Il ne faut pas, ce semble, méditer longtemps pour s'apercevoir qu'un seul phénomène ne peut rendre compte de tous les autres et qu'il existe en réalité des phénomènes distincts. Nos sens, qui seuls sont capables de nous éclairer sur ce point, feront éternellement une différence, quoi qu'on en ait dit, entre un phénomène de mouvement et un phénomène de chaleur, entre un phénomène d'électricité et un phénomène chimique, entre un phénomène de pesanteur et un phénomène de pensée. Tout ce que nous admettons, c'est qu'il y a coïncidence entre des phénomènes de nature distincte, c'est que tout phénomène de mouvement ou de pensée s'accompagne, par exemple, d'électricité et de chaleur, et qu'il y a une proportion assez constante entre le phénomène principal et les phénomènes adjoints, pour que l'on puisse arriver à mesurer les uns par les autres et donner l'*équivalent* mécanique de la chaleur ou de la lumière. Mais outre qu'il est de prime abord assez difficile d'imaginer comment l'on pourra déterminer jamais l'équivalent mécanique d'un fait moral ou social, cela ne veut pas dire le moins du monde que l'on réduit le phénomène physique ou le phénomène moral au phénomène mécanique. On reconnaît une coïncidence, on ne suppose pas une confusion.

Il y a plus. Admettons un instant que cette confusion existe dans la réalité inaperçue des choses. Nos moyens ordinaires d'appréciation, nos sens, sont-ils construits de telle sorte que cette confusion demeure ordinairement possible et que nous ne soyons pas obligés de distinguer les phénomènes d'après les sensations de nature diverse qu'ils produisent sur nous? Evidemment non. Tels que nous sommes physiologiquement constitués, force nous sera toujours de reconnaître des phénomènes irréductibles et distincts, et fussent-ils au fond réductibles et indistincts, que nous serions encore obligés de les considérer comme ne l'étant pas.

Donc, au point de vue purement dogmatique, le Matérialisme ne soutient pas un instant la discussion.

Cela cependant ne suffirait pas pour le condamner. Toute fausse qu'elle soit, une conception peut rendre de véritables services, comme cela est arrivé pour beaucoup de conceptions humaines, qui, tant qu'elles sont utiles, méritent notre approbation et notre respect. Est-ce là le cas du Matérialisme ?

Il importe de ne pas confondre : le Matérialisme a été aussi utile dans le passé qu'il est aujourd'hui inutile et même dangereux. Après avoir été longtemps une conception progressive, il est devenu une conception rétrograde. Après avoir merveilleusement servi la science, il la dessert et lui nuit. Expliquons-nous, et disons d'abord quels furent ses services.

C'est au Matérialisme, cela ne fait pas doute, qu'il faut attribuer l'honneur d'avoir fondé et développé la science. Il a été le premier instrument de la raison humaine à la recherche de la réalité contre les doctrines fictives et surnaturelles du théologisme. C'est sous sa direction que s'est ébauchée la révolution occidentale, et que le monde a fait ses premiers pas dans la voie du Positivisme. A ces titres, nous lui devons de la reconnaissance.

Dès le début des découvertes scientifiques, le Matérialisme accusa sa prétention d'en régler le mouvement et d'en être la philosophie. On venait de trouver les premières lois des nombres et les premières relations géométriques. L'esprit humain était comme dans un émerveillement en face de cet ordre immuable, apparaissant tout d'un coup au milieu d'une multitude de phénomènes qui confondaient l'esprit par leur variété. Rien n'est plus aisé que de concevoir comment, par une pente naturelle, les hommes furent poussés à appliquer aux faits quelconques les lois qu'ils venaient de découvrir, et qui nécessairement ne pouvaient être que les plus simples. Phénomènes physiques, chimiques, biologiques, sociologiques même, ils tentèrent immédiatement de tout expliquer par les combinaisons de la géométrie et de l'astronomie. Non-seulement la science n'éprouva alors aucun mal de cette débauche de déductions audacieuses, mais elle en retira le plus grand bien, car toute prétendue découverte nouvelle fut naturellement soumise au contrôle de l'expérience et rejetée toutes les fois que la réalité ne se trouva point conforme aux déductions qu'elle semblait autoriser. Si donc les erreurs philosophiques furent considérables, les erreurs scientifiques furent peu nombreuses, et pendant ce temps, chose inappréciable, l'esprit humain se livrait à une gymnastique que rien au monde n'eût pu remplacer. Non-seulement il abordait tous les sujets et se familiarisait avec eux, mais il apprenait encore à se servir de ses propres instruments ; il s'étudiait à observer et à expérimenter, à induire et à déduire.

D'un autre côté, le Matérialisme entraînait la science dans la voie même de la méthode positive.

En s'efforçant de faire rentrer les phénomènes les plus composés dans le phénomène le plus simple, il les poussait doucement et successivement vers l'état positif dans l'ordre même de leur complication croissante, ce qui est bien le caractère de la méthode positive qui veut que nous allions du simple au composé. Il présentait encore d'autres propriétés précieuses. D'une part, étendant jusqu'aux phénomènes les plus compliqués le domaine de l'esprit positif, il habituait l'intelligence à considérer que tout dans ce monde était gouverné par des lois ; il la dégageait peu à peu de l'idée d'une modificabilité infinie et arbitraire, il apprenait aux hommes à accepter sans murmure ce qu'ils ne pouvaient changer. D'une autre, sa doctrine, toute fausse qu'elle fût, contenait cependant un principe parfaitement vrai, devant lequel s'incline la philosophie positive : c'est celui que les phénomènes supérieurs reposent sur les inférieurs, que les lois les plus simples dominent les phénomènes les plus composés, que l'homme, que la société dépendent des faits et des lois cosmologiques, que le monde organique suppose le monde inorganique, que la vie suppose la mort. Le tort du Matérialisme a été d'exagérer ce principe au point de croire que les phénomènes supérieurs, bien que soumis aux lois les plus simples, ne pouvaient en même temps recevoir des lois spéciales et par là acquérir une indépendance propre, qui ne permettait point de les assimiler aux phénomènes inférieurs.

Tout cela, c'est la série des services positifs du Matérialisme; ses services négatifs ne sont pas moins grands. Il a été le plus redoutable instrument de démolition contre la doctrine antiscientifique du théologisme. Sur les ruines de la synthèse fétichique, le polythéisme avait construit à son tour une synthèse; synthèse objective, mais fictive. Les Dieux, point de départ et aboutissant de cette synthèse, avaient bien en effet le caractère objectif puisqu'ils étaient conçus par les hommes comme des réalités extérieures, et cependant cette synthèse était bien également fictive, puisque les Dieux n'étaient point des êtres accessibles à nos sens et ne prenaient corps que dans notre imagination.

Il est évident qu'une conception semblable, quels que fussent d'ailleurs les avantages qu'elle présentât sous d'autres rapports, était plus contraire que la conception fétichique elle-même à la culture de la vraie science. Le fétichiste, en effet, encore qu'il se considère comme le centre du monde et rapporte toute chose à lui-même, est porté, en vertu même de sa doctrine, à connaître ce monde qu'il anime et auquel il prête des sentiments semblables aux siens. Pour savoir ce qu'il en doit attendre, il l'observe, il le contemple, il l'étudie. L'observation, c'est-à-dire le premier des procédés scientifiques, se développe énergiquement sous l'impulsion de l'hypothèse fétichique, qui a de plus le mérite d'être vérifiable, tandis que l'hypothèse théologique ne l'est pas.

Tout autres sont les conséquences de la conception théologique. Là tout vient des Dieux et retourne aux Dieux, êtres extraterrestres. Pourquoi dès lors connaître le monde? En quoi cela hâtera-t-il l'amélioration de l'état humain? Ne suffit-il pas d'implorer les Dieux pour tout modifier, pour tout obtenir? Si les hommes avaient été conséquents avec leur théorie, ils auraient dû simplement se croiser les bras et prier. Heureusement pour l'Humanité, ses enfants ont montré de l'inconséquence, et, en attendant les secours divins, ont employé à s'assurer plus de bien-être leur intelligence et leurs mains. Cela toutefois n'empêchait pas la doctrine d'être au suprême degré défavorable à la science et de l'entraver, aussitôt que les besoins pratiques immédiats n'étaient plus là pour surexciter les esprits.

La synthèse objective réelle a merveilleusement servi à ruiner la synthèse objective fictive. En plaçant dans les phénomènes inférieurs, mais dans des phénomènes réels, le principe de toutes choses, le Matérialisme a ramené vers l'étude du monde et de l'homme les esprits égarés dans les espaces célestes, et les a rappelés vers la science en les arrachant à la fantaisie. En d'autres termes, il a supprimé le théologisme, c'est-à-dire le régime des *volontés*, pour lui substituer la science, c'est-à-dire le régime des *lois*.

Dès le début, le Matérialisme s'est présenté sous deux formes distinctes, la forme concrète et la forme abstraite. Dans la forme concrète, le Matérialisme tente de ramener à un élément ou à un phénomène particulier très-simple tous les autres phénomènes; dans la forme abstraite, il tente de ranger tous les phénomènes sous la même et unique loi. Quelques mots sur les fondateurs de la synthèse objective feront saisir cette différence.

Le premier de tous est le créateur même de la géométrie, le père de la science abstraite, le Grec Thalès. « La plupart de ceux qui philosophèrent les premiers, dit Aristote, ne considérèrent les principes de toutes choses que sous le point de vue de la matière. Suivant eux, il existe un principe, un élément, d'où sortent tous les êtres, d'où provient tout ce qui se produit, où aboutit toute destruction ; car la substance persiste, quelles que soient ses modifications. Aussi pensent ils que rien ne naît et ne périt véritablement, puisque cette nature première subsiste toujours..... Thalès, fondateur de cette philosophie, regarde l'*eau* comme premier principe..... »

Thalès est donc le premier père du Matérialisme concret. Si, comme ses successeurs de l'école ionique, il n'a pas pris dans la science même le point de départ de sa systématisation objective, une chose certaine cependant, c'est que l'esprit scientifique seul a pu lui fournir une telle conception.

C'est, comme nous le disions tout à l'heure, cette idée d'ordre, de constance, de régularité, que les premières découvertes scientifiques faisaient apparaître, qui a poussé leur auteur à chercher partout le même ordre et la même régularité, en dehors de lois que le génie humain à ses premiers pas n'avait pu découvrir encore.

Quelques années après Thalès, parut Anaximandre, de Milet, qui reconnaissait dans l'*infini* l'élément et le principe des choses. L'infini, suivant lui, était une sorte d'intermédiaire entre l'air et l'eau, dont les parties pouvaient éprouver des modifications, sans que le fond en fût altéré ; la terre en occupait le centre et était de figure sphérique. Vinrent ensuite Anaximène, de Milet, qui prit l'*air* comme élément fondamental, Héraclite, d'Ephèse, qui prit le *feu*, Empédocle, qui accorda une nature distincte aux quatre éléments qu'Héraclite faisait dériver du feu et fournit ainsi à Aristote la base de sa théorie.

Remarquons que tous ces hommes sont à la fois des philosophes et des savants. Tous sont géomètres et astronomes. On leur doit l'invention du style des cadrans solaires, des instruments spéciaux pour déterminer les solstices et les équinoxes, des travaux géographiques, la construction de la sphère.

Anaxagore, de Clazomène, qui florissait à une époque un peu postérieure (500 ans avant J.-C.), expliquait le monde par une combinaison de *corpuscules*. Comme ses prédécesseurs, il s'occupait d'astronomie et enseignait que le soleil était une masse de feu plus grande que tout le Péloponèse, que la lune était habitée, qu'elle renfermait des montagnes et des vallées. Il abordait également l'étude des phénomènes physiques et s'efforçait d'en donner une théorie positive. Il expliquait les vents par la raréfaction de l'air sous l'influence du soleil, le tonnerre par le choc des nues, l'éclair par leur frottement, le tremblement de terre par l'air qui pénètre dans la terre, etc. La synthèse objective portait déjà ses fruits en étendant au delà de la mathématique et de l'astronomie le domaine des conceptions scientifiques.

Les deux derniers philosophes que nous citerons parmi les représentants du Matérialisme concret propre à l'école ionique, sont Leucippe et son disciple Démocrite, d'Abdère. Leucippe ne fit que préciser les théories d'Anaxagore. Un grand nombre de corpuscules, détachés de l'infini et de formes très-différentes, voltigent dans le vide immense jusqu'à ce qu'ils se rassemblent et forment un tourbillon qui se meut en rond de toutes les manières possibles, mais de telles sortes que les parties qui sont semblables se séparent pour s'unir les unes aux autres : c'est ainsi que se forment les mondes. Démocrite, d'Abdère, ne fut pas seulement un grand philosophe ; il a laissé des traités de morale, des livres de physique, d'histoire naturelle, de médecine, des travaux de mathématiques et d'astronomie, des dissertations sur la poésie, un ouvrage sur la science des armes : c'est un génie universel. En philosophie, il a développé les théories de Leucippe. Les *atomes* et le vide seraient les principes de l'univers ; il y a des mondes à l'infini qui ont un commencement et une fin ; rien ne se fait de rien ni ne s'anéantit ; les atomes sont innombrables, ils se meuvent en tourbillons d'où proviennent toutes les concrétions : feu, eau, air et terre ; l'âme est un composé de même nature, etc., etc.

Tels furent les principaux fondateurs de cette forme du

Matérialisme. Ils ont poussé si loin la systématisation objective concrète que leurs successeurs n'ont fait jusqu'à nos jours que reprendre leurs théories, sans même les développer. Epicure et Lucrèce n'ont rien inventé que n'avait inventé Démocrite, et nos littérateurs ne font que répéter Lucrèce.

Le Matérialisme abstrait s'est développé dans l'*école italique*, dont le créateur est peut-être le génie le plus complet, le plus puissant de l'antiquité, Pythagore, de Samos. Cet homme extraordinaire, qui, comme Démocrite, s'occupa de toutes les sciences et de tous les arts, y compris l'art politique, conçut une systématisation objective réelle par laquelle il expliqua le monde, et, chose plus audacieuse, entreprit de le gouverner. Il établit que les *nombres* étaient les principes des choses, et soumit aux lois des nombres, lois abstraites s'il en fut, tous les événements et tous les êtres qui frappaient ses sens.

Sans considérer autrement les explications plus qu'obscures, et d'ailleurs peu connues, sur lesquelles Pythagore a élevé sa théorie, nous devons reconnaître qu'il y a dans sa tentative une vue philosophique si vraie à certains égards et si susceptible d'applications utiles, qu'Auguste Comte, dans sa synthèse subjective, s'en est emparé. Il est en effet des phénomènes tellement compliqués, que les lois qui les régissent ne pourront jamais être exactement déterminées. Ceux-là, comme nous l'exposerons plus longuement dans le courant de ces leçons, ne pourront donc jamais être soumis à une règle reposant sur des lois naturelles, puisque ces lois n'auront pu être découvertes. Et cependant ces phénomènes sont parmi les plus importants, parmi ceux qui, par conséquent, ont le plus besoin d'être réglés. Le problème serait insoluble, si heureusement ce qui est le plus compliqué n'était pas en même temps le plus modifiable et le plus capable d'être, entre certaines limites, gouverné par une règle quelconque. Dans ces cas, les lois les plus simples, c'est-à-dire les lois des nombres, peuvent en effet, avec grand bénéfice pour l'Humanité, tenir lieu de celles que son génie n'a pu saisir. Toute la différence qui existe ici entre la théorie de Pythagore et celle d'Auguste Comte, c'est que l'une est objective, tandis que l'autre est subjective ; c'est que l'une admet comme réelle l'extension de ces lois simples aux phénomènes supérieurs, tandis que l'autre ne lui donne qu'un caractère artificiel ; en un mot, c'est que l'une n'imagine pas que des phénomènes quelconques puissent être gouvernés par d'autres lois que les plus simples, tandis que l'autre n'applique sciemment ces lois à des phénomènes très-compliqués que faute de pouvoir découvrir les lois naturelles qui les régissent.

Le Matérialisme de Pythagore ne survécut guère à son auteur et à l'école de Crotone qu'il avait fondée. Aristote tendit plutôt vers l'école ionique, et tout le moyen âge se rangea plus ou moins à l'avis du Maître.

Nous arrivons à Descartes et à la plus complète tentative de systématisation objective abstraite que l'esprit humain ait imaginée. Assurément Pythagore, en choisissant les nombres comme point de départ de sa synthèse, avait bien donné au Matérialisme abstrait sa forme la plus générale, mais il faut ne pas oublier qu'en son temps les mathématiques seules étaient ébauchées, et qu'il n'avait pas fallu de grands efforts d'esprit pour ramener aux seules lois connues des phénomènes encore inexplorés. Les choses avaient bien changé quand parut Descartes. La plupart des sciences étaient ébauchées. L'astronomie, la physique, la chimie, la biologie même avaient fait de réels progrès. Tout cela était bien encore en pleine période métaphysique et attendait la règle des lois positives, mais il n'en fallait pas moins qu'une nouvelle systématisation tînt compte des études faites et des connaissances acquises. L'œuvre de Descartes offrait donc de bien autres difficultés que celles de Pythagore, et si elle fut peut-être moins générale, en ce que son auteur prit comme point de départ un phénomène moins simple, elle fut sans aucune comparaison plus complète, en ce qu'elle entreprit d'expliquer des faits que Pythagore ne soupçonnait même pas.

En juin 1637 parut à Leyde le *Discours de la Méthode*, suivi de *la Dioptrique*, *des Météores* et de *la Géométrie*, qui sont, disait Descartes, des applications de cette méthode. Production vraiment unique! Dans la Méthode se trouvent exposés le principe et le but; c'est le plan même de l'édifice dont la Géométrie, les Météores et la Dioptrique vont former le vestibule. Après avoir amené, dans sa Géométrie, la science des formes à son état normal de complète généralité, Descartes commence, dans les Météores et la Dioptrique, à démontrer qu'il n'existe au monde que de la forme et du mouvement. Dans les Météores, il donne une théorie des phénomènes célestes, dont plusieurs points, et en particulier la théorie de l'arc-en-ciel, n'ont guère été modifiés; dans la Dioptrique, il fonde la physique mathématique et va jusqu'à inventer les instruments convenables à la preuve expérimentale.

Tant dans cette première œuvre que dans les suivantes, *Principes de philosophie*, *Traité des passions*, *Traité de l'Homme*, Descartes ne fit que développer le plan posé dans la Méthode et consistant à tout ramener aux seuls principes qui lui semblaient donner une suffisante certitude, c'est-à-dire aux principes mathématiques. Aucune science n'échappa au niveau commun. Soit par lui-même, soit par ceux de ses disciples qui le suivirent de plus près, toutes nos connaissances passèrent sous le joug de la géométrie et de la mécanique.

La physique mathématique avait été établie dès la Dioptrique. La chimie mathématique fut surtout l'œuvre des successeurs. « Il n'y a pas fort longtemps, écrit Fontenelle dans l'Eloge de Guglielmini, que tous les raisonnements de chimie n'étaient que des espèces de fictions poétiques, vives, animées, agréables à l'imagination, inintelligibles et insupportables à la raison. La saine philosophie a paru, qui a entrepris de réduire à la simple mécanique corpusculaire cette chimie mystérieuse, et en quelque façon si fière de son obscurité. Cependant il faut avouer qu'il lui reste encore chez quelques auteurs des traces de son ancienne poésie... Guglielmini paraît avoir eu une extrême attention à ne leur pas permettre de se glisser dans sa dissertation chimique; il y rappelle tout avec rigueur aux règles d'une physique exacte et claire, et pour épurer la chimie encore plus parfaitement et en entraîner toutes les saletés, il y fait passer la géométrie. »

La biologie eut le même sort. La physiologie mécanique de Boerhaave prit sa source dans l'automatisme de Descartes. Laissant de côté l'espèce humaine, qu'il eût été alors trop dangereux de mêler aux autres, Descartes ne vit dans les fonctions organiques que de la forme et du mouvement, et compara l'animal à une machine, incapable de sentiment et de volonté. Quant aux phénomènes sociaux et moraux, soit impuissance de les ramener aux lois mécaniques, soit crainte de blesser les susceptibilités théologiques, Descartes et ses successeurs les laissèrent à ceux qui jusqu'alors s'en étaient attribué l'étude et auraient malaisément souffert qu'on empiétât sur leur domaine.

Avec Descartes et par Descartes, la synthèse objective atteignit son apogée. Chez Descartes, elle est encore progressive. Si, en effet, la principale utilité du matérialisme dans cette première période fut d'introduire l'esprit scientifique dans des matières qui ne le comportaient pas encore, et d'amener à l'état positif des connaissances jusque-là rebelles, il est certain que rien ne fut plus progressif que l'œuvre qui, d'un seul coup, amena sous le joug des lois positives une physique, une chimie, une biologie, qui auparavant n'étaient qu'un amas des plus bizarres conceptions métaphysiques.

Ce dernier service rendu, la synthèse objective, ou mieux le Matérialisme, n'était plus qu'un obstacle et devenait un instrument de rétrogradation. La prétention de soumettre aux seules lois de la forme et du mouvement les phénomènes de plus en plus compliqués de la physique, de la chimie et de la biologie, ne pouvait en effet tenir longtemps devant l'observation et l'expérience, et il fallait nécessairement se décider entre les résultats fournis par les procédés fondamentaux de toute science et les déductions plus qu'aventureuses du génie mathématique de Descartes. Il y eut lutte, lutte dans laquelle les cartésiens furent les rétrogrades et les anticartésiens les représentants du progrès.

Le premier coup porté au cartésianisme le fut par Newton. Il y a, dit Newton, d'autres notions que celles de forme et de mouvement; il y a la notion de *masse*, qui s'apprécie, nous le savons aujourd'hui, par la sensation d'effort musculaire. Deux sphères, de même volume et de même substance, mues d'un mouvement égal, mais dont l'une est vide et l'autre pleine, ne donneront pas une sensation identique à celui qui supportera leur choc. Il y a donc entre ces deux sphères une différence dont ne peuvent rendre compte les seules notions de forme et de mouvement. Il faut admettre une notion nouvelle, la notion de masse.

La brèche était ouverte : tous les grands observateurs s'y précipitèrent à la suite de Newton. La physique mathématique de Descartes fit place à la physique expérimentale des Pascal et des Galilée; la chimie de Guglielmini fit place à la chimie d'observation, à la chimie chimique, pour ainsi dire, des Lemery et des Lavoisier; enfin, la physiologie mécanique de Descartes et de Boerhaave céda elle-même le pas à la biologie positive, mais biologique, de Bichat et de Gall. L'un après l'autre, les savants vinrent démontrer que telle ou telle classe de phénomènes, que l'on croyait exclusivement soumise aux lois des phénomènes inférieurs, se trouvait également assujettie à des lois particulières, qui nécessitaient une étude spéciale et seules étaient capables de rendre compte des faits observés. A côté des lois mathématiques, on sentit la nécessité d'introduire des lois physiques, puis des lois chimiques, enfin des lois biologiques.

Dans cette bataille, qui s'est prolongée jusque dans notre siècle, un homme représente le point où la synthèse objective, accablée de toutes parts, est au moment de s'avouer vaincue : cet homme est Diderot, le plus hésitant, le plus perplexe, le plus malheureux des philosophes. Reconnaissant l'impossibilité de tout ramener à une loi unique, Diderot admet l'irréductibilité des phénomènes physiques et chimiques ; mais en même temps il ne peut se défendre de tenter une sorte de synthèse objective concrète des phénomènes organiques (*Rêve de d'Alembert*), et, pour comble de contradiction, comme par un pressentiment de la synthèse subjective, il entrevoit la constitution d'un gouvernement intellectuel (*Interprétation de la nature*). La synthèse objective n'était plus possible, et les matériaux d'une synthèse subjective réelle n'étaient pas encore rassemblés. Diderot se trouva comme paralysé par ces tiraillements inévitables et fut condamné à se dépenser dans une œuvre bien inférieure à son génie.

Lorsque plus tard Auguste Comte apparut et proclama que la sociologie et la morale avaient leurs lois propres, auxquelles ne pouvaient suppléer celles de la biologie, de la chimie et de la physique, il ne restait plus du Matérialisme de Descartes que l'esprit même qui l'avait dicté, c'est-à-dire cette tendance qui pousse les esprits à chercher le phénomène autour duquel tout doit se grouper, par lequel tout doit recevoir son explication. Bien que le Matérialisme mathématique trouve encore çà et là quelque regain de vie et réapparaisse de temps à autre sous des formes un peu différentes, on peut dire qu'aujourd'hui le Matérialisme dominant est le Matérialisme physiologique. La majeure partie des biologistes actuels admet certainement l'irréductibilité des phénomènes inférieurs et ne croit pas pouvoir rendre compte des fonctions organiques au moyen des seules lois de la géométrie ou de la physique, mais les mêmes hommes n'admettent pas encore que les phénomènes sociaux et moraux soient gouvernés par d'autres lois que celles de la biologie et puissent exiger une étude plus spéciale et plus compliquée.

Quelque forme qu'il prenne d'ailleurs, le Matérialisme est devenu aujourd'hui notre principal adversaire, nous pourrions dire notre seul adversaire, car les conceptions théologiques ou métaphysiques sont tellement ruinées qu'on ne prend même plus la peine de les discuter. Le Matérialisme, progressif jusqu'à Descartes, est désormais rétrograde, puisqu'il veut nous faire remonter une pente que l'esprit humain descend depuis Newton; antiscientifique, puisqu'il tend à méconnaître dans les phénomènes une diversité que l'observation et l'expérience démontrent surabondamment; contraire enfin, et c'est là la plus grosse des accusations que nous porterons contre lui, à toute moralité et à toute sociabilité. Le Matérialisme, en détruisant le théologisme, n'a rien mis en sa place. Tout en concevant que les phénomènes moraux et sociaux sont gouvernés par des lois naturelles, sa prétention de les astreindre aux lois de phénomènes inférieurs l'a empêché et l'empêchera éternellement de rien découvrir dans un ordre de faits plus compliqué qu'aucun autre et où la diversité est plus manifeste qu'en aucun autre. Il faut cependant régler ces phénomènes moraux et sociaux, sous peine de mort pour la société. Les matérialistes ont beau nous dire que l'œuvre, pour être lente, n'en est pas moins sûre et qu'un temps viendra où nous posséderons le coefficient mécanique de ces faits, dont la simplicité nous échappe encore... une telle promesse, qui ne repose d'ailleurs sur aucune garantie, et contre laquelle un passé de deux siècles proteste énergiquement, ne nous rassure en aucune façon. Admettons que dans un millier d'années peut-être l'on ait découvert ces coefficients tant désirés et que la vie individuelle ou sociale puisse être réglée alors avec la précision d'une horloge : par quoi la réglera-t-on jusque-là? Croit-on sérieusement que les vieilles traditions morales et sociales de l'Humanité puissent tenir longtemps contre les aberrations soi-disant scientifiques qui éclosent chaque jour, contre des théories où l'on fait du cerveau humain une machine vulgaire, contre des doctrines où l'on établit que la vie n'appartient qu'aux forts, que les espèces trop faibles doivent disparaître, et que l'espèce humaine verra périr les races débiles, incapables de supporter le choc des nations batailleuses et conquérantes, auxquelles la planète revient de droit?

Il n'est pas douteux que si de telles théories pouvaient persister, la ruine des sociétés humaines serait assurée. Beaucoup de matérialistes ont beau être les plus honnêtes gens du monde, ils n'en contribuent pas moins à compromettre toute vie sociale en détruisant ces habitudes précieuses, ces préjugés tutélaires, qui, dans le renversement total des croyances, continuent à protéger les hommes et garantissent les théoriciens eux-mêmes contre leurs propres conceptions.

Le Positivisme et la synthèse subjective viennent, dans ce péril grave, au secours de l'Humanité.

III

Nature, destination et plan de la philosophie première.

Nous croyons avoir démontré, par ce qui précède, la nécessité de tout coordonner d'après la méthode subjective. En réalité, il n'existe qu'une science : l'homme et la société. Tout le reste ne doit être étudié que pour les mieux connaître, pour les mieux servir. En se livrant à la biologie, à la chimie, à la physique, à l'astronomie, aux mathématiques, le jeune homme ne perdra jamais de vue que tout cela a pour aboutissant suprême une science qui les résume et les ordonne : la science sociale.

Si cette grande conception ne se fait jour que peu à peu dans l'œuvre d'Auguste Comte et n'atteint la formule dernière, comme nous l'avons vu, que dans le volume final de la *Philosophie positive*, il est évident que le sentiment de la *destination sociale* perce dès le début des travaux du rénovateur. Ses premiers opuscules : *Plan des travaux scientifiques nécessaires pour réorganiser la société, Considérations sur le pouvoir spirituel,* etc., témoignent chez leur auteur de la volonté arrêtée de donner pour guide à l'art politique une science comparable à toutes les autres sciences, mais qui sera supérieure à celles-ci autant que l'art politique est au-dessus de tous les autres arts. Bien loin donc que ce soit en philosophant sur les sciences découvertes et explorées avant lui qu'Auguste Comte ait fondé la science sociale, c'est cette fondation, au contraire, qui lui a permis de philosopher utilement sur les autres sciences. Loin que ce soit la conception de la philosophie positive qui l'ait amené à celle de la sociologie, c'est cette dernière qui l'a conduit à la précédente. Et cela se conçoit.

Si la philosophie positive diffère de toute autre en ce qu'elle n'admet point, comme la philosophie théologique ou métaphysique, que certains faits soient indépendants des lois naturelles, il fallait évidemment qu'avant de la concevoir on eût ramené sous le joug de ces lois les derniers phénomènes qui leur résistaient encore : les phénomènes sociaux et moraux. La sociologie une fois créée, la conception de la philosophie positive devenait possible : elle était complète et avait un but.

Auguste Comte employa huit années, de 1822 à 1830, à jeter les fondements de la sociologie et de la philosophie positive. La fondation de la sociologie le conduisit de suite à la conception d'un pouvoir spirituel distinct du pouvoir temporel, et celle de la philosophie positive à la constitution d'une hiérarchie scientifique coordonnant toutes les lois propres aux divers phénomènes, depuis les phénomènes mathématiques jusqu'aux phénomènes sociaux.

De 1830 à 1842, avec une persistance et un dévouement

dont l'histoire de la philosophie ne nous semble pas fournir de plus noble exemple, il réalisa le plan conçu et écrivit les six volumes de la *Philosophie positive*. Certes, le spectacle des sciences ainsi rangées suivant leur degré de généralité objective décroissante, correspondant au degré de généralité subjective croissante, présente à l'esprit une incomparable idée d'ordre, et est à lui seul un enseignement salutaire. Mais cela n'aurait point suffi pour donner à l'œuvre l'unité puissante qui en fait une véritable philosophie. Cette unité pouvait-elle procéder d'une systématisation objective quelconque? Auguste Comte, dès les premières pages, s'est empressé de nous édifier sur la vanité d'une tentative semblable. Elle ne pouvait évidemment provenir que d'une systématisation subjective, d'ailleurs spontanée et inconsciente. L'unité de la philosophie positive est résultée de ce que son auteur, après avoir couronné par la sociologie l'édifice des connaissances humaines, a su, en se plaçant au sommet et contemplant toutes les autres sciences de la plus haute, ne jamais subordonner dans aucune l'esprit d'ensemble à l'esprit de détail. En réalité, quand Auguste Comte, dans sa politique, considéra de nouveau la philosophie des sciences, en lui appliquant les principes de sa méthode subjective, il ne fit que donner une forme systématique et rigoureuse à ce qui, dans sa philosophie, ne pouvait avoir encore qu'une forme vague et spontanée.

A en croire certaines gens qui se piquent de philosophie, et au besoin de Positivisme, les hommes de génie seraient les seuls qui ne subiraient point, cérébralement parlant, l'action des lois naturelles d'évolution et de développement. Il faudrait que dès les premiers pas ils se montrassent tels qu'ils seront un jour, lorsque la méditation et l'étude les auront complètement et définitivement formés. On nie qu'ils puissent, nous ne disons pas changer, ce qui est déclaré chose monstrueuse, mais même se modifier en progressant. Auguste Comte, à dix années, à vingt années d'intervalle, après un labeur cérébral peut-être unique dans l'histoire de l'Humanité, a modifié une première opinion, est revenu sur une erreur, a donné de l'importance à telle ou telle partie qu'il avait d'abord laissée dans l'ombre, a fait de nouvelles découvertes : honte et anathème au philosophe ! Il y a tant d'absurdité et de mauvaise foi dans de tels jugements qu'en vérité ils ne valent pas la peine d'être réfutés. En ce qui concerne Auguste Comte, on peut déclarer sans mentir qu'aucun philosophe, dans une œuvre d'aussi longue haleine et de dimension aussi considérable, n'a commis moins de contradictions. On croirait faite pour lui cette belle parole du poète : qu'une belle vie est une pensée de jeunesse réalisée dans l'âge mûr.

Quoi qu'on en ait dit, tout ce que contiennent ses dernières œuvres est en germe dans les premières. Elles sont moins une création qu'un progrès. Dès les premiers opuscules, la conception nettement posée d'un nouveau pouvoir spirituel, devant trouver dans la science la base qu'avait jusque-là fournie la métaphysique et la théologie, laisse déjà prévoir la fondation religieuse par laquelle Auguste Comte couronnera sa vie. De son côté, la méthode subjective, dans laquelle M. Littré, dans son admiration exclusive pour la Philosophie, croit trouver une déviation intellectuelle, est, comme nous l'avons vu, systématisée, formulée même dans les derniers chapitres de cette Philosophie, dont elle domine inconsciemment l'ensemble. Que reste-t-il donc des nouveautés tant reprochées au philosophe ? La morale ? La philosophie première ? Examinons.

Il faut reconnaître que théoriquement la morale n'est point distinguée de la sociologie dans le cours de philosophie, quoique pratiquement elle le soit toujours. C'était une conséquence facile à prévoir que tôt ou tard Auguste Comte mettrait d'accord les deux points de vue, théorique et pratique, et séparerait, en tant que science, la morale de la sociologie. Ce pas, il l'accomplit en 1852, dans le deuxième volume de la *Politique positive*, au chapitre Ier, qui traite de la religion.

Ceux qui pourraient croire qu'il a été entraîné à cette distinction par des raisons d'ordre ultrascientifique n'ont qu'à lire les solides considérations philosophiques sur lesquelles il l'a basée. Ils verront qu'Auguste Comte n'invoque guère d'autres motifs que ceux qui l'ont conduit à séparer les différentes sciences dans la hiérarchie encyclopédique ; en sorte que le dernier perfectionnement apporté à cette hiérarchie se trouve comme contenu dans la philosophie même, dont le rôle principal était de la fonder.

Ce que nous avons dit de la méthode subjective et de la morale s'applique aussi bien à la philosophie première. S'il est vrai qu'Auguste Comte ne lui a donné sa constitution définitive que deux ans avant sa mort, on peut dire qu'il l'a préparée durant toute sa vie. Il a même fait mieux que la préparer, il l'a construite peu à peu, et le dernier effort a consisté plutôt à rassembler et ordonner sous un titre commun des matériaux épars qu'à les créer.

La première loi de philosophie première, qui constate la tendance de l'esprit humain à toujours former l'hypothèse la plus simple que comporte l'ensemble des renseignements obtenus, est formulée dans une note de la *Géométrie analytique* (page 58), publiée en 1843. Les trois premières lois du groupe objectif (nous parlerons tout à l'heure des différents groupes formés par les quinze lois de philosophie première) prennent, dans la pensée d'Auguste Comte, le caractère d'universalité qui marque leur place dans cette portion du dogme dès 1842, année où parut le sixième volume de la *Philosophie positive*. « Il s'agit ici, dit-il dans les conclusions générales, en parlant des lois de Képler, de Galilée et de Newton, il s'agit ici d'une appréciation plus élevée et beaucoup moins sentie jusqu'à présent, qui, d'après une suffisante généralisation de ces trois lois fondamentales, leur assure une véritable universalité philosophique en les faisant convenir finalement à tous les phénomènes possibles, et particulièrement à ceux de la nature vivante, soit individuelle, soit même sociale, ainsi qu'il est maintenant aisé de l'expliquer envers chacune d'elles. »

Dans le second volume de la *Politique* (1852), Auguste Comte énonce la treizième loi en formulant le principe que *le progrès est le développement de l'ordre;* dans le troisième volume, il ébauche les lois statiques de l'entendement et établit ses lois dynamiques, dont la première, celle des trois états, avait été le point de départ de ses découvertes sociologiques. Enfin, dès le début de sa carrière il avait proclamé l'assujettissement de tous les phénomènes quelconques à des lois naturelles (deuxième loi) et la loi générale des classifications (quatorzième loi).

Tous les matériaux existaient donc, mais se trouvaient dispersés dans son œuvre, quand, au quatrième volume de sa *Politique*, Auguste Comte entreprit de leur donner une constitution spéciale sous le nom trouvé par Bacon. Il appela Philosophie première quinze lois qui diffèrent de toutes les autres en ce qu'elles s'appliquent indifféremment à tous les phénomènes quelconques et non à certains ordres seulement; il les plaça au seuil même du dogme positif et enjoignit de commencer par elles l'étude et l'enseignement des conceptions abstraites, parce qu'entre toutes elles sont évidemment les plus générales, étant universelles, et que toute étude comme tout enseignement, va du général au particulier.

Énonçons ces lois :

PREMIER GROUPE, **autant objectif que subjectif**.

1re loi. — 1° Former l'hypothèse la plus simple et la plus sympathique que comporte l'ensemble des renseignements obtenus.

2e loi. — 2° Concevoir comme immuables les lois quelconques qui régissent les êtres d'après les événements.

3e loi. — 3° Les modifications quelconques de l'ordre universel sont bornées à l'intensité des phénomènes, dont l'arrangement demeure inaltérable.

DEUXIÈME GROUPE, essentiellement subjectif.

Premier sous-groupe, relatif à l'état statique de l'entendement.

4ᵉ loi. — 1° Subordonner les constructions subjectives aux matériaux objectifs.

5ᵉ loi. — 2° Les images intérieures sont toujours moins vives et moins nettes que les impressions extérieures.

6ᵉ loi. — 3° Toute image normale doit être prépondérante sur celles que l'agitation cérébrale fait simultanément surgir.

Deuxième sous-groupe, relatif à l'essor dynamique de l'entendement.

7ᵉ loi. — 1° Chaque entendement présente la succession des trois états : fictif, abstrait et positif, envers les conceptions quelconques, avec une vitesse proportionnée à la généralité des phénomènes correspondants.

8ᵉ loi. — 2° L'activité est d'abord conquérante, puis défensive, et enfin industrielle.

9ᵉ loi. — 3° La sociabilité est d'abord domestique, puis civique et enfin universelle, suivant la nature propre à chacun des instincts sympathiques.

TROISIÈME GROUPE, essentiellement objectif.

Premier sous-groupe.

10ᵉ loi. — 1° Tout état statique ou dynamique tend à persister spontanément sans aucune altération, en résistant aux perturbations extérieures (Képler).

11ᵉ loi. — 2° Un système quelconque maintient sa constitution active ou passive, quand ses éléments éprouvent des mutations simultanées, pourvu qu'elles soient exactement communes (Galilée).

12ᵉ loi. — 3° Il y a toujours équivalence entre la réaction et l'action, si leur intensité est mesurée conformément à la nature de chaque conflit (Huyghens, Newton).

Deuxième sous-groupe.

13ᵉ loi. — 1° Subordonner toujours la théorie du mouvement à celle de l'existence, en concevant tout progrès comme le développement de l'ordre correspondant, dont les conditions quelconques régissent les mutations qui constituent l'évolution.

14ᵉ loi. — 2° Tout classement positif doit procéder d'après la généralité croissante ou décroissante, tant subjective qu'objective.

15° loi. — 3° Tout intermédiaire doit être normalement subordonné aux deux extrêmes, dont il opère la liaison.

Ces quinze lois forment, comme on le voit, trois groupes distincts. Le premier, disons-nous, est autant objectif que subjectif, et cela se conçoit, si l'on considère que les trois lois qui le composent, bien que s'appliquant au monde extérieur, ne sont vraies que dans le degré d'approximation que comportent nos moyens d'investigation et notre puissance coordinatrice. C'est pour obéir à un penchant naturel que partout nous cherchons des lois et que nous leur attribuons l'immuabilité. Si l'expérience nous apprend après coup que ces lois représentent l'ordre universel autant qu'il nous sert de le connaître, c'est la nécessité de diriger notre conduite, qui nous pousse d'abord à les instituer. On voit de suite ici la part de l'objectif et du subjectif.

Le second groupe est essentiellement subjectif. Cela ne peut faire doute, puisqu'il traite des lois de l'entendement, source de toute subjectivité. Ce qui surprend davantage, c'est que ces lois aient leur place dans la philosophie première. Ne concernent-elles pas un objet spécial, l'entendement? En quoi sont-elles donc universelles? Elles sont universelles en ce que, réglant l'existence et le mouvement de la raison, elles régissent par là même les objets quelconques de son exercice, autrement dit toutes nos connaissances.

Le troisième groupe est essentiellement objectif. Les trois lois du premier sous-groupe étant dues à des géomètres dont Auguste Comte n'a eu qu'à universaliser les conceptions, leur provenance seule suffit à faire éclater leur objectivité.

Celle des trois lois du second sous-groupe paraît de prime abord plus contestable. Cependant la première, qui consiste à subordonner partout la théorie du mouvement à celle de l'existence, émane aussi certainement d'un germe mathématique, bien que moins appréciable peut-être que dans le cas précédent. La seconde, il est vrai, pourrait à certains égards rentrer dans le groupe des lois subjectives, car elle se confond avec la loi des trois états, dont elle devient le complément nécessaire, quand on la destine à ranger les conceptions sans prendre garde aux êtres. C'est uniquement à ce dernier point de vue, le point de vue des phénomènes, des êtres, des existences, que cette loi peut être réellement considérée comme appartenant au groupe objectif. La dernière loi n'a qu'une apparence subjective. Bien que dans l'application ses services soient plus logiques que scientifiques, nous ne devons pas oublier qu'elle proclame autant la dépendance des divers états que l'enchaînement des études, et, à ce point de vue, elle est évidemment objective. Le troisième groupe sert de passage naturel à la philosophie seconde, en posant les bases de sa classification et de la hiérarchie qui la constitue.

Ces considérations, infiniment trop brèves, sur la nature des différents groupes qui composent la philosophie première, trouveront leur juste développement à mesure que nous avancerons dans notre étude. Avant d'aborder les lois du premier groupe, nous consacrerons, comme nous l'avons annoncé au début de cette séance, deux leçons à la théorie de l'abstraction.

COURS DE PHILOSOPHIE PREMIÈRE

PROFESSÉ PAR M. PIERRE LAFFITTE

DEUXIÈME LEÇON

(RÉDIGÉE PAR LE Dr P. DUBUISSON)

DE L'INSTITUTION DE L'ABSTRACTION

21 Bichat 89 (23 décembre 1877).

La philosophie première et la philosophie seconde, qui lui fait suite, constituent, avons-nous dit au début de notre dernière leçon, le domaine abstrait.

Ce domaine s'accroît et grandit à mesure que la société elle-même se développe. Les relations humaines supposent, en effet, un certain nombre de points communs, et par conséquent abstraits — nous nous expliquerons là-dessus tout à l'heure — permettant aux hommes de s'entendre, de se comprendre, de communiquer. Les relations humaines supposent donc l'*abstraction*, et une abstraction d'autant plus étendue qu'elles sont devenues plus fréquentes, plus générales et plus compliquées. En somme, la civilisation — car tout cela, c'est la civilisation — est de plus en plus abstraite, ce qui veut dire tout à la fois que la somme des connaissances abstraites devient de jour en jour plus considérable, et que les aptitudes abstraites, chez ceux qui les cultivent, ne cessent elles-mêmes de se développer. C'est même un des dangers de cette civilisation que l'écart immense qui sépare un petit nombre d'individus voués aux études abstraites du reste de l'humanité. Il y a là une inégalité que la plus élémentaire justice, mais bien plus encore l'intérêt même de la société, doit nous pousser à faire disparaître.

Le philosophe se trouve ici en présence d'un phénomène digne d'étude. Prise en elle-même et considérée dans son ensemble, l'*abstraction*, ou, si l'on veut, le domaine grandissant des conceptions abstraites mérite d'arrêter notre attention. Le caractère propre des éléments qui en font partie, les conditions intellectuelles et morales qui ont permis de le créer, la part prise par chacune des générations humaines dans cette création, le parti enfin qu'il importe de tirer aujourd'hui de ce capital immense amassé entre nos mains : voilà bien des points que l'esprit positif n'a pas encore suffisamment éclairés.

La théorie de l'abstraction sera donc l'objet de cette leçon et de la suivante. Nous traiterons aujourd'hui de l'*institution de l'abstraction;* dans la séance prochaine, nous exposerons *la théorie du rôle normal et systématique de l'abstraction*.

La théorie de l'institution de l'abstraction comprend trois parties :

1° La théorie statique, dans laquelle est exposé par quel travail cérébral s'effectue l'abstraction ;

2° La théorie dynamique, où nous montrerons comment s'est développée l'abstraction ;

3° L'application de la méthode subjective à la direction de l'abstraction.

Cette troisième **partie sert de passage** à la leçon suivante.

I

Théorie statique de l'abstraction.

Qu'est-ce que l'astraction ?

Saisir dans divers êtres ou objets une propriété commune et penser à cette propriété indépendamment de ces êtres, c'est faire une abstraction.

Exemple : le fer, le bois, le liége, présentent à l'esprit de celui qui les soupèse l'idée de pesanteur ; mais c'est là une idée concrète, et qui reste telle tant qu'on ne la sépare point des objets qui l'ont fait naître. Pour s'élever à l'idée abstraite de *pesanteur*, et faire de l'abstraction, il faut arriver à considérer le phénomène en lui-même, indépendamment des corps où il se produit. La pesanteur devient alors un phénomène abstrait, caractérisé par un certain nombre de propriétés constantes, que l'on retrouve partout où existe un objet pesant.

L'aptitude abstraite consiste à saisir ces propriétés communes aux différents corps et à les tenir fixées devant l'imagination avec assez de persistance pour pouvoir raisonner sur elles. En fait, tous les êtres un peu élevés dans l'échelle animale sont doués de l'aptitude à abstraire. Le cerveau du chien et du loup est capable d'abstraction comme celui de Lagrange ou de Condorcet : toute la différence est dans le degré ; le phénomène est identique dans sa nature.

Les premières, les plus élémentaires des notions abstraites une fois conçues, le cerveau travaille sur elles. Il les décompose à leur tour et s'élève à une série de notions nouvelles, plus générales et plus abstraites. Il monte ainsi peu à peu jusqu'aux abstractions les plus transcendantes, puis, après avoir décomposé, il recompose et construit alors des êtres abstraits, ce qu'on a appelé des *types*. C'est là la vie du cerveau.

Exemple : la vue des objets qui nous entourent et qui tous sont revêtus de couleurs plus ou moins éclatantes fait naître jusque dans les esprits les moins aptes à l'abstraction les idées abstraites de *blanc*, de *rouge*, de *violet*, de *vert*, etc., idées dont chacune représente certaines propriétés communes à tous les corps blancs, rouges, violets, verts, etc. De là nous nous élevons à l'idée de *couleur*, idée abstraite qui nous présente la réunion d'un certain nombre de propriétés communes à tous les objets colorés. Montant encore, nous touchons à l'idée abstraite d'*intensité*, qui est commune à beaucoup de phénomènes abstraits autres que le phénomène couleur, et qui, par conséquent, est à la fois plus générale et plus abstraite. Ainsi de suite.

La mathématique nous offre l'exemple saisissant d'une série d'abstractions, dont chaque degré embrasse ainsi des phénomènes de plus en plus nombreux et étendus. En partant de la notion déjà très-abstraite de *quantité*, on a conçu en elle d'abord la *constance*, puis la *variabilité régulière*, puis la *variabilité infiniment petite*, et l'on est arrivé ainsi à la conception de *continuité*, qui est propre à tous les phénomènes.

Dans tous ces cas, il est évident que le cerveau analyse et décompose. Mais nous disons aussi qu'il recompose et, par le rapprochement de quelques-uns des éléments qu'il a dissociés, construit des *types abstraits*. Tout le monde connaît ces types inorganiques, véritables créations de notre esprit, que nous appelons *le fer*, *l'eau*, *l'air*, *le gaz*, *la matière*, tous parfaitement définis et constitués d'une manière distincte et constante, indépendamment des corps très-variables qui portent leur nom. Il y a des fers et des eaux de sortes très-diverses, mais il n'y a qu'un fer abstrait, qu'une eau abstraite, d'une composition toujours identique à elle-même, offrant à l'esprit une idée qui lui rappelle tous les objets de même nom, mais qui ne ressemble complétement à aucun. De même, il y a un gaz abstrait, qui n'est aucun gaz, mais qui se caractérise par cette propriété d'être composé d'éléments qui se repoussent réciproquement et tendent sans cesse à s'échapper.

Le monde vivant a également ses types abstraits; exemple : l'*animal*, le *mammifère*, le *chien*, l'*homme*. L'animal, être abstrait, dont la définition peut s'appliquer à tous les membres de l'animalité, sans désigner aucun d'eux; le *mammifère*, qui exprime aussi bien la nature fondamentale du tigre ou du lion que celle de la baleine ou du rat; le *chien*, qui n'est aucun chien, mais dont les parties constitutives sont communes à toutes les espèces du même genre ; l'*homme*, enfin, dernier type abstrait, dont les caractères se retrouvent partout où se rencontre un homme, à quelque race qu'il appartienne.

Les êtres collectifs ont fourni, eux aussi, leurs types abstraits, notamment ceux de *famille* et de *patrie*, indépendants de toutes les familles et de toutes les patries, mais dont la composition essentielle se reconnaît dans toute famille et dans toute patrie.

Parmi les abstractions que nous venons d'énumérer, certaines, à n'en pas douter, ont vu le jour de bonne heure; de ce nombre sont évidemment les notions abstraites de couleur, de pesanteur, de chaleur; mais d'autres n'ont pris naissance que beaucoup plus tard et quelques-unes sont presque nos contemporaines. L'idée de gaz, par exemple, ne pouvait surgir avant que la chimie n'eût découvert, étudié, caractérisé un nombre suffisant de corps gazeux et reconnu ce qu'il y avait d'essentiel, de fondamental dans chacun d'eux; cela s'est fait de nos jours. De même, les idées d'animal, de mammifère, d'homme sont sorties des études de la zoologie moderne; de même, et à plus forte raison encore, les idées collectives de famille et de patrie ne pouvaient prendre place dans le domaine abstrait — nous ne parlons ici, bien entendu, que du domaine scientifique — qu'après les découvertes sociologiques d'Auguste Comte.

Tout cela montre bien avec quelle lenteur, et à l'aide de quels efforts l'abstraction s'est constituée et développée, mais cela nous explique aussi comment, née de la civilisation, l'abstraction, à mesure qu'elle grandissait, a réagi sur elle, en fournissant aux hommes un nombre de plus en plus grand de points communs qui leur ont permis de se concerter pour agir. La connaissance exclusive d'objets ou d'êtres spéciaux ne suffirait point, en effet, à déterminer une entente, attendu que cette connaissance ne peut évidemment être commune à tous ; ce n'est qu'à l'aide d'abstractions que les hommes communiquent, et plus les abstractions croissent en nombre, plus les relations s'étendent.

D'une manière générale nous savons donc ce que l'on comprend par *abstraction*. Mais cette idée serait tout à fait insuffisante si nous n'établissions de suite parmi les notions ou conceptions abstraites une distinction aussi capitale historiquement que dogmatiquement.

On peut faire deux parts des conceptions abstraites : *les propriétés abstraites* et les *relations abstraites*.

Les exemples assez nombreux que nous avons déjà cités donnent une idée de ce qu'est une *propriété abstraite*. Le blanc, le vert, la couleur, l'intensité, la constance, la variabilité, de même que le beau, le juste sont des propriétés abstraites ou, si l'on préfère, des qualités propres à un nombre de corps plus ou moins nombreux, et que, par un certain effort mental, l'on considère indépendamment de ces corps. Comme nous l'avons dit, certaines ont dû être rapidement et facilement découvertes ; beaucoup d'autres ont exigé le travail des siècles avant d'être conçues, et la liste n'est pas close encore.

Les *relations abstraites* sont tout autre chose. Une relation abstraite est une relation précise établie entre deux phénomènes abstraits de même nature ou de nature différente.

Soit une circonférence quelconque, dont nous menons

le rayon, circonférence et rayon étant ici des phénomènes d'ordre abstrait, puisqu'ils demeurent indéterminés. Nous disons que celui qui, comme Archimède, découvre comment varie la longueur de la circonférence avec la variation du rayon, celui-là découvre une relation abstraite.

Il n'est pas d'homme qui, à certain degré, ne puisse trouver quelque propriété abstraite. Rares sont ceux qui ont découvert ou découvrent des relations abstraites. On ignore l'époque, perdue dans la nuit des temps, où surgit la première propriété abstraite ; on sait, au contraire, en quel siècle, on pourrait presque dire en quelle année et en quel jour, la première relation abstraite — d'ordre scientifique s'entend — est sortie du cerveau humain. Elle fut exprimée par Thalès, le jour où il établit le premier théorème mathématique : *Les trois angles d'un triangle sont égaux à deux angles droits.*

Il faut dire que si l'invention offre ici des difficultés incomparablement plus grandes, le bénéfice qui en résulte pour l'Humanité est aussi de beaucoup supérieur.

Les propriétés abstraites constituent cette masse d'idées communes, sans lesquelles il ne peut exister de rapports un peu étendus entre les hommes ; elles fournissent des matériaux et une base à la construction des relations abstraites : mais c'est là tout leur rôle. Celui des relations a une bien autre importance. Par la dépendance étroite qu'elle établit entre deux phénomènes de même nature ou de nature différente, la découverte d'une relation abstraite nous permet de prévoir et de modifier l'un d'entre eux. Si nous avons saisi, par exemple, le rapport entre la circonférence et le rayon, il devient facile de déterminer quelle sera la circonférence pour un rayon donné, ou réciproquement quelle devra être le rayon pour une circonférence donnée. Toute l'industrie moderne étant fondée sur cette connaissance, l'utilité des relations abstraites n'est plus à démontrer. On conçoit aussi que les prévisions qu'elles autorisent et la possibilité de modifier qui en découle, seront d'autant plus sûres que les relations établies seront elles-mêmes plus précises; autrement dit, que plus les relations abstraites, d'un certain ordre, seront rigoureuses, plus l'art qui correspond à cet ordre sera d'une culture plus aisée et moins décevante. Personne n'attendra de l'homme politique ou même du médecin qu'il apporte dans la conception et plus tard dans l'exécution de ses plans la même rigueur que le mécanicien et le chimiste.

Dogmatiquement, la différence est donc grande entre les propriétés et les relations abstraites. Peut-être est-elle plus sensible encore, lorsque l'on observe l'influence que les unes et les autres ont eue sur la mentalité humaine et ses différents modes de philosopher.

En considérant avec quelle aisance notre esprit enfante les propriétés abstraites, et à quel point interviennent, dans cet enfantement, la fantaisie, les passions, les nécessités mentales ou morales du moment, en songeant aussi combien il est commode de combiner au gré de nos désirs tous ces produits de l'imagination dont un si grand nombre manque absolument de base réelle, on ne peut s'étonner que la métaphysique ait donné le jour à tant de divagations et se soit perdue dans d'aussi impuissantes tentatives. Platoniciens, bouddhistes, alexandrins, cousiniens, tous, fourvoyés à la recherche des propriétés abstraites, se sont jetés de gaîté de cœur dans l'absurde. Le platonicien passe sa vie à contempler les *essences*, ni plus ni moins que le dernier prêtre de Bouddha. Les néo-platoniciens s'appliquent à associer les unes aux autres les abstractions du monde grec et celles du monde oriental, et finissent par créer un type d'extravagance qui n'a pas été dépassé. Quant au moderne apôtre de l'éclectisme, il s'égare si bien dans la poursuite de ses entités qu'il rentre finalement au bercail et achève pieusement ses jours dans la religion de ses pères. On se rit trop du bouddhiste, associant l'idée de foi parfaite à celle de pouvoir surnaturel, admettant, par exemple, que le vrai croyant peut marcher sur l'eau ou s'élever dans les airs : n'avons-nous pas vu de nos jours des hommes d'une situation considérable établir une association, une relation — non scientifique, il est vrai — entre la sagesse du peuple et l'abondance des récoltes? Dans l'un comme dans l'autre cas, on ne fait qu'établir entre deux propriétés abstraites une liaison arbitraire, à la portée du premier venu.

Qui ne voit cependant l'insuffisance et le danger de telles conceptions ? On se demande jusqu'où l'homme ne pourrait se laisser entraîner sous l'empire de ces notions et de ces combinaisons sans base, dans la production desquelles son sentiment, ses passions ont joué, à son insu, le principal rôle. Il est certain que si la métaphysique n'a pas eu une influence plus désastreuse sur l'Humanité, c'est que les métaphysiciens ne sont jamais parvenus à s'entendre et que la foule n'a jamais ajouté qu'une foi médiocre à leurs inventions. La théologie seule, puissamment organisée et hiérarchisée, eût pu être à craindre. Mais, tout embarbouillée qu'elle fût de métaphysique, par cela seul qu'elle était obligée de diriger, et par conséquent de tenir compte des nécessités et des habitudes humaines, la théologie n'a donné aux élucubrations métaphysiques qu'une attention toute secondaire, et a tourné ses efforts vers l'étude et la connaissance de l'homme et le règlement de ses instincts. C'est leur destination sociale qui a sauvé le brahmanisme et le catholicisme. Réduits l'un et l'autre à leur dogme, ils auraient eu autant d'influence et autant de durée que le système de M. Cousin.

Avec l'étude des relations abstraites, nous pénétrons dans un autre monde, dans le monde scientifique, dans le monde de la véritable et haute abstraction. L'autre n'en a guère que le nom.

Ici plus d'arbitraire, plus de fantaisie, plus de caprice personnel. Une relation abstraite est ou n'est pas. Pour l'établir, il faut une démonstration rigoureuse, par conséquent difficile, qui exige l'intervention des plus hautes facultés humaines, une puissance intellectuelle peu commune. Mais une fois démontrée, elle s'impose d'elle-même : il n'est permis à personne de n'y pas croire et de n'en pas accepter les conséquences. Nous sommes loin, on le voit, des propriétés abstraites et des conceptions de la métaphysique.

L'ensemble des relations abstraites connues constitue la *science*, divisée en autant de parties qu'il y a de phénomènes abstraits d'ordre différent. D'où sept sciences, suivant Auguste Comte : la mathématique, l'astronomie, la physique, la chimie, la biologie, la sociologie et la morale. Ces sciences sont très-inégalement partagées quant au chiffre des relations abstraites que l'esprit humain a découvertes dans chacune : presque innombrables en mathématique, où l'intelligence se trouve en présence des phénomènes abstraits les plus simples, elles se raréfient à mesure que l'on monte dans la série et que les phénomènes gagnent en complexité. Leur démonstration devient en même temps moins irréprochable. D'une incomparable rigueur, tant qu'il s'agit de spéculer sur des nombres ou sur des formes, en arithmétique, en algèbre, en géométrie, en mécanique, en astronomie même, la preuve perd à la fois de sa clarté et de sa précision en abordant les phénomènes supérieurs, ceux de la biologie, de la sociologie et de la morale. La certitude y est moindre, la conviction y est plus difficile à entraîner. Cela seul suffirait à expliquer comment s'est acheminé l'esprit humain dans la découverte des relations abstraites et comment nos connaissances ne sont parvenues que successivement et suivant un ordre hiérarchique déterminé à l'état positif ou scientifique.

Connaître ce qu'est une abstraction et parmi les abstractions savoir distinguer les propriétés abstraites des relations abstraites, cela n'est en réalité qu'un premier pas dans l'étude que nous poursuivons. Si nous sommes capables d'apprécier des résultats, nous ignorons encore comment ces résultats ont été produits, nous ne savons pas à quelles conditions particulières de notre organisme nous devons de pouvoir abstraire. Une théorie statique de l'abstraction, ou, pour être plus clair, des conditions cérébrales qui lui donnent naissance, est donc nécessaire.

Les psychologues ont prétendu que l'abstraction était une faculté particulière de l'âme humaine. Outre que dans le langage de la métaphysique, ce mot de faculté ne signifie rien, attendu que les facultés de la métaphysique sont des facultés sans siége, des fonctions sans organes, il est faux que l'abstraction soit une faculté, même en donnant au mot une signification positive. L'abstraction est le produit complexe du travail coordonné de nos diverses facultés intellectuelles, associées dans un but commun et soutenues, dirigées par les deux autres parties du cerveau : le caractère et le sentiment. C'est ce que nous avons à démontrer.

Que le sentiment ait une part dans l'abstraction, cela semblera élémentaire à tous ceux qui savent à quel point l'intelligence humaine est paresseuse et incapable de se livrer au travail qui lui est propre, lorsque la stimulation morale fait défaut, lorsqu'une passion de nature quelconque n'est pas là pour exciter, pousser, diriger la portion mentale de notre cerveau. On peut dire que toutes les parties du sentiment interviennent dans l'opération : les unes comme principe et pour déterminer l'individu au travail ; ce sont les instincts de la conservation, depuis l'instinct nutritif jusqu'à l'instinct maternel, et les hauts sentiments altruistes ou bienveillants, depuis l'attachement jusqu'à la bonté. D'autres assistent le travail intellectuel en lui-même : ce sont les deux instincts de la destruction et de la construction, le premier servant à écarter les obstacles et facilitant l'analyse, le second au contraire poussant à la mise en œuvre des matériaux et à l'établissement de nouvelles conceptions. La vanité joue également un rôle et un rôle important dans l'affaire. Quoi de plus propre à stimuler l'effort intellectuel que ce besoin d'admiration de soi-même et d'approbation de la part des autres qui, chez l'homme, trouve une si large satisfaction dans le sentiment qu'il n'a besoin de personne pour le travail auquel il se livre, et qu'un bout de crayon, qu'un peu de papier lui suffisent pour donner le jour à des productions dont les conséquences peuvent être grandes pour l'Humanité. Cela donne bien la raison de cette vanité débordante observée chez tous les métaphysiciens et tous les mystiques. Le savant, tout orgueilleux qu'il est, sent bien qu'il est retenu à la terre, qu'il est sous le joug du monde extérieur : mais le mystique qui voit face à face les abstractions personnifiées ! mais le métaphysicien qui passe sa vie à contempler les essences, le beau, le vrai, le juste ! On conçoit qu'un homme comme Platon ait pu se croire un peu au-dessus de la nature humaine.

Le caractère intervient aussi, et énergiquement, dans le travail abstrait; ce dur travail exige du courage et de la fermeté. Kepler et Lagrange sont hardis et persévérants comme l'étaient César et Turenne. Chez les uns comme chez les autres, il y a un même mépris des difficultés et des obstacles, un même besoin d'entreprendre, un même acharnement à aller jusqu'au bout de l'œuvre commencée. Ce qui, par exemple, ne leur est pas commun, c'est la prudence, cette troisième qualité du caractère. Autant les César et les Turenne, comme tous les grands praticiens, sont prudents, autant les purs théoriciens sont volontiers téméraires. C'est qu'en effet la moindre imprudence, dans la pratique, peut avoir pour conséquence de ruiner tous les efforts antérieurs, tandis que la témérité la plus extrême chez le théoricien ne peut jamais compromettre gravement ce qu'il y a de sérieux dans ses découvertes et de démontré dans ses conceptions.

Le sentiment et le caractère sont donc aussi indispensables au travail abstrait que l'intelligence elle-même. Si leur fonction particulière n'est point de faire le travail, elle consiste du moins à le provoquer et à en assurer l'exécution. S'il n'était poussé par quelque sentiment, l'esprit humain se donnerait bien de garde de se livrer à une occupation qui, pour l'immense majorité des natures, n'a rien de plaisant, et, s'il n'était soutenu par le caractère, il viendrait rarement à bout des difficultés semées sur ses pas.

Restent les facultés intellectuelles.

Ici nous abordons une des théories qui ont le plus préoccupé les cerveaux, depuis que ces questions sont venues en discussion parmi les hommes : la théorie du dualisme entre l'*objectif* et le *subjectif*.

Nous avons, dans notre première leçon, défini brièvement ces deux expressions. Nous devons aujourd'hui revenir sur cette explication et montrer comment nos connaissances actuelles nous permettent de donner une valeur positive à des notions qui, au siècle dernier, n'avaient encore que le caractère vague, inhérent à toute conception métaphysique.

Bien que les expressions d'*objectif* et de *subjectif*, ne soient couramment employées dans le sens qu'on leur attribue de nos jours en philosophie que depuis Kant (critique de la raison pure), il faut se souvenir que les idées qu'elles représentent ont été élaborées et tirées au clair par un certain nombre de ses prédécesseurs, entre lesquels brillent au premier rang Hume et Diderot. Kant n'a fait que donner à ces idées une forme plus précise et systématique.

Toute conception de l'esprit offre une part d'objectif et une part de subjectif. L'objectif provient de l'extérieur, du milieu; le subjectif du cerveau lui-même. Du monde extérieur l'esprit reçoit des impressions qui sont à la fois pour lui un aliment, un stimulant et un régulateur : un aliment, car sans impressions le cerveau serait incapable de rien produire, attendu que tout ce qui, dans le travail mental lui appartient en propre — et c'est là précisément le subjectif — réclame pour prendre naissance et se développer une base objective; un stimulant, car privé d'impressions le cerveau demeurerait inerte et dans un état inférieur à celui de l'idiotisme, qui, s'il n'élabore rien, emmagasine du moins les sensations que lui fournit le dehors ; un régulateur enfin, car si le cerveau trouvait en lui-même tous les éléments de son activité, l'état normal de l'homme serait un état de folie, où chacun poursuivrait de son côté des spéculations imaginaires, ce qui arrêterait net toute vie individuelle comme toute vie sociale. Les impressions extérieures sont donc nécessaires pour alimenter, stimuler et régler l'existence intellectuelle. Reste une double condition à remplir : c'est que le monde soit lui-même assez simple pour que les impressions perçues n'éblouissent pas le cerveau au point de le paralyser, et assez stable pour que l'homme puisse à force d'observation patiente en trouver les lois. Il s'est trouvé heureusement que le monde était assez simple et assez stable.

On a comparé, et avec grande raison, le cerveau à l'estomac et la physiologie de la pensée à la physiologie de la digestion. Les deux organes en effet sont également tributaires du monde extérieur : l'un y recueille des impressions de nature diverse, l'autre de l'oxygène, du carbone, de l'hydrogène, de l'azote, du phosphore, etc. ; puis l'un et l'autre travaillent sur ces matériaux et les rendent assimilables en les transformant. Il y a donc une digestion intellectuelle comme il y a une digestion intestinale.

L'antiquité n'a pas connu cette distinction entre l'objectif et le subjectif. Aristote voit bien que la source de toute pensée est dans le monde extérieur, mais en aucun endroit il n'indique quelle peut être dans le phénomène la part propre du cerveau. Il faut venir jusqu'au XVIIIe siècle et jusqu'à Hume pour trouver une formulation bien nette de ce dualisme.

Au second chapitre de ses *Essais sur l'entendement humain*, Hume, après avoir défini ce qu'il entend par *impression*, établit une différence entre les *impressions* et les *idées*, qui sont pour lui ce que nous appelons, suivant l'expression d'Aristote, des *images*, ou impressions transformées en souvenirs. Il expose comment toutes nos idées quelconques proviennent de ces images, que nous combinons, que nous associons, et dont nous jouons, pour ainsi parler, au gré de notre fantaisie ; il montre comment les conceptions les plus extraordinaires au premier abord, les plus éloignés en apparence de la réalité, ne sont cependant que des idées puisées dans cette réalité. *Le pouvoir créateur de l'âme*, dit-il, *se réduit à celui de composer, de déplacer, d'augmenter, de diminuer les matériaux qui lui sont fournis par les sens et l'expérience. En pensant à une montagne d'or, nous ne faisons que joindre deux idées, qui peuvent subsister ensemble, l'idée d'or et celle de montagne.* Et plus loin : *en un mot, tous les matériaux de nos pensées sont pris, ou des sens extérieurs, ou du sentiment interne ; la fonction de l'âme consiste à en faire l'assortiment et le mélange.*

Presque au même moment Diderot, dans deux lettres où brille le plus solide et le plus audacieux génie philosophique, développait par voie de conséquence la même théorie. Mettant tour à tour en scène un aveugle et un sourd, l'un et l'autre infirmes-nés, il montre par une admirable analyse de combien d'idées nous prive la perte d'un sens ; il prouve qu'en dehors des sensations proprement dites, c'est-à-dire des impressions directement venues du monde extérieur, il existe toute une catégorie de notions afférentes à chaque sens, mais créées par un travail particulier du cerveau, qui viennent nécessairement à manquer toutes les fois que la sensation fait défaut. L'idée de pudeur, par exemple, sera aussi incompréhensible pour l'aveugle que la preuve de l'existence de Dieu tirée par la métaphysique du spectacle des merveilles de la nature, que la crainte d'être jeté dans un cachot sans lumière, etc., etc. La *Lettre sur les aveugles* et celle *sur les sourds* doivent rester à jamais au nombre des plus purs chefs-d'œuvre philosophiques de l'esprit humain.

Kant vint enfin qui systématisa et précisa ce que ses devanciers avaient si bien vu, et pour présenter à l'esprit d'une manière plus nette cette distinction entre les produits divers de notre intelligence, il attribua une signification définitive aux mots d'*objectif* et de *subjectif*.

Cependant, avec Kant comme avec Hume et Diderot, nous ne sortons pas encore de la métaphysique. Leur sagacité merveilleuse a su distinguer entre les résultats; mais ces résultats, qui les a produits? En tout cela où est la fonction, où est l'organe?

Nous n'avons pas à faire ici l'histoire détaillée des progrès qui ont peu à peu amené la théorie des fonctions intellectuelles et morales à son état pleinement positif. Contentons-nous de rappeler les noms de Hume, de Leroy, de Cabanis, de Gall comme attachés aux derniers efforts que l'esprit de l'homme ait faits dans cette voie.

Si Gall ne parvint pas — et pour cause — à dénombrer exactement nos facultés, personne ne saurait lui enlever le mérite immense de leur avoir assigné pour siége définitif le cerveau. Sa tentative prématurée de classification et surtout de localisation ne doit pas faire oublier par quel admirable ensemble de preuves il a mis en lumière ces deux vérités tellement banales aujourd'hui qu'aucun homme éclairé n'oserait s'inscrire en faux contre l'une d'elles :

1° Que le cerveau est le siége de nos fonctions intellectuelles et morales;

2° Que le cerveau est un système, c'est-à-dire, une réunion d'organes, dont chacun représente une faculté.

A Auguste Comte était réservé d'achever l'œuvre en donnant des fonctions cérébrales une classification nouvelle, tirée de l'examen physiologique, et si parfaite, on peut le dire, que depuis trente ans qu'elle a vu le jour, il n'est pas une observation sérieuse qui ne soit venue la consolider.

Auguste Comte fait du cerveau trois parts : le sentiment, l'intelligence et le caractère. Avec Gall et tous ceux qui ont fait leur étude du cerveau, il consacre la partie antérieure à l'intelligence, la partie postérieure au sentiment, la partie moyenne au caractère. Nous ne nous occuperons ici que de la partie consacrée à l'intelligence.

L'intelligence, d'après Auguste Comte, est composée de cinq organes ou facultés : la *contemplation concrète* et la *contemplation abstraite;* la *méditation inductive* et la *méditation déductive;* le *langage.* Ces cinq facultés doivent rendre compte de toutes les opérations de notre esprit et de toutes ses acquisitions; elles doivent donc expliquer comment se créent, dans notre cerveau et comment s'y conservent les notions abstraites.

Dès le premier coup d'œil jeté sur cette brève classification, on voit que les deux parties qui la constituent principalement, la contemplation et la méditation, sont respectivement destinées, l'une à recueillir les matériaux — contemplation, — l'autre à les élaborer — méditation, — ce qui répond bien à la distinction établie dans les résultats entre l'objectif et le subjectif. Mais poussons plus loin.

La contemplation concrète reçoit d'un système de ganglions, organes de substance grise situés à la base des hémisphères cérébraux et dont le rôle semble aujourd'hui universellement admis, les sensations particulières perçues par chaque sens. Dans la contemplation concrète, ces sensations deviennent des *images*, c'est-à-dire des sensations complexes, dans lesquelles se trouvent associées les impressions des différents sens qui se rapportent à un même objet. L'image ainsi produite est recueillie dans la partie même où elle s'est formée, en sorte que la contemplation concrète conserve le souvenir des sensations composées, comme les ganglions celui des sensations simples. C'est également à la contemplation concrète qu'est confiée la garde de nos images subjectives construites, d'après le souvenir de sensations simples ou composées, par l'effort propre de notre intelligence.

Contemplation concrète et ganglions sensitifs, c'est donc là que vient s'emmagasiner et que nous venons quérir, au fur et à mesure de nos besoins intellectuels et moraux, tout ce qui a frappé nos sens, tout ce qui, être ou objet, nous a effrayés ou charmés. C'est là que le peintre et le sculpteur viennent chercher leur formes, leurs attitudes, leurs couleurs, que le musicien trouve ses harmonies, que le poète et le romancier découvrent les éléments de leurs descriptions.

Elevons-nous d'un degré.

Le cerveau possède des images, images plus ou moins conformes à la réalité, suivant l'acuité et la validité des sens et les dispositions mentales et morales de celui qui observe, suivant aussi les conditions particulières du milieu. C'est sur ces images et exclusivement sur elles, comme l'ont admirablement vu Aristote, Hume et Diderot, que le cerveau va travailler. Ici nous entrons dans le subjectif.

Une première opération a lieu dans l'organe de la *contemplation abstraite*, placé dans le voisinage immédiat du précédent, suivant la localisation cérébrale d'Auguste Comte. Les images synthétiques de la contemplation concrète y sont soumises à un travail analytique; l'objet observé n'est plus considéré comme un *tout*, mais comme un ensemble de propriétés ou de parties, dont chacune peut être étudiée indépendamment des autres. Là s'élaborent les matériaux, à l'aide desquels se créera la notion des propriétés et des relations abstraites; là se préparent les éléments des premières abstractions. L'être synthétique *arbre* devient un composé de bois et de feuilles; le bois à son tour n'est plus qu'un ensemble de canaux plus ou moins ouverts, au milieu desquels circule un certain liquide, la séve, et les feuilles de leur côté n'apparaissent que sous la forme d'un stroma fibreux dans lequel s'enchâssent des canaux et des cellules, etc., etc. Une pierre n'est plus une pierre, mais un objet pesant, coloré, plus ou moins friable, doué d'une forme particulière, d'une certaine température, etc., etc.; un animal quelconque est un assemblage d'organes plus ou moins nombreux et compliqués, concourant à maintenir la vie... Et de décomposition en décomposition, l'esprit humain arrive ainsi à saisir les éléments, ou phénomènes constituants de tout être et de tout objet. La contemplation concrète assistait surtout l'art : la contemplation abstraite assiste surtout la science.

Cependant le cerveau ne produit pas encore de véritables abstractions. La contemplation abstraite prépare, elle ne crée pas les notions abstraites. Celles-ci ne peuvent naître sans le secours de l'*induction*.

L'*induction* ou *méditation inductive* est le troisième organe intellectuel, en allant du plus humble au plus élevé. Son rôle se trouve décrit dans la définition même que nous avons donnée d'elle dans notre dernière leçon : *saisir ce qui est constant dans ce qui varie*. La contemplation abstraite a décomposé les objets et les êtres : l'induction rapproche les parties semblables de ces êtres décomposés et donne ainsi le jour à des abstractions. Constatant que tout arbre est essentiellement composé des mêmes parties et que toutes ces parties ont elles-mêmes quelque chose de fondamental qui leur est commun, elle crée l'abstraction *arbre*, faite elle-même d'un certain nombre d'abstractions plus simples : *tige, feuille, bois,* etc., etc. Elle crée même les propriétés abstraites communes à tous les corps : *pesanteur, chaleur, lumière,* etc., ou communes à plusieurs, *bonté, bienveillance, férocité, jalousie,* etc., propriétés dont le nombre va croissant avec les siècles.

Mais l'induction n'a pas seulement à trouver les idées ou propriétés abstraites, elle doit trouver également les relations abstraites et découvrir les lois.

Il ne s'agit plus ici simplement de rapprocher deux faits et d'apercevoir leur identité ; il faut, chose infiniment plus grave, saisir le lien qui unit deux phénomènes abstraits non identiques, de même nature ou de nature différente. Démontrer le rapport qui unit le rayon à la circonférence, le volume de la pyramide ou du cylindre à leur base et à leur hauteur, l'idée de temps à l'idée d'espace parcouru dans le cas d'un corps qui tombe, l'idée de volume à l'idée de compression pour les gaz, etc. : tels sont les problèmes que résout l'induction et dont les solutions s'appellent les *relations abstraites*. Nous sommes ici dans le domaine abstrait par excellence, dans le pur domaine scientifique, dans la sphère la plus haute où puisse s'élever l'esprit humain.

La *méditation déductive* ou *déduction* vient compléter le travail inductif. Celui-ci opère par rapprochement et comparaison des faits offerts par l'observation, la déduction opère par voie de conséquence. Elle prend ses éléments dans les résultats fournis par l'induction, et en dégage de nouvelles relations, de nouvelles lois. Nous nous sommes trop étendu dans notre première leçon sur les caractères de la méditation déductive pour qu'il soit utile d'insister à nouveau. Rappelons seulement qu'il y a au fond de toute déduction un *raisonnement par l'absurde*, dans lequel on part, suivant une vue très-nette de Leibnitz, du *principe de contradiction*. On cherche la contradiction, l'incompatibilité, la disconvenance, qui peuvent exister entre deux propositions.

Reste la faculté *d'expression*.

L'*expression*, et, dans le cas présent, l'expression parlée ou écrite, c'est-à-dire le *langage*, n'est évidemment pour rien dans ce travail particulier de rapprochement d'où naît l'abstraction; mais elle n'en aide pas moins puissamment à créer celle-ci, en fixant par des signes les éléments abstraits sur lesquels s'exerce la méditation, et plus tard les constructions qui résultent de cet exercice. Il est certain que sans le langage, sans cette faculté spéciale qui permet à l'homme de fixer et de traduire sa pensée, non-seulement il ne resterait rien du travail intellectuel des cerveaux humains, mais ce travail serait lui-même impossible, tant notre force de tête est médiocre, tant nous avons besoin de quelque chose d'objectif et de sensible pour représenter, à mesure qu'ils se produisent, les résultats que l'effort mental fait éclore.

Les nécessités d'une exposition méthodique nous ont obligé à séparer les unes des autres, dans la description qui précède, nos différentes facultés, et de présenter successivement chacune d'elles avec ses aptitudes propres et son fonctionnement particulier. Mais il va de soi que les opérations cérébrales n'ont rien d'aussi tranché, d'aussi régulier. Le moindre travail mental exige le concours de toutes les fonctions. La déduction et l'induction, sans parler du langage, influent jusque sur nos plus simples observations, et réciproquement l'observation a une part constante dans nos plus hautes méditations. Au reste, ce que nous disons ici s'applique, comme nous l'avons déjà fait remarquer, à l'ensemble même du cerveau, dont toutes les parties ne cessent d'agir simultanément, alors même que l'une d'elles semble plus spécialement intéressée. Cela explique comment il est si difficile de s'entendre entre les hommes sur les plus humbles faits d'observation. L'état moral, le caractère, les dispositions méditatives interviennent à tel point dans ce premier degré du travail intellectuel, où il semblerait que l'individu est purement passif, que si quelque œil doué de propriétés extraordinaires pouvait lire dans les cerveaux, il demeurerait confondu en voyant combien d'images différentes peut produire un même objet.

II

Conditions sociales de l'institution de l'abstraction ou théorie dynamique de l'abstraction.

Nous connaissons déjà de l'abstraction ces deux points
1° Ce qu'elle est en elle-même ;
2° Quelles sont les conditions cérébrales de son existence.
Si nous n'étions guidé dans cette étude que par le sentiment de curiosité qui pousse tant d'autres, peut-être comme eux serions-nous tenté de borner là nos recherches. Mais le Positivisme a plus d'ambition. Il ne désire connaître que

pour être plus capable de modifier et d'améliorer. Il ne veut savoir que pour agir.

En étudiant l'abstraction, il a en vue les services qu'on en peut attendre ; il a en vue de diriger son essor dans le sens le plus conforme aux intérêts de l'Humanité. Pour cela, il ne suffit pas de connaître ce qu'est l'abstraction ; il faut encore savoir de quelle manière elle a grandi à travers les générations, et quelle influence a eu sur elle le mouvement des sociétés. Nous ne construisons l'avenir que d'après le passé et suivant les conditions que ce passé nous révèle. Pour instituer subjectivement l'abstraction, c'est-à-dire pour la régler et la guider dans l'avenir, il nous faut donc la suivre dans la série des efforts mentaux qui l'ont lentement constituée.

Soit qu'on envisage l'abstraction dans ses résultats et ses procédés, soit qu'on l'envisage dans les modifications graduelles que sa culture a fait subir à l'espèce, en formant des cerveaux de plus en plus aptes à la manier, il est évident qu'aucune institution ne porte davantage le cachet humain. C'est l'Humanité qui a forgé elle-même et elle seule son capital intellectuel, c'est par une continuité d'efforts admirables qu'elle est devenue, au moins dans l'élite de ses enfants, plus capable d'abstraire.

On peut dire que l'abstraction est une création de l'Humanité. Jetons un coup d'œil sur cette histoire.

Lorsque pour la première fois un homme se trouve en présence de ces hautes conceptions scientifiques, qui, pour être comprises, et, à plus forte raison, pour être produites, exigent tant de dépense intellectuelle, il est naturellement poussé à se demander s'il est possible que, dès l'origine, l'espèce humaine ait abstrait. Et, en effet, si l'abstraction n'existait pas en dehors des transcendantes conceptions d'un Archimède, d'un Descartes ou d'un Newton, il est parfaitement certain que les hommes n'auraient abstrait que fort tard, et l'immense majorité d'entre eux n'auraient même jamais abstrait. L'abstraction a heureusement de nombreux degrés, et, si au sommet de l'échelle il faut placer les prodiges intellectuels enfantés par quelques hommes, au bas s'accumulent la foule des abstractions élémentaires dont la création est commune à l'homme et à tous les animaux supérieurs.

L'abstraction n'est pas, en effet, comme l'ont dit les métaphysiciens, une aptitude exclusivement propre à l'espèce humaine. Descartes le croyait ou feignait de le croire, et avec lui toute la théologie le croit encore. Il est cependant difficile, devant la somme des preuves amassées, de tenir toujours pour l'automatisme ou même pour la théorie moins insuffisante de l'instinct. Que jusqu'aux travaux de l'école encyclopédique du siècle dernier, toute hésitation fut possible, cela se comprend de reste, bien que les admirables peintures de tous les grands naturalistes, y compris Buffon, ne dussent guère laisser de doute à cet égard dans un esprit clairvoyant. Mais qu'après Hume, et surtout après Georges Leroy, on discute encore la question de savoir s'il y a, entre l'intelligence animale et l'intelligence humaine, autre chose qu'une différence de degré, cela n'est plus autorisé que dans le camp de l'aliénation, volontaire ou involontaire. Dans un petit chef-d'œuvre de bon sens et d'esprit autant que de profondeur et de rigueur scientifiques, qui a pour titre : *Lettres philosophiques sur l'intelligence et la perfectibilité des animaux*, le lieutenant des Chasses du roi Louis XV a pour toujours gagné leur cause.

On peut être partisan de l'automatisme lorsqu'on raisonne des bêtes au fond d'une chambre et les pieds sur les chenets ; on ne peut l'être lorsqu'avec Leroy on suit un loup ou un renard dans ses courses, dans ses attaques et dans ses amours. Combien d'hommes ne leur seraient pas supérieurs en prudence, en ruse, en sagacité ? Cette chasse en commun du loup et de la louve, celle-ci détournant l'attention du chien de garde et l'entraînant au loin, pendant que le mâle se jette sur le troupeau et ravit une proie, exige à elle seule une masse énorme d'observations, de jugements et d'inductions, c'est-à-dire de notions et de relations abstraites, car l'abstraction animale va, elle aussi, jusqu'aux relations. Celles-ci n'ont pas évidemment la rigueur d'un raisonnement mathématique, ni même d'une relation scientifique quelconque, mais elles n'en sont pas moins des relations abstraites, c'est-à-dire des rapports non arbitraires établis par le cerveau entre deux notions abstraites : « L'agitation d'une feuille, dit G. Le Roy, n'excite dans un jeune loup qu'un mouvement de curiosité ; mais le loup instruit, qui a vu le mouvement d'une feuille annoncer un homme, s'en effraie avec raison, parce qu'il juge du rapport qu'il y a entre ces deux phénomènes. » Rapport évidemment abstrait, puisque les deux phénomènes sont d'ordre abstrait. « Il paraît que l'observateur — c'est ainsi que Le Roy désigne un interlocuteur imaginaire dans une des lettres où il a le mieux résumé sa pensée — il paraît que l'observateur regarde la faculté d'abstraire comme un privilège exclusif de l'espèce humaine. Avec la sagacité qu'il montre, s'il eût pris la peine d'y réfléchir, il y eût vu que ce n'est qu'un secours accordé à la faible intelligence des êtres imparfaits. Les bêtes sont forcées, comme nous, de faire des abstractions. Un chien qui cherche son maître, s'il voit une troupe d'hommes, y court d'abord en vertu d'une idée abstraite générale qui lui représente des qualités communes entre son maître et ces hommes-là. Il parcourt ensuite successivement plusieurs sensations moins générales, mais toujours abstraites, jusqu'à ce qu'il soit frappé de la sensation particulière qui est l'objet de ses recherches. Les actions des bêtes qui supposent abstraction sont si communes qu'il est inutile d'en charger le papier..... »

Si les bêtes peuvent abstraire, il va de soi que, dès l'origine, les hommes ont abstrait. Ils ont abstrait comme les animaux, c'est-à-dire en liant les unes aux autres les idées abstraites à mesure qu'elles surgissaient dans leur esprit ; liaisons peu rigoureuses, peu précises, parfaitement incapables de permettre la création d'une machine à vapeur ou d'un canon perfectionné, mais suffisantes cependant pour leur permettre de vaquer aux premiers besoins de la vie, c'est-à-dire de prévoir et de pourvoir. Ce serait, toutefois, faire tort à l'Humanité que de laisser croire que dès son premier âge elle ne s'est pas montrée en quelque point supérieure aux animaux. Ses abstractions n'ont peut-être pas été dès l'abord beaucoup plus compliquées que les abstractions animales ; mais au moins a-t-elle immédiatement préparé les matériaux des hautes abstractions futures. Si, en effet, on se souvient de notre analyse du travail abstrait, on voit qu'il peut se diviser essentiellement en trois parties : la première, d'observation pure, qui consiste dans l'accumulation des images concrètes, par l'intermédiaire des ganglions sensitifs ; la seconde, dans laquelle un premier degré d'abstraction analyse ces images, en distingue les parties, les propriétés, et, assisté de l'induction, donne naissance aux notions abstraites ; une troisième, enfin, dans laquelle le rapprochement des notions abstraites fait surgir les relations.

Le premier âge de l'Humanité a, plus que tout autre, favorisé la première partie du travail mental. Le fétichisme, assez impropre par sa nature sinon hostile à l'abstraction, a merveilleusement développé les facultés contemplatives dans l'espèce humaine. Le fétichiste se préoccupe peu d'analyser les choses et d'observer les événements, phénomènes d'ordre abstrait. Ce qui l'intéresse, c'est l'être, c'est l'objet, auquel il adresse son adoration. Peu lui importe, quand une pierre tombe, et le temps qu'elle emploie à tomber et l'espace qu'elle aura parcouru : ce dont il s'inquiète, c'est de la pierre elle-même, à laquelle va son respect superstitieux. Ainsi s'explique la répugnance que lui cause toute idée de modification ou de changement, nécessairement liée à l'étude analytique des phénomènes et son attachement pour la notion d'immuabilité, mère du fatalisme. Le dogme de la fixité des espèces, dans sa conception première, ne reconnaît pas d'autre cause. Elle résulte des besoins mêmes de la mentalité fétichique.

On conçoit sans peine combien un tel état, commun à toutes les sociétés naissantes, a dû développer chez l'homme l'aptitude à observer, en même temps que les résultats de cette observation. Chaque chose a pris une place et un nom dans la mémoire humaine ; les premières communications se sont établies, et les fondements sur lesquels pouvait s'élever solidement la raison abstraite se sont trouvés assurés.

Car le fétichiste a beau faire. Bon gré mal gré l'observation concrète conduit à l'abstraite. On ne peut indéfiniment observer l'être indépendamment des événements qu'il fait surgir et des propriétés qu'il accuse. Tôt ou tard il faut bien que ces événements et que ces propriétés occupent une place — cette place ne fût-elle qu'accessoire — à côté de l'être lui-même ; et alors la contemplation abstraite, qui n'a jamais été tout à fait endormie, prend le dessus, travaille sur les matériaux accumulés, taille, rogne, divise, et, assistée de l'induction, fait surgir les types abstraits.

Alors aussi le fétichisme a vécu et le polythéisme est venu au monde. C'est le règne des dieux qui commence. L'intelligence passe de l'étude des êtres à celle des propriétés et des événements ; mais l'habitude qu'elle a prise dans sa longue enfance de tout rapporter à une cause réelle, fait qu'elle ne délaisse ses fétiches que pour créer des êtres fictifs, auxquels elle attribue la cause des phénomènes observés. L'arbre perd son prestige, mais pour céder la place au dieu de la forêt. L'amour, la beauté, le silence, la maladie, la santé, toutes les notions abstraites, en un mot, s'échappent alors tour à tour du cerveau humain qui leur donne une forme, une couleur, une attitude en rapport avec les propriétés qu'il leur suppose ; et l'être subjectif, revêtu d'attributs matériels qui en font un être réel, ne diffère de l'ancien fétiche que par le degré de sa puissance et l'étendue de son empire.

On ne peut assez imaginer quel service rendit ainsi le polythéisme à l'élaboration abstraite, en procurant à toute intelligence des images éminemment propres à fixer son attention habituelle sur les phénomènes généraux. On a cru que l'art surtout avait eu le bénéfice de cette révolution. Erreur : la science en a profité davantage encore, tant notre cerveau a besoin d'images pour se maintenir au point de vue abstrait. Que les résultats immédiats n'aient point été considérables, soit ; la terre ne pouvait produire qu'après avoir été longuement préparée. Avant de découvrir des lois, l'esprit humain avait d'abord à se dégager de sa torpeur théorique, et pour cela il fallait qu'il se livrât, même d'une manière exagérée, à la production des images abstraites, d'ailleurs nécessaires à ses études ultérieures.

La création des dieux ou types abstraits eut cet autre avantage d'arracher quelque peu l'homme à la contemplation du monde extérieur et de ramener son attention vers lui-même. Quelle raison, en effet, pour qu'il échappât à la règle commune, et que seul, dans le monde, il ne fût pas soumis à quelque puissance supérieure? Il s'étudia donc et se divinisa dans ses penchants. On dira que ce sont de tristes dieux, pour la plupart, que ces dieux qu'il a créés, et l'on ne mentira pas; mais ils ressemblent à la nature humaine, et cela d'ailleurs n'importe guère, si, somme toute, dans de telles créations l'homme a appris à se connaître, première condition pour se modifier.

Le fétichisme ne voyait que le monde ; le polythéisme découvrit l'homme. Si l'utilité sociale d'une semblable découverte n'est pas niable, il faut reconnaître encore à quel point elle fut intellectuellement efficace en constituant le grand dualisme théorique, dans lequel l'homme, se posant désormais en face du monde, s'efforça de le dominer, à l'aide de volontés irrésistibles qu'il crut pouvoir s'associer.

Le polythéisme, enfin, en plaçant ses dieux au-dessus du monde et de l'homme, et en les douant d'une puissance presque arbitraire, permit de concevoir comme possible toute espèce de transformations ou de changements. A l'idée d'immuabilité, sur laquelle reposait le fétichisme, se substitua ou, pour mieux dire, s'associa peu à peu l'idée de modificabilité. Il y eut les dieux, mais il y eut aussi le Destin, le Fatum, supérieur aux dieux.

Et cela fut bien ainsi ! A quelles conceptions délirantes, à quelles divagations insensées, à quelles productions monstrueuses ne se serait point abandonné l'esprit humain, créateur arbitraire d'êtres tout-puissants, s'il n'avait pas puisé dans ses habitudes passées un certain besoin d'ordre, de régularité, de stabilité ! Pour juger à quel point cette éducation préalable fut indispensable, il suffit de voir à quels égarements se laissèrent entraîner, malgré tout, ces esprits pétris par le fétichisme. Il n'est pas jusqu'au dogme de la fixité des espèces, qui ne faillit succomber sous la théorie des métamorphoses. L'Inde et ses livres sacrés montreront éternellement jusqu'où peut aller l'extravagance partout où le fétichisme, faute d'avoir été assez prolongé, n'a pas laissé de son passage des traces ineffaçables dans les cerveaux.

Quoi qu'il en soit, et malgré ses vices, le polythéisme réussit à constituer dans l'Humanité des races chez qui l'habitude de l'abstraction développa des aptitudes merveilleuses, qui éclatèrent en résultats le jour où certaines conditions particulières se trouvèrent assez remplies.

Ces conditions-là se réalisèrent en un coin du monde, à jamais sacré pour l'Humanité. Sur une terre assez riche, sous un climat assez favorable pour que l'homme, en paix avec son milieu matériel, pût consacrer quelque loisir aux spéculations désintéressées, au milieu de populations chez qui des siècles de guerre intestine ou étrangère avaient surexcité au plus haut point toutes les facultés, naquirent ces immortels fondateurs de la science. C'est aux Grecs que l'Humanité doit la découverte des premières relations abstraites rigoureusement définies et déterminées.

L'abstraction sort avec eux d'une période de développement et d'expansion illimités pour entrer dans une phase de mesure et de règlement. L'ère des créations faciles est épuisée et cède la place à celle des productions pénibles et lentes. Désormais les facultés élémentaires de l'intelligence ne vont plus suffire à la tâche; il faut que les plus hautes entrent en scène et s'évertuent. Ce n'est plus tout le monde, ou peu s'en faut, qui est capable; ce sont seulement quelques-uns, types d'élite, natures rares, qui surgissent de siècle en siècle, comme les fruits de générations successives dont ils sont le suprême effort.

Pendant cinq cents ans, la Grèce fournit au monde tous ses philosophes. L'école ionique vit le début de cette gloire; celle d'Alexandrie en vit la fin.

Cependant, le dernier progrès de l'Humanité n'était pas fait. L'office qu'avaient rempli à l'égard des cerveaux les doctrines fétichique et polythéique en y développant la contemplation concrète et abstraite, ainsi que l'induction, un nouveau régime devait, au moins pour la masse des hommes, le remplir à l'égard des deux autres facultés intellectuelles, la déduction et l'expression. Tel fut, au point de vue mental, le rôle du monothéisme, soit catholique, soit islamique.

La religion de saint Paul, comme celle de Mahomet, tendant à systématiser la doctrine universelle en lui donnant pour base l'idée d'un Dieu unique, dut nécessairement susciter partout des efforts intellectuels jusqu'alors inconnus. Ce n'était point, en effet, chose commode que de tirer de quelques principes inaltérables une foule de conséquences pratiques et même théoriques. Et cependant, bien ou mal, cela se fit. L'Orient et l'Occident, mais celui-ci surtout, où la division des deux pouvoirs suscitait de continuelles discussions, s'exercèrent à la déduction plus que ne l'avait fait encore aucun régime antérieur et par là développèrent dans l'Humanité l'aptitude correspondante.

En même temps que la déduction, et comme sa conséquence directe, le monothéisme encouragea l'emploi des signes.

L'Humanité fétichique n'avait, en raisonnant, écouté que ses émotions (logique des sentiments) ; l'Humanité polythéique avait surtout médité au moyen d'images (logique des images) ; l'Humanité monothéique trouva, pour penser, sa principale assistance dans les signes (logique des signes). Aux prises avec les difficultés de ses théories, le cerveau catholique ne pouvait en effet s'exercer sur des images, que la haine du polythéisme avait fait proscrire, et encore moins sur des sentiments, qui n'avaient ni netteté, ni précision. Ce fut donc aux signes, aux mots, plus abstraits et plus indéterminés que les images, qu'il dut avoir recours, pour lier entre elles toutes les pièces d'un système aussi fragile qu'infini. Immense à ce moment fut le danger : il s'en fallut de peu que la civilisation humaine ne pérît dans la confusion et le verbiage. C'en était fait, si le catholicisme n'avait trouvé un frein dans l'institution et la destination sociales de la papauté, et si, de son côté, l'islamisme, grâce à la confusion des deux pouvoirs, n'avait toujours ramené aux réalités de la pratique l'esprit prompt à divaguer.

L'Humanité est donc parvenue, avec le monothéisme, au complet développement de ses facultés mentales. Sous l'influence successive des civilisations greco-romaine et catholique, il s'est formé en Occident une race ab traite, entre les mains de laquelle reposent, depuis plusieurs siècles, les destinées scientifiques et philosophiques de notre espèce. Quelques hommes, en qui se sont concentrées ces aptitudes rares, produit de l'effort prolongé des générations, ont accepté l'héritage de la Grèce philosophe et savante et repris l'œuvre où les Grecs l'avaient laissée. Grâce aux loisirs que la civilisation leur a faits, ils se sont voués à la culture de la science et l'ont dans un temps relativement court, portée à un tel développement et à une telle hauteur que les résultats acquis par l'antiquité en semblent presque effacés.

Cet état de choses serait admirable, si la science, en s'élevant et en grandissant, n'était point, comme par le passé, demeurée la propriété d'un petit nombre, si la foule, la foule immense, s'était, elle aussi, abreuvée à la coupe, et avait pris sa part du capital intellectuel créé par la classe abstraite et condensé en elle. Plus nous allons, malheureusement, et plus se creuse l'abîme qui sépare ceux qui savent de ceux qui ignorent. Si, dans l'antiquité, peu nombreux aussi étaient ceux qui détenaient la possession des connaissances, au moins celles-ci, rares encore, ne mettaient pas entre leurs possesseurs et les autres l'inégalité monstrueuse qui existe aujourd'hui.

Et ce qui complique la situation, c'est que cette science, instrument terrible, bien qu'elle n'ait guère pénétré dans la masse humaine, l'a néanmoins dépouillée peu à peu de toute croyance, de tout préjugé, de toute tradition. La culture théologique est ruinée, mais aucune culture scientifique générale ne l'a encore remplacée. Le monde est à vau-l'eau. Instruire, tel est le problème actuel.

III

De l'institution subjective de l'abstraction.

Nous savons que l'abstraction est un produit de l'Humanité. Il nous reste à démontrer qu'elle doit être réglée en vue de servir l'Humanité.

Qu'elle doive être réglée, cela résulte de l'exposition même que nous avons faite au début de cette leçon et dans laquelle nous avons défini l'abstraction. Elle est l'écueil de l'esprit humain. Des penseurs, et plusieurs non sans force, des écoles célèbres, des nations vantées se sont perdus parce qu'ils l'ont cultivée trop exclusivement. Elle mène à la science, à la vraie science, mais elle mène aussi aux divagations infinies. Elle doit donc être réglée.

Mais nous ajoutons : *en vue de servir l'Humanité*. C'est qu'en effet les recherches abstraites peuvent être réelles, exactes, scientifiques, mais être en même temps parfaitement oiseuses. Supposons que nos géomètres — ils pourraient être très nombreux si la société se chargeait de les nourrir, — consacrent leur vie à étudier les propriétés de quelque courbe spéciale, cissoïde, conchoïde, ou l'une quelconque de celles en nombre infini que la méthode cartésienne a fait surgir : il est vraisemblable que nous aurions à subir un véritable déluge de découvertes très réelles et très scientifiques. L'Humanité cependant en serait-elle bien avancée et nos géomètres auraient-ils contribué beaucoup à améliorer l'état des individus et des sociétés ? Il faut que l'abstraction soit scientifique, mais il faut aussi qu'elle ait une destination sociale.

Pour être capable de régler le travail abstrait, plusieurs conditions — comme nous l'avons vu dans la leçon précédente — sont nécessaires :

1° Il faut que le pouvoir régulateur ait au plus haut degré le sentiment moral et social ;

2° Qu'il sache discerner les recherches utiles de celles qui ne le sont pas ;

3° Et entre les recherches utiles, qu'il soit apte à distinguer celles qui sont opportunes et suffisamment préparées.

Le premier point exige une conception *synthétique*, les deux autres une conception *analytique* de l'Humanité. Qu'y a-t-il sous ces mots ?

Il n'est pas dans le monde un homme vivant en société, quelque profonde que soit d'ailleurs l'ignorance où il est plongé, qui n'ait à un certain degré la notion d'Humanité. Il voit autour de lui s'agiter des êtres semblables à lui, il a connu son père, peut-être son aïeul, il assiste à la naissance de ses enfants, de ses petits-enfants, et s'il n'a pas la puissance cérébrale nécessaire pour reconstruire la longue série de ses ancêtres et entrevoir la suite indéfinie de ses descendants, au moins est-il capable de concevoir cette continuité dans la succession des générations humaines, qui est le fondement même de l'idée d'Humanité.

Toute vague et incomplète qu'elle est, cette conception-là est une conception synthétique ou d'ensemble. Elle existe en germe dans tout cerveau, où il ne s'agit que de la développer, pour donner une base convenable au sentiment social qui lui correspond.

A l'état normal le culte, joint à l'éducation première, sera chargé de mûrir chez l'enfant cette conception et ce sentiment. La lecture familière des historiens et des voyageurs, l'étude des langues, la fréquentation habituelle des chefs-d'œuvre de l'esprit humain dans tous les arts, l'assistance périodique aux fêtes religieuses, où seront célébrés avec magnificence les plus dignes serviteurs de l'Humanité, tout cela devra préparer admirablement un jeune cerveau à se faire une idée moins approximative, moins superficielle que ne serait l'idée éclose en lui spontanément, de cet être collectif qu'Auguste Comte a défini l'*ensemble continu des êtres convergents*, et dans lequel il a groupé côte à côte avec les générations humaines, passées, présentes et futures, les compagnons de leurs efforts terrestres, les races animales qui les ont le mieux servies dans leur lutte contre la nature.

A mesure que la civilisation a marché, cette conception synthétique s'est dessinée avec une netteté de plus en plus grande. Déjà entrevue par les penseurs grecs en présence de la conquête romaine, elle grandit et se précise avec le catholicisme et le moyen âge, et atteint presque sa plénitude avec ces philosophes du dix-huitième siècle, chez qui fut si profonde la passion de connaître et d'aimer tout ce qui existe et tout ce qui souffre.

Cependant cette notion, si vive qu'elle soit, ne peut suffire à diriger l'esprit humain et à régler le travail abstrait, tant qu'elle n'est doublée d'une notion analytique, d'une notion abstraite de l'Humanité. Elle donne l'amour convenable, mais ne l'éclaire pas. Son rôle, son unique rôle est de préparer, de disposer l'individu à recevoir le dépôt des connaissances humaines avec le sentiment de respect, de soumission, d'humilité que commande le travail des générations passées. Pour s'assimiler la science, de même que pour l'étendre, l'homme doit d'abord s'incliner devant l'Humanité et courber sa raison personnelle devant la raison collective. En formulant cette première règle de toute éducation comme de toute élaboration scientifique, le Positivisme ne fait que traduire le sentiment instinctif des penseurs de tous les âges, déjà exprimé par le grand mystique catholique dans ce verset de l'*Imitation* pris par Auguste Comte pour épigraphe de sa Synthèse subjective : *Omnis ratio et naturalis investigatio fidem sequi debet, non precedere nec infringere.* Quiconque met le pied dans la science, a pour premier devoir d'accepter l'héritage de ses prédécesseurs avant de se livrer lui-même à de nouvelles investigations. S'il débute par des objections, s'il s'insurge d'abord contre ce qu'ont fait ses aînés, il se condamne lui-même à ne jamais rien savoir ou se classe volontairement parmi les fous, dont l'insubordination bien connue ne tient le plus souvent qu'aux suggestions de la vanité.

Le vrai savant, celui qui découvre, celui qui fait avancer la science, ne sait jamais se faire assez humble. Voyez Descartes, au commencement de sa géométrie : comme il se subordonne, comme il accepte avec respect la tradition mathématique qui va de Thalès à Viette ! Là, c'est le savant qui parle et l'on sait si le savant a réussi. Ecoutez au contraire le Descartes métaphysicien : rien de bon ne s'est fait avant lui, seul il va créer quelque chose de durable, seul il est capable de découvrir ce qui a échappé à tant d'autres. On connaît la chute !

L'amour de l'Humanité que nous donne sa conception synthétique nous prédispose donc à accepter un règlement intellectuel, mais par lui-même il ne règle pas. Pour régler en vue de l'Humanité, il faut avoir une connaissance suffisante des lois qui la gouvernent et en même temps des lois du monde au milieu duquel elle s'agite. Ce n'est pas connaître l'Humanité, que d'en avoir seulement cette aperception vague qui repose sur la seule idée de collectivité. La connaître, c'est avoir étudié et saisi ce qu'il y a de commun entre toutes les parties qui la constituent, *la nature commune des nations,* suivant l'expression de Vico; c'est l'avoir décomposée en ses éléments, familles et patries, et avoir également découvert ce qu'il y a de commun entre chacun d'eux; c'est encore avoir une notion de l'homme, de son organisation, de ses facultés, de ses passions, qui ne sont autres que les facultés et les passions de l'Humanité; c'est enfin n'être pas étranger aux conditions cosmologiques de son existence, aussi nécessaires pour satisfaire ses besoins que pour comprendre son évolution.

Mais ici nous quittons les vues d'ensemble pour les vues abstraites, la conception synthétique pour la conception analytique de l'Humanité. L'abstraction aide donc elle-même à créer les notions qui vont la régler.

Si nous savons en effet, par une juste appréciation du passé humain, vers quelles destinées s'achemine notre espèce, si nous savons quelles ressources nous offrent notre propre nature et la planète sur laquelle nous sommes jetés, il est évident que rien ne nous fait défaut pour diriger convenablement à l'avenir notre activité mentale comme notre activité matérielle. Avant qu'un but réel et précis ne fût proposé aux hommes, ils pouvaient certainement sans faute, et peut-être même avec avantage, se livrer à toutes les études qu'il leur plaisait d'entreprendre; mais il n'en est plus de même depuis que ce but est découvert et définitivement établi. Nous devons tenir désormais pour oiseuse et condamnable toute recherche qui manque de destination sociale, et même toute recherche qui, sans être dénuée d'utilité, ne répond pas à un besoin urgent, ou, n'étant pas assez préparée par les travaux antérieurs, menace d'engloutir de précieux efforts.

Après nous avoir permis de la connaître, l'abstraction va nous permettre de servir l'Humanité. Servir l'Humanité, c'est se consacrer à l'amélioration de son état matériel et moral, ce qui repose de plus en plus sur les connaissances abstraites dont nous parlions tout à l'heure. Au début, l'homme modifie sa planète, ses semblables et lui-même d'une façon tout empirique. L'art est livré au hasard ou ne repose que sur quelques grossières observations. En voyant flotter du bois, l'idée vient qu'on pourrait s'installer sur ce bois et flotter avec lui. De là à creuser des troncs d'arbre, à construire des pirogues, il n'y a qu'un pas, et il a été fait par tous les peuples. Mais qu'eussent pensé ces premiers navigateurs, si on leur eût dit qu'un jour le fer même flotterait sur l'eau et que leurs frêles canots deviendraient les vaisseaux à ceinture d'acier qui remplissent nos ports? Qu'eussent-ils pensé si on eût ajouté que ces léviathans ne marcheraient ni au vent ni à la rame et que leurs flancs contiendraient la force nécessaire pour les mouvoir dans un peu de charbon et d'eau? Entre le produit de la civilisation naissante et celui de la nôtre, il y a toute la différence qui sépare l'art empirique de l'art abstrait. Le sauvage ne pourrait tailler sa pirogue s'il cessait d'en apercevoir l'ensemble ; de nos jours l'ingénieur porte dans sa tête le plan du navire, mille ouvriers sous sa direction en exécutent séparément les parties, et, quand chacun d'eux a fini sa tâche, il suffit d'un instant pour tirer de mille pièces informes un tout gigantesque. C'est le chef-d'œuvre de l'abstraction.

Il serait ridicule d'insister ici sur des résultats qui frappent tous les yeux. Mais ce qu'on voit moins, c'est que l'art abstrait peut s'attacher à des objets tout aussi nécessaires, tout aussi urgents et plus élevés que la construction d'un aqueduc ou d'une machine à vapeur. S'il commence à admettre que l'art médical repose sur les découvertes de la science biologique, le monde n'accepte pas encore qu'il y ait un art correspondant aux sciences sociologique et morale, et que de jour en jour croisse la possibilité de diriger la modification des sociétés et des individus comme nous dirigeons la construction d'un appareil mécanique ou le traitement d'un organisme malade. Et cependant rien n'est plus vrai. Que les difficultés de cette direction soient infiniment supérieures et exigent des ingénieurs d'un génie plus rare et des artistes d'une expérience plus consommée, nous n'en disconvenons pas : on trouvera toujours moins aisément un grand politique ou un grand moraliste qu'un homme très-capable de faire un pont ou un navire. Mais parce que l'artiste est d'une espèce moins commune, l'art n'en existe pas moins et n'en doit être cultivé qu'avec plus d'ardeur. Un jour viendra, et il serait déjà venu si l'Humanité avait été moins frivole, où le gouvernement des hommes, individus ou sociétés, ne sera plus livré à l'arbitraire, où les modifications indispensables seront préparées de loin, avec prudence, avec sagesse, mais aussi avec certitude, où les peuples ne seront plus pris au dépourvu par des calamités ou des catastrophes que leurs gouvernants n'auront pas su prévoir, où l'on ne se précipitera plus à l'aventure, sans jamais discerner ce que réserve le lendemain.

Comme nous l'avons souvent répété, il ne s'agit plus aujourd'hui, pour être digne de gouverner les hommes, d'avoir l'intelligence et le cœur d'un Richelieu ou d'un César ; il faut encore posséder une science qui de leur temps était presque superflue. Le sort d'un pays n'est plus indépendant comme autrefois de celui des autres. La moindre nation relève aujourd'hui et de plus en plus de la planète tout entière. La plus légère oscillation économique de l'Occident retentit dans l'extrême Orient, et, en revanche, une famine dans la Chine ou l'Inde peut léser d'immenses intérêts en Angleterre ou en

France. L'Humanité a fini par constituer un ensemble, elle a cessé d'être un composé de parties. C'est un vaste organisme, où chaque organe réagit sur tous les autres, et peut, s'il est gravement atteint, compromettre l'être entier. Que faire, comment se débrouiller au milieu de telles complications, si l'on n'a pour se guider le fil des conceptions abstraites, c'est-à-dire quelque idée de la nature commune de tous ces éléments humains et de leur évolution spontanée ? Faudra-t-il donc traiter en barbares des peuples dont le seul crime est de n'avoir pas notre civilisation, nos mœurs, nos connaissances ? Devrons-nous les exterminer, faute de les comprendre et de savoir les amener à nous ? Cela s'est pratiqué et se pratique encore ; mais c'est là un état de choses qui ne peut durer toujours, d'autant plus que les opprimés commencent à relever la tête et à se débarrasser des oppresseurs.

Donc, en politique et en morale, comme en mécanique, l'abstraction devient de jour en jour plus nécessaire. Elle nous rend à la fois plus audacieux et plus sages. Nos rêves sont peut-être moindres que ceux de nos ancêtres : nous avons, en effet, renoncé pour toujours aux béatitudes de la Cité du Soleil, aux charmes de Salente, voire même aux félicités de la République du divin Platon ; mais nos hypothèses sont aussi moins décevantes et l'événement tiendra plus sûrement ce que nous aurons promis. Nous n'espérons pas qu'un jour nous marcherons sur l'eau par la seule puissance de notre sagesse, comme Jésus ou Bouddha, mais nous espérons communiquer en un instant avec le Japon, nous espérons amoindrir la misère, restaurer chez l'homme la vénération, abolir le fléau de la guerre. Si l'Humanité ne redoute plus désormais d'être surnaturel, elle ne doit non plus compter que sur elle-même.

Instruisons-nous donc. En considérant tous les bienfaits dont nous sommes redevables à la connaissance des lois abstraites, en voyant combien il est impossible de rien modifier, **de rien améliorer** sans leur concours, on comprend qu le

Positivisme commande à la majorité des hommes d'étudier ces lois, dans ce qu'elles ont d'indispensable, et à quelques-uns de les enseigner, en écartant tout ce qui n'est point vraiment utile, tout ce qui n'est que spéculation pure ou gymnastique intellectuelle. Il faut que chacun soit, à l'avenir, maître de son sort, et possède le moyen assuré de devenir, s'il en a l'énergie suffisante, meilleur et plus heureux ; il faut surtout que la femme participe à l'éducation scientifique de l'homme, non assurément au point de la détourner de sa véritable destination sociale, qui n'est pas la culture de la science, mais assez, cependant, pour être unie d'opinion avec l'époux qu'elle se sera choisi, et que, plus tard, elle puisse être la première institutrice de ses enfants.

COURS DE PHILOSOPHIE PREMIÈRE

PROFESSÉ PAR M. PIERRE LAFFITTE

TROISIÈME LEÇON

(RÉDIGÉE PAR LE D' P. DUBUISSON)

DU SIÈGE DE L'ABSTRACTION.

28 Bichat 89 (30 décembre 1877).

Nous avons dans la leçon précédente, sans autre assistance que celle de l'observation, fait voir ce qu'est l'abstraction, sur quelles facultés de l'esprit humain elle repose, par quelle évolution continue ces facultés se sont peu à peu développées dans l'Humanité et ont fini par créer la raison abstraite ; enfin nous avons indiqué quelle voie s'ouvre désormais pour cette raison, vers quel but elle doit tendre, à quelle œuvre elle est destinée.

Mais cette théorie n'est pas complète. En cet état, l'abstraction, prise comme l'ensemble des notions abstraites, ne laisse pas dans l'esprit cette image nette et vivante qu'y laissent les choses concrètes, si puissantes par là sur le sentiment. Dépourvue de siège, l'abstraction n'est en quelque sorte qu'une suite de recettes, insuffisante quant à son efficacité mentale, nulle quant à son efficacité morale. Si nous parvenons au contraire à la fixer, à en faire un tout, à la concrétiser en quelque sorte, l'abstraction réunira les avantages synthétiques des choses concrètes, elle donnera une image, fera travailler l'imagination et par l'imagination exercera une influence sur le sentiment.

Nous allons voir que cette idée de *concrétiser* l'abstraction, qui paraît étrange au premier abord, n'est, comme tant d'autres conceptions écloses dans le génie d'Auguste Comte, qu'une façon de satisfaire à l'une des plus vieilles et des plus raisonnables tendances de l'esprit humain.

Ce complément nécessaire de la théorie de l'abstraction comporte une triple exposition : nous avons à faire d'abord l'historique des efforts successivement tentés pour synthétiser l'abstraction ; nous avons à montrer ensuite ce qu'Auguste Comte a entendu par *incorporation du Fétichisme au Positivisme* et sur quelles données s'appuie cette conception ; nous aurons enfin à indiquer quelle solution propose de donner le Positivisme au problème depuis si longtemps posé.

I

Histoire des efforts successivement tentés pour synthétiser l'abstraction.

Les premiers efforts tentés dans cette voie ne sauraient évidemment remonter au-delà de l'époque où furent découvertes les premières notions abstraites, mais ils remontent au moins jusque-là. Les inventeurs de la science abstraite sont aussi, à n'en pas douter, les premiers qui aient tenté une théorie de l'abstraction. Il est évident que quelque chose de nouveau dut se faire jour dans l'esprit de ces hommes éminents, lorsqu'ils eurent trouvé et réuni quelques-unes des premières *lois*. Comment, en présence de notions d'un genre si particulier, devant ces vérités que les sens ne pouvaient atteindre, mais qui n'en existaient pas moins, puisqu'elles servaient à modifier le monde, puisqu'elles permettaient de mesurer des choses qu'on n'avait pu mesurer encore, de construire des machines non soupçonnées auparavant, bien plus de donner aux armées une organisation et une puissance irrésistibles, et même de transformer des sociétés, comment ne serait-il pas venu à l'idée des philosophes qui créaient et développaient le nouvel ordre de choses, qu'entre les connaissances qu'il est donné aux hommes d'acquérir il y a une distinction à faire entre celles qui proviennent directement et celles qui ne proviennent pas directement des sens, ou, pour parler comme les modernes, entre le *concret* et l'*abstrait*? Et comment, cette distinction établie, n'auraient-ils pas cherché à se rendre compte de la nature propre de ces connaissances spéciales que l'esprit conçoit, mais que les sens ne révèlent pas ? Ayant en leur possession de quoi ébaucher une théorie de l'abstraction, il eût été extraordinaire qu'ils s'en abstinssent. Si la tâche était difficile pour Thalès qui n'avait pour tous matériaux que deux théorèmes de géométrie, elle devint possible pour Pythagore, qui, en ajoutant aux découvertes géométriques de Thalès, spécula de plus sur la mécanique et sur les nombres. Il n'est guère douteux que la conception pythagoricienne des *nombres* n'ait été la première ébauche d'une systématisation de la raison abstraite et comme le point de départ de cette *théorie des idées*, que devait plus tard développer Platon.

Plus artiste que penseur, Platon ne saurait en effet être considéré que comme le continuateur de la conception pythagoricienne. Qu'il l'ait plus ou moins modifiée, plus ou moins arrangée, pour la présenter en dernier ressort sous la forme que l'on sait, cela est d'autant moins discutable que la conception qu'il expose dans une de ses premières œuvres, n'est pas absolument identique à celle qu'il exposera plus tard dans *Hippias* ou dans *la République*, ce qui indique un progrès accompli dans son propre esprit ; mais il semble tout aussi certain que la conception dans son essence est empruntée au philosophe de Crotone. Pour justifier notre dire, nous invoquerons d'abord l'assertion de Diogène Laërce qui déclare en propres termes que Platon a emprunté aux pythagoriciens tout ce qui dans sa doctrine concerne l'entendement ; nous rappellerons ensuite que Platon eut avec les pythagoriciens les plus fréquentes et les plus intimes relations, qu'il se procura tous leurs ouvrages au prix de sacrifices pécuniaires considérables, qu'il fut personnellement lié d'amitié avec un des plus illustres disciples du maître, Archytas de Tarente, enfin qu'il fut à l'école de Philolaüs et d'Euryte. Si ces preuves ne suffisaient pas, nous ajouterions que l'inimitable manière d'exposer, propre à Platon, est celle d'un écrivain qui propage, non d'un penseur qui invente. Le pythagoricisme, d'après le peu que nous en savons, contient d'ailleurs tout ce qu'il y a de fondamental dans la *Théorie des idées*.

Cette théorie est au fond de l'œuvre entière de Platon. Elle y est développée avec un art incomparable, sous les formes les plus diverses, à propos des sujets les plus opposés. Trois ouvrages surtout la condensent, ce sont : *Hippias, le Timée* et *la République*.

Dans cette œuvre Platon cherche à établir :

1° Que les notions dont nous sommes redevables à nos sensations sont instables et que seules les notions abstraites, par leur caractère de fixité, représentent l'Ordre ;

2° Que ces notions abstraites ou *idées* ne sont pas une simple conception de l'esprit, mais qu'elles ont une réalité en dehors de nous, réalité qui nous devient accessible par l'effort intellectuel aidé de la sensation ;

3° Enfin que ces idées reposent en Dieu et ne font qu'un avec Dieu, dont elles partagent l'éternité. Nous sommes ici au point de départ de la théorie du Logos, du Verbe.

De ces propositions exposées dans de nombreux dialogues, mais avec une clarté plus parfaite que partout ailleurs dans l'*Hippias* et dans *la République*, Platon tire d'incalculables conséquences. Il en déduit une nouvelle conception du monde et toute une organisation sociale et morale dont le principal avantage devait être, dans la pensée de son auteur, de jouir du même caractère de fixité, d'ordre et d'harmonie qui est le propre des notions abstraites.

Que Platon ait ou non pris sa théorie à Pythagore, son œuvre est pour nous la première où se trouve posé le problème d'une systématisation de la raison abstraite, la première où ce problème trouve une solution. Pour juger à quel point la question a d'importance, il suffirait à la rigueur de voir tout ce qui dans Platon même résulte de cette notion synthétique et de l'emploi qui en est fait pour régler les choses. Tout en dépend, tout s'y renouvelle. On conçoit l'enthousiasme qu'éveilla en son temps une conception qui donnait ainsi à tout homme la faculté de s'élever au parfait savoir et de contempler les vérités éternelles au sein même de la Divinité.

En fait, Platon n'a réussi qu'à poser d'une manière définitive le problème de la systématisation de la raison abstraite et de sa constitution en un tout réel ; il n'a pas réussi, et cela va de soi, à trouver la solution.

Ce n'est pas que le point de départ de sa théorie manque de vérité. Il a raison lorsqu'il déclare qu'il n'existe point de fixité en dehors des notions abstraites et que tout ce qui touche les sens, depuis l'atmosphère jusqu'à l'homme, est frappé d'instabilité et de contingence : cela est d'une observation exacte et profonde. Ce qui l'est moins, ce sont les conséquences que le philosophe en tire. Il se trompe d'abord en ce qu'il ne considère d'autres notions abstraites que les propriétés abstraites, lesquelles, loin de remédier aux divagations et à l'arbitraire, n'ont jamais servi qu'à les développer ; il se trompe également en leur accordant une influence modificatrice sur le monde et l'homme, rôle qui n'appartient qu'aux *relations abstraites*, les propriétés n'ayant, comme nous l'avons vu, d'autre utilité que de fournir une base à la découverte des relations ; mais il se trompe surtout en ce qu'il suppose qu'on s'élève jusqu'à la raison abstraite par une sorte d'inspiration, de divination pour ainsi dire, en se soustrayant à la lente et patiente observation du monde extérieur, au travail difficile de la méditation inductive et déductive, pour se plonger dans la contemplation exclusive d'un monde imaginaire où l'on verrait face à face la vérité. Sans parler des vices moraux d'une théorie, qui ne peut que surexciter l'orgueil en donnant à croire qu'il est presque aisé de pénétrer l'immense mystère, nous ajouterons qu'avec bien d'autres défauts, la conception de Platon a encore celui de rompre toute harmonie entre les connaissances humaines, puisqu'en établissant que si certaines nous sont révélées par nos sens, d'autres nous sont révélées directement, elle sépare comme deux choses indépendantes et irréductibles le concret de l'abstrait, et par là, la pratique de la théorie.

Cependant, n'y eût-il eu que cela de gagné, c'était beaucoup déjà que le problème fût posé. L'esprit humain est trop tenace pour abandonner une question qui le préoccupe avant de l'avoir résolue.

Le catholicisme reprit le problème posé par Platon et lui fit faire un premier pas.

Nous avons vu que dans l'esprit de Platon les idées finissaient par se confondre avec Dieu, si bien que Dieu, suivant la métaphysique de l'école platonicienne, n'était en quelque manière que le siège de ces idées. De là l'expression de *Logos*, par laquelle on désignait la Divinité, expression que les Latins traduisirent littéralement par Verbum (le Verbe). Ce Logos, ce Verbe, dans l'opinion de ceux qui l'avaient ainsi conçu, avait donc la réalité de Dieu, avec lequel il se confondait, et, dans une certaine mesure, le but qui consiste à faire aimer l'abstraction en lui donnant un siège réel était atteint. Mais il était atteint d'une manière bien imparfaite. On se demande en vérité de quel amour est susceptible cet Etre sans forme et sans figure, cet Etre muni de toutes les perfections et de tous les pouvoirs, mais auquel ses perfections et ses pouvoirs ne sont d'aucune utilité, puisque tout se passe en dehors de lui, qui constitue le Dieu métaphysique. On a beau faire: l'homme ne peut aimer ce qu'il ne peut concevoir, ce qu'il ne peut saisir, et pour proposer à son affection un être au-dessus de l'Humanité, il faut au moins que cet être en ait conservé quelques traits.

Le polythéisme l'avait si bien compris qu'il a fait de ses dieux des êtres supérieurs à l'homme par la puissance, mais qui lui sont aussi supérieurs par le vice, tant ils ont gardé de la nature humaine. Le catholicisme le comprit peut-être mieux encore : tout imbu de platonisme, tout saturé de métaphysique alexandrine, il sut assez dominer une tendance qu'il jugeait funeste pour introduire dans son dogme un Dieu aussi abstrait que celui de Platon, mais en même temps plus humain, s'il est possible, que les dieux de l'*Iliade* et de l'*Odyssée*.

Création merveilleuse, éclose, sinon développée, dans le génie de saint Paul, la théorie du Verbe fait chair ne s'établit pas sans difficulté dans la croyance catholique, à l'édification de laquelle avait tant contribué cette philosophie grecque si immatérielle, si idéale, si préoccupée des choses de l'esprit, au détriment des choses sociales. Saint Paul n'avait point connu Jésus, ce qui était une condition nécessaire pour en faire un Dieu et pour le faire comme il le fallait. Il sentit vite que la divinisation du Christ était indispensable non-seulement pour donner à un sacerdoce, dépourvu de tout pouvoir temporel, la puissance spirituelle dont il avait besoin, mais encore pour assurer l'efficacité du monothéisme. Ce n'était pas tout, en effet, de proclamer un seul Dieu, ce qui d'ailleurs était depuis longtemps une opinion courante dans le monde des penseurs, il fallait encore rapprocher ce Dieu de la foule et le lui présenter avec des caractères tels qu'elle pût l'aimer. De là cette admirable combinaison du Dieu fait homme, tout aussi humain mais plus digne que les dieux antiques, aussi digne mais plus humain que le Dieu métaphysique et que le terrible Dieu de Moïse. L'humanité et la divinité se confondent en Jésus-Christ. Comme Dieu, il est parfait ; comme homme, il est capable de tendresse ; d'un côté il sert d'idéal, d'un autre de point d'appui. Et la raison abstraite, transformée en Verbe et suivant la même évolution, devient, elle aussi, digne d'amour et susceptible d'amour.

Tous les hommes d'État du catholicisme — et l'on peut dire que tous ses grands hommes furent des hommes d'État bien plus que des philosophes — ont compris dans la perfection la nécessité d'imprimer ce double caractère à la personne de Jésus. Durant les cinq siècles où le dogme se fonde, et durant le dernier surtout où les grandes hérésies éclatent, il est curieux de voir avec quelle énergie ces prêtres, plus soucieux pour la plupart de l'intérêt politique qui s'attache à la conception que de sa raison logique, lui donnent peu à peu la précision qu'elle n'avait pas d'abord, puis la défendent et finalement la font triompher. Quelques mots touchant cette lutte mémorable.

Remarquons d'abord qu'elle ne commence qu'au quatrième siècle et lorsque le pouvoir temporel, d'hostile qu'il était à la nouvelle religion, lui est devenu sympathique. Arius surgit sous Constantin. Arius, prêtre d'Alexandrie et créateur de l'une des plus redoutables hérésies qu'ait eu à supporter l'Eglise, semble au premier abord un homme raisonnable, qui refuse de croire à une chose incompréhensible. Il soutient qu'il fut un temps où le fils de Dieu n'était point, qu'il a été fait après n'avoir pas été, et qu'il a été fait tel que sont naturellement tous les hommes. Dieu ayant tout fait de rien et le fils de Dieu étant compris dans la création de tout ce qui est, il est, lui aussi, de nature changeante, et susceptible de vice et de vertu. En d'autres termes, Arius nie la divinité de Jésus-Christ.

Au fond, la doctrine d'Arius n'était pas plus raisonnable que celle qu'il prétendait renverser. On était en pleine subjectivité : qu'importait qu'on y enfonçât plus ou moins. Du moment que l'on admettait qu'un Dieu tout-puissant pouvait se donner un fils doué de tous les caractères de la nature humaine, il n'était pas moins admissible que ce fils participât également à la nature divine et fut vraiment un Dieu-Homme; d'autant plus admissible même que l'on ne perdait pas de cette façon tous les avantages de la création du Christ, fils de Dieu. Le concile de Nicée (325) fut chargé de décider entre les évêques ariens et les défenseurs de la vraie foi, appuyés sur l'Évangile de saint Jean. Avec une grande sagesse politique il donna raison à ceux-ci et proclama dans un symbole demeuré fameux la *consubstantialité* du père et du fils : « Nous croyons, disait-il, en un seul Dieu, père tout-puissant, créateur de toutes choses visibles et invisibles, et un seul Seigneur Jésus-Christ, fils unique de Dieu, engendré du père, c'est-à-dire de la substance du père. Dieu de Dieu, lumière de lumière; engendré et non fait, consubstantiel au père, par qui toutes choses ont été faites au ciel et en la terre, etc., etc. » Par le symbole de Nicée, le Christ était donc proclamé Dieu et homme tout ensemble. Le mieux évidemment eût été de s'en tenir là et, sans plus disputer, de jouir des résultats moraux qui découlaient d'une aussi précieuse conception.

Malheureusement il n'en fut rien, et l'hérésie d'Arius n'était pas condamnée depuis plus d'un siècle qu'un nouvel hérétique se levait, non à la vérité pour ressusciter ce qui venait d'être brisé, mais pour rendre compte du mystère et expliquer l'inexplicable. Celui-là fut Nestorius, évêque de Constantinople. Il ne niait point la divinité de Jésus-Christ, mais il ne voulait point consentir non plus qu'il y eût confusion entre cette divinité et l'humanité qu'il tenait de Marie. Il n'y avait là qu'une union morale, une union de volonté et de dignité, pour nous servir de ses propres expressions, entre l'homme et le Dieu. Les deux natures étaient juxtaposées, mais non confondues, la nature divine procédant du père, la nature humaine de Marie, qui ne devait être appelée que mère du Christ et non mère de Dieu, parce que le corps de son fils n'avait été en quelque sorte que le réceptacle, que le temple

où s'était passagèrement abritée la Divinité. C'était l'homme, l'homme seul qui était né, qui avait souffert, qui était mort, ce n'était pas le Dieu.

Outre que, comme dans le cas d'Arius, il n'est guère plus difficile d'admettre la théorie des Pères de Nicée que celle de Nestorius, qui en soi n'est guère moins contraire à la raison, il est évident que cette fois encore tout le bénéfice qu'on tirait de la sage conception du Christ disparaissait. Il était de toute nécessité que l'homme et le Dieu ne formassent qu'un même être, qu'ils se confondissent en une même nature. L'esprit humain, après tout, n'est point rebelle à l'idée d'un être double, à la fois parfait et médiocre, chez qui le vice et la vertu se disputent la suprématie ; c'est l'état même de la nature humaine, dans laquelle les deux principes sont perpétuellement en lutte.

Quoi qu'il en soit, l'Eglise se hâta de réprimer la nouvelle hérésie. C'était un patriarche d'Alexandrie, Athanase, qui avait été le principal adversaire d'Arius; ce fut l'un de ses successeurs, Cyrille, qui défendit la vraie foi contre Nestorius et sa doctrine. Il introduisit dans la croyance catholique le dogme dit de l'*union hypostatique,* par lequel l'Eglise reconnaît que la vierge Marie est réellement mère de Dieu, puisqu'elle a engendré selon la chair le Verbe de Dieu fait chair, et déclare que le Verbe qui procède de Dieu le père, est uni à la chair selon l'hypostase, et qu'avec cette chair il fait un seul Christ, qui est Dieu et homme tout ensemble. Le concile d'Ephèse (430) adopta la formule de Cyrille et condamna l'explication de Nestorius. Décider autrement, c'eût été supprimer tout ce qu'il y avait d'efficace dans l'humanité du Verbe, qui dès lors n'eût été qu'une vaine apparence.

Moins de vingt ans après le concile d'Ephèse, le dogme catholique eut à subir un troisième ébranlement. Celui-là vint d'un moine, nommé Eutychès, supérieur d'un monastère voisin de Constantinople. Eutychès souscrivait au symbole de Nicée et à la condamnation de Nestorius, à laquelle il avait particulièrement contribué. Mais à son tour il essayait une sorte d'explication. « Oui, disait-il, il y a bien dans le Christ un Dieu et un homme, mais on ne peut dire qu'il y ait confusion entre les deux personnes et que l'être qui en résulte soit un mélange, en parties égales, de nature divine et de nature humaine. S'il existait deux natures avant l'union, il n'en existe plus qu'une seule après l'union. La nature humaine avait été comme absorbée par la nature divine, elle y était tombée comme une goutte d'eau dans la mer. » Tout était de nouveau compromis, si une semblable interprétation prenait racine dans l'opinion du monde catholique. L'Orient prit fait et cause pour Eutychès, l'Occident tout entier se rallia autour de Flavien qui, le premier, avait dévoilé l'hérésie du moine. La lutte qui dura quatre années, pendant lesquelles furent aux prises la sagesse romaine et la subtilité grecque, se termina par le concile de Chalcédoine (452), contre-partie vengeresse du deuxième concile d'Ephèse, mieux connu sous le nom de *brigandage d'Éphèse*, et par la condamnation de l'hérésie. Celle-ci fut formulée par le pape Léon avec autant d'habileté que d'éloquence : « C'est le fils éternel du père éternel, écrivait-il dans une lettre demeurée célèbre, qui est né du Saint-Esprit et de la vierge Marie. Cette génération temporelle n'a rien ôté ni rien ajouté à la génération éternelle ; mais elle a été employée tout entière à la réparation de l'homme pour vaincre la mort et le démon. En effet, nous n'aurions pu surmonter l'auteur du péché et de la mort, si celui-là n'avait pris notre nature et ne l'avait faite sienne, qui ne pouvait point être infecté du péché, ni retenu par la mort. L'une et l'autre nature, demeurant en son entier, a été mise en une personne, afin que le même médiateur pût mourir, demeurant d'ailleurs immortel et impassible. Il a tout ce qui est en nous, tout ce qu'il y a mis en nous créant, tout ce qu'il s'est chargé de réparer ; mais, il n'y a point tout ce que le trompeur y a mis ; il a pris la forme d'esclave sans la souillure du péché. Une nature n'est point altérée par l'autre, le même qui est vrai Dieu est vrai homme ; il n'y a point de mensonge dans cette union : Dieu ne change point par la grâce qu'il nous fait ; l'homme n'est point consumé par la dignité qu'il reçoit... Eutychès, qui nie que notre nature soit dans le fils de Dieu, doit craindre ce que dit saint Jean : « Tout esprit qui confesse que Jésus-Christ est venu dans la chair est de Dieu ; tout esprit qui le divise n'est pas de Dieu : c'est l'Antechrist. » Or, qu'est-ce que diviser Jésus-Christ, sinon en séparer la nature humaine ? L'erreur touchant la nature du corps de Jésus-Christ anéantit nécessairement sa passion et l'efficacité de son sacrifice, et quand Eutychès nous répond : « Je confesse que Notre-Seigneur était de deux natures avant l'union, mais après l'union, je ne reconnais qu'une nature, » il profère un grand blasphème, car il n'y a pas moins d'impiété à dire que le fils de Dieu était de deux natures avant l'incarnation que de n'en reconnaître qu'une après...

Le concile de Chalcédoine mit fin aux disputes sur la nature du Christ et acheva la construction religieuse sous laquelle put librement se développer le moyen âge.

A vrai dire, comme ce n'était pas sa vérité éclatante, mais bien son utilité qui avait poussé le monde catholique, surtout occidental, à accepter la théorie, il était inévitable que l'esprit humain tôt ou tard reprît ses droits et s'appliquât à mettre d'accord sa foi avec sa raison.

De là une lutte nouvelle, du sein de laquelle surgit la philosophie scolastique.

On était alors au milieu du onzième siècle et dans ce premier mouvement d'enthousiasme que venait de provoquer dans les esprits cultivés la découverte d'Aristote. On ne possédait encore que son *Organum* et de l'*Organum* que les trois premières parties traduites par Boëce. Mais ce peu était une révélation. Il appelait les hommes à des conceptions nouvelles, et leur apprenait qu'au-delà des obscurités calculées de la théologie il existait un monde où la logique et la raison recouvraient leurs droits et se prononçaient en liberté.

Ce n'est pas que l'*Organum* fût par lui-même une œuvre révolutionnaire d'un caractère bien terrible; il contient la grammaire et la logique péripatéticienne, œuvres, dans lesquelles la question de forme l'emportant sur celle du fonds, il est difficile de puiser des arguments pour ou contre une conception religieuse quelconque. Tout au plus y avait-il là de quoi exercer et assouplir les intelligences ou servir d'instrument à quelque esprit émancipé. Mais à cet *Organum*, traduit par Boëce, se trouvait jointe une introduction de Porphyre, dans laquelle, au milieu de commentaires logiques et grammaticaux, s'était innocemment glissée une phrase où l'auteur posait, sans le résoudre ou plutôt en donnant le choix entre deux solutions opposées, le plus grave problème qui eût jamais occupé les philosophes grecs, le problème abordé dans sa *Théorie des idées* par Platon, dans sa *Métaphysique* par Aristote. Voici cette phrase toute incidente de Porphyre, qui donna naissance à de grands débats :

« Chrysaore, puisqu'il est nécessaire pour comprendre la doctrine des catégories d'Aristote de savoir ce qu'est le genre, la différence, l'espèce, le propre et l'accident, et puisque cette connaissance est utile pour la définition, et en général pour la division et la démonstration, je vais essayer dans un abrégé succinct et en forme d'introduction, de parcourir ce que nos devanciers ont dit à cet égard, m'abstenant des questions trop profondes et m'arrêtant même assez peu sur les plus faciles. Par exemple, *je ne rechercherai point si les genres et les espèces existent par eux-mêmes ou seulement dans l'intelligence, ni, dans le cas où ils existeraient par eux-mêmes, s'ils sont corporels ou incorporels, ni s'ils existent séparés des objets sensibles ou dans ces objets et en faisant partie;* ce problème est trop difficile et demanderait des recherches plus étendues. Je me bornerai à indiquer ce que les anciens, et parmi eux surtout les péripatéticiens, ont dit de plus raisonnable sur ce point et sur les précédents. »

De l'alternative ainsi posée comme par mégarde par Porphyre naquit la Scolastique et la grande querelle par laquelle elle débuta. Les genres et les espèces, autrement dit les *universaux*, ont-ils ou n'ont-ils pas de réalité objective? Tel est le point délicat sur lequel allaient, pendant de longues années, s'affiner toute l'adresse et toute la pénétration du génie humain. Question purement philosophique, à ce qu'il semble d'abord, mais dont la solution, comme on va voir, est grosse de conséquences pour le dogme théologique. Au fond c'est bien le problème résolu par Platon dans la *Théorie des idées*, qui se pose ici de nouveau. Les genres et les espèces ou les universaux ne sont autre chose que les Idées de Platon, c'est-à-dire les notions abstraites dégagées spontanément par l'intelligence des images concrètes fournies par la sensation. Pour Platon ces Idées, dont la réunion formait le Verbe et se confondait avec la Divinité, avaient une réalité propre, une réalité supérieure même à celle des objets qui frappent nos sens. Considérant les idées le principe même d'où dérivent les choses il ne voyait dans celles-ci que les copies plus ou moins approchantes et fugaces de ces types éternels, qui seuls possédant une existence permanente n'étaient point entraînés dans un mouvement perpétuel et sujets à disparition. Dans cette conception, les idées ou la raison abstraite étaient donc douées de réalité objective. Plus positif que son maître, Aristote avait senti toute la fragilité de la théorie de Platon, qu'il n'avait cessé d'accabler de ses critiques; mais dans l'impossibilité de mieux faire, il s'était sagement abstenu.

Le premier qui, dans cette seconde moitié du onzième siècle, remit la question sur le tapis, Roscelin, maître d'Abélard, n'eut point, lui, la sagesse de s'abstenir. Il résolut l'alternative de Porphyre en prenant juste le contre-pied de la thèse de Platon et proclamant qu'il n'y avait point de réalité en dehors des individus. Il n'existe point de couleur en dehors des corps colorés, point de pesanteur en dehors des corps pesants, point de sagesse en dehors des âmes. Ce que l'on appelle genres et espèces ou universaux ne sont que des noms, que des abstractions verbales, sans existence par elles-mêmes ; et de même encore les parties d'une chose n'existent que dans cette chose, et dès qu'on les en sépare, on n'a plus aussi que des mots. C'est là toute l'essence du *nominalisme*.

Les conséquences étaient plus graves qu'il ne semblait. Le dogme catholique ne fut pas plutôt mis à l'épreuve de la nouvelle doctrine qu'il trembla d'être compromis. Anselme, depuis évêque de Cantorbéry, se jeta à la traverse : « Dès qu'on ne reconnaît, disait-il dans une réfutation de ce qu'il appelait les blasphèmes de Roscelin, d'autres réalités que celles qui tombent sous les sens ; quand on ne peut pas distinguer l'existence de la couleur d'un cheval de celle du cheval lui-même ; quand on n'admet comme existant que ce qui est individuel ; quand on ne peut pas comprendre que plusieurs hommes individuels contiennent en eux quelque autre chose encore que ce qui les distingue, et que, dans ces différents hommes, il y a une seule et même humanité, comment pourrait-on comprendre que les trois personnes de la Trinité, dont chacune est Dieu, ne constituent qu'une seule et même Divinité? » Roscelin en effet établissait ce dilemme : « Ou bien les trois personnes de Dieu ne sont pas seulement trois personnes, mais trois choses qui existent chacune individuellement et séparément, comme existent trois anges ou trois âmes, et n'ayant de commun entre elles que la ressemblance ou l'identité de volonté et de puissance ; ou bien les trois personnes ne font qu'un seul Dieu, et dans ce cas ce Dieu seul existe sans distinction de personnes ; il agit tout entier quand il agit ; et par conséquent il faudrait dire que le Père et le Saint-Esprit ont dû s'incarner quand le Fils s'est incarné. » Et il concluait : « Or, cette dernière hypothèse est absurde ; donc il faut adopter la première, et admettre que les trois personnes sont en effet trois êtres distincts, et pour ainsi trois Dieux. » D'un coup, Roscelin venait de ruiner par la base le dogme catholique et tout cet échafaudage de combinaisons savantes si péniblement élevé par les Pères et les conciles.

Pour sauver la religion, il ne suffisait pas, dans un siècle où la foi commençait à ne plus suffire, de combattre le novateur au nom de la foi. Il fallait qu'on lui résistât avec ses propres armes, et qu'on élevât théorie contre théorie. C'est à la théologie de Roscelin qu'en voulait Anselme lorsqu'il attaquait sa philosophie ; c'est surtout contre sa philosophie que s'éleva Guillaume de Champeaux lorsqu'au *nominalisme* il opposa le *réalisme*.

Guillaume de Champeaux, archidiacre de Notre-Dame de Paris, enseignait vers l'an 1103 à l'école de la cathédrale. C'est là, et plus tard à l'abbaye de Saint-Victor, quand il se fut fait moine, qu'il s'appliqua à réfuter Roscelin. Son opinion, telle que nous l'ont transmise des contemporains et des adversaires, parmi lesquels il faut citer Abélard, car nous ne possédons de lui rien qui nous éclaire sur ce point, son opinion était que l'universel, c'est-à-dire le genre, est quelque chose de réel, qui est identique, essentiellement, intégralement et simultanément, dans tous les individus qui en participent et composent le genre ; de sorte que ces individus ne diffèrent aucunement dans leur essence, mais seulement dans leurs éléments accidentels. Il affirmait donc la réalité des types abstraits. L'un de ses partisans qui probablement fut son disciple, Bernard de Chartres, reproduisait presque en propres termes la théorie de Platon. Il admettait deux éléments primitifs et éternels, le matière et l'idée. La Providence applique l'idée à la matière, et la matière s'anime et prend une forme. Dans l'intelligence divine étaient d'avance les exemplaires de la vie, les notions éternelles, le monde intelligible et la prescience des choses qui doivent arriver un jour. Or, ce qui est dans l'intelligence suprême lui est conforme et l'idée est divine de sa nature..... Dans la formation des choses la Providence a été des genres aux espèces, des espèces aux individus, et des individus elle revient à leurs principes dans un cercle perpétuel, etc., etc.

C'est ainsi que le douzième siècle faisait appel à Platon pour réparer les brèches faites au dogme catholique par Aristote.

Tout cependant n'était point dit dans cette grande querelle. Il se rencontra des esprits que ne satisfaisaient ni le nominalisme de Roscelin ni le réalisme de Guillaume de Champeaux. Un disciple de Roscelin et de Guillaume, l'illustre Abélard, s'élevant contre les doctrines de ses deux maîtres, réussit à leur substituer une troisième conception qui compta bientôt autant de partisans qu'en avaient eus les deux autres. La voici en peu de mots :

Tournant d'abord les principes du nominalisme contre le réalisme, Abélard démontrait que l'espèce, le genre, l'universel ne sont pas l'essence des individus, et n'en sont pas non plus des états, des éléments intégrants. Invoquant ensuite le réalisme contre le nominalisme, il soutenait que les universaux ne sont pas davantage de purs mots, car de purs mots ne sont rien, et assurément les universaux sont quelque chose. Que sont-ils donc ? Si les universaux ne sont ni des choses, ni des mots, il reste qu'ils soient des conceptions de l'esprit. Ils n'ont pas d'autre réalité, mais cette réalité est suffisante. Il n'existe que des individus, et nul de ces individus n'est en soi ni genre ni espèce ; mais ces individus ont des ressemblances que l'esprit peut apercevoir, et ces ressemblances, considérées seules et abstraction faite des différences, forment des classes plus ou moins compréhensibles qu'on appelle des espèces ou des genres. Les espèces et les genres sont donc des produits réels de l'esprit. Ce ne sont ni des mots, quoique des mots les expriment, ni des choses en dehors ou en dedans des individus ; ce sont des conceptions. D'où le nom de *conceptualisme* donné au système.

Il n'est pas difficile de reconnaître qu'entre les trois opinions précitées, l'opinion d'Abélard est celle qui se rapproche le plus de la nôtre. Gardons-nous cependant de lui attribuer plus de valeur qu'elle n'a en réalité. Si sous chacune des expressions qu'il a employées, Abélard avait pu mettre une idée positive, il n'est pas douteux qu'aujourd'hui même nous ne le dépasserions pas. Mais quelle valeur était-on capable d'attacher, au début du douzième siècle, à ces mots d'*esprit* et de *conceptions*? à quelles idées précises, à quelles notions scientifiques, cela pouvait-il bien correspondre? On serait fort embarrassé pour le dire. Abélard, avec une vue en apparence plus claire que ses devanciers et ses adversaires, pas plus qu'eux n'était sorti et n'était en puissance de sortir du vague et de l'obscurité métaphysiques.

Bien des siècles devaient d'ailleurs s'écouler avant qu'on ne trouvât mieux. Sur la fin du dix-septième, Malebranche ne saura encore que ressusciter Platon en le précisant et dire dans une formule souvent citée : « Le Verbe est le lieu des intelligences comme l'espace est le lieu des corps. »

Pour résoudre le problème qui préoccupa tant d'intelligences dans le monde antique et au moyen âge, autrement dit pour constituer systématiquement la raison abstraite et lui donner un siège, il fallait des conditions telles que notre temps les a pour la première fois trouvées réunies. Non-seulement il était nécessaire que la science fût assez faite pour que le domaine de la raison abstraite apparût distinctement, et que certaines branches particulières fussent fondées, mais il fallait encore que la physiologie nous eût révélé le siège des facultés intellectuelles, que la loi de leur développement et de leur exercice fût mise au jour ; enfin que quelqu'un, entré assez avant dans la connaissance du passé pour recueillir ses aspirations, se montrât assez habile pour les satisfaire sans blesser les susceptibilités scientifiques, sans nuire aux intérêts de la raison.

Un seul homme a été à la hauteur de cette tâche ; c'est Auguste Comte.

II

De l'incorporation du Fétichisme au Positivisme.

Donner à la raison abstraite un siège qui, en lui attribuant les caractères d'une chose réelle, la rende susceptible d'éveiller à la fois l'imagination et le sentiment : tel est le problème posé par le passé et légué à la philosophie de notre siècle par la théologie et la métaphysique impuissantes. La solution devait être positive et non arbitraire ; elle devait répondre à certaines conditions scientifiques et se rencontrer dans une direction donnée. Nous avons à montrer comment Auguste Comte a satisfait à ces différentes nécessités.

Exposons d'abord une conception préliminaire sur laquelle est basée la solution qu'il propose. Qu'entend-il par *incorporation du Fétichisme au Positivisme*?

Pour quiconque ne considère pas seulement la surface des choses, il est constant qu'il n'existe dans l'histoire du monde que deux religions susceptibles de durée : le Fétichisme et le Positivisme. L'une est sa religion spontanée et primitive de l'Humanité, l'autre est la religion finale. Au fond, ils ne se distinguent qu'en ce que l'un, le fétichisme, considère tous les corps comme vivants, tandis que l'autre ne les considère que comme actifs, n'attribuant la vie qu'à un petit nombre.

« On ne saurait jamais prouver, dit Auguste Comte, qu'un corps quelconque ne sent pas les impressions qu'il subit et ne veut pas les actions qu'il exerce, quoiqu'il se montre dépourvu de la faculté de modifier sa conduite suivant sa situation, principal caractère de l'intelligence....... La positivité ne diffère de la fétichité qu'en refusant à la matière une intelligence d'abord trop confondue avec le sentiment pour que leur séparation fût possible avant que l'essor collectif eût caractérisé l'aptitude spéculative. » L'abîme qui les sépare n'est donc pas démesuré, et le passage d'un état religieux à l'autre est moins difficile qu'il ne semble au premier abord. Entre les deux est venu se placer, comme une sorte de maladie inévitable et nécessaire, un troisième état, l'état théologique, sans lequel l'esprit humain n'eût assurément pu aboutir au Positivisme, mais qui, à y regarder de près, est infiniment plus éloigné de l'état normal que ne l'était le fétichisme. La raison humaine eût été perdue peut-être si le théologisme s'en fût emparé au point de faire disparaître toute trace du solide régime antérieur. Par bonheur, l'immense majorité de l'espèce ne fut jamais que très-peu atteinte par la maladie, et ceux-là mêmes qui en ressentirent le plus les effets, c'est-à-dire les membres des classes théoriques, conservèrent toujours bon gré mal gré quelque chose des dispositions spontanées que l'Humanité met au cœur des hommes. Jamais on n'est parvenu à faire accroire à la masse humaine qu'une pierre n'est pas active, et il n'est pas de jour où le plus convaincu déiste, en admirant un temps qui se met au beau, ou en s'insurgeant contre un feu qui ne va pas, ne donne des preuves indéniables de son fétichisme. L'inertie de la matière n'est qu'une conception logique.

Donc, au point de vue dogmatique, rien ne s'oppose à assimiler le régime primitif au régime final, ou, suivant l'expression d'Auguste Comte, à *incorporer le Fétichisme au Positivisme.* Celui-ci ne fait en somme que formuler d'une manière scientifique ce que celui-là avait constaté d'une façon toute spontanée. Reste à voir si cette assimilation, si cette incorporation répond à une certaine direction actuelle de l'esprit humain.

Rien n'est moins douteux. Il est remarquable qu'à partir du jour où a commencé la décomposition théologique, un mouvement en retour vers le fétichisme s'est dessiné avec une croissante énergie, et avec ce caractère particulier qu'il émane principalement de la classe théorique, la seule qui, dans une certaine mesure, se soit autrefois dégagée du fétichisme. C'est donc là un mouvement voulu, sinon systématique. On dirait qu'à mesure que l'Humanité sort de la prison théologique, elle revient avec un inexprimable charme aux conceptions qui ont bercé son enfance. Peut-on dire que ce soit avec ses dispositions primitives et qu'elle n'ait rien modifié à sa première manière de sentir, d'apprécier les choses ? Évidemment non ; s'il en était autrement, nous assisterions ici, non à un mouvement en avant, mais à une véritable rétrogradation ; toutes les conquêtes de l'intelligence seraient menacées ; nous nous hâterions vers notre ruine. Or, ce retour au fétichisme nous apparaît au contraire comme un progrès de l'esprit humain, comme une tendance à laquelle nous pouvons nous abandonner sans terreur et sans ménagement.

Il débute au dix-huitième siècle, alors que l'édifice catholique, sous les coups des philosophes, commence à crouler de toutes parts. L'homme dégagé de toute préoccupation céleste redescend sur terre et se retrouve face à face avec la nature. Tout se fétichise alors et une langue nouvelle surgit du renouvellement des pensées et des sentiments. Diderot est l'initiateur de ce style éclatant d'images, qui nous semble aujourd'hui la chose du monde la plus naturelle, mais que nombre de ses contemporains trouvèrent ridicules : ses *pages brûlantes*, ses *sourires trempés de larmes* suscitèrent les moqueries d'un Palissot. Auprès de lui Rousseau, fou méchant, autant qu'observateur habile, découvre et nous raconte avec une passion qui n'éclate nulle part mieux que dans ses Rêveries d'un promeneur solitaire, la poésie des bois, des prés et des lacs. Il ne révèle pas encore celle des montagnes, qui ne sera découverte qu'au commencement du xixe siècle, comme l'observait récemment avec une grande finesse M. John Morley. Dès lors l'amour des champs, l'amour des choses sans apprêt gagne si bien toutes les classes que les reines elles-mêmes veulent devenir fermières et s'installent dans Trianon. Chose étonnante, la terrible Révolution, loin d'arrêter le mouvement, lui imprime une énergie nouvelle : des pensées et des images que Théocrite n'eût point répudiées se glissent dans les harangues des plus farouches ; l'églogue est comme à côté de l'échafaud. Avec Chateaubriand l'élan donné s'accentue encore. Le purisme littéraire du vieil abbé Morellet a beau s'effaroucher lorsqu'il trouve dans Attala des expressions comme celles-ci : *Pleurer la patrie absente, le désert qui se déroule, la grande voix du fleuve*, les contemporains, dont l'auteur traduit à merveille les sentiments, se prennent pour lui d'enthousiasme et montrent à ses successeurs dans quelle voie ils doivent s'engager. Ce qu'on a appelé le romantisme en France, le lakisme en Angleterre n'a pas d'autre source. C'est la pénétration dans la poésie de tout un ordre de sentiments et d'idées qui ne s'étaient encore affirmés que dans la prose. Le succès du romantisme n'est pas dans ses drames, où il prétendait dépasser Corneille et Racine en s'affranchissant de toute règle et bafouant souvent le sens commun, il est tout entier dans ses tendances fétichiques : il a fait revivre la nature et animé le style poétique. C'est cela, et cela seul qui lui vaudra l'approbation de la postérité. Cela est si vrai que dans une autre partie de l'art, en peinture, la seule école vraiment grande qu'ait fait surgir cette renaissance est une école de paysagistes, où les plus puissants et les plus admirés furent ceux qui aimèrent le plus passionnément la nature, et dans la nature, non les aspects superbes et les côtés grandioses, mais les choses les plus simples, des détails qui eussent autrefois passé pour vulgaires : l'arbre, la pierre, le ruisseau.

Nous jouissons aujourd'hui devant un paysage, devant une vue de montagnes, en présence de la mer, en face d'un coucher de soleil, et nous ne songeons pas que tous ces sentiments sont relativement nouveaux dans le monde, qu'ils étaient inconnus il y a deux siècles, et que nous les devons à de certaines dispositions naturelles, longtemps refoulées, mais qui ont éclaté avec force aussitôt que la compression théologique s'est relâchée.

Le philosophe cependant ne serait pas digne de sa fonction

s'il n'apercevait point ce qu'il y a de nouveau dans le phénomène et se montrait impuissant à remonter à sa source. C'est son rôle de constater la renaissance du sentiment fétichique dans les cerveaux cultivés de l'Occident ; c'est son rôle et son devoir de chercher à concilier la tendance nouvelle avec les besoins scientifiques émanés des âges antérieurs.

Et la chose est moins difficile qu'il ne paraît. Dans le mouvement actuel, en effet, la volonté a une part considérable, immense, ce qui n'existait point dans le fétichisme antique, qui n'était point libre de penser autrement qu'il ne faisait. Ici, lorsque nous pensons en fétichistes, c'est que nous y trouvons plaisir et que nous le voulons bien ; c'est que pour un moment il nous convient d'imposer silence à notre raison, de faire taire la voix des mille connaissances que nous tenons du travail des siècles, de laisser parler le sentiment seul, toujours aveugle et ignorant par nature. Quel inconvénient craindrions-nous de ce néo-fétichisme ? On sait bien que nous ne lui permettons d'intervenir que lorsqu'il peut le faire sans danger ; jamais il ne nous viendra à l'esprit, parce que nos poètes se plaisent à s'adresser aux fleuves comme à des êtres animés, de nous jeter à genoux sur leurs rives, les mains suppliantes, pour les empêcher de déborder ; la poésie ne nous empêche pas de construire des digues, des barrages et des réservoirs. Parce que nous respectons le souvenir d'une mère morte jusque dans les objets qui lui ont appartenu et qui deviennent pour nous de précieuses reliques, cela ne signifie nullement que nous ne la croyons pas soumise aux lois éternelles de la destruction des corps. Pour notre raison, elle est morte et bien morte ; mais pour notre cœur, elle vit toujours, elle vit, elle nous aime, elle nous inspire, et, par une réaction réciproque, l'amour réveille l'image si l'image réveille l'amour.

En accroissant l'intensité de nos émotions, cette disposition admirable augmente donc du même coup l'intensité de nos conceptions. Premier et immense avantage, suivi de beaucoup d'autres. N'oublions pas en effet que la majorité de l'espèce humaine est encore plongée dans le fétichisme, la Chine entière dans un fétichisme systématique, presque toute l'Afrique — et l'on pourrait presque dire la masse des populations prétendues civilisées — dans un fétichisme spontané. En nous abandonnant de propos délibéré à la tendance dont nous parlons, nous nous rapprochons donc spontanément de l'état mental du plus grand nombre des hommes, et par là nous devenons plus aptes à les aimer, à les comprendre, à les élever jusqu'à nous. Souvenons-nous également que l'enfance est naturellement fétichique, que spontanément elle anime tout ce qui l'entoure, exactement comme pouvait le faire l'homme primitif, et qu'il y a un intérêt moral et mental de premier ordre à ne pas briser la continuité du jeune être, en le faisant passer subitement et sans transition du régime des volontés universelles à celui des lois impersonnelles et immuables. Ajoutons qu'il ne doit pas y avoir une distance trop accusée, quant à l'état mental, entre le père et l'enfant.

Guidé par le spectacle du mouvement irrésistible qui ramène aujourd'hui l'Humanité vers certaines tendances mentales de son premier âge, dirigé par les souvenirs des efforts tentés par elle depuis sa naissance pour constituer son culte, Auguste Comte s'est proposé de répondre à ces aspirations diverses dans la grande construction exposée au début de sa *Synthèse* subjective et qui peut se résumer en ces mots : systématiser ce que l'Humanité elle-même a spontanément ébauché.

L'Humanité, depuis qu'elle existe, est à la recherche d'un Grand-Être, qui soit à la fois un guide pour son intelligence, pour son activité, pour son cœur, un Grand-Être qu'elle puisse connaître, servir, aimer. Les dieux qu'elle s'est donnés jusqu'ici n'ont point répondu à son attente, et les uns après les autres elle les a abandonnés. Cependant il est quelque chose qui dans notre cœur et dans notre esprit prend chaque jour une place plus grande et qui fatalement tend de plus en plus à diriger nos actes : ce quelque chose, c'est la vénération et la reconnaissance pour les hommes qui nous ont précédés et ont fait de nous ce que nous sommes, c'est le souci de ceux qui nous suivront et auxquels nous devons léguer, améliorer le séjour terrestre ; c'est enfin le sentiment de l'inévitable solidarité qui unit tous les habitants d'une même planète dans la poursuite d'un but commun, qui est la vie, une vie pacifique et digne.

En d'autres termes, c'est le passé, c'est le présent, c'est l'avenir humain qui deviennent le fond des préoccupations des hommes, qui sollicitent à la fois leur intelligence et leur cœur, qui déterminent leurs actes. Dès lors l'Humanité ne devient-elle pas le Grand-Être tant cherché? N'est-elle pas cet objet d'amour que nous voulons connaître afin de le mieux servir? Ne remplit-elle point, non pas seulement mieux que tous les dieux antérieurs, mais aussi bien que possible les conditions auxquelles doit être soumis l'être que nous voulons adorer? Auguste Comte ne fait donc que répondre à la tendance la plus spontanée, quand il propose aux hommes de donner systématiquement à l'Humanité, douée d'intelligence, d'activité, de sentiment, et, relativement, d'éternité, c'est-à-dire à un être parfait par rapport à nous, et de plus réel, la place laissée libre par la disparition des dieux.

Le centre du culte humain se trouve ainsi construit. Mais à lui seul il ne répondrait pas à tous les besoins, à toutes les aspirations du cœur et de l'esprit. L'Humanité n'est pas un être sans siège, qui a vécu et s'est perpétué dans un milieu invisible et impondérable. Elle s'est développée sur une planète, la Terre, qui lui a fourni les éléments et les conditions de toutes ses constructions et de tout son savoir, et qui, par la résistance même qu'elle a opposée à ses efforts, a été le principal instrument de sa moralisation. Il n'est pas un peuple qui dans son enfance n'ait adoré la Terre, mère nourricière des hommes ; certains, comme le peuple de Chine, l'adorent encore, et ceux mêmes qui ne lui élèvent plus de temples lui ont conservé sous les formes les plus diverses la passion féti-

8

chique de leur premier âge. Parce qu'on ne se la représente plus sous la majestueuse figure d'une femme dont les bras sont chargés de fruits et dont la tête est couronnée de moissons, cela n'ôte rien à cet amour du sol natal qui n'a jamais été plus enraciné au cœur des hommes, que lorsqu'ils ont été détachés de toute croyance, de toute crainte, de tout espoir surnaturels.

Le culte du Foyer, siège de nos affections domestiques, celui de la Patrie, siège de sentiments si généreux qu'ils poussent l'homme jusqu'au sacrifice de lui-même, ne sont pour nous qu'une façon nouvelle, plus restreinte peut-être, mais non moins énergique d'adorer la Terre. A mesure que dans un peuple l'émancipation va croissant, son amour de la Terre gagne en intensité et en étendue. Le respect du cimetière se confond peu à peu avec le culte des morts : ce sol où nous avons enseveli tant de restes aimés et où nous-mêmes retournerons un jour, devient chose sacrée : malheur à qui le profane! Le lieu, la cité finit par exercer un tel charme sur ceux qu'elle a vus naître et vivre que plus d'un aime mieux mourir que de l'abandonner. La vénération pour les moindres objets qui ont appartenu à nos ancêtres se rattache à cet amour du sol, d'où procède également le respect de ces chers symboles, qui, comme le drapeau, ne font que synthétiser la Patrie.

Lors donc qu'Auguste Comte propose d'associer la Terre au culte qu'il réclame pour l'Humanité, il ne fait ici encore que systématiser des dispositions spontanées et donner un légitime essor à un sentiment qui est au fond de toutes les natures. Le grand-être Humanité était doué d'intelligence, de bienveillance et d'activité; le grand-fétiche Terre, dont le concours est aveugle, n'aura en propre que l'activité et la bienveillance, activité réelle, bienveillance supposée. Autour de la Terre, pourvue de sa double enveloppe fluide, se grouperont les astres les mieux liés à la planète humaine, ceux qui, comme le Soleil et la Lune, sont dignes de nos hommages pour les services qu'ils nous rendent.

Par la glorification de l'Humanité et de la Terre, le Positivisme répond aux deux plus grandes préoccupations humaines : l'homme et le monde. Mais cette idéalisation de l'ordre concret, qui suffit peut-être à satisfaire le sentiment et l'activité, laisse de côté le troisième aspect de la nature humaine, néglige l'intelligence, laisse sans secours le travail le plus difficile, l'effort de la méditation abstraite. Si quelque chose ne venait suppléer à cette insuffisance, il y aurait à craindre qu'il ne se creusât un abîme entre l'ordre abstrait et l'ordre concret et que par là l'harmonie mentale fût compromise. La raison pratique mieux soutenue viendrait à s'insurger contre la raison théorique, et, faute d'avoir animé les lois, on aurait provoqué contre elles la révolte des volontés.

Il faut donc aimer les lois, il faut leur trouver un siège, il faut les présenter à l'esprit sous une image telle que l'homme régénéré puisse enfin témoigner sa gratitude à l'ordre immuable sur lequel repose toute son existence. De là, la conception de l'Espace ou du Grand-Milieu.

Comme cette dernière création exige quelques développements spéciaux, on nous permettra d'ouvrir ici une parenthèse pour parler des critiques faites à cette vaste conception subjective d'Auguste Comte et leur opposer quelques réponses.

Celui qui s'est élevé avec le plus de force contre l'incorporation du Fétichisme au Positivisme est naturellement M. Littré. Dans son livre sur Auguste Comte, et dans un chapitre dont le titre seul est une critique amère : *Retour à l'état théologique*, M. Littré s'exprime ainsi :

« Tandis que la philosophie positive, fondée par M. Comte, avait posé que, délaissant les choses d'origine et de fin qui nous sont interdites, le savoir humain ne reconnaît que des lois générales toujours obéies, sans marques à nous visibles de volonté, d'amour ni de haine, voilà que les volontés conduites par M. Comte rentrent dans la philosophie et remettent les esprits au même point. La finalité, qui est, par essence, le caractère de la théologie, reparaît naturellement dans une théologie nouvelle.

« Dans ce travail à vide de sa pensée, M. Comte ne s'est pas aperçu qu'il accolait deux régimes mentalement incompatibles. La théologie parle au nom des révélations ; les personnes divines sont venues sur la terre ; les ancêtres vénérés ont reçu de leur bouche les suprêmes commandements, que transmettent des livres sacrés. En cet état, on comprend la force et l'efficacité des croyances. Ici, au contraire, qu'avons-nous ? une fiction ? mais une fiction volontaire n'est l'objet d'aucune croyance, au sens sérieux de ce mot. Une réalité ? mais qui voudra croire que la terre ait eu des volontés et de bonnes intentions pour le futur genre humain, et régler d'après cela son adoration et sa conduite ? Il est donc vrai de dire que de pareilles conceptions ne peuvent rentrer ni comme fictions ni comme réalités, et que les deux régimes, le théologique et le positif, sont absolument exclusifs l'un de l'autre ; tenter de les réunir est une contradiction. Que la méthode subjective en reste chargée. »

Cette page résume toutes les objections de M. Littré. Ces objections sont-elles sérieuses ?

En ce qui concerne la première accusation, qu'Auguste Comte restaure les volontés en philosophie, il suffit de lire attentivement les pages de la *Synthèse subjective* où la conception se trouve exposée pour voir à quel point M. Littré fait erreur. Vingt fois Auguste Comte prévient le reproche et y répond : « On ne doit pas craindre, dit-il dès le début, que cette alliance puisse jamais altérer la positivité péniblement atteinte par la raison humaine, *puisque les volontés s'y trouvent constamment subordonnées aux lois,* vu la prépondérance normale de la généralité sur la spécialité. » Et un peu plus loin : « Ne devant jamais aspirer aux notions absolues, nous pouvons instituer la conception relative des corps extérieurs en douant chacun d'eux des facultés de sentir et d'agir, pourvu que nous leur ôtions la pensée, *en sorte que leurs vo-*

lontés soient toujours aveugles. » Et ailleurs encore : « On peut attribuer au corps des qualités entièrement idéales, *pourvu qu'elles ne soient jamais en opposition avec les propriétés constatées.* » Est-il, en vérité, possible d'établir une comparaison entre ces volontés aveugles et subordonnées aux lois et les volontés arbitraires de la théologie? Est-il permis de confondre les deux conceptions? Les volontés qu'Auguste Comte introduit, non dans sa philosophie, mais dans sa religion, ne sont, comme il le dit lui-même, que le complément des lois, complément dont l'utilité serait assurément douteuse si nous connaissions ou si nous pouvions arriver à connaître toutes les lois qui régissent le monde et l'homme, mais dont la nécessité s'impose, dès lors que cette connaissance est et demeurera toujours incomplète. Partout où la loi est découverte, la volonté n'interviendra pas ; partout où elle fera défaut, le fétichisme systématique y pourvoira. Et qu'est-ce d'ailleurs que cette volonté, sinon l'inspiration qui nous vient de l'amour sagement entretenu envers l'Être fictif que nous supposons tout-puissant ? M. Littré ne croit pas à l'influence d'un être fictif : « Une fiction volontaire n'est l'objet d'aucune croyance », dit-il. D'aucune croyance, soit; mais non pas d'aucun amour. Nous croyons volontiers que M. Littré n'a pas vu ce mouvement fétichique qui depuis un siècle envahit tout l'Occident, mais que penser d'un littérateur, d'un poète qui ignore la puissance de la poésie, qui ne croit pas à son art, qui ne sait pas à quel point les grandes pensées exprimées par de belles images peuvent avoir d'action sur la masse qui écoute et qui lit, combien elles sont capables de modifier les sentiments et par là les actes, combien elles peuvent sur l'âme humaine? M. Littré s'insurge-t-il donc contre les grandes fictions de Corneille et de Dante, contre les fables de La Fontaine, contre les poèmes de Lamartine ou de Hugo, sous prétexte qu'ils sont contraires à la réalité et qu'ils ne respectent pas l'ordre scientifique? Qu'importe, s'ils font naître en nous de nobles émotions! Auguste Comte n'a fait autre chose que de proposer l'alliance de la philosophie et de la poésie, celle-ci soutenant celle-là, et au besoin occupant la place dans tous les cas où la philosophie fait défaut. Ce qui trompe M. Littré et tous ceux qui avec lui ont exercé leur critique contre la plus haute peut-être des conceptions d'Auguste Comte, c'est qu'ils n'ont voulu voir qu'une philosophie dans ce qui était avant tout une religion. Si Auguste Comte n'avait voulu que donner satisfaction à l'esprit, il s'en fût sans doute tenu à l'élaboration philosophique de l'ordre abstrait, mais instituant une religion et visant à diriger la vie, il a dû répondre aux différentes aspirations de la nature humaine et donner à l'activité et au sentiment une part égale, sinon supérieure, à celle de l'esprit. Et pour cela il s'est servi des seuls moyens que l'Humanité ait mis en son pouvoir : l'art, la poésie, le culte. Penseur, il ne pouvait que tracer les grandes lignes et préciser le but : aux poètes, aux artistes à embellir, à féconder ses conceptions, aux prêtres futurs à en tirer le meilleur parti pour le perfectionnement de l'Humanité.

III

Du siège de l'abstraction.

Revenons au troisième terme de la trinité subjective, à l'Espace ou Grand-Milieu, dont Auguste Comte propose de faire le siège fictif de la raison abstraite.

Animer la raison abstraite était assurément un problème plus difficile que celui d'animer le Grand-Être et l'ordre concret. L'ordre abstrait ne possède pas en effet, comme ce dernier, un milieu réel, qu'il ne s'agit que de transformer légèrement pour lui communiquer l'idéalisation nécessaire. Ici, une création faite, pour ainsi dire, de toutes pièces était inévitable, et cependant il ne fallait pas que cette **création** fût trop étrangère aux conceptions habituelles de l'esprit humain ; il était même indispensable qu'elle y trouvât ses racines et que, comme pour les autres cas, elle ne fût, en quelque sorte, que la systématisation d'une ébauche préexistante.

Remarquons d'abord que le fétichisme est quelque chose de si propre à notre nature que nous ne nous sommes point contentés de fétichiser les choses concrètes, d'animer l'inanimé, de prêter nos passions et nos volontés à la matière ; nous avons depuis longtemps animé et fétichisé les choses abstraites, nous sommes arrivés spontanément à aimer jusqu'au mot abstrait et dans le mot les choses mêmes qu'il représente. *Devoir, religion, propriété, famille* ne sont après tout que des abstractions ; mais ces abstractions, par suite de nos dispositions fétichiques, n'en sont pas moins devenues aussi respectables que les graves intérêts qu'ils représentent, et nous savons à quel point elles jouent dans le monde un rôle important. Où ne mènerait-on pas les hommes avec le mot de *devoir*? Que n'obtient-on d'eux au moyen de vieilles formules sacramentelles ? L'éducation de l'enfant ne repose-t-elle pas tout entière sur la faculté de lui inculquer des préjugés, c'est-à-dire des sentiments de vénération pour des choses et des mots qu'il ne comprend pas ?

Que l'on discute tant qu'on voudra sur le point de savoir si tout est ou n'est pas parfait dans cette tendance, et s'il n'est pas parfois utile de réprimer la puissance des signes verbaux, il n'en reste pas moins que certains mots sont devenus de véritables institutions sociales et que l'abstraction par conséquent peut, elle aussi, participer aux effets de nos dispositions fétichiques.

Comme nous aimons le devoir, nous pouvons donc aimer le destin. Le mot par lequel toute l'antiquité a désigné l'Être supérieur aux dieux, dont l'unique rôle consistait à imposer une limite à la puissance divine, peut nous servir aujourd'hui à représenter l'ensemble de fatalités constitué par les lois naturelles concrètes ou abstraites, de manière à susciter une image capable de réagir sur le sentiment. Ceux qui ont critiqué ce qu'il y a de subjectif dans une semblable conception, sont des hommes qui ignorent profondément la nature humaine. Ils ne semblent pas se douter que le cerveau où fermentent tous nos sentiments et toutes nos pensées est un composé de parties qui influent sans cesse les unes sur les autres, de telle sorte que l'on ne peut exciter aucune d'elles sans que la réaction ne s'étende immédiatement à l'ensemble.

Créez un signe, vous éveillerez une image; créez une image, vous éveillerez un sentiment, et ce sentiment, par réciprocité, viendra au secours de la méditation pour la réchauffer et la soutenir. Plus les signes et les images abonderont, plus la méditation sera rendue facile, non-seulement parce qu'elle y trouvera des éléments pour ses constructions, mais encore et surtout parce qu'elle sera assistée du sentiment. N'est-ce pas là d'ailleurs la pratique habituelle et éternelle de l'esprit humain? N'a-t-il pas de tout temps multiplié cette sorte de conceptions subjectives, qui n'ont d'autre raison d'être que leur utilité logique et auxquelles il finit cependant par croire, comme si leur réalité était démontrée? Qu'est-ce donc que les atomes, que les fluides, que l'éther, que l'inertie, sinon des constructions que notre esprit a jugées nécessaires pour aider ses méditations ?

Le destin, création de la période fétichique, autant et plus que toutes les conceptions subjectives que nous venons de citer, a sa raison d'être; une raison d'être à la fois mentale et morale. S'il ne reçut aucun culte dans le monde polythéique, c'est que la soumission, qu'il représentait, ne pouvait trouver place dans un olympe où le type suprême n'était que le caprice divinisé. Le monothéisme, qui vint ensuite, a bien tenté, lui, de faire chérir l'assujettissement; mais comment eût-il pu honorer suffisamment la fatalité, avec son dieu plus capricieux encore que les dieux antiques, qui, eux au moins, trouvaient une borne à leurs volontés. Seule, la science aujourd'hui constituée, est capable de nous faire estimer la soumission parce que seule elle est capable de l'ennoblir, en la fondant sur la sympathie. La science, en effet, ne nous fait pas seulement comprendre qu'il ne saurait exister de déshonneur à vénérer une fatalité inflexible ; elle nous montre encore que l'arbitraire n'a jamais profité qu'à l'égoïsme et que, la morale consistant en un perpétuel effort sur soi-même, il ne peut y avoir de morale qu'autant qu'il y a une limite aux désirs de l'homme, qui, livré à lui-même et ne connaissant plus que son caprice, tomberait bientôt dans une véritable dégradation. N'est-ce pas assez pour que le destin soit digne d'amour et mérite que nous lui rendions un culte?

Pour cela, à la vérité, il faut qu'il ne demeure pas à l'état vague. Il faut que nous lui attribuions un siège. Mais quel siège? A une conception purement subjective ne peut correspondre évidemment qu'un siège subjectif. Or, parmi les constructions spontanées de l'Humanité, il en existe une qui répond suffisamment à cette fin pour nous dispenser de toute création nouvelle. C'est la notion d'*espace*, notion toute subjective, créée par les mathématiciens pour leur permettre de penser à la forme et au mouvement indépendamment des corps extérieurs, mais qu'il nous est parfaitement loisible d'utiliser pour un rôle plus étendu.

La notion d'espace repose sur celle d'*empreinte*, qui exprime la forme indépendamment de toute autre propriété. L'espace a pour emploi de solidifier, pour ainsi dire, les limites superficielles ou linéaires de chaque empreinte, tout en conservant au dedans sa fluidité générale. Les géomètres, grâce à cette précieuse conception subjective, qui a dû être trouvée par un philosophe et non par un pur savant, ont pu constituer des types artificiels, lignes, surfaces, volumes, plus simples et en même temps plus réguliers, par conséquent plus faciles à concevoir que les types empruntés à la nature. On a *vu* dans l'espace, suivant l'expression de Monge. Qui nous empêche d'appliquer ce siège adopté par les mathématiciens à des lois autres que les lois mathématiques, et de le faire servir non-seulement à l'ensemble des lois cosmologiques, mais encore à celles de la biologie qui pourraient utilement y être introduites? L'espace, qui garde l'empreinte des images les plus compliquées de la géométrie est assez souple pour garder également les images pesantes, caloriques, sapides, odorantes, colorées, auditives, toutes les images particulières, en un mot, qui répondent aux attributs matériels que nous pouvons abstraitement séparer des corps. Le domaine vital lui-même, dans sa partie statique et taxonomique, peut y tenir utilement sa place.

Le Grand-Milieu n'est donc pour Auguste Comte que la notion d'Espace étendue et fétichisée. Pour le rendre susceptible de recevoir un culte, il suffit que nous le supposions sympathique.

« Élaborés par notre enfance et notre adolescence, les éléments synthétiques de notre maturité n'ont besoin que d'être convenablement transformés pour constituer l'état normal. Une inaltérable trinité dirige nos conceptions et nos adorations, toujours relatives, d'abord au Grand-Être, puis au Grand-Fétiche, enfin au Grand-Milieu. Fondée sur la théorie de la nature humaine et sur la loi du classement universel, cette hiérarchie offre un décroissement continu du caractère propre à la synthèse subjective. On y vénère au premier rang l'entière plénitude du type humain, où l'intelligence assiste le sentiment pour diriger l'activité. Nos hommages y glorifient ensuite le siège actif et bienveillant dont le concours, volontaire, quoique aveugle, est toujours indispensable à la suprême existence. Il ne se borne point à la Terre avec sa double enveloppe fluide, et comprend aussi les astres vraiment liés à la planète humaine comme annexes objectives ou subjectives, surtout le Soleil et la Lune, que nous devons spécialement honorer. A ce second culte succède celui du théâtre, passif autant qu'aveugle, mais toujours bienveillant, où nous rapportons tous les attributs matériels, dont la souplesse sympathique facilite l'appréciation abstraite à nos cœurs comme à nos esprits » (1).

Par cette grande conception subjective, la raison abstraite a trouvé enfin la synthétisation qui lui manquait. Dans une leçon précédente nous avions montré de quoi elle est faite, dans quelles facultés intellectuelles elle a pris naissance, par quels efforts continus elle a grandi. Dans celle-ci nous avons entrepris de faire voir comment l'Humanité, obéissant en cela autant aux besoins moraux qu'aux impulsions mentales qui sont en elle, n'a cessé de chercher une image par laquelle elle pût représenter cette raison abstraite qu'à toute force elle voulait aimer. Et nous avons vu que l'Humanité n'était parvenue à constituer rien de stable, tant qu'elle n'avait pu donner à sa conception qu'une base théologique ou métaphysique. Dégagé des préjugés scientifiques aujourd'hui courants comme des préjugés antérieurs, et connaissant assez la nature humaine pour mettre à profit toutes ses ressources, le Positivisme seul était capable de comprendre la légitimité d'aspirations séculaires et capable de leur donner satisfaction. A moins que la poésie ne soit pour toujours interdite à l'homme au nom de la science, à moins qu'il ne soit plus permis d'éveiller le sentiment à l'aide de fictions, sous prétexte qu'il est puéril de représenter autre chose que la réalité, nous ne pensons pas que la solution que propose Auguste Comte puisse soulever de sérieuses contradictions. Elle est fictive, elle est subjective comme la poésie elle-même, mais loin d'empiéter sur les droits de la science, elle n'a d'autre but que de la seconder et de la faire aimer.

(1) *Synthèse subjective.* Introduction.

COURS DE PHILOSOPHIE PREMIÈRE

PROFESSÉ PAR M. PIERRE LAFFITTE

QUATRIÈME LEÇON

(RÉDIGÉE PAR LE Dr P. DUBUISSON)

DE LA PREMIÈRE LOI DE PHILOSOPHIE PREMIÈRE.

Former l'hypothèse la plus simple et la plus sympathique que comporte l'ensemble des renseignements obtenus (1).

I

Conception générale du premier groupe de lois de la philosophie première.

Nous abordons aujourd'hui l'objet même de la philosophie première, c'est-à-dire l'étude des lois universelles de l'ordre abstrait.

Ces lois, comme nous l'avons vu dans notre première leçon, ont été réparties par Auguste Comte en trois groupes, caractérisés par leur degré plus ou moins grand d'objectivité ou de subjectivité. Un groupe est d'autant plus *objectif* qu'il concerne surtout le *monde;* il est d'autant plus *subjectif* qu'il concerne surtout l'*homme.*

Pris dans leur ensemble, les deux premiers groupes, qui

---

(1) Dans l'énoncé que lui a donné Auguste Comte, la première loi apparaît plutôt comme un précepte que comme une loi. En réalité, la formule scientifique serait celle-ci : *Notre intelligence tend toujours spontanément à faire l'hypothèse la plus simple que comporte l'ensemble des renseignements obtenus.*

traitent des lois du travail intellectuel, des lois de l'entendement humain, sont plus subjectifs qu'objectifs. Le second est même essentiellement subjectif, tandis que le premier renferme un élément objectif, dont il faut tenir compte, bien qu'il ne soit pas toujours facile de le déterminer exactement.

Ces lois du travail intellectuel, c'est Auguste Comte, avons-nous dit, qui les a formulées; mais il va de soi que plus d'un penseur, avant lui, avait abordé le problème et avancé une solution. Peut-être n'est-il pas un philosophe qui, depuis les sages de la Grèce, ne se soit essayé dans cette voie. Ces efforts, il est vrai, ne pouvaient aboutir tant qu'on s'obstinait à donner une valeur objective, réelle, à de pures créations mentales. Tout ce qui est suffisamment clair existe, disait Descartes. Autant supposer une harmonie tellement parfaite entre le subjectif et l'objectif que l'on pourrait, sans aucune observation et par la seule force de la méditation, découvrir les lois du monde.

C'est Locke, c'est Hume, c'est Kant, qui les premiers ont fait le départ entre l'élément objectif et l'élément subjectif du travail mental. De même qu'un poumon ne saurait vivre sans oxygène, de même un cerveau ne saurait vivre sans l'impression du monde extérieur. Le tout est de marquer dans quelle mesure et de quelle manière le monde extérieur, c'est-à-dire l'objectif, prend part à nos conceptions. Locke dans un traité célèbre s'appliqua à ruiner la théorie des Idées innées et montra qu'il y avait deux choses au fond de toutes nos conceptions : 1° un élément qui nous vient du monde extérieur par la sensation ; 2° un élément qui est dû aux opérations propres de notre esprit. A la vérité, comme tout homme qui s'insurge le premier contre une opinion fausse, Locke est plus fort et plus brillant dans la critique de l'opinion qu'il combat que dans la défense et la démonstration de sa propre théorie. Mais Hume surgit et avec une netteté admirable fait la distinction des deux éléments producteurs de nos idées. Il définit l'*impression*, il définit l'*image ;* il montre que jusque dans nos conceptions les plus éloignées de la réalité, il n'entre, en fin de compte, que des éléments empruntés à la réalité, mais combinés et transformés par notre esprit ; de plus, il s'efforce d'établir les conditions de ce travail interne et les trouve dans les trois principes de *ressemblance*, de *contiguïté* et de *causalité* Kant enfin reprend le problème et donne à la théorie de Hume une expression plus précise ; il recherche à son tour les lois de la subjectivité et tente l'analyse des produits variés et complexes de la sensibilité et de l'intelligence.

Tout en s'inclinant devant le génie de ces trois grands penseurs, on ne peut s'empêcher de reconnaître combien une pareille tentative était au-dessus de leurs forces. A la recherche de facultés, c'est-à-dire de fonctions, sans avoir même la notion de la nécessité d'un siège, dont l'importance est encore plus logique que scientifique, ils ne pouvaient évidemment déterminer que d'une manière toute approximative la part de chacune de ces facultés. Que peut être l'idée de *sensation* pour quiconque ne conçoit pas un appareil anatomique recevant les impressions à la périphérie et les portant jusqu'au cerveau ? que représente cette partie subjective du travail intellectuel que nous entendons par ces mots : *opérations de notre esprit*, aux yeux de celui qui considère le cerveau comme un organe sans fonction et qui n'admet pas la matérialité des phénomènes spirituels ? quelle opinion enfin se former du rapport qui existe entre la sensation et l'intelligence, tant que l'on suppose que l'une est soumise aux conditions matérielles du corps, tandis que l'autre participe aux privilèges immatériels de l'âme ? Tout le génie du monde n'eût pu suppléer à des connaissances dont le temps n'était pas encore venu.

Ajoutons que la méthode même qui convient à de telles recherches était encore à créer. L'opinion commune était que l'Humanité se recommence toujours et qu'il n'existe point de filiation entre les conceptions humaines ; en sorte que l'unique manière d'étudier les phénomènes intellectuels devait consister pour le philosophe à tourner son attention vers lui-même et à prendre sur le fait les opérations de son esprit. Outre qu'il semble difficile au premier abord qu'un même entendement soit ainsi tout en même temps acteur et spectateur et puisse se dédoubler pour le plaisir de se donner en spectacle à lui-même, il est évident qu'un tel moyen, s'il était possible, ne produirait jamais que de piètres résultats. C'est qu'en effet l'intelligence humaine n'est jamais complète ni parfaite en aucun individu, fût-il parmi les meilleurs; elle n'apparaît dans toute la plénitude de ses facultés et de sa force que dans l'espèce, à travers l'infinie variété de ses conceptions.

Seule, une analyse convenable des produits scientifiques et esthétiques de l'esprit humain, peut nous livrer le secret de ses lois. Pour les découvrir, il fallait une intelligence encyclopédique, lisant Descartes comme Molière, familiarisée avec l'histoire des conceptions de l'esprit humain, capable de saisir ce qu'il y a de fondamental dans chacune et de commun dans toutes, une intelligence dégagée de toute métaphysique, éclairée par les découvertes de la biologie, servie et guidée par une théorie positive des fonctions du cerveau.

Ce n'était évidemment ni Locke, ni Hume, ni Kant qui pouvaient remplir de telles conditions; et c'était encore moins Victor Cousin, bien qu'il vînt après Gall et qu'il fût le contemporain d'Auguste Comte.

Les deux premiers groupes de lois de la philosophie première ont trait aux lois des phénomènes intellectuels; ils règlent l'exercice de l'entendement humain. A ce point de vue, ils sont intimement liés l'un à l'autre et pourraient être confondus. Mais, à d'autres égards, il importe qu'une division soit établie entre ces lois. Toutes ne sont pas au même degré objectives ou subjectives. De plus, elles se rapportent à deux portions véritablement distinctes du travail intellectuel, et correspondent à ce que, dans la physiologie de la nutrition, on nomme ingestion et digestion. L'ingestion intellectuelle, c'est la réception par l'organisme cérébral de ses aliments spéciaux, à savoir, les impressions. La digestion intellectuelle, c'est le travail propre de l'intelligence sur les aliments fournis par la sensation. La division est donc justifiée.

Si l'on veut savoir pourquoi Auguste Comte a placé dans le premier groupe les lois qui se rapportent au travail mental proprement dit, et dans le second celles qui règlent l'emmagasinement et la conservation des impressions, ce qui, au premier abord, paraît peu logique, nous répondrons que la raison en est fort simple. C'est que les lois du premier groupe dominent celles du second et que celles-ci ne sont établies qu'en vertu des lois du premier.

Le second groupe se compose lui-même de deux sous-groupes, essentiellement subjectifs l'un et l'autre, et relatifs l'un à l'état statique de l'entendement, l'autre à son état dynamique. Mais nous ne devons nous occuper aujourd'hui que du premier groupe, et dans ce groupe que de la première loi.

Quelques mots cependant sur l'ensemble de ces trois lois.

Rappelons d'abord leur énoncé :

1re loi : Former l'hypothèse la plus simple et la plus sympathique que comporte l'ensemble des renseignements obtenus.

2e loi : Concevoir comme immuables les lois quelconques qui régissent les êtres d'après les évènements.

3e loi : Les modifications quelconques de l'ordre universel sont bornées à l'intensité des phénomènes, dont l'arrangement demeure inaltérable.

Ce groupe de lois, entre les trois qui composent la philosophie première, est peut-être le plus méconnu, le moins soupçonné, précisément parce qu'il domine toute activité mentale et qu'il intervient dans tous les actes de notre vie théorique ou pratique. Nous ne l'apercevons pas aisément, parce qu'il nous crève les yeux, qu'on nous permette l'expression.

Le caractère particulier de ces lois, en dehors de toute destination, est, avons-nous dit, qu'elles sont à la fois objectives et subjectives. Pour la première cela est évident : s'il est certain que dans la formation des hypothèses la part propre de l'intelligence est certaine et même prépondérante, celle du monde extérieur n'est pas douteuse, puisqu'il fournit les renseignements sans lesquels il n'existerait point de travail intellectuel. Les deux autres lois semblent d'abord tout objectives, puisqu'elles ne concernent que le monde extérieur. Toutefois un instant de réflexion fait découvrir ce qu'il entre en elles de subjectif. Elles sont subjectives en ce qu'elles ne sont vraies que par rapport à nous. Il se peut qu'en réalité elles ne le soient point. Ce sont des lois qui répondent à des tendances intellectuelles et surtout à la tendance marquée par notre première loi, mais qui ne sont qu'approximatives, en ce qu'elles ne sont vérifiables qu'en de certaines limites de temps. Les lois qui nous paraissent les plus sûres, les lois astronomiques par exemple, sont sans doute acceptables pour une période donnée ; elles ne le sont plus quand on se place dans l'hypothèse d'une durée indéfinie.

Quoi qu'il en soit, ces trois lois ont charge de régler le travail mental, et par là même toutes les manifestations du sentiment et de l'activité, puisque ceux-ci ne peuvent être séparés de l'intelligence. Elles se complètent mutuellement et déterminent dans l'esprit humain l'état de raison, de folie ou d'idiotie, suivant qu'elles s'imposent avec plus ou moins de rigueur.

La première loi nous porte à établir un certain lien, un certain rapport entre les documents divers fournis par l'observation ; elle préside à toutes nos constructions mentales et tire l'intelligence de l'indécision déplorable où elle s'agiterait, si rien ne la poussait à se résoudre en faveur de telle hypothèse plutôt que de telle autre. Par sa seule vertu cependant cette loi ne saurait nous arracher à l'état de folie, qui est autre chose, qui est plus que l'état d'indécision, car le fou peut très bien faire l'hypothèse la plus simple sans pour cela cesser d'être fou. C'est qu'outre l'embarras du choix qui naît de la multiplicité des hypothèses et auquel la première loi vient remédier, l'esprit humain rencontre encore d'autres obstacles, lesquels viennent, ceux-là, moins du dehors que du dedans. Inhérents à notre nature cérébrale, ces obstacles se rencontrent dans nos penchants, dans nos besoins, dans l'état spécial et momentané de notre esprit. Qui de nous n'est porté à voir les choses, non pas telles qu'elles sont, mais telles que nous désirons les voir, telles que notre ambition, notre affection ou notre cupidité souhaitent qu'elles soient. La disposition humaine est de lutter contre l'évidence.

Si attrayante que soit l'illusion, il faut donc que quelque chose d'extérieur limite son domaine et mette nos conceptions en harmonie avec la réalité. Ce quelque chose, nous le trouvons dans la seconde loi, qui, assujettissant tous les phénomènes à des relations constantes, c'est-à-dire à des lois fixes de succession et de similitude, nous prémunit contre la tendance à croire que le monde peut changer suivant nos désirs. Cette loi n'est pas, comme la première, une disposition spontanée de notre esprit, c'est une disposition acquise et que nous devons au lent et pénible travail de l'Humanité. A force de découvrir des lois naturelles, l'esprit humain a pris l'habitude de chercher la fixité, de concevoir un ordre immuable, et dès lors la raison fortifiée a contenu le sentiment. L'intelligence continue de faire l'hypothèse la plus simple, mais en mettant d'abord hors de cause toute conception qui ne serait point conforme à l'ordre du monde. C'est cette seconde loi, bien plus que la première, qui est violée dans l'état de folie.

La troisième loi proclame la modificabilité limitée du monde extérieur. Les phénomènes naturels sont soumis à des lois immuables dans leur arrangement, mais modifiables dans leur intensité. Si l'homme n'avait rien pu contre l'oppression du monde extérieur, s'il n'avait été que le jouet d'une fatalité inexorable, il n'aurait eu autre chose à faire qu'à s'incliner et à mourir. Mais il n'en est rien. Incapable de changer les lois, l'homme peut en atténuer ou exagérer les effets. Il s'insurgerait vainement contre les conditions d'existence qui lui sont faites, mais il lui est loisible de se garantir plus au moins contre les conditions mauvaises et de développer les conditions favorables. La seconde loi contenait l'idée d'*ordre*, la troisième, qu'on ne peut en séparer, contient l'idée de *progrès*. Avec les deux autres elle guide toute l'activité humaine.

Ce premier groupe de lois exerce son influence sur chacune des fonctions intellectuelles en particulier. Il l'exerce d'abord sur la contemplation concrète et abstraite, même dans ses manifestations les plus simples. *Voir* ou *reconnaître* quelqu'un, c'est bel et bien faire une construction dans laquelle interviennent nos trois lois. Choisir entre une certaine quantité d'images gardées par la mémoire la plus conforme à l'image réelle que l'on aperçoit, n'est pas toujours facile quand l'amour ou la haine viennent à s'en mêler. De même l'enfant, à la tombée du jour, s'épouvante de tous les objets, parce que s'en tenant aux apparences, il fait volontiers l'hypothèse la plus simple, sans pouvoir encore corriger sa conception par l'application des deux dernières lois.

La méditation inductive et déductive, inductive surtout, obéit aux mêmes principes. Quiconque, théoricien ou praticien, cherche à établir un lien, un rapport entre deux faits, travaille sous l'impulsion des deux dernières lois, grâce auxquelles il sait qu'un rapport existe et que ce rapport peut être trouvé ; et il travaille aussi sous l'influence de la première, puisque finalement toute l'opération se réduit à faire un choix entre plusieurs hypothèses inégalement simples.

Cette double influence éclate dans l'exercice de l'induction ; mais elle est également évidente lorsque la déduction prend la forme transcendante et cherche à fixer la convenance ou la disconvenance des choses.

Le peu que nous venons de dire de l'application des trois premières lois à l'exercice de nos facultés intellectuelles, montre bien qu'on ne saurait confondre sans commettre une grave erreur les tendances qui résultent pour notre esprit des lois de la philosophie première avec celles qui proviennent de l'existence même de nos organes cérébraux. Si de par notre constitution cérébrale nous avons une disposition à observer, à induire et à déduire, etc., cette disposition est soumise dans son exercice aux lois dont nous commençons l'étude. D'où surgit pour chacune de nos facultés, en quelque sorte, une double tendance : 1° celle qui résulte de sa nature propre ; 2° celle qui vient des lois régulatrices de ses manifestations.

II

De la première loi de Philosophie première.

Dans sa formule la plus simple, la première loi constate une tendance spontanée de notre intelligence, que l'on peut énoncer ainsi :

Notre intelligence tend toujours spontanément à faire l'hypothèse la plus simple que compte l'ensemble des renseignements obtenus.

Cette loi, découverte par Auguste Comte, a été formulée pour la première fois par lui dans son *Traité de géométrie analytique;* mais tous les éléments s'en trouvent déjà au dernier volume de sa *Philosophie*, où il signale ce double besoin de liaison et de réalité qui obsède l'esprit humain.

Remarquons à ce propos que si le *Cours de philosophie positive* n'avait pas été l'œuvre d'Auguste Comte, il n'eût pas manqué de gens pour déclarer que dès cette époque la première loi était trouvée, et pour contester sa découverte à l'auteur de la *Géométrie* ou de la *Politique*. Il est certain cependant que la loi n'était pas encore trouvée; car une loi n'existe qu'autant que son auteur en tire les conséquences convenables. Jusque-là c'est une remarque, ce n'est pas une loi. Auguste Comte n'avait pas plus découvert la première loi dans le dernier volume de sa *Philosophie* que Turgot n'avait trouvé la loi des trois états dans l'aperçu qui a soulevé tant de discussions.

C'est dans sa *Politique* que le fondateur du Positivisme formula définitivement ce qu'il n'avait jusqu'alors qu'entrevu et en tira les déductions nécessaires.

L'existence de cette première loi repose, on peut le dire, sur l'expérience universelle. On l'observe dans l'exercice continu de l'intelligence humaine, en toutes ses applications, qu'il s'agisse des plus humbles faits de la vie pratique ou des plus hautes spéculations de la science. L'histoire de celle-ci en est même la plus parfaite démonstration, car à chaque pas elle fournit de frappants exemples de cette tendance fatale de notre esprit. Qu'il s'agisse d'astronomie, de physique, de chimie, de biologie, partout nous voyons que l'hypothèse se modifie avec le nombre et la qualité des matériaux qui participent à sa construction, mais que toujours elle demeure *la plus simple* en rapport avec l'ensemble des renseignements obtenus.

Nulle part on ne peut mieux suivre les effets de cette disposition inéluctable de notre esprit que dans cette curieuse et si intéressante théorie de la forme de la terre, que les astronomes ont construite. Les premiers d'entre eux ont enseigné qu'elle était plane, et en effet toute surface courbe, considérée dans une petite étendue, peut être confondue avec son plan tangent. C'était l'hypothèse la plus simple, et on eut raison de la faire, puisqu'on n'avait aucun renseignement qui pût donner à supposer qu'elle fût sphérique ou ellipsoïdale. On aurait justement traité de fous ceux qui auraient jugé autrement. Le sauvage ou le paysan, auquel nous demandons ce qu'il pense de la forme de la terre et qui nous répond qu'elle est plane, répond bien.

Des observateurs sont venus ensuite et ont montré qu'à

mesure qu'on s'avançait vers le nord, l'étoile polaire s'élevait au-dessus de l'horizon, ce qui n'était pas compatible avec l'hypothèse de la surface plane : et alors on a supposé que la terre était sphérique, parce que la sphère offre la surface la plus simple après le plan.

Puis d'autres recherches ont fait apercevoir que l'hypothèse de la sphéricité de la terre n'était pas absolument exacte, attendu que pour des déplacements kilométriques égaux sur un même méridien, la hauteur du pôle n'augmentait pas de quantités égales, ce qui est contradictoire avec l'hypothèse de la sphère. Et l'on a fait aussitôt la supposition que la terre était un ellipsoïde de révolution, lequel diffère peu d'une sphère.

Enfin des travaux plus récents, modifiant encore l'hypothèse, l'ont portée à une plus haute perfection.

Ainsi donc, en cette science qui prétend ne le céder qu'aux mathématiques en exactitude et en précision, les hommes sont partis d'une hypothèse qui nous semble aujourd'hui ridicule, mais qui alors était la seule raisonnable, parce qu'elle était la plus simple ; et cette hypothèse n'a été modifiée par la suite qu'à mesure que des observations nouvelles ont démontré l'insuffisance de la conception première et ont forcé les astronomes à la mettre en harmonie avec les renseignements obtenus. N'oublions pas, d'ailleurs, que chacune de ces hypothèses successives est vraie dans la limite des renseignements qu'elle représente.

Nous pourrions montrer que la même loi a dirigé tous les progrès de la physique, de la chimie, de la biologie, et que les découvertes les plus précieuses, celles de la pesanteur de l'air ou de la circulation du sang, par exemple, ne sont que les derniers termes d'une double série d'efforts dont chaque degré représente un perfectionnement sur l'hypothèse précédente, mais toujours le perfectionnement le plus simple.

La première loi de philosophie première ne se manifeste pas seulement dans la création des hypothèses scientifiques ;

elle apparaît encore dans une foule de tendances vulgaires qui ont leur importance dans la vie des individus et des sociétés. La disposition à *assimiler l'inconnu au connu* en est une des formes caractéristiques. Quelle hypothèse plus simple en effet que celle qui consiste à assimiler des phénomènes inconnus à des phénomènes connus, à leur attribuer la même cause, à les supposer soumis aux mêmes lois. C'est là, comme nous avons eu si souvent déjà l'occasion de le faire remarquer, c'est là toute l'origine de la première religion humaine, du fétichisme. Tout d'abord l'homme ne connaît rien en dehors de lui-même, et lorsque nous disons qu'il a quelque notion de lui-même, nous entendons simplement qu'il a conscience d'être un être agissant, un être rempli de désirs, dont la force musculaire modifie les objets qui l'entourent, dont les mains servent à bâtir un abri de feuillage ou à étrangler l'animal qui le nourrit. N'était-ce pas de la part de l'intelligence naissante la conception la plus raisonnable, en même temps que la plus simple, que celle qui consistait à donner au monde entier les attributs de notre nature, à le supposer capable de sentir, de désirer et d'agir? N'était-ce pas faire preuve de sagesse que d'accorder le sentiment et la puissance à ce ciel tantôt doux, tantôt terrible, à cette terre tout à la fois dure et bienfaisante ? L'homme fit la seule chose qu'il pouvait faire : il anima la nature et l'adora.

Une autre forme caractéristique, sous laquelle se présente notre première loi, est la *disposition analogique*, que l'on a si souvent confondue avec l'induction, et qui n'est en réalité qu'une ébauche d'induction. L'induction consiste à saisir ce qui est constant dans ce qui varie ; la disposition analogique nous porte à croire que parce qu'une chose se passe aujourd'hui d'une certaine façon, elle se passera toujours de la même façon. Dans les deux cas, on fait bien l'hypothèse la plus simple en rapport avec les renseignements obtenus ; mais, dans l'analogie, on ne tient pas un compte suffisant du nombre et de la valeur des renseignements. Autrement dit, on obéit à la première loi, sans faire assez de cas de la seconde et de la troisième.

L'activité de l'esprit humain est inouïe à cet égard. L'histoire de la médecine est pleine de faits qui nous montrent dans la disposition analogique la maîtresse en quelque sorte de l'art de guérir. C'est elle qui pendant des siècles a dirigé la thérapeutique, c'est elle qui a créé l'empirisme, c'est elle qui aujourd'hui encore met à la mode tant de remèdes qui ne guérissent plus quelques mois après. La disposition analogique est la mère des superstitions ; elle a poussé l'homme à chercher l'avenir dans le vol des oiseaux, dans les entrailles des victimes, dans la présence ou l'absence de certains phénomènes célestes, dans l'apparition fortuite des animaux mystérieux, jusque dans les accidents les plus ordinaires de la vie, jusque dans les combinaisons numériques les plus simples. Elle a donné naissance à toutes les pratiques étranges des populations peu cultivées, aux sorts, au mauvais œil, aux cartes ; elle a fait la puissance des charlatans, des gettatori, des sorciers; elle a créé la foi aux miracles, elle a offert des facilités merveilleuses à quiconque a voulu spéculer sur l'humaine naïveté.

La première loi de philosophie première marque donc une tendance fatale de l'Humanité, une tendance qui se retrouve dans toutes les conceptions de notre esprit, et qui conduirait inévitablement les hommes à juger de même dans toutes les questions, si, d'une part, tous les cerveaux travaillaient sur les mêmes renseignements, si, d'une autre, les facultés intellectuelles étaient seules intéressées dans l'affaire. Mais cela n'est pas. Le moral intervient, et beaucoup, malheureusement, dans la formation des hypothèses. On pense toujours, de même que l'on observe toujours sous l'influence d'un sentiment. Et quand nous disons, comme nous l'avons fait au début de cette leçon, que la seconde loi est nécessaire pour achever de régler l'esprit, nous ne nous faisons pas illusion sur la puissance du remède et ne croyons pas qu'il soit suffisant pour dominer le trouble occasionné par l'exercice des passions.

Les raisons anatomiques n'expliquent que trop cet envahissement de l'intelligence par le sentiment. La partie antérieure du cerveau est reliée si étroitement et par des conducteurs si nombreux à la partie postérieure que tout travail de l'une d'elles suscite immédiatement un travail analogue dans l'autre, en sorte que l'on peut dire qu'il n'y a pas plus de raisonnement sans passion que de passion sans raisonnement.

Cela est patent dans le domaine social et moral. Qui ne s'est amusé cent fois des singulières divergences que fait naître, même entre amis, un jugement à porter sur un personnage ou sur un fait? L'éducation, les relations, les amitiés, l'opinion philosophique ou politique, ajoutons la nature cérébrale propre à chacun, font que l'on juge diversement des hommes et des choses. L'affection nous dispose à voir en bien, la haine nous porte à voir en mal. Et en cela l'homme le plus intelligent et le plus bienveillant par nature, est, tout comme un autre, exposé à l'illusion.

Dans l'ordre cosmologique même, qui ne semble pas de prime abord devoir donner prise aux influences morales, on est surpris de constater à quel point les prévisions sont en rapport avec les penchants et les besoins de l'observateur. Le promeneur qui craint la pluie, interprète naïvement en sa faveur tous les signes atmosphériques et ne voit que promesses de soleil. Le laboureur, au contraire, qui souhaite l'eau, trouve dans le même ciel toutes sortes de motifs pour prédire la pluie.

Si nous pénétrons dans le monde surnaturel, on peut dire que là l'homme n'a jamais pensé qu'à travers le sentiment. Les trois quarts des conceptions théologiques ne sont en somme que des désirs convertis en faits. Il n'y a pas que Mahomet qui ait placé dans l'autre monde tout ce que ses adeptes eussent voulu voir en celui-ci. La masse des métaphysiciens et des théologiens qui ont tant discuté sur l'immortalité de l'âme ont oublié de nous donner la plus forte des raisons qui les portait à y croire : ils ne nous ont pas dit qu'ils ne voulaient pas mourir.

Nous pourrions encore citer comme une preuve de l'invasion du sentiment dans les constructions de notre esprit les types artificiels créés par les poètes et les peintres. Mais nous devons reconnaître que cette invasion est ici aussi légitime et aussi précieuse qu'elle est souvent regrettable ailleurs. Si, dans les conceptions qui semblent le plus exclusivement une œuvre de son imagination, le poète ne peut que reproduire ce qu'il a observé dans la vie réelle, il lui est, par contre, loisible d'idéaliser. Et il en use. Libre à lui de revêtir de perfections celui qu'il veut faire aimer, de charger de vices et de laideurs celui qu'il veut faire haïr.

Pour nous résumer, nous dirons que la tendance exprimée par la première loi de philosophie première est une tendance intellectuelle, sur laquelle réagit l'ensemble de l'état cérébral, spontané ou acquis. Elle varie avec les notions assimilées par l'individu, avec l'énergie de ses aptitudes cérébrales, mais surtout avec son état moral, qui le pousse toujours à poursuivre l'hypothèse conforme à ses propres désirs.

De là résulte que cette tendance, naturellement aveugle, doit être réglée, et réglée dès à présent, car les deux lois qui viennent compléter la première n'y suffiraient pas.

Mais, qui imposera ce règlement?

L'intérêt social. L'homme se subordonnera à l'Humanité. Ce sera donc un règlement subjectif, un règlement qui portera à la fois sur l'intelligence et le sentiment. Il cherchera à atténuer les vices trop réels qui sont inhérents à la tendance intellectuelle, et il contiendra le sentiment dans de certaines limites, en l'empêchant d'ajouter une cause de trouble à celles qui résultent déjà de l'exercice mental.

En ce qui concerne l'intelligence, nous avons à tenir compte de trois choses dans la formation de nos hypothèses :

1° De leur relativité ;
2° De leur stabilité ;
3° De leur opportunité.

De la relativité des hypothèses. — Dès les premiers essais, l'esprit humain, guidé par notre loi, a fait l'hypothèse la plus simple : son seul tort fut de croire à la réalité objective de ce qui n'était qu'une hypothèse. Les constructions mentales n'étaient pas alors de simples conjectures que la raison bâtissait sur un certain nombre d'observations ; c'était bel et bien des faits doués d'existence. « Le mouvement des planètes doit être circulaire, disait Aristote, puisque ce mouvement est le plus parfait. » Il objectivait ainsi une conception de l'esprit. Toutes les théologies, depuis le fétichisme, toutes les métaphysiques, jusqu'à celle de Cousin, n'ont pas fait autre chose quand elles ont créé leurs dieux et leurs entités. Elles ont donné une valeur réelle à ce qui n'avait qu'une valeur subjective, à ce qui n'était qu'une construction du cerveau.

Aujourd'hui qu'une longue expérience nous a éclairés sur le cas que nous devions faire de nos conceptions, et qu'une analyse précieuse nous a montré ce qu'elles contenaient d'arbitraire, nous serions évidemment coupables si nous nous laissions aller à l'illusion au point de croire, comme les hommes des âges antérieurs, à la réalité absolue des constructions de notre esprit. Nous devons obéir à la tendance qui nous porte à faire l'hypothèse la plus simple, mais en nous rappelant toujours que nous ne faisons qu'une hypothèse, c'est-à-dire une conjecture, une supposition; que la plus simple n'est pas nécessairement la plus vraie ; qu'une hypothèse est toujours perfectible, qu'elle peut et doit être modifiée ou même complètement changée, aussitôt que de nouveaux documents seront venus démontrer son imperfection ou sa fausseté. Nous devons, en un mot, abandonner le point de vue absolu pour le point de vue relatif.

De la stabilité des hypothèses. — La disposition à changer notre hypothèse, toutes les fois qu'elle ne répond plus aux faits observés, ne doit pas cependant être poussée au point de nous faire regarder tout ce qui est sorti du cerveau de nos prédécesseurs comme des conceptions sans base qu'il faut au plus vite modifier. Ce serait tomber dans un état d'instabilité mentale voisin de la folie et encourir le reproche que nous adressons à tant de savants nos contemporains, qu'on ne peut assurément accuser de tenir outre mesure aux hypothèses qu'ils ont reçues de leurs maîtres. Il est évident qu'entre tant d'observations recueillies chaque jour par un si grand nombre de chercheurs, dont la plupart travaillent d'ailleurs sans but comme sans méthode, il se trouvera toujours quelque fait en contradiction avec les lois qui semblent le mieux établies. Comment veut-on, par exemple, que la débauche de vivisections à laquelle se livrent les physiologistes, sous prétexte de science expérimentale, puisse conduire à autre chose qu'à jeter le trouble dans les quelques notions conquises et voiler sous un amas de faits contradictoires le peu de clarté que l'on croyait posséder? Il faut autre chose qu'une expérience, trop souvent mal dirigée, pour faire rejeter ce qui a été conçu par le génie de certains hommes. La force cérébrale est chose trop rare pour que nous ne la respections pas jusqu'en ses moindres productions, toutes les fois qu'elle s'offre à nous. Une loi établie doit être chose sacrée, à laquelle il ne faut toucher qu'avec réserve, bien que nous la sachions relative. Nous devons tenir en suspicion les faits contradictoires que l'on accumulera contre elle, jusqu'au jour où ces faits seront tellement nombreux et tellement clairs qu'une hypothèse nouvelle en pourra surgir. Les vrais savants, ne l'oublions pas, sont conservateurs; ils ne recommencent pas, ils poursuivent; ils ne s'insurgent pas, ils se soumettent.

Des penseurs, et non du dernier ordre, ont obéi à ces sages préceptes. Dans la discussion célèbre qui s'éleva au siècle dernier entre Buffon et Clairaut au sujet de la gravitation, Buffon soutenait que la loi de Newton était absolument vraie, tandis que Clairaut admettait que la loi pouvait n'être qu'approximative et ne convenir que pour de certaines distances. Mais Clairaut ajoutait, et c'est en cela qu'il montra une admirable sagesse philosophique, qu'il fallait jusqu'à nouvel ordre garder la loi telle qu'elle était et ne la modifier que le jour où de nouveaux documents obligeraient à construire une hypothèse plus vraie. Il nous semble que nos contemporains peuvent, sans se dégrader, imiter Clairaut. Respecter jusqu'à l'extrême limite la pensée des prédécesseurs, autrement dit se subordonner à l'Humanité, ce n'est, après tout, que jouir de l'état de raison.

De l'opportunité des hypothèses. — L'hypothèse enfin doit être opportune et venir à son heure. En effet, il ne suffit pas toujours pour légitimer un changement que les faits rassemblés protestent contre la réalité d'une conception, qu'ils puissent même engendrer une conception nouvelle. Il faut encore que cette conception réponde au besoin de simplicité qu'éprouve notre esprit. Celui-ci ne réclame pas seulement la réalité, il réclame encore la simplicité, parce qu'il n'y a de vraiment saisissable que les lois simples. Malheureusement il n'est pas toujours possible de satisfaire à ces deux conditions de réalité et de simplicité qu'exige une bonne loi, et, de toute nécessité, il faut que l'une des deux conditions cède le pas à l'autre ; ou bien la loi sera plus vraie, mais sera moins simple, ou bien elle sera plus simple, mais moins vraie. La science actuelle a une tendance à sacrifier la simplicité à la réalité, et, pour quelque infime défaut sans importance pratique, elle change une loi suffisante et utile en une loi inapplicable et par là même inutile. Certes il ne serait rien de mieux que de substituer toujours à une hypothèse inexacte une hypothèse plus conforme à la réalité, si nous demeurions dans le pur domaine de la théorie, et si l'Humanité n'était faite que de penseurs. Mais il n'en est pas ainsi, et, quoi qu'en puissent penser des abstracteurs de quintessence, la théorie n'est faite que pour la pratique et les lois ne sont découvertes que pour être appliquées. Or, une loi n'est applicable que lorsqu'elle n'est pas trop compliquée. D'où l'indication de sacrifier parfois quelque chose de la réalité d'une loi en faveur de sa simplicité, quand ce sacrifice n'a pas de conséquences pratiques évidentes et qu'un changement, théoriquement légitime, devient un embarras plutôt qu'un secours pour les praticiens. Cette concession doit nous être d'autant plus facile que nous avons conscience qu'il n'existe pas de lois absolument vraies, qu'il n'est pour aucun problème, sauf peut-être pour les problèmes de la mathématique, de données assez sûres, assez nombreuses, assez complètes, pour que nous puissions tenir comme certaine la solution qui en découle, qu'il suffit donc que nous approchions de ce qui est et représentions tant bien que mal la réalité.

Il n'est guère douteux qu'en appliquant ces préceptes nous arrivions à pallier ce qu'il y a de vicieux, intellectuellement parlant, dans la tendance révélée par la première loi, mais nous n'aurons pas ainsi évité ce qu'il y a de fâcheux dans l'intervention abusive du sentiment. Il faut donc régler également l'influence morale.

Ici deux cas se présentent, suivant que l'hypothèse est d'ordre abstrait ou d'ordre concret. Dans l'ordre abstrait, dans l'ordre cosmologique en particulier, il faut de plus en plus réduire la part du sentiment sous peine de retomber à l'état métaphysique. Laissons Massillon invoquer comme un argument en faveur de la vie future le désespoir où il serait plongé si cette vie future n'existait pas. Il serait vraiment trop commode de satisfaire ainsi ses penchants et de n'avoir qu'à désirer pour être exaucé. C'est parce qu'ils n'ont pas assez lutté contre la pression du sentiment dans leurs constructions abstraites que tant d'hommes, mus par les instincts les plus généreux, se sont abandonnés à de si étonnantes divagations. Ces Icaries, ces phalanstères, tous ces paradis terrestres où les hommes devaient goûter le bonheur à l'ombre des vertus, et la collection des utopies démocratiques, depuis le dogme de l'égalité jusqu'à celui de la souveraineté populaire, sont nés de la tendance non moins naturelle que désastreuse à raisonner d'après nos passions. Toutes les fois que nous abordons un sujet abstrait, commençons par bannir de notre esprit, dans la mesure du possible, tout besoin de sympathie ou d'antipathie. Que le cœur nous pousse à l'étude, rien de mieux — c'est ce qui doit être. Mais une fois là, mettons dehors tout désir, toute passion, tout besoin.

Dans l'ordre concret la chose est différente : vainement nous n'y voudrions pas tenir compte de l'influence de nos penchants. C'est qu'il ne s'agit plus ici de trouver des lois, mais bien de vivre, ou, dans un domaine plus élevé, celui des beaux-arts et de la poésie, de représenter la vie. Or, il est de toute évidence que dans la vie pratique comme dans la vie esthétique, les passions jouent un rôle plus important que la pensée. Le contact permanent des autres hommes, le choc continu des évènements, la nécessité de pourvoir aux besoins matériels de l'existence obligent l'homme à une suite ininterrompue de jugements et de déterminations, dans lesquels les fonctions pratiques et morales interviennent à un bien autre degré que celles de l'intelligence. La réflexion a une très petite part dans l'ensemble d'une vie humaine.

Ne pouvant mettre les penchants dehors, nous devons donc les régler. C'est ce que propose Auguste Comte lorsqu'il apporte au précepte général l'amendement suivant : Faire l'hypothèse la plus simple *et la plus sympathique* en rapport avec l'ensemble des renseignements obtenus. Faire l'hypothèse la plus sympathique, c'est-à-dire choisir entre deux hypothèses d'une égale simplicité celle qui présente les hommes sous le jour le plus favorable, celle qui admet chez autrui le plus d'intelligence et de moralité. On objectera qu'il y a trop de bienveillance dans cette recommandation du philosophe. Peut-être ; cependant il faut bien observer que l'Humanité prise en masse n'est point si abominable qu'on la suppose. Même chez nos adversaires, c'est une erreur de croire que des penchants atroces s'allient toujours, pour nous nuire, à une profonde perspicacité. L'homme, en général, n'est ni très méchant, ni très sagace, ni très prudent, ni très ferme. Ils sont rares les Richelieu et les César capables de porter dans leur tête des plans tellement compliqués que leur exécution réclame une attention de tous les instants. La majorité des hommes est médiocre d'esprit et de cœur, peu apte à voir l'avenir de loin et à s'embarrasser de combinaisons non prochaines ; elle est fugace et variable, et aime à se décider sur le moment. La sympathie n'empêche pas d'ailleurs de juger les coquins avec la justice qui leur est due, et il est tel cas où l'hypothèse la plus sympathique est encore très défavorable ; tout cela dépend des renseignements obtenus. En tout cas, il serait moins fâcheux d'avoir jugé un homme plus favorablement qu'il ne mérite que de l'avoir déprécié par esprit d'animosité. Rarement, ne l'oublions pas, la perversité morale est unie à la supériorité intellectuelle, et peu de méchants sont redoutables.

Il y a donc peu d'inconvénients à faire l'hypothèse la plus sympathique. On y trouve d'autre part de grands avantages.

Au point de vue mental nous restreignons d'abord le champ de l'indécision. Si à la condition de faire l'hypothèse la plus simple, nous ajoutons encore qu'il faut la faire la plus sympathique, il va de soi que nous éliminons dans chaque cas une foule de solutions possibles et que nous diminuons d'autant le nombre de celles entre lesquelles doit se faire le choix. De plus, nous nous rapprochons spontanément de la réalité ; car, étant donné que l'Humanité est plutôt bonne que mauvaise, c'est en réalité faire l'hypothèse la plus simple que de la faire la plus sympathique. Les sentiments personnels, comme l'état de folie ne le montre que trop, ne sont propres qu'à compliquer nos conceptions et par suite à nous éloigner de la vérité.

Sur les avantages moraux et sociaux, il est à peine besoin d'insister. L'homme qui prend l'habitude d'exclure du travail de sa pensée toute préoccupation inférieure et de ne réfléchir que sous l'impulsion des facultés bienveillantes, celui-là est aussi près que possible de cette harmonie cérébrale qui est la condition même du bonheur en même temps que celle de la moralité. Il est, par surcroît, dans les dispositions les plus favorables pour vaquer aux choses de l'esprit, qui veulent avant tout n'être pas troublées par des luttes de sentiment. Qui ne voit enfin que les relations humaines n'ont qu'à gagner dans une recommandation qui appelle les hommes à l'exercice continu de leurs sentiments les plus élevés ?

Mais ce n'est pas tout. Le règlement indiqué par Auguste Comte contient un dernier terme, un dernier précepte : à la recommandation de faire l'hypothèse la plus simple et la plus sympathique il ajoute qu'il faut la faire *la plus belle*. Cela peut paraître d'abord ridicule à quiconque n'examine les choses qu'à la surface : en réalité, rien n'est plus simple, et, disons mieux, n'est aussi spontanément et aussi universellement pratiqué par l'esprit humain. On observera d'abord que cette recommandation de faire l'hypothèse la plus belle ne vient qu'en troisième ligne et lorsque les deux autres, assurément plus importantes, sont remplies. Mais cela fait, et une fois que l'on tient l'essentiel, le solide, pourquoi ne pas chercher aussi l'agréable ?

Sans parler des arts de la forme, pour qui trop souvent ce troisième précepte est l'unique précepte et qui donnent volontiers le pas à la beauté sur la réalité et sur la bonté, ne pourrions-nous citer des milliers de cas dans la vie pratique où la recommandation peut avoir sa place? N'arrive-t-il pas à tout instant que nous ayons à choisir entre plusieurs solutions également simples, également sympathiques et entre lesquelles nous sommes tentés d'hésiter? Pourquoi ne pas aller de suite à la plus belle? N'est-ce pas d'ailleurs ce que nous faisons spontanément?

Peut-être voit-on moins bien comment ce troisième précepte interviendra dans l'ordre abstrait. Cependant tous ceux qui ont pratiqué les sciences, que ce soit la géométrie, la physique, la chimie ou la biologie, savent très bien qu'on a, dans une foule de cas, à se décider entre plusieurs solutions, et qu'on a une tendance naturelle à choisir *la plus élégante*. C'est surtout quand se présentent plusieurs manières de démontrer le même théorème que se manifeste cette disposition. On se détermine toujours en faveur de celle qui flatte le plus agréablement l'esprit par l'originalité de ses enchaînements.

Si l'on ne voit pas de suite clairement comment les hypothèses abstraites sont, comme toutes les autres, susceptibles de recéler un degré plus ou moins grand de beauté, c'est qu'on ne sait pas assez à quel point toutes les productions de l'esprit sont semblables dans leur essence. Après tout, ce sont toujours les mêmes parties du cerveau qui entrent en jeu, toutes les fois que le cerveau fonctionne. Le peintre ou le poète emploie les mêmes facultés que le savant. Le poète observe, induit et déduit. Quand il construit un caractère, il ne fait que rapprocher des aptitudes qui se conviennent, des éléments qui s'accordent, autrement dit que déduire, dans le sens transcendental que nous avons donné à cette expression. Or, le savant qui construit une loi ne fait pas autre chose ; lui aussi observe, induit et déduit. Toute la différence qui existe entre eux est que le savant subordonne l'idéalité à la réalité, tandis que le poète subordonne la réalité à l'idéalité.

Avant de passer à la théorie des hypothèses qui doit former la dernière partie et comme la conclusion pratique de cette leçon, il nous reste à énoncer et à développer une loi complémentaire, introduite en 1870 dans notre premier cours de philosophie première, et que nous formulons ainsi :

Notre entendement est spontanément disposé à croire à la réalité objective des conceptions dont la convenance mentale est établie.

Cette loi est une loi d'observation, c'est-à-dire basée sur 'histoire des productions de l'esprit humain. C'est d'après elle que s'opère spontanément le passage du subjectif à l'objectif.

Le passé serait véritablement incompréhensible si une telle disposition n'existait pas. Les hommes ont cru à la réalité objective des conceptions intellectuelles même les plus bizarres, pourvu que ces conceptions répondissent à certaines nécessités mentales, morales ou sociales. Qui s'imaginera que ce fut pour défendre des chimères ou des abstractions que des millions d'hommes ont donné leur vie pour la théorie de la grâce ou de la présence réelle, que d'autres ont péri dans les supplices en confessant le Dieu vivant, que des armées se sont fait exterminer dans l'espoir de gagner le paradis de Mahomet. La foi de ceux qui rougirent de leur sang les vallées des Cévennes et des Vosges était égale à leur courage. Qu'au point de vue de la raison pure, les conceptions de Calvin et de Luther fussent du même ordre que celles de saint Paul, qui, elles-mêmes, peuvent se comparer à celles de Mahomet et de Bouddha, cela ne se discute pas ; mais ce qu'il ne faut jamais perdre de vue, c'est que ces conceptions n'ont été accueillies et n'ont eu de force que parce qu'elles répondaient aux besoins intellectuels, moraux et sociaux de leur temps. La croyance en un Dieu qui punit et récompense, et en une vie future où chacun sera traité suivant ses mérites, était un élément nécessaire dans le système théologique de saint Paul et de tant d'autres fondateurs de religions. A leurs yeux la réalité de la conception ressortait précisément de l'impossibilité où ils se trouvaient de construire en dehors d'elle une morale et une société. Comment cela n'eût-il pas été, puisque sans cette base tout s'écroulait!

Qu'on ne suppose pas d'ailleurs que les théologiens aient été les seuls qui aient obéi à cette disposition. Ceux qui ont établi le dogme de l'égalité des individus et de la souveraineté du peuple, et qui en ont fait la base de toute une politique, ceux-là ont, comme saint Paul et Mahomet, mis leurs croyances en harmonie avec certaines nécessités sociales et objectivé de simples conceptions de leur esprit. Sans même aller si loin, ne voyons-nous pas autour de nous des hommes de science, des hommes qui se croient de purs amants de la réalité, croire fermement à l'existence d'atomes, de fluides et autres imaginations scientifiques — dont nous reconnaissons d'ailleurs la valeur passagère ou logique — par cela seul qu'ils en ont besoin pour échafauder leurs systèmes ou leurs théories.

Cela et bien d'autres raisons encore doivent nous porter à l'indulgence envers nos prédécesseurs et beaucoup de nos contemporains. Il a fallu du temps pour accumuler les observations qui devaient permettre un jour de construire les lois, et pendant les siècles qu'a demandés cette œuvre colossale, il ne pouvait se faire que le monde restât en suspens, attendant la vérité. Il a cherché et trouvé abri sous des hypothèses provisoires, dont plusieurs comptent parmi les chefs-d'œuvre de l'esprit humain. Non seulement nous ne devons pas, sous peine de faillir gravement, attaquer la mémoire des hommes qui ont édifié ces grandes constructions et ont cru à leur réalité, non seulement nous ne devons pas les accuser de fourberie et d'intrigue, comme trop de voltairiens l'ont fait, mais nous devons les bénir et estimer comme une chose heureuse qu'ils aient eu foi jusque dans leurs plus bizarres conceptions. Qui saurait dire en quel état d'anarchie eussent vécu les hommes, s'il leur eût fallu attendre que les observations fussent suffisantes pour construire une science positive, si tant est que dans un milieu aussi troublé que celui où rien n'eût provisoirement remplacé la future théorie positive de la politique et de la morale, il eût été possible d'observer les faits et de trouver des lois.

Il est une classe d'esprits contre laquelle l'ardeur des sceptiques s'est particulièrement exercée : c'est la classe des esprits abstraits. Partant d'un point qu'ils supposent démontré et incapables de reculer devant les déductions nécessaires, ils arrivent quelquefois aux conclusions les plus extraordinaires, pour ne pas dire les plus absurdes. Est-ce à dire que ce sont des hypocrites ou des sots ? Un homme de grand cœur et de grand esprit, qui disait de lui-même que Dieu ne lui avait donné en partage que la deuxième partie de la Trinité, la pensée, Joseph de Maistre s'est ainsi, plus d'une fois, laissé entraîner à croire à des choses qui nous paraissent bien étranges. Le grand Descartes, de son côté, était très sincèrement convaincu que les animaux ne sentaient pas, et son disciple Malebranche le croyait si fermement qu'il torturait un chien sans remords, chose que n'eût certainement pas fait un simple berger. Mettrons-nous pour cela le berger au-dessus de Descartes et de Malebranche ?

Sachons pardonner leurs erreurs aux hommes de génie : d'abord parce qu'à côté de quelques erreurs ils nous ont découvert beaucoup de vérités, ensuite parce que ceux-là seuls qui s'adonnent aux méditations abstraites commettent des fautes d'abstraction. La foule qui applaudit *Don Juan* ou *Guillaume Tell* reproche-t-elle à Mozart ou à Rossini les erreurs musicales qu'ils ont pu commettre ? Non, car elle sait que celui-là seul ne commet pas de fautes d'harmonie qui ne fait pas de musique. Pourquoi se montrer plus sévère à l'égard des génies abstraits ? On peut en vérité pardonner d'être tombé dans l'erreur de l'automatisme à ceux qui ont écrit le *Discours de la méthode* et la *Recherche de la vérité*.

III

Théorie des hypothèses.

Une théorie des hypothèses doit nécessairement clore la leçon consacrée à l'étude des dispositions cérébrales qui les font surgir. Après avoir montré le fonctionnement de l'appareil, il faut également montrer le produit. Ce produit, c'est l'hypothèse.

Il n'est peut-être pas une expression dans la langue scientifique et philosophique sur laquelle règne autant d'obscurité et qui soit l'objet d'interprétations aussi diverses. C'est une question pour beaucoup de savants contemporains que de savoir si l'hypothèse a place dans la science, si la science ne doit pas se composer uniquement de faits observés ou d'observations, et de lois construites d'après ces observations. Nous citerons en particulier les biologistes comme ayant au plus haut point la tendance à ne rien admettre de ce qui leur est présenté sous le nom d'hypothèse. Il est évident qu'ici on ne s'entend pas sur les mots, car on ne voit pas trop ce qui resterait de la biologie, et surtout de la partie physiologique de la biologie, si l'on en retirait tout ce qui n'est encore qu'hypothèse.

Commençons donc par définir l'hypothèse.

L'hypothèse est une conception de l'esprit, liant par anticipation les phénomènes observés. C'est en quelque sorte une loi prématurée, c'est une loi avant sa vérification.

S'il en est ainsi, il n'est pas douteux que notre existence se passe à faire des hypothèses, car il n'est pas d'instant où, bon gré, mal gré, nous n'observions des faits et où nous ne cherchions un rapport entre ces faits, sans croire pour cela que nous ayons trouvé et établi une loi. Il est naturel et, qui plus est, il est nécessaire de faire des hypothèses, car elles sont la condition même de toute vie pratique comme de toute vie scientifique.

L'existence individuelle comme l'existence sociale ne repose, après tout, que sur de simples conjectures ; si, pour nous décider et pour agir, nous ne devions prendre en considération que des certitudes, il y aurait longtemps que le monde n'aurait plus à se décider et à agir, car il serait mort. Quoi de plus conjectural que les données sur lesquelles un industriel base sa fabrication, un marchand ses achats, un médecin ses prescriptions, un diplomate ses intrigues, un militaire sa stratégie? Dans quelle profession, dans quel art nous décidons-nous, agissons-nous d'après le certain, et non d'après le probable et l'hypothétique?

Et la chose est encore bien plus vraie, quand il s'agit de la vie intellectuelle, de la vie du cerveau. Vouloir que l'intelligence existe et ne fasse pas d'hypothèses, c'est la condamner à la simple ingestion des matériaux, c'est-à-dire à l'idiotisme. Comment imaginer que nous puissions contempler des faits sans chercher à les unir, sans tenter de mettre entre eux une relation de similitude ou de succession? Mais nous avons en nous une tendance qui nous porte à faire des hypothèses, tendance qui repose sur l'existence d'organes cérébraux que nous ne pourrions, alors même que cela serait en notre vouloir, condamner à l'inaction. Ils sont, donc ils agissent. A peine avons-nous observé deux faits, que déjà notre induction les a rapprochés et que notre déduction en a tiré des conséquences. C'est là une chose fatale, contre laquelle nous nous révolterions en vain.

Nous disons de plus que c'est une chose indispensable et et sans laquelle aucune science ne serait possible.

Il faut n'avoir jamais abordé l'histoire des découvertes scientifiques pour croire que la loi puisse surgir ainsi tout d'un coup de la contemplation des faits, sans passer par une suite d'approximations qui sont autant d'hypothèses de moins en moins éloignées de la réalité. Si l'on en excepte la mathématique, où des conditions particulières et surtout la simplicité relative des phénomènes observés permet d'arriver de prime-saut à la découverte d'une relation constante, quelle est la science où des hypothèses de plus en plus positives n'ont précédé et préparé les lois? Nous avons cité l'exemple de l'astronomie, la plus simple et la plus exacte des sciences après la mathématique, et l'on a vu combien d'opinions différentes les hommes se sont faites de la forme de la terre, avant de se la représenter telle qu'ils la conçoivent aujourd'hui. Toutes nos théories physiques, chimiques, et à plus forte raison biologiques et sociologiques, ont subi les mêmes traverses; toutes ont commencé par une conception naïve et presque informe, aussi peu réelle que possible, pour s'élever peu à peu au degré de perfection qu'elles ont atteint aujourd'hui. Remarquons d'ailleurs que ce que nous appelons loi n'est, après tout, que ce qui nous semble être la loi. Rien ne dit que dans la masse des relations découvertes il ne s'en trouvera pas quelques-unes que de nouvelles observations démontreront inexactes et qu'il faudra modifier, en sorte que ce que nous tenons aujourd'hui pour une loi certaine ne sera pour nos successeurs mieux instruits qu'une hypothèse longtemps suffisante.

Sans même invoquer l'histoire, n'est-il pas évident *à priori* que la science ne peut se passer d'hypothèses? Conçoit-on que l'esprit humain puisse ainsi emmagasiner des masses de faits jusqu'au jour incertain où ceux-ci seront assez nombreux pour lui permettre d'établir une théorie? Mais qui donc lui annoncera que ce jour est venu et qui le mettra sur la voie de la vérité, si ses propres tentatives n'ont pas été pour lui une lumière et une direction? Croit-on même qu'il lui serait possible de faire l'effort que toute découverte exige, si tant d'échecs successifs, en lui apprenant à mesurer ses forces, ne les avaient lentement développées. Il en est d'une découverte scientifique comme d'une découverte géographique. Dans l'un ni dans l'autre cas, on ne cherche au hasard. On se dirige toujours d'après certains indices, autrement dit, on fait une hypothèse, par laquelle on se laisse guider, et que l'on change ensuite si on la trouve fausse. Il n'existe point deux procédés différents pour découvrir les sources du Nil et la loi de la pesanteur.

En résumé, les hypothèses règlent le travail intellectuel, en fournissant à l'esprit un point de départ et une direction. Ce n'est donc point chose superflue que d'en donner une théorie, c'est-à-dire de montrer à quels signes se reconnaît une hypothèse positive, et d'expliquer en même temps comment les hypothèses les plus étranges et les moins scientifiques ont pu surgir et s'imposer.

L'esprit humain construisant avec des documents et des émotions, on est d'abord tenté de croire que la masse des combinaisons hypothétiques possibles est incalculable, puisque les documents deviennent chaque jour plus nombreux et que les émotions sont susceptibles de varier à l'infini. S'il en était ainsi, l'Humanité serait une simple collection de fous, car non seulement l'individu serait libre de modifier continuellement ses hypothèses, mais on ne rencontrerait pas deux individus pensant de même sur le même sujet, ce qui rendrait toute société impossible. En fait, cette instabilité n'existe pas, et une loi rigoureuse règle nos combinaisons hypothétiques. Cette loi, qui n'est autre que la première loi de philosophie première, détermine le passage de l'esprit humain par trois états successifs : l'état théologique, l'état métaphysique, l'état positif. Chacun d'eux imprimant à nos hypothèses un caractère propre, celles-ci sont, par conséquent, tour à tour théologiques, métaphysiques et positives. Nous aurons à étudier, à propos d'une autre loi de philosophie première, cette succession des trois états, et nous lui donnerons alors toute l'attention nécessaire. Il suffit qu'aujourd'hui nous marquions ce qui, dans chaque cas, différencie nos hypothèses, et indiquions en même temps comment, par une opération presque insensible, des conceptions qui nous semblent aujourd'hui les plus bizarres ont peu à peu engendré les conceptions les plus rationnelles. Ce qu'on ne peut assez redire, c'est qu'il existe une continuité parfaite dans les constructions de l'esprit humain, et que si les hommes ont pensé de tant de manières, cela a tenu au temps et non aux hommes, en sorte que Dante eût pensé comme Homère, s'il eût surgi dans la phase polythéique, et Homère eût pensé comme Dante, s'il eût vécu dans la Florence du XIIIe siècle.

Dans l'exposé de notre première loi, nous avons fait voir que la tendance à imaginer l'hypothèse la plus simple donnait immédiatement naissance à l'hypothèse fétichique, laquelle n'est que la première forme de l'hypothèse théologique. L'esprit humain, avons-nous dit, assimile l'inconnu au connu et, ne connaissant que l'homme, prête au monde les passions et les volontés humaines.

Dans une seconde phase, l'hypothèse théologique prend la forme polythéique. L'analyse patiente des phénomènes fait apercevoir entre eux des points communs, et constitue ainsi des groupes naturels dont chacun semble obéir à une volonté. Les dieux ne sont plus dans le phénomène; ils résident en dehors et le dominent. De plus, leur phalange s'est éclaircie : les dieux se comptent d'après le nombre des groupes de phénomènes distincts que l'observation abstraite a déterminés.

La divinité se raréfiant de plus en plus, l'hypothèse théologique aboutit à sa dernière phase : le monothéisme. Dieu succède aux dieux, et le monde est dans la main d'un seul être qui peut tout, qui a tout créé.

Qu'elle appartienne au fétichisme, au polythéisme ou au monothéisme, l'hypothèse théologique suppose toujours que les phénomènes sont soumis à des volontés, c'est-à-dire à des êtres qui ne connaissent que leurs caprices. Son caractère particulier est de n'être susceptible d'aucune vérification, tout en prêtant à des explications aussi arbitraires qu'inépuisables. S'il est difficile de démontrer qu'un fleuve coule parce qu'il lui plaît de couler, il ne l'est pas moins de prouver qu'il ne déborde pas par un effet de sa puissance. Quelles raisons décisives, quels arguments sans réplique donner à qui veut croire que Neptune est en colère lorsque la mer est furieuse ou que le Dieu des chrétiens punit les hommes lorsqu'il leur envoie la famine? Ce sont là des conceptions indémontrables.

L'hypothèse théologique échappe par sa nature même à toute discussion sérieuse, et la meilleure preuve en est dans la vanité absolue des disputes sans nombre auxquelles se sont livrés les théologiens. « Nous réservons pour les mystères de la Foi, que le Saint-Esprit a lui-même révélés, disait Pascal, cette soumission d'esprit qui porte notre croyance à des mystères cachés aux sens et à la raison. »

L'hypothèse métaphysique, qui succède à l'hypothèse théologique, n'est guère plus susceptible que celle-ci de démonstration et de discussion. Cependant elle marque un progrès réel, en ce qu'elle diminue considérablement l'arbitraire propre aux combinaisons théologiques. La nature joue ici un rôle prépondérant ; elle remplace le Dieu d'Aristote, ce simulacre divin, dernier terme de Dieu, qui ne pouvait rien contre les lois qu'il avait lui-même établies. La nature est l'ensemble de ces lois inconnues ; elle sert à expliquer tous les phénomènes qui embarrassent l'esprit humain, et se prête avec une complaisance parfaite à toutes les fantaisies qu'on exige d'elle. Cependant, au milieu des pires extravagances, elle est toujours supposée immuable, comme l'était le Destin, et incapable d'avoir par elle-même aucune volonté. La nature domine toutes les conceptions scientifiques et on la retrouve partout ; mais cela n'empêche pas chaque science d'avoir ses hypothèses métaphysiques à elle propres, au moyen desquelles elle explique les phénomènes qui sont de son ressort. La physique a ses éthers et ses fluides, la chimie ses affinités vagues, la biologie ses esprits vitaux et animaux. Libre à nous de sourire des raisonnements que les physiciens du temps de Pascal ou les médecins du temps de Molière apportaient à l'appui de leurs théories, étonnons-nous même qu'il y ait eu des gens d'instruction et de sens pour s'en laisser imposer à ce point par de la pure logomachie : il n'en reste pas moins que ces conceptions ont servi la science en préparant l'hypothèse positive. Par cela même qu'elle rejette la possibilité de modifications absolument arbitraires, la métaphysique se trouve disposée à chercher des lois et à découvrir l'ordre du monde. Son tort est de suppléer par l'imagination à ce que l'observation n'a pas encore révélé et de croire que des mots peuvent tenir lieu de faits et de raisons. Toutes les fois qu'elle a voulu s'astreindre à tenir compte de la réalité, elle a donné naissance à des conceptions si voisines des véritables conceptions scientifiques, qu'il a suffi souvent de changer un mot pour transformer en une formule positive une formule métaphysique.

L'hypothèse positive est le dernier fruit de l'esprit humain. Trois caractères inséparables la différencient des hypothèses théologico-métaphysiques :

1° Elle est la plus simple possible ;
2° Elle est toujours vérifiable ;
3° Elle ne porte que sur la liaison des phénomènes observés, jamais sur leur origine ou sur leur nature.

Nous n'avons pas à insister sur le premier caractère, auquel nous avons donné toute l'attention désirable dans l'exposé de la première loi. L'hypothèse scientifique doit être aussi simple que le comporte l'ensemble des renseignements obtenus. Elle se compliquera à mesure que les renseignements augmenteront. L'histoire citée de la théorie de la forme de la terre est, à cet égard, le plus parfait modèle que nous puissions proposer.

Nous ajoutons que l'hypothèse positive est toujours vérifiable. Mais il faut ici préciser. La vérification dont nous parlons porte sur les conséquences et non sur la cause des phénomènes. Il ne s'agit pas en effet, pour établir qu'une hypothèse est scientifique de remonter à la source des faits, entre lesquels on entrevoit une relation : il est évident qu'à ce compte bien peu d'hypothèses seraient scientifiques, à commencer par les hypothèses astronomiques, dont nous ne pourrons jamais constater directement la réalité. Il suffit que nous puissions juger de la vérité de nos hypothèses par des conséquences accessibles à nos moyens d'investigation. Pour qu'une hypothèse soit juste, il faut que les prévisions qu'elle autorise s'accomplissent; pour qu'elle soit scientifique, il faut simplement que les faits ainsi prévus ne puissent pas échapper à nos sens.

Une hypothèse juste est toujours une hypothèse scientifique, car, pour apprécier sa justesse, il faut de toute nécessité être à même de constater la réalité de ses conséquences ; mais une hypothèse peut être scientifique et n'être pas toujours juste: elle satisfait à ce qu'on exige d'elle si ses conséquences peuvent être constatées. Lorsque le théologien fait l'hypothèse qu'il y a un châtiment et une récompense au-delà de cette terre, sous le prétexte que les bons et les méchants ne sont point traités ici-bas selon leurs mérites, il fait une hypothèse qui peut être vraie — nous n'en saurons jamais rien, — mais à coup sûr il ne fait pas une hypothèse scientifique, car il est de toute impossibilité de la vérifier. Quand le savant, au contraire, émet sur le système du monde une hypothèse de laquelle il déduit une foule de phénomènes astronomiques intéressants pour notre planète, tels que le lever et le coucher du jour, les heures des marées, l'apparition des comètes, les éclipses de soleil ou de lune, etc., etc., il se peut faire que son hypothèse soit fausse, mais assurément elle est scientifique, puisqu'il est facile à chacun de la juger par ses conséquences. L'hypothèse scientifique, en un mot, est celle dont la vérité ou la fausseté peut être établie par des faits, peut être contrôlée par nos sens.

Nous disons enfin que l'hypothèse scientifique ne porte que sur la liaison des phénomènes observés, jamais sur leur origine ou sur leur nature.

La loi de Mariotte nous offre un exemple très simple et aussi parfait que simple de ce troisième caractère des hypothèses scientifiques. Elle détermine uniquement une relation entre deux faits qui sont, d'une part, le volume du gaz, de l'autre la pression qu'il supporte. L'homme, Dieu, la nature n'y entrent pour rien. De plus, elle se tait absolument sur l'origine ou la raison d'être du phénomène; cela ne la regarde pas. En rassemblant des faits particuliers en assez grand nombre, Mariotte en a induit un fait général ou, pour mieux dire, une loi. La plupart des hypothèses ou des lois physiques — puisque ces hypothèses sont devenues des lois — ont ce caractère de lier simplement des phénomènes observés, c'est-à-dire de montrer comment les uns varient au moyen des autres. Les lois de la dilatation des corps fixent la relation existante entre le volume des corps et la chaleur à laquelle ils sont soumis, celles de la pesanteur établissent un rapport entre l'espace parcouru par un corps qui tombe, la vitesse avec laquelle tombe ce corps, le temps qu'il met à tomber, etc.

Il n'est pas douteux qu'entre les trois caractères que nous venons d'assigner à l'hypothèse scientifique, ce dernier, qui est d'ailleurs inséparable des deux autres, est le plus important, le plus décisif. On ne peut disconvenir qu'en leur temps beaucoup d'hypothèses théologiques ou métaphysiques furent aussi simples que la raison humaine était alors susceptible de les engendrer — nous l'avons surabondamment démontré en exposant la première loi. La seconde condition elle-même a pu être considérée comme remplie par plus d'une hypothèse théologico-métaphysique, celle, par exemple, qui admet l'existence de Dieu en la fondant sur l'ordre de la nature. Mais la troisième condition ne laisse aucune place aux conceptions ultrascientifiques. Les hypothèses pourront être fausses, mais elles seront toujours positives. L'esprit théologique ou métaphysique, sans cesse à la recherche des origines, c'est-à-dire de ce que l'on ne peut savoir, est exclu forcément de toute hypothèse qui ne fait que constater un phénomène général d'après l'observation continue de phénomènes particuliers. Tant que nous ne voudrons savoir autre chose que la manière dont varie un phénomène au moyen d'un autre, il nous sera impossible d'introduire là un dieu ou une entité.

Toutes nos théories ont passé successivement par les trois états que nous venons d'exposer. Elles y ont passé d'une manière plus ou moins rapide, plus ou moins parfaite, mais sans jamais brûler une de ces étapes nécessaires et sans jamais revenir sur un progrès accompli.

Rien assurément ne présenterait plus d'intérêt que de choisir quelques-unes de ces conceptions de l'esprit humain et de les suivre dans leur lent travail de formation, depuis l'état fétichique jusqu'à l'état positif. On verrait clairement alors combien, malgré l'opinion contraire, notre intelligence a peu de tendance à reprendre les idées qu'elle a une fois délaissées, combien elle est en progrès constant sur elle-même, combien elle est logique dans la continuité de ses efforts, combien elle mérite peu les reproches d'inconséquence, de sottise et d'absurdité que d'anarchiques déclamateurs, qui ne l'ont pas comprise, lui ont prodigués.

L'histoire de la découverte du vide et de sa théorie est, entre beaucoup d'autres, un merveilleux exemple de cet esprit de logique dans les recherches, de cette continuité dans la succession des hypothèses.

On sait l'origine des travaux de Torricelli et de Pascal : des fontainiers de Florence ayant éprouvé que l'eau, dans un tube où le vide avait été pratiqué, ne s'élevait pas au-delà de trente-deux pieds, Torricelli, en l'année 1643, montra qu'un phénomène analogue avait lieu lorsqu'on plongeait dans une cuve de mercure un tube de verre de quatre pieds, préalablement rempli du même métal; le mercure descendait immédiatement dans le tube, laissant à la partie supérieure un espace inoccupé.

Cet espace était-il vide? Telle est la première question qui se posa.

La théorie régnante alors, et qui n'était autre que celle d'Aristote, admettait que le *vide* n'existait pas, que *la nature en avait horreur*. D'où il résultait que l'espace inoccupé dans le tube de Torricelli devait être occupé par quelque autre substance que le mercure. C'est ce que ne manquèrent pas de prétendre tous ceux auxquels il répugnait de modifier la théorie.

On introduisit de tout dans cet espace. Les uns y mirent de l'*éther*, substance imperceptible à tous les sens et doué d'une légèreté imaginaire ; d'autres y placèrent de la vapeur de mercure; d'autres l'air enfermé dans les pores des corps ; d'autres encore de l'air raréfié et vide de tout autre corps ; d'autres, enfin, l'immensité de Dieu! Il fallait d'abord chasser toutes ces fantaisies du tube de Torricelli et n'y laisser que ce qui s'y trouvait réellement : à savoir le *vide*. C'est à quoi s'appliqua Pascal.

Une chose bien remarquable, c'est que Torricelli, du premier coup, supposa que l'espace inoccupé était vide et que le mercure était ainsi tenu en suspension par la pesanteur de l'air ; on savait, en effet, que l'air était pesant, sans savoir au juste dans quelle mesure. Mais, comme le disait très bien Pascal quelques années après, *ce n'était là qu'une simple conjecture, et dont on n'avait aucune preuve pour en reconnaître ou la vérité, ou la fausseté*. A ce titre, elle ne pouvait s'imposer.

Pascal n'alla pas si vite. Il commença par démontrer que la nature n'avait pas pour le vide l'horreur qu'on prétendait, et ce fut là le sujet de ses *nouvelles expériences touchant le vide* et de ses *Lettres au père Noël*, dans la curieuse discussion qu'il eut avec lui.

Dans huit expériences admirablement ordonnées, il se contenta de prouver que la force de cette horreur de la nature pour le vide est limitée, et pareille à celle avec laquelle de l'eau d'une certaine hauteur, qui est d'environ trente et un pieds, tend pour couler en bas. En somme, il mettait à profit l'élasticité ordinaire de la théorie métaphysique pour la contraindre à reconnaître les faits.

Mais ce vide, une fois reconnu et établi, à quoi l'attribuer?

C'est alors que Pascal, reprenant la conjecture non justifiée de Torricelli, fit, en 1648, par les soins de son beau-frère Périer, l'expérience du Puy-de-Dôme, et montra comment l'élévation de l'eau dans une pompe ou du mercure dans un tube est en rapport avec la hauteur des lieux où l'on opère et, par conséquent, avec la pression atmosphérique. Cette fois, la démonstration était complète.

« Qu'on rende raison, disait-il dans la conclusion de ses deux traités *de l'équilibre des liqueurs* et *de la pesanteur de l'air*, qu'on rende raison maintenant, s'il est possible, autrement que par la pesanteur de l'air, pourquoi les pompes aspirantes élèvent l'eau plus bas d'un quart sur le Puy-de-Dôme, en Auvergne, qu'à Dieppe?

« Pourquoi un même syphon élève l'eau et l'attire à Dieppe et non pas à Paris?

« Pourquoi deux corps polis, appliqués l'un contre l'autre, sont plus faciles à séparer sur un clocher que dans la rue?

« Pourquoi un soufflet, bouché de tous côtés, est plus facile à ouvrir sur le haut d'une maison que dans la cour?

« Pourquoi, quand l'air est plus chargé de vapeurs, le piston d'une seringue bouchée est plus difficile à tirer?

« Enfin, pourquoi tous ces effets sont toujours proportionnés au poids de l'air, comme l'effet à la cause?

« Est-ce que la nature abhorre plus le vide sur les montagnes que dans les vallons, quand il fait humide que quand il fait beau? Ne le hait-elle pas également sur un clocher, dans un grenier et dans les cours?

« Que tous les disciples d'Aristote assemblent tout ce qu'il y a de fort dans les écrits de leur maître et de ses commentateurs, pour rendre raison de ces choses par l'horreur du vide, s'ils le peuvent; sinon qu'ils reconnaissent que les expériences sont les véritables maîtres qu'il faut suivre dans la physique; que celle qui a été faite sur les montagnes a renversé cette croyance universelle du monde, que la nature abhorre le vide, et ouvert cette connaissance qui ne saurait plus jamais périr, que la nature n'a aucune horreur pour le vide, qu'elle ne fait aucune chose pour l'éviter, et que la pesanteur de la masse de l'air est la véritable cause de tous les effets qu'on avait jusqu'ici attribués à cette cause imaginaire. »

Ce qui, dans cette belle démonstration, fait éclater mieux que toute autre chose l'esprit scientifique de Pascal, est précisément ce qui, de prime abord, semble faire tort à son jugement. Il a dédaigné, alors qu'elle ne reposait sur rien, l'hypothèse de Torricelli, qui cependant était la bonne, et il n'a changé immédiatement l'hypothèse métaphysique que dans la mesure où elle était contraire aux faits observés. Il est vrai qu'ainsi modifiée cette hypothèse se rapprochait tellement de la réalité, qu'on n'eût plus qu'à mettre *pesanteur de l'air* où il y avait *horreur du vide* pour trouver la loi.

Pascal trouva donc son profit à respecter la continuité.

Nous ne faisons nous-mêmes qu'imiter Pascal, lorsque nous gardons dans la science un certain nombre de conceptions, qui, sans remplir les conditions des hypothèses scientifiques, tiennent une place que celles-ci n'occupent pas encore et rendent de véritables services en groupant des faits qui, autrement, resteraient épars et sans lien. Ce sont pour notre esprit de purs artifices logiques, que nous devons provisoirement utiliser, à condition que nous n'y croyions pas.

L'atome et la molécule en physique et en chimie, la force en mécanique, l'espace en géométrie, sont des conceptions de cet ordre. Mais précisément parce que ce sont des créations de notre esprit et non des hypothèses scientifiques, nous sommes libres de les plier à nos convenances logiques. Le géomètre suppose la matière continue, le physicien la suppose discontinue mais composée de parties égales, le chimiste, enfin, la croit discontinue mais faite de parties inégales. Et chacun d'eux a raison : puisque la molécule n'est qu'un artifice de notre esprit, pourquoi ne lui donnerait-on pas en chaque cas la manière d'être qui convient le mieux à sa destination ?

Auprès de ces conceptions métaphysiques qui, provisoirement, ont rang dans la science, nous plaçons un certain nombre d'hypothèses créées par l'esprit humain pour résoudre la plupart des problèmes de la vie pratique dont la complexité est au-dessus de ses forces. Ces hypothèses, toutes fictives qu'elles soient, méritent, comme les précédentes, d'être respectées, pourvu que nous ne leur accordions aucune réalité objective. Car alors, loin de servir la pratique, ces hypothèses pourraient singulièrement l'embarrasser. Nous citerons comme un type du genre l'hypothèse de la loi de l'intérêt.

Les économistes ont cru pouvoir établir que l'intérêt est proportionnel à la fois à l'étendue du capital et au temps pendant lequel ce capital est placé. En réalité, cela n'est pas. La loi de l'intérêt est infiniment plus compliquée, comme le montrent les variations nombreuses qu'il a éprouvées dans le passé et qu'il éprouve encore tous les jours. Cependant l'hypothèse est suffisante pour subvenir à nos besoins lorsqu'on limite ses effets à un temps relativement court : dans l'impossibilité de trouver une loi réelle trop compliquée, nous lui substituons une loi plus simple, mais purement conjecturale.

C'est pour n'avoir pas tenu compte de ce qu'il y a d'arbitraire, de subjectif dans cette loi que les économistes sont restés si sots devant Proudhon, lorsque le fameux sophiste a nié la légitimité de l'intérêt, en se fondant sur ce raisonnement très juste, que si une telle loi était applicable, tous les capitaux de la terre pourraient, en un temps donné, être concentrés en une même main, ce qui rendrait évidemment toute société impossible.

Ce qu'il fallait répondre à Proudhon, et ce qu'on ne lui a pas répondu, c'est que cette loi qu'il tenait pour vraie, aussi bien d'ailleurs que ses adversaires, est une loi hypothétique, et acceptable uniquement parce qu'elle est limitée dans sa durée.

Aussitôt qu'on la considère d'une manière absolue et qu'on la suppose susceptible de durer indéfiniment, on est conduit, comme Proudhon, à la juger abusive et dangereuse. Mais la force même des choses empêche qu'elle ait une application tant soit peu prolongée. L'ordre et la paix inaltérables qu'exigerait cette application ne se sont rencontrés dans aucune société humaine; les guerres, les révolutions, et les perturbations cosmologiques elles-mêmes, viennent périodiquement ruiner les calculs les mieux ordonnés, si bien qu'aucune transmission n'est certaine au-delà de quelques générations; enfin, il faut admettre que les engagements des prédécesseurs ne sauraient lier indéfiniment les successeurs, et que toute société garde le droit de sauvegarder ses intérêts comme elle le juge convenable et nécessaire. En fait, les liquidations sociales sont fréquentes, et la loi de l'intérêt est sans danger, parce que ses effets sont discontinus.

Nous ne pouvons clore ce sujet sans signaler une dernière sorte d'hypothèses, encore plus subjectives que les précédentes, et destinées comme elles, soit à la vie pratique, soit à la vie mentale et sentimentale. Elles concernent les phénomènes les plus compliqués de l'existence humaine, ceux où notre intelligence ferait de vains efforts pour saisir même une loi approximative. Qu'ont fait, en ces cas embarrassants, les hommes chargés du gouvernement des sociétés? Ils ont appliqué aux faits les plus compliqués les lois les plus simples, à savoir les lois numériques. De là l'importance attachée à certains nombres dans le règlement de l'existence; de là le rôle prépondérant du nombre *trois* et du nombre *sept* dans la vie des sociétés. La précieuse institution de la semaine est sortie avec bien d'autres de cette théorie subjective des nombres. Les lois de la composition poétique, qu'il s'agisse de romans, d'épopées, de sonnets ou de tragédies, en sont issues. De même l'heure du dîner, cette heure sacrée où tous les habitants d'une même ville prennent simultanément leur repas et qu'il importe tant de respecter pour le meilleur entretien des relations sociales.

Devons-nous accepter aujourd'hui, toutes subjectives qu'elles soient, ces solutions émanées de la sagesse théocratique? Qui en douterait? Nous le devons d'autant mieux que nous savons ce que les sages de l'antiquité ne savaient qu'imparfaitement : que les phénomènes les plus compliqués sont également les plus modifiables, et que si nuls ne sont plus difficilement réductibles en des lois réelles, nuls aussi ne se prêtent mieux à subir les lois fictives que commandent les besoins sociaux.

COURS DE PHILOSOPHIE PREMIÈRE

PROFESSÉ PAR M. PIERRE LAFFITTE

CINQUIÈME LEÇON

(RÉDIGÉE PAR LE Dr P. DUBUISSON)

DE LA SECONDE LOI DE PHILOSOPHIE PREMIÈRE

Concevoir comme immuables les lois quelconques qui régissent les êtres d'après les évènements (1).

L'idée que notre monde est régi par des lois, qu'il n'est point soumis dans son existence à d'incessantes variations, qu'il présentera demain la série des phénomènes qu'il présentait hier, est une idée qui, à certain degré, a toujours dominé les cerveaux humains. Si de tout temps, en effet, on s'est livré à des prévisions, c'est que de tout temps, on a cru pouvoir compter sur un avenir plus ou moins conforme au passé. Au fond, cette notion est à la base de toute existence, individuelle ou sociale.

Autre chose cependant est d'être guidé par le sentiment confus d'une vérité, autre chose est d'en avoir la conception rationnelle et systématique. Tout le monde — jusqu'aux adversaires les plus décidés du principe des lois immuables,

---

(1) Nous répéterons, à propos de cet énoncé, l'observation que nous avons faite sur celui de la première loi. Ici encore la forme adoptée par Auguste Comte est plutôt celle d'un précepte que celle d'une loi. Scientifiquement il faudrait dire : *Notre intelligence tend spontanément à concevoir comme immuables les lois quelconques qui régissent les êtres d'après les évènements.*

jusqu'aux théologiens les plus endurcis, — agit en fait sous son impulsion, mais ce n'est encore qu'une minorité qui le reconnaît et l'accepte ; la majorité se révolte contre le joug qu'elle subit.

Toutefois, le nombre des rebelles va diminuant chaque jour, et l'on peut dire aujourd'hui, en modifiant le mot de Condorcet au sujet de la théorie de la division : le monde est partagé en deux classes, ceux qui admettent et ceux qui n'admettent pas le principe des lois immuables.

C'est sur lui, en effet, que l'ancien régime et le régime nouveau livrent en ce moment leur dernière bataille. La lutte est entre ceux qui veulent croire encore à l'empire de volontés surnaturelles gouvernant le monde suivant leur caprice, et ceux qui ne voient régner dans l'univers autre chose qu'un ordre constant auquel tous les êtres sont soumis. La révolution occidentale a commencé le jour où cet ordre est apparu aux yeux de quelques-uns dans un petit nombre de phénomènes très simples ; elle ne sera close que lorsque la majorité des hommes apercevra cet ordre partout, jusque dans les phénomènes les plus compliqués.

I

De la notion de loi.

Il est vraiment curieux que parmi tant de traités de philosophie ou de science où la loi joue un si grand rôle, aucun ne donne d'elle une définition. La loi est une chose dont on parle beaucoup, mais dont il ne semble pas que l'on se fasse toujours une idée précise. Il n'est donc pas superflu de la définir et de dégager sa notion des obscurités qui l'entourent encore.

A la considérer attentivement, l'idée de loi se présente sous deux formes très distinctes bien qu'au fonds équivalentes :

Sous une première forme, elle apparaît comme *la dépendance régulière d'un phénomène par rapport à un autre phénomène*, ou mieux comme *la mesure suivant laquelle les variations d'un phénomène sont gouvernées par les variations d'un autre.*

Les mathématiciens ont deux expressions d'une précision parfaite pour distinguer les deux phénomènes et indiquer la position de chacun par rapport à l'autre. Ils appellent *variable indépendante* celui qui varie ou que l'on fait varier *arbitrairement*, et *variable dépendante* le phénomène dont les variations propres sont subordonnées aux variations du premier. Prenons par exemple, la formule qui établit la grandeur de la circonférence d'après la longueur du rayon (circ. $R = 2 \pi R$) : ici la variable indépendante est le rayon, puisque, à mesure qu'il varie, il fait varier du même coup la circonférence dans une proportion toujours égale, et la variable dépendante est la circonférence, qui, dans ses variations, suit les variations du rayon. Les rôles sont renversés dans le cas où l'on détermine la grandeur du rayon d'après celle de la circonférence, mais la relation, c'est-à-dire la loi qui lie les deux phénomènes, demeure toujours identique.

Cette loi, cette relation, cette dépendance régulière une fois établie, rien n'est simple comme de prévoir, et par là de pourvoir ou de nous résigner, suivant les cas. Nous saurons nous prémunir toutes les fois qu'il nous sera possible d'influer sur la variable indépendante, comme il arrive lorsque nous cherchons à obtenir une certaine variation déterminée de tel phénomène mathématique, physique, chimique, biologique, sociologique même ou moral, en faisant varier tel autre phénomène dont il dépend et que nous tenons en notre pouvoir. Le géomètre fait varier comme il l'entend la grandeur d'une circonférence, d'un cercle ou d'une sphère en diminuant ou en augmentant d'une quantité déterminée la grandeur de leur rayon; l'ingénieur augmente ou diminue l'étendue d un corps en augmentant ou diminuant sa temperature; le médecin modifie la fonction de l'appareil urinaire en modifiant d'une certaine manière celle de l'appareil circulatoire; le moraliste détermine certains actes en excitant ou en développant certains sentiments.

Mais il est des cas, et malheureusement trop nombreux, où la seule chose qui soit au pouvoir de l'homme est de se résigner. Nous avons beau prévoir avec une précision véritablement merveilleuse les mouvements des astres et l'ordre des saisons, il nous faut renoncer à déplacer jamais Jupiter ou Vénus, et à redresser l'axe de la terre. De même, le médecin reconnaît souvent l'approche de la mort sans qu'il puisse rien pour la prévenir et l'homme d'Etat voit arriver des révolutions sans être maître de les arrêter. C'est qu'alors la variable indépendante est en dehors de notre atteinte, et que, par conséquent, la dépendante l'est également.

Il va de soi qu'un phénomène quelconque n'est pas inévitablement lié à tous les autres par une dépendance régulière. Cette liaison peut n'exister qu'avec un certain nombre d'entre eux, ce qui fait dire, suivant l'expression des géomètres, qu'à l'égard de tous les autres il est indépendant. C'est ainsi que le volume des corps est indépendant de leur couleur ou de leur état électrique, et que l'intelligence d'un animal est indépendante de son poids.

En revanche, une chose peut dépendre de beaucoup d'autres, une variable dépendante peut dépendre de beaucoup d'indépendantes — et c'est ce qui se rencontre de plus en plus à mesure que l'on avance vers les degrés supérieurs de la série. Là, les moindres phénomènes semblent et sont, en réalité, sous la dépendance d'une multitude d'autres. Le plus modeste phénomène sociologique ou moral ne dépend pas seulement de la plupart des autres phénomènes de même ordre, il dépend encore de la masse des phénomènes d'ordre inférieur : biologiques, chimiques, physiques, etc. La première venue des institutions sociales, le mariage, par exemple, est d'abord, cela va sans dire, sous la dépendance plus ou moins étroite de tous les autres faits sociaux, mais elle est aussi en un certain rapport avec la race pour laquelle elle est faite, avec le temps où elle a pris naissance, avec le climat sous lequel elle est établie, etc. Il en est de même des moindres habitudes morales qui, de plus, sont soumises à la foule des conditions sociologiques.

C'est cette complication des phénomènes supérieurs, résultat de leurs innombrables dépendances, qui fait l'immense difficulté de leur étude, car l'esprit humain n'a pas assez de force pour saisir d'un coup la résultante des relations qui lient un phénomène à tant d'autres. Tout ce qu'il peut faire, c'est de diviser, d'analyser ces phénomènes, et de les considérer successivement deux à deux. Au delà, leur complication le domine et l'écrase.

Il semble cependant qu'en certain cas nous embrassions jusqu'à trois et quatre phénomènes à la fois. Il n'y a là qu'apparence ; car, lorsque nous étudions les influences multiples exercées sur un phénomène, nous ne les envisageons jamais toutes ensemble, mais une à une, et en examinant cette influence isolée, nous négligeons toutes les autres, ou, du moins, nous supposons qu'elles sont constantes. En réalité, notre esprit ne s'attaque jamais à plus de deux variables.

Veut-on des exemples : on sait que le volume du prisme est égal au produit de l'aire de sa base par sa hauteur ; mais l'aire de sa base étant égale elle-même au produit de ses deux dimensions, le volume du prisme se trouve dépendre de trois variables. Si les géomètres avaient abordé le problème dans sa complication naturelle, il est plus que probable, il est certain qu'ils ne l'auraient jamais résolu. Mais ils y ont introduit l'analyse, et ont considéré isolément les deux influences de l'aire de la base et de la hauteur sur le volume. Ils ont pour un moment supposé constante l'aire de la base, et de cette manière, dans la comparaison qu'ils ont faite de prismes de hauteurs différentes, ils ont pu négliger impunément les autres variables. Et réciproquement pour calculer l'influence de la base et de ses deux dimensions, ils ont supposé les hauteurs constantes.

Le même procédé, et ici plus nécessairement encore, a été appliqué de tout temps à l'étude des phénomènes supérieurs Cabanis se propose d'étudier la formation des idées et des affections morales : va-t-il embrasser d'un seul coup la masse des influences qui les créent? Il y perdrait sa peine et son génie. Que fait-il donc? Il considère séparément l'influence de l'*âge*, du *sexe*, du *tempérament*, de la *maladie*, du *régime* du *climat*, et dans chaque cas il fait abstraction de toute autre influence que celle qu'il observe. La loi générale de la formation des idées n'est que l'ensemble plus ou moins précis de toutes ces lois particulières.

Il est vrai qu'à mesure que les phénomènes vont se compliquant, la difficulté, sinon l'impossibilité, où nous sommes d'agir sur les variables indépendantes, autant au moins que leur multiplication, accumule les obstacles sur nos pas.

Le plus humble fait social ou moral dépend d'une telle quantité de conditions de tous genres, sociologiques, morales, biologiques ou physiques, et ces conditions, pour la plupart, sont tellement hors de notre portée, que nous devons renoncer à jamais découvrir sa loi, c'est-à-dire la résultante exacte de toutes ses dépendances particulières. Force nous est de nous accommoder d'à peu près.

Impuissant à tout saisir, notre esprit en est réduit alors à exprimer comme la loi d'un phénomène ce qui n'est que son rapport particulier avec le plus important des phénomènes auxquels il est lié, avec sa principale variable indépendante, pour nous exprimer géométriquement. Ainsi en est-il pour la majeure partie des lois sociologiques, où, à défaut de pouvoir connaître l'ensemble des conditions trop multiples qui influent sur les phénomènes sociaux, nous nous appliquons à considérer ceux-ci surtout en fonction du *temps*, qui est leur condition capitale. Le temps est donc la variable indépendante dans la *loi des trois états*, par exemple, qui règle nos conceptions intellectuelles ; mais il ne l'est qu'à titre de phénomène dominant : autour de lui existent un certain nombre de phénomènes accessoires qui sont autant de variables indépendantes, dont on ne tient pas compte dans la loi, mais qui n'en influent pas moins sur nos conceptions. C'est là évidemment une imperfection des sciences supérieures, mais cette imperfection est inévitable et tient à la débilité de notre esprit.

Pour compléter l'analyse de la notion de loi sous cette première forme, il nous reste quelques mots à dire touchant la nature des variables. Le cas le plus simple est celui où l'on considère deux variables de même nature, telles qu'une circonférence et son rayon, ou deux phénomènes cérébraux, comme l'induction et la déduction, etc. Dans un second cas, les deux phénomènes sont de nature analogue, mais non identique ; exemples : le rayon et le cercle, le rayon et la surface de la sphère, la déduction et la bonté, la circulation et la respiration, etc. Dans un troisième cas, enfin, les deux phénomènes sont de nature différente, et c'est évidemment le cas le plus fréquent. Les phénomènes supérieurs dépendant de la totalité des phénomènes inférieurs, il va de soi que leur étude nous obligera plus souvent à chercher des rapports entre variables de nature ou d'ordres différents qu'entre variables de nature ou d'ordres semblables. Tels sont les rapports entre le volume d'un gaz et la pression qu'il supporte, entre la dilatation d'un corps et la chaleur à laquelle il est soumis, entre la taille et le climat, entre la puissance inductive et le temps, entre la moralité et l'état économique, etc., etc.

Ce que nous venons de dire de la notion de loi et de sa décomposition en deux variables est assurément suffisant, tant qu'on demeure au point de vue purement abstrait et que l'on n'entend pas sortir du champ théorique. Mais si l'on passe à la pratique, les choses changent et un complément devient aussitôt indispensable.

Il faut savoir alors qu'en dehors des deux variables il existe un élément spécial, concret, expérimental, étroitement lié aux deux variables et que l'on appelle la *constante*. Ce n'est pas assez, dans l'application, de connaître le mode régulier de variation qui lie les deux phénomènes ; il faut encore connaître l'intensité de cette relation, et, pour cela, l'élément qui demeure constant dans toute variation et qui ne peut être fourni que par l'observation. Il ne suffit pas lorsque l'on cherche la grandeur d'un rayon ou d'une circonférence de savoir qu'il existe une relation fixe entre les deux éléments, il faut encore connaître la quantité précise par laquelle il faut multiplier le rayon pour avoir la circonférence, ou diviser la circonférence pour avoir le rayon ; eh bien ! cette quantité qui ne varie pas, et qui influe sur toutes les variations est précisément la *constante*. Que nous ayons, par exemple, à appliquer les lois de la chute des corps, nous aurions beau être certains que l'espace varie comme le carré du temps, cela, en vérité, nous avancerait fort peu, si nous ne déterminions encore quel est l'espace parcouru dans une certaine unité de temps. Or, cet espace n'est pas le même à Paris, à Saint-Pétersbourg et à Quito, et cela explique comment, pour un temps donné, l'espace parcouru par un corps pesant n'est point le même pour ces trois points, alors que la loi se vérifie dans chacun d'eux avec une exactitude absolue. L'espace parcouru dans une certaine unité de temps et qui varie pour chaque point du globe est ici encore la *constante*, qu'il faut trouver par expérience, quand l'on désire passer de l'abstrait au concret, quand l'on veut appliquer la loi.

Sous une autre forme, la loi consiste à *saisir la constance au sein du changement*. Cette seconde définition de la loi est identique au fond à la première, bien qu'elle ne lui soit pas toujours réductible, et qu'elle réponde à des cas auxquels la première forme est presque toujours inapplicable. Notre esprit éprouve à la fois un besoin de réalité et un besoin de liaison, mais ce besoin de liaison ne peut aller jusqu'à vouloir toujours et quand même faire rentrer une de ces deux formes dans l'autre.

C'est en mathématiques, le domaine des exemples simples par excellence, qu'il est le plus aisé de montrer l'équivalence des deux formules. Prenons une loi bien connue, celle-ci, par exemple : *La circonférence varie proportionnellement au rayon* (circ. $R = 2\pi R$). Cette façon de présenter la loi est conforme à la première définition : la circonférance est ici la variable dépendante et le rayon R la variable indépendante. Quelle sera donc la seconde forme ? La seconde forme sera la suivante : *Le rapport de la circonférence au rayon est une quantité constante*, quantité égale à 2π, c'est-à-dire deux fois 3, 14159... etc. Quel que soit le rayon, nous n'aurons qu'à le multiplier par cette somme pour obtenir la circonférence. On ne peut mieux saisir la constance dans la variété.

Autre exemple. Cette fois le théorème dans son énoncé le plus ordinaire et le plus simple affecte la seconde forme. C'est le théorème de Thalès : *La somme des angles d'un triangle quelconque est égale à deux angles droits.* Là encore, c'est bien la constance qu'on a saisie au sein du changement. Nous ferons rentrer cette forme dans la précédente en disant : *Dans tout triangle, un angle quelconque est égal à la différence qui existe entre la somme des deux autres angles et celle de deux angles droits* ($A = 2$ angles droits $- [B + C]$).

Nous venons de voir tout à l'heure que la loi des trois états, qui règle nos conceptions, pouvait rentrer dans la première forme, puisque nous y retrouvions les deux variables ; mais, en réalité, elle appartient surtout à la seconde forme par la manière dont son auteur l'a énoncée. Même observation pour les lois qui concernent la Moralité et l'Activité, dans la formule qu'en a donnée Auguste Comte.

Il existe donc, sans pousser plus loin nos recherches, des lois qui se plient aux deux formes sous lesquelles peut se présenter la notion de loi, et c'est pour cette raison que nous sommes en droit de dire qu'en principe les deux formes sont équivalentes. Mais il est aussi des lois qui n'acceptent facilement qu'une des deux formes, ordinairement la seconde, et qu'il serait malaisé de ramener à la première. Les cas en abondent : *Un corps fond à une température déterminée, — Pendant la durée de la solidification d'un corps la température reste constante, — Tous les corps tombent dans le vide avec la même vitesse;* voilà des lois qui revêtent la seconde forme, mais qui ne semblent guères susceptibles de revêtir la première.

Nous allons voir dans un instant que ces deux formes répondent à une véritable distinction entre les lois. Mais auparavant, et pour achever ce qui concerne la notion de loi en général, nous devons noter un dernier point : c'est que les lois s'appliquent aux phénomènes ou aux évènements, et jamais aux êtres, ou, pour mieux dire, ne s'appliquent aux êtres qu'à travers les phénomènes ou les évènements. L'être, quel qu'il soit, qu'il appartienne au monde inorganique ou au monde organique, est quelque chose d'infiniment trop complexe pour pouvoir être embrassé dans son ensemble. Si notre esprit ne peut déjà saisir d'un seul coup tous les liens qui rattachent un phénomène simple à toutes ses dépendances, comment saisirait-il l'ensemble de l'être, qui, dans sa plus extrême simplicité, est composé de tant de phénomènes? Le premier mouvement de l'esprit est bien de s'attaquer à cette unité, qui tout d'abord ne semble guère divisible, mais le second est d'abstraire et d'analyser, et d'arriver à connaître la loi de l'ensemble à force de rassembler des lois de détail. L'esprit commence par la synthèse pour aboutir à la synthèse, mais entre les deux points extrêmes se glisse toute l'élaboration analytique qui modifie singulièrement la notion de l'être. Au début, l'homme a considéré dans leur unité la pierre, l'arbre, l'animal; il ne voit plus aujourd'hui dans la pierre que ses propriétés de couleur, de densité, de porosité, etc.; dans l'arbre, il n'aperçoit qu'un ensemble de propriétés végétales et les lois qui de ses racines portent la nourriture jusqu'aux plus ténues de ses branches, ou qui dans la trame de ses feuilles font pénétrer les aliments aériens; dans l'animal, il ne découvre qu'un assemblage de fonctions plus ou moins complexes dont la résultante produit la vie. Notre synthèse est faite d'analyse.

Nous pouvons maintenant entrer dans le détail et étudier les diverses espèces de loi.

Il en est de deux sortes, correspondant spontanément aux deux formes sous lesquelles se présente la notion de loi. A la première forme — relation établie entre deux variables — répondent surtout ce que l'on a appelé les *lois de succession*; à la seconde — constance dans la variété — *les lois dites de similitude*. Les vraies lois, les lois proprement dites, sont les lois de succession ; c'est à elles que la notion de loi s'applique dans sa plénitude. Les autres les préparent et les complètent, mais ne les remplacent pas.

Des lois de succession nous avons déjà donné de si nombreux exemples, et tant d'autres sont présents à toutes les mémoires qu'il est inutile d'insister. Mais on se rend peut-être un compte moins exact des lois de similitude et surtout de leur rôle vis-à-vis des lois de succession. Rien n'est cependant plus simple à comprendre.

Trouver une loi de similitude, c'est saisir quelque chose de constant et de commun entre deux êtres ou phénomènes différents, ou encore entre deux relations, entre deux lois différentes. C'est une loi de similitude qu'a trouvée Newton le jour où il a assimilé la loi de la gravitation à celle de la pesanteur. Il a fait rentrer une loi de succession dans une autre loi de succession, ce qui, à proprement parler, n'est pas découvrir une nouvelle loi, mais exige cependant de la part du penseur un travail analogue à celui qui consiste à découvrir une loi de succession. De quelles railleries n'eût-on pas accablé l'imprudent qui, lorsque Galilée trouva les lois de la pesanteur, eût prétendu qu'il n'existait point de différence entre le fait d'un corps tombant vers la terre et celui des planètes tournant autour du soleil ? Et cependant il s'est rencontré un homme pour établir une liaison entre ces phénomènes en apparence si dissemblables. Quelle loi de succession a exigé plus d'efforts et plus de génie ?

C'est encore une loi de similitude que celle par laquelle Lavoisier fit rentrer le phénomène de la combustion dans celui plus général de la combinaison des corps et montra que le bois qui flambe et le cuivre qui s'oxyde sont des phénomènes en eux-mêmes tout semblables et qui ne diffèrent que parce que les corps qui en sont l'objet sont eux-mêmes différents de nature.

Dans ces deux cas des lois de similitude ont rapproché des lois de succession. Mais elles rapprochent aussi, et c'est là leur office le plus général, les évènements et les êtres. Elles rapprochent des évènements dans cette première loi de la pesanteur, par exemple, qui veut que *tous les corps tombent dans le vide avec la même vitesse* ou dans cette loi du pendule qui déclare que *toutes ses petites oscillations sont isochrones*. Elles rapprochent des phénomènes à tous les degrés de la science, mais principalement en chimie et en biologie, où, jusqu'à nouvel ordre, elles composent, on peut le dire, la meilleure partie de nos connaissances. Ce qu'on appelle *type* en biologie ou en chimie, n'est qu'une loi de similitude; c'est un être abstrait, formé de tout ce qu'il y a de commun et de constant dans un certain nombre d'êtres identiques par leur composition élémentaire et immédiate. L'*espèce*, dans les mêmes sciences, n'est que la collection des individus essentiellement semblables, le *genre* n'est lui-même qu'une collection d'espèces possédant un certain nombre de caractères communs. L'une et l'autre sont le fait des lois de similitude. Loi de similitude encore cette belle théorie du *phanère*, émise par Blainville et si sottement critiquée par Arago. Certes, rien n'est plus dissemblable au premier abord que des organes tels que le poil, l'ongle, la dent, l'oreille, l'œil; mais, c'est justement le propre du génie d'avoir su découvrir quelque chose d'essentiel dans la composition de tous et d'avoir montré que sous cette diversité apparente se cachent au fond les mêmes éléments. Nous ne savons de comparable en biologie que le rapprochement fait par Bichat entre la peau extérieure et la peau intérieure, entre la peau proprement dite et la muqueuse. Là encore on retrouve la même organisation fondamentale, les mêmes éléments dont les proportions seules sont modifiées : dans la peau un épiderme et un derme plus épais et plus résistants, une couche nerveuse plus abondante, un pigment plus fourni ; dans la muqueuse, en revanche, une couche vasculaire plus riche, une couche musculaire plus importante. Ils diffèrent donc et cependant peau e muqueuse sont, après tout, composées de la même manière elt semblablement disposées. Quelle vue profonde! Et ne dites point qu'il n'y a là qu'une conception ingénieuse : les médecins vous répondront que les conséquences pratiques, tant en pathologie qu'en thérapeutique, sont inépuisables.

La loi de similitude ne permet point, comme la loi de succession, de prévoir et de pourvoir directement, mais elle rend cet inappréciable service de ramener à des lois de succession connues des phénomènes qui ne semblaient pas d'abord tomber sous leur joug. C'est ainsi qu'il y a harmonie entre les deux sortes de lois. En certains cas, c'est la loi de succession qui précède la loi de similitude ; en d'autres, c'est le contraire : mais toujours la loi de similitude prépare ou complète la loi de succession. Elle la prépare quand elle cherche à saisir les points communs entre des phénomènes distincts, quand elle les rapproche, quand elle les classe ; elle la complète en lui ramenant des phénomènes demeurés libres ou en montrant son identité avec d'autres lois de succession. Combien de fois, en biologie, n'a-t-on pas déduit la *similitude organique* de la *similitude statique, l'identité des fonctions* de *l'identité des organes !*

Un mot encore.

Il est facile de reconnaître que la loi, en s'étendant à tous les ordres de phénomènes, perd de la netteté et de la précision qu'elle possède dans l'ordre le plus simple, dans l'ordre mathématique. A mesure que nous étudions des phénomènes plus complexes et plus élevés, les relations que nous y découvrons deviennent aussi plus indéterminées et plus vagues. La loi n'atteint son état parfait qu'en mathématique, parce que là seulement l'on peut mesurer les phénomènes, c'est-à-dire trouver leur rapport avec une grandeur précise, prise pour unité. Outre que là les phénomènes considérés peuvent être exprimés en nombres, la relation même, établie entre eux, est susceptible d'être formulée par des combinaisons numériques. L'idéal, assurément, consisterait à convertir en nombres tous les phénomènes quelconques, depuis les plus simples jusqu'aux plus complexes, ce qui rendrait possible de formuler également en nombres toutes les relations que l'on parviendrait à découvrir. Mais qui oserait dire qu'un tel résultat puisse être jamais atteint quand il s'agit de phénomènes aussi difficiles à saisir que les phénomènes sociaux ou moraux? qui mesurera jamais la faculté déductive des cerveaux humains? qui découvrira l'unité nécessaire à une comparaison de cette nature? Tout ce que jusqu'à présent nous pouvons faire, quand nous voulons apprécier l'intensité des faits de cet ordre, c'est de nous servir d'expressions comparatives telles que *peu, beaucoup, moins plus*, etc. Est-ce à dire cependant que nous n'arriverons jamais à une détermination plus exacte? Qu'en sait-on? Il ne manque pas de phénomènes que nos pères ne croyaient pas mesurables et dont la mensuration est devenue vulgaire. La mensuration de l'électricité et du magnétisme date d'hier, celle de la température ne remonte pas au-delà du siècle dernier. En ce qui concerne les phénomènes moraux, n'est-ce pas déjà quelque chose que de posséder un *tableau des fonctions cérébrales* qui met de la clarté et de l'ordre dans ce chaos qu'on appelle l'intelligence et le cœur humain? Et il y a plus. Une admirable invention de

Descartes, *la logique des images*, dont les services ne sont déjà plus à compter, vient au secours de tous ceux qui tentent d'apporter quelque précision dans les recherches propres aux phénomènes supérieurs. Il est en effet peu d'entre eux, du moment qu'on ne considère que leur intensité, qui ne peuvent être figurés par une image. C'est ce que Descartes avait montré dans l'ordre des faits géométriques et ce dont ses successeurs ont fait l'application en physique. De nos jours le procédé est devenu courant en biologie, en sociologie et même en morale. On ne saurait énumérer tous les phénomènes propres au corps humain ou au corps social auxquels on applique, pour en mesurer l'intensité, ce qu'on appelle la méthode graphique, c'est-à-dire que l'on figure aux divers moments de leur durée par des signes proportionnels, dont l'ensemble donne une image qui parle à la vue avec une précision incomparable. La courbe des mouvements cardiaques, respiratoires, cérébraux, gastriques, etc., en dit plus en un instant et avec une plus grande netteté que des pages entières d'un livre de physiologie. La courbe des naissances, des décès, des folies, des suicides, etc., etc., a fait la même lumière dans nombre de phénomènes sociaux. Ce n'est donc pas nous leurrer que d'attendre à ce point de vue quelque progrès de l'avenir et de ne point désespérer que nos neveux nous dépassant à leur tour mesureront un jour ce que, dans notre insuffisance, nous ne parvenons pas à mesurer.

En achevant de mettre en lumière la notion de loi, il convient sans doute de rappeler à qui est due sa fondation.

Subir ou même découvrir les *lois*, est toute autre chose que de posséder la notion philosophique et abstraite de *loi*. L'esprit humain a découvert les premières lois avec Thalès; il n'a eu l'idée de loi qu'avec Montesquieu. Tous les philosophes, tous les savants qui ont précédé l'auteur de l'*Esprit des lois* ont pu avoir comme un pressentiment de ce grand principe; lui, le premier, en a donné une définition. Définition très imparfaite, hâtons-nous de le dire, et que le Positivisme seul pouvait rectifier, mais définition qui, telle quelle, montrait que son auteur avait enfin conçu ce que tous les autres n'avaient encore fait qu'entrevoir.

« Les lois, dans la signification la plus étendue, dit Montesquieu, sont les rapports nécessaires qui dérivent de la nature des choses... (1). » En premier lieu il n'y a pas de rapports nécessaires, il n'y a que des rapports constants. Secondement, qu'est-ce que la nature des choses? Un peu plus loin, il est vrai, l'expression devient plus exacte : « Ces règles sont un rapport constamment établi. Entre un corps mû et un autre corps mû, c'est suivant les rapports de la masse et de la vitesse que tous les mouvements sont reçus, augmentés, diminués, perdus; chaque diversité est *uniformité*, chaque changement est *constance*. » Est-il possible d'approcher davantage de l'idée, de la formule même? On ne saurait en être surpris quand on songe à quel point ce grand esprit était versé dans toutes les sciences. Non content d'avoir annoté la *Philosophie mathématique de Newton*, d'avoir composé pour l'Académie de Bordeaux plusieurs mémoires de physique; il s'était livré aux recherches anatomiques, et avait même écrit une dissertation sur l'*usage des glandes rénales*. Personne n'était mieux préparé pour concevoir la notion de loi.

Le premier, il a reconnu la subordination qui lie la *loi volonté* à la *loi naturelle*, et montré que cet ordre social qui, par la législation, semble dépendre uniquement des hommes, est dû surtout à des conditions indépendantes de leur volonté.

Nul avant lui, ne se serait douté assurément qu'il y eût autre chose qu'une coïncidence bizarre dans le fait qu'un même nom désignait deux choses si contradictoires en apparence, bien que si proches en réalité, que l'*ordre* établi par le commandement et l'*ordre* établi par le fait des lois naturelles. Pour des imaginations primitives, pour des hommes

---

(1) *Esprit des lois*, livre I, chapitre I.

qui ne voient d'ordre au sein de la tribu ou de la cité que celui qu'y fait régner la souveraine volonté des chefs, il est évident que tout ordre, même au sein de la nature, ne peut venir que du commandement : telle est encore aujourd'hui l'une des preuves que donnent nos sorbonniens de l'existence de Dieu. Cependant à mesure qu'on s'est aperçu que certains phénomènes n'étaient le jouet d'aucun caprice et ne pouvaient être modifiés par aucune volonté, humaine ou divine, — Jupiter, lui-même ne pouvant faire que les trois angles d'un triangle n'égalent pas deux angles droits, — il a bien fallu reconnaître dans l'ordre autre chose qu'un effet du commandement. Dieu a disparu, mais l'ordre est resté.

Est-ce à dire que l'ordre voulu n'ait plus désormais de place dans notre monde? Ce serait méconnaître d'une façon étrange ce que dans la pratique imposent à l'homme et la faiblesse de son esprit, qui ne saisira jamais l'ensemble des lois naturelles, et l'énergie des besoins sociaux qui veulent être protégés contre la mobilité et l'insuffisance des sentiments humains. Toutes les démonstrations de la terre ne valent pas la simple correction maternelle pour prouver à l'enfant qu'il ne doit pas briser son jouet, et l'homme n'est que trop souvent un être qu'il faut traiter en enfant. Pour compléter les lois, a dit Auguste Comte, il faut les volontés. Et les phénomènes sociaux, ceux où la prescription est le plus nettement indiquée, se prêtent d'autant mieux à la subir qu'ils sont entre tous, les plus modifiables.

II

Etablissement du principe des lois immuables.

Le principe des lois immuables n'est pas absolu. C'est un principe relatif, dépendant à la fois de la nature du monde et de la nature de notre cerveau, c'est-à-dire de con ditions objectives et subjectives. Il résulte de l'action de nos fonctions cérébrales sur des éléments fournis par le monde extérieur, ce qui a exigé un concours suffisant entre une certaine *stabilité régulière* du monde extérieur ou objectif et une certaine *stabilité régulière* du monde intérieur ou subjectif. Le dedans et le dehors se sont associés, l'homme et le monde ont fourni leur part, et l'évolution sociale a couronné l'œuvre.

Abordons successivement ces différents points.

Des conditions subjectives dont il est ici question, aucune n'intervient plus directement et plus activement que la tendance affirmée par la première loi de philosophie première et qui porte à faire l'hypothèse la plus simple en rapport avec l'ensemble des renseignements obtenus. C'est en effet la plus simple des hypothèses que puisse faire d'abord l'esprit humain que de supposer partout la succession et la constance. Les rapports immuables de succession auxquels sont soumises les unités numériques qui s'engendrent à l'infini, durent fournir à l'intelligence sur l'arrangement des choses une première opinion, que par une pente naturelle elle appliqua ensuite à tous les faits soumis à l'observation. Chercher la *similitude* dans des phénomènes différents, la *constance* dans leur succession, c'est là le premier pas de notre raison. Toutes les superstitions en sont issues. Il est, en effet, plus simple de supposer qu'un phénomène suivra toujours immédiatement le phénomène qui, une première fois l'a précédé que de croire à une succession arbitraire et désordonnée. Nous avons trop parlé, dans la dernière séance, de cette disposition analogique pour que nous insistions davantage.

Cependant cette disposition analogique ne peut que nous porter à admettre l'existence d'une loi; elle est par elle-même impuissante à la découvrir. De nouvelles conditions sont nécessaires. Il faut encore que notre cerveau soit muni de certaines facultés et que ces facultés atteignent un suffisant degré de perfection.

La première de ces facultés nécessaires est la contemplation. Toute loi repose sur elle, la moindre suppose d'innombrables et de difficiles observations. Mais pour que la contemplation rende le service qu'on attend d'elle, il faut, d'une part, qu'elle soit assez *stable*, de l'autre, qu'elle soit assez *précise*. Que la stabilité ou la précision lui eussent fait défaut et très certainement le principe des lois naturelles ne serait pas né. Le besoin de stabilité est évident. L'observation qui ne peut s'appliquer un certain temps sur le même objet n'est propre à rien, car le cerveau ne garde que ce qu'il a recueilli avec effort. Qui de nous ne sait à quel point il est pénible d'observer et surtout de retenir lorsqu'une passion violente dérobant notre attention l'empêche de se fixer sur aucun objet : les choses se pressent et défilent sous nos yeux, mais sans laisser dans notre esprit trace de leur passage.

La précision n'est pas moins indispensable. Il servirait de peu que notre cerveau pût s'appliquer et observer les faits avec attention si nos sens, ou du moins certains d'entre eux, ne permettaient de préciser, de mesurer nos observations. On peut affirmer qu'une population aveugle n'aurait qu'une idée très imparfaite de la loi, attendu qu'en dehors des spéculations numériques on ne voit pas de quels phénomènes elle pourrait se faire une idée tant soit peu exacte. Si nous avons su donner quelque précision à l'étude des lois, nous le devons principalement à la vue. Tous les phénomènes que nos sens plus imparfaits appréciaient malaisément, nous les avons convertis peu à peu en phénomènes visuels et dans ce nouvel état nous avons suivi avec une stricte exactitude jusqu'à leurs moindres variations. Notre sens de la calorition nous indiquait mal les températures ; nous avons inventé le thermomètre qui, par le mouvement visible et gradué du mercure, nous permet de constater les modifications caloriques ; notre sens musculaire ne nous renseignait que d'une manière approximative sur le poids des choses ; nous avons inventé la balance ; de même, nous avons mesuré le son, l'électricité, le magnétisme, et, comme nous le disions tout à l'heure, nous avons transporté la méthode jusque dans les phénomènes de la vie.

La contemplation rassemble et mesure les matériaux ; l'induction et la déduction les rapprochent et les mettent en œuvre. Comme la contemplation, elles doivent évidemment satisfaire à la double qualité d'être assez stables et assez précises. Mais en cet état, c'est à elles qu'appartient la part capitale dans la création des lois. L'induction, groupant les phénomènes et appelant la comparaison, fait éclater en eux ce qu'ils ont de semblable ou de dissemblable, forme les genres, les espèces, les variétés, signale la constance, indique l'uniformité : elle intervient seule dans la formation des lois de similitude, et avec la déduction dans celles des lois de succession. La déduction s'empare des résultats inductifs et en tire les conséquences : son principal rôle est de coordonner les lois de succession.

Voilà pour les conditions subjectives ; mais les conditions objectives ne sont pas moins nécessaires que les précédentes. Nous aurions pu posséder la disposition analogique la plus marquée et les facultés d'induction et de déduction les plus brillantes, que nous serions demeurés incapables de découvrir aucune loi, si, dans une certaine mesure, le monde extérieur ne se fût prêté à nos recherches. En premier lieu, et cela va sans dire, il fallait que notre milieu fût en quelque degré soumis à des lois, sans quoi nous les aurions vainement cherchées ; mais,— et c'est là-dessus que nous voulons appuyer,— il fallait encore que ce milieu fût soumis à des lois suffisamment simples pour être accessibles à nos moyens d'investigation, et surtout qu'une certaine harmonie existât entre la complication du monde et l'énergie de nos aptitudes cérébrales, sous peine de demeurer dans une hébétude niaise devant les millions de faits qui auraient frappé nos yeux. Supposons le monde plus compliqué qu'il ne l'est ou, ce qui revient au même, que nos facultés cérébrales restant ce qu'elles sont, nos sens, qui leur fournissent les matériaux, aient été créés plus parfaits et capables de découvrir à notre entendement une foule de détails que nous n'apercevons pas avec les médiocres sens que nous possédons, il est plus que probable que nous aurions été impuissants à saisir aucun ordre dans la nature. Notre contemplation n'eût jamais été assez énergique pour résister au tumultueux assaut de phénomènes qui seraient venus la surprendre, et dans cette invasion désordonnée de matériaux de toute nature, nos facultés inductive et déductive, inhabiles à choisir, se seraient trouvées incapables de rapprocher, de lier, de déduire, et par conséquent de trouver des lois.

En veut-on une preuve frappante? Que l'on considère donc le résultat produit dans la science par l'introduction de ces appareils de précision, par qui nos sens acquièrent une si extraordinaire puissance, et que l'on dise si ce résultat est en proportion de ce que nous en avons espéré? Loin de nous assurément la pensée de médire d'inventions, dont plusieurs témoignent si éloquemment en faveur du génie humain et nous rendent d'incontestables services en une foule de cas particuliers ; mais en quoi, nous le demandons, ces instruments si perfectionnés nous ont-ils aidés à trouver des lois? Ce dont nous sommes sûrs, en revanche, c'est qu'ils ont contribué à en détruire, et qu'en nous montrant quantité de faits inaperçus, ils ont contribué à ruiner nombre de relations ou de similitudes que nous tenions pour démontrées, et qui, suffisantes dans la pratique, pouvaient sans danger être tenues comme certaines. La belle avance, en vérité ! Rien ne serait mieux assurément que de perfectionner notre faculté contemplative, s'il était en notre pouvoir de perfectionner du même coup la méditation. Alors que nous embrassons déjà avec une difficulté singulière la masse des phénomènes que nos sens, dans leur médiocrité, nous révèlent, n'est-ce point folie que d'en chercher de nouveaux? n'est-ce point duperie que d'accumuler les obstacles, que de nous embarrasser de nos propres mains, que de compliquer le spectacle du monde quand il y aurait plutôt lieu de le simplifier ?

La possibilité de trouver des lois et par conséquent d'arriver à la notion de loi dépend donc d'un certain état d'équilibre entre les sens qui fournissent et conservent les matériaux et les facultés qui les mettent en œuvre. Que le monde eût été plus compliqué ou nos sens plus parfaits et nous n'aurions pas eu assez d'yeux pour voir, d'oreilles pour entendre, de pulpe nerveuse pour toucher : notre raison débordée serait demeurée comme anéantie.

Cela est si vrai que le premier effet produit sur le cerveau de l'homme par le spectacle des phénomènes naturels n'a été qu'un immense éblouissement, et que de nombreux siècles se sont écoulés avant qu'il y reconnût autre chose qu'une variabilité infinie. C'est peu à peu qu'il a découvert des rapports et constaté des ressemblances, et encore eût-il échoué misérablement s'il se fût attaqué d'abord aux phénomènes les plus compliqués, au lieu de commencer, comme il l'a fait, par les plus clairs, par les plus précis, par les plus simples. Tous les phénomènes eussent été compliqués et mobiles comme ceux de la vie ou comme les faits sociaux ou moraux, que le génie humain n'eût même point tenté l'aventure. C'est parce qu'il s'est d'abord courbé longuement sur l'étude des nombres et des lignes qu'il a pu ensuite s'élever jusqu'à la conception de l'existence individuelle et sociale et pénétrer les mystères du cœur humain.

Une disposition spéciale de notre esprit — la disposition analogique, — un certain nombre de fonctions intellectuelles pourvues de stabilité et de précision, un monde soumis à des lois et à des lois suffisamment simples, enfin une certaine proportion entre notre intelligence et nos sens : voilà déjà bien des conditions, tant objectives que subjectives, réclamées par la notion de loi. Eh bien ! ce n'est pas tout encore : tout cela n'eût été d'aucun secours si au-dessus de l'homme ne s'était trouvée l'Humanité. Des hommes ont pu découvrir des lois. l'Humanité seule a fait surgir la notion de loi. Ce qui veut dire que l'idée n'a point surgi tout à coup dans le cerveau d'un certain homme, mais s'est mûrie peu à peu, s'est élaborée lentement dans le cerveau de tous, ou mieux dans le cerveau des quelques centaines d'êtres supérieurs qui ont fait la science. Quelques-uns ont pu donner davantage, mais tous ont plus ou moins contribué.

C'est une noble et attachante histoire que celle de ces progrès de l'esprit humain, chassant devant lui l'arbitraire et constituant la notion de loi. Elle commence en Grèce avec Thalès et le premier théorème de géométrie. Elle se poursuit à Crotone avec Pythagore, qui, anticipant sur l'avenir, veut mettre la loi où elle ne peut être encore et donne aux phénomènes dont l'observation s'ébauche à peine, les règles qu'il a trouvées dans les nombres ; admirable mais infructueuse tentative : les lois se constatent, mais ne s'imposent pas. La notion de loi gagne toujours. Elle s'est emparée des nombres et de l'étendue avec Thalès et Pythagore, auxquels succèdera bientôt Archimède, elle s'empare du ciel avec Hipparque et les astronomes d'Alexandrie.

Cependant, durant quelques siècles, la notion de loi demeure stationnaire, la science humaine marque le pas. Non pas que durant le moyen âge, l'Humanité fût inactive, mais ses efforts étaient ailleurs ; elle avait à ramener le cœur au niveau de l'intelligence, les sentiments au niveau des idées, le progrès des mœurs à la hauteur du progrès mental. Seul, en cette période, le monothéisme arabe maintient et perfectionne le savoir humain, et ses chefs, héritiers des Grecs, protègent la science et la cultivent.

Au sortir du moyen âge, l'intelligence reprend son essor. Copernic revient aux travaux abandonnés d'Hipparque et des savants alexandrins, Descartes écrit le *Discours sur la méthode* et continue la géométrie, Galilée enfin fonde la physique ébauchée par Archimède, et donne à la notion de loi un royaume nouveau. Galilée et Pascal lui soumettent la pesanteur, Newton lui apporte la gravitation, la chaleur et la lumière, Volta l'électricité, et sur la fin du xvIII^e siècle Lavoisier et Berthollet lui ouvrent les portes de la chimie.

Notre siècle a vu s'achever l'œuvre. Le phénomène de la vie, les phénomènes sociaux et moraux n'étaient pas réduits. Montesquieu avait bien lancé de par le monde son *Esprit des lois*, et Condorcet, dans une œuvre puissante, s'était efforcé de saisir une succession au milieu des faits de l'histoire ; mais ce n'était là que de hardies tentatives qui posaient le problème, mais ne le résolvaient pas. Tout ce que la métaphysique nourrissait d'entités, tout ce que le théologisme avait sauvé de volontés arbitraires s'était retiré en ce suprême domaine comme en une forteresse imprenable. La science leur livra sa dernière bataille. Sous les efforts de Bichat, de Gall, de Broussais, les phénomènes vitaux passèrent sous le joug, et Auguste Comte, achevant la déroute des dieux, leur arracha avec les phénomènes sociaux, la direction de l'Humanité.

Cette victoire finale était nécessaire pour que la notion de loi acquît toute sa force. Tant qu'un ordre de faits demeurait insoumis, l'empire que la loi exerçait sur les autres ne pouvait être qu'un empire précaire. L'esprit de révolte continuait de gronder dans des cerveaux qui, ne voyant qu'incertitude et arbitraire dans les phénomènes supérieurs, reportaient involontairement sur les autres leurs dispositions chancelantes. Pourquoi d'un côté la constance, l'ordre, l'immuabilité, quand il n'y avait de l'autre qu'inconstance, que désordre, que mobilité ? La découverte d'Auguste Comte a fait cesser toute hésitation. Le monde est désormais soumis dans l'ensemble de ses phénomènes à des lois immuables qui dirigent les nombres aussi bien que les sociétés, l'esprit de doute a perdu son dernier prétexte, et l'homme, courbé devant l'évidence, croit enfin à sa raison.

III

Institution subjective du dogme des lois immuables.

Ce dogme est donc une création de l'Humanité. Pour qu'il prît toute sa clarté, toute sa consistance, avons-nous dit, il était nécessaire qu'il ne restât pas un seul ordre de phénomènes dans lequel on n'eût découvert des lois; mais à ce travail, l'Espèce seule pouvait suffire, l'Espèce représentée par une succession d'hommes peu nombreux, riches des plus rares dons naturels, et trouvant dans un milieu favorable, non seulement l'aliment corporel qui soutient la vie, mais, ce qui n'importe pas moins, l'aliment intellectuel et moral, l'aiguillon de l'esprit, l'échauffement du cœur. Si l'Occident a plus que toute autre partie de la planète contribué à établir cette grande induction, il serait injuste de lui en laisser tout l'honneur. Elle a présidé à son enfantement, il est vrai, mais après les Grecs, les Arabes, les Turcs, les Mogols, c'est-à-dire l'Orient l'a recueillie et l'a développée. Nulle part n'apparaît avec plus de force la faiblesse de l'homme comparée à la puissance de l'Espèce, nulle part n'éclate plus lumineuse cette formule fondamentale de la Synthèse subjective : l'homme se subordonne de plus en plus à l'Humanité.

Fruit de l'Humanité, le dogme des lois immuables doit être mis au service de l'Humanité. En d'autres termes, l'étude des lois naturelles, loin d'être livrée, comme elle l'a été jusqu'ici, au caprice individuel, doit être désormais considérée comme une véritable fonction sociale, soumise à des règles, encourant une responsabilité, exposée en certains cas à porter la peine de ses erreurs ou de ses fautes. Non pas qu'en telle matière on doive invoquer jamais la force matérielle, ce qui serait aussi ridicule qu'inutile; nous voulons dire seulement que l'homme de science doit à l'avenir trouver devant lui une opinion publique qui, guidée et éclairée par un pouvoir spirituel organisé, saura blâmer et condamner les déviations dangereuses autant qu'applaudir aux travaux utiles.

Les règles directrices de l'étude des lois peuvent se résumer en ce principe fondamental : *Construire les lois opportunes avec le degré d'approximation que commandent les circonstances.* Si ce principe suppose une vue d'ensemble que, seule, la Religion positive peut fournir, une fois cette vue établie, c'est au savant qu'il appartient d'y conformer spontanément sa conduite. Le sacerdoce peut assurément intervenir pour fournir çà et là des indications générales, mais bien vains seraient ses efforts si le savant n'était animé du ferme désir de faire de lui-même ce qu'il doit, si de longue main il n'avait développé en lui l'aptitude et la volonté.

De ce principe découle une double prescription :

1° *La recherche des lois doit être opportune, c'est-à-dire utile et préparée;*

2° *Elle ne doit pas être poussée au delà de ce que réclament les conditions de* RÉALITÉ *et de* SIMPLICITÉ.

Nous n'insisterons pas sur ces deux points auxquels nous avons donné une attention plus que suffisante dans les leçons précédentes, soit en traitant de la méthode subjective ou de l'abstraction, soit en développant la théorie des hypothèses. Nous n'ajouterons qu'un mot au sujet du second point.

Bien qu'en fait l'esprit humain dans ses découvertes ait été toujours condamné à se contenter du *relatif*, ne pouvant atteindre l'*absolu;* il est certain aussi que pendant longtemps il s'est imaginé que toute loi trouvée était absolument nécessairement vraie, et qu'il n'y avait point de limite à cette vérité. La loi était ou n'était pas. Nous sommes aujourd'hui revenus d'une aussi étrange présomption. Tant de lois que nous avions crues vraies sont devenues insuffisantes que l'on serait plutôt tenté désormais de s'abandonner au scepticisme et de ne croire à la vérité ou à la réalité d'aucune loi. Il est cependant un terme moyen entre ces deux extrêmes. Toutes les lois ne sont pas absolument vraies et partant nécessaires, comme le voulait Montesquieu, mais il ne s'ensuit nullement qu'elles ne contiennent pas un certain degré de vérité. Elles sont toujours vraies dans de certaines limites d'espace et de temps. Les lois mêmes qu'une observation plus attentive nous a fait délaisser étaient vraies dans les limites où elles ont été conçues. Il est certain, par exemple, que l'hypothèse d'une terre plane est relativement exacte, si l'on ne considère, comme les premiers observateurs, que quelques lieues carrées du sol que nous foulons; elle est vérifiable dans ces limites. Par contre, les lois astronomiques auxquelles nous attachons aujourd'hui une certitude presque aussi grande que celle que nous attribuons aux lois mathématiques, ne sont réellement vraies que si nous les considérons dans de certaines limites de temps. Au delà elles ne suffisent plus.

Les lois n'ont donc, pour la plupart, qu'un degré relatif de vérité : elles sont contingentes, et comme nous ne pouvons espérer jamais atteindre la vérité absolue, il nous devient permis dès lors de nous arrêter dans leur recherche au degré de réalité qui nous semble le mieux répondre aux besoins pratiques.

Les mêmes observations sont de mise en ce qui concerne la simplicité des lois. De même qu'on a d'abord cru les lois nécessaires, on les a également crues simples. C'est un effet de la tendance relatée par la première loi de philosophie première. Cependant l'expérience nous a démontré ensuite qu'un très petit nombre de lois sont simples, et que beaucoup ne nous apparaissent telles que parce qu'un très grand nombre de phénomènes demeurent pour nous insaisissables. Plus nous tendons vers la réalité, plus la simplicité nous échappe.

Tant qu'il a été reçu par l'opinion que ce n'était pas chose chimérique que de vouloir découvrir des lois absolument vraies, c'eût été certainement peine perdue que de réclamer en faveur de leur simplicité, mais les choses changent aussitôt que les lois deviennent relativement vraies. Il nous est loisible alors de songer un peu aux nécessités de leur application, et pour cela, de les faire un peu moins réelles à condition de les faire plus simples.

Ceci dit, il nous reste à montrer l'influence du dogme des lois immuables sur l'avenir humain, au triple point de vue intellectuel, pratique et moral.

Au point de vue intellectuel, ce dogme est destiné à dominer de plus en plus toutes nos opérations mentales. L'ensemble des lois naturelles dont il est sorti et dont nous devons tenir compte, nous rend déjà l'immense service d'enfermer en d'étroites limites le champ de nos hypothèses et de circonscrire notre indécision. Il va de soi, qu'à moins d'être fous, nous ne concevrons jamais une idée, nous ne formerons jamais un projet qui soit en contradiction avec des lois naturelles suffisamment établies, et nous ne laisserons s'égarer notre fantaisie que dans les domaines où la loi n'a pas pénétré. Ceci est déjà quelque chose; mais il y a plus. Le dogme des lois immuables met son empreinte sur chacune des facultés de notre entendement. Par lui, la contemplation et la méditation prennent un caractère nouveau. Quelles que soient les recherches entreprises, toutes ont cela de commun qu'elles doivent finalement aboutir à la découverte d'un rapport de succession ou de similitude entre des phénomènes observés. Les fonctions intellectuelles dominées par cette pensée y puisent une direction et une force qu'elles n'avaient pas. Elles travaillent mieux, parce qu'elles connnaissent mieux et leurs moyens et leur but.

Enfin, ce dogme agit d'une manière générale sur notre intelligence en la disposant à concevoir que le monde extérieur en toutes ses parties est soumis à un ordre auquel rien ne saurait échapper. Si nous ne connaissons pas les lois qui règlent certains phénomènes, nous sommes sûrs au moins que ces lois existent, ce qui nous pousse à les connaître et nous détourne de la croyance que nous pourrons arbitrairement les modifier. Que cette influence disparaisse, il y a folie : car la folie suppose autre chose que la violation de la première loi ; un individu peut à la rigueur faire l'hypothèse la plus simple en rapport avec l'ensemble des renseignements obtenus, il est fou du moment qu'il rejette l'idée que tous les phénomènes sont soumis à des lois susceptibles d'être vérifiées. Il ne s'agit pas que l'hypothèse soit la plus simple, il s'agit surtout qu'elle soit conforme à l'ordre du monde.

Au point de vue pratique, l'utilité du dogme des lois immuables n'est pas moins certaine. Sur lui reposent toute prévision et tout concours. Il augmente notre puissance modificatrice par cela même qu'il la règle, il coupe court aux essais arbitraires, aux tentatives désordonnées, aux pratiques de hasard. En pénétrant davantage dans l'esprit des hommes, il rendra le calme à nos sociétés troublées par tant d'utopies. C'est parce qu'il n'a pas suffisamment imprégné tous les cerveaux qu'il existe encore des gens pour croire que l'Humanité peut être refaite à coups de décrets et qu'une nation se pétrit aussi aisément que de l'argile. Un dictateur ou une assemblée peuvent troubler un pays ; ils sont aussi impuissants à transformer ses conditions d'existence qu'à changer celle de la vigne ou du blé. Non pas que l'homme ou la société soient immodifiables : il s'en faut bien. Mais pour les modifier, il faut connaître d'abord les lois naturelles qui les régissent et savoir ensuite que toute notre influence sur elles consiste à faire varier leur intensité sans rien pouvoir contre leur nature.

Les lois humaines ne sont ou plutôt ne doivent être qu'un complément des lois naturelles. Complément inévitable et nécessaire autant pour suppléer en certains cas à des lois naturelles non connues encore que pour donner à ces lois une précision que réclament les faits sociaux dès qu'il est question non plus de les concevoir, mais de les régler. Observons d'ailleurs que ces mêmes phénomènes sont soumis dans leur évolution à une transformation régulière et continue, et qu'à moins de repousser tout concours social, il faut bien donner à la loi un certain degré de stabilité. La *légalité* artificielle a sa raison d'être dans les nécessités qu'engendre la vie de société, mais elle n'a de chances de durée qu'autant qu'elle se rapproche plus étroitement de la légalité naturelle ou mieux de la *légitimité.*

Enfin, et c'est par là que nous voulons terminer, il sort du principe des lois immuables un puissant enseignement moral. Tant que les rêves de la théologie et de la métaphysique hantèrent son cerveau, l'homme fait à l'image de son Créateur et destiné, après quelques années d'un détestable exil ici-bas, à reprendre dans le ciel et pour l'éternité sa place de demi-dieu, l'homme sentait se développer en lui un immense orgueil et se demandait peut-être jusqu'à quel point convenaient les modestes fonctions humaines à celui qui devait un jour faire l'ornement des chœurs célestes et contempler face à face la Divinité.

Tous ces rêves ont fui.

Habitant aujourd'hui d'une planète qui n'est point le centre du monde et dont il ne détient qu'une partie infime, chèrement disputée aux races inférieures, soumis comme le dernier des brins d'herbe à des lois immuables, réduit à se dire, pour se consoler de sa chute, qu'il est le premier des animaux, l'homme a dépouillé tout orgueil et s'est résigné. Mais, devenu humble, il a grandi en courage. Si la science a détruit ses illusions, la science a aussi mis en lui une confiance indomptable, une ardeur qui ne s'éteindra pas. Il ne compte plus sur un bonheur éternel, sur une immortalité semi-divine, mais il croit que la terre, son unique patrie, ne lui a rien donné encore en comparaison de ce qu'elle doit lui donner un jour ; il croit que l'homme n'a pas fini de s'élever en intelligence et en vertu, il croit que la guerre n'est pas éternelle et la misère un mal inévitable, il croit qu'un jour viendra où l'Humanité satisfaite du bonheur modeste, mais certain qu'elle goûtera sur terre, ne regrettera guère le bonheur divin, mais hypothétique dont son enfance fut bercée.

COURS DE PHILOSOPHIE PREMIÈRE

PROFESSÉ PAR M. PIERRE LAFFITTE

SIXIÈME LEÇON

(RÉDIGÉE PAR LE Dr P. DUBUISSON)

DE LA TROISIÈME LOI DE PHILOSOPHIE PREMIÈRE

Les modifications quelconques de l'ordre universel sont bornées à l'intensité des phénomènes dont l'arrangement demeure inaltérable.

La notion de *loi*, telle que nous l'avons exposée dans notre cinquième leçon, pousse nécessairement à l'idée d'un arrangement, d'un ordre immuable, représentant assez bien ce que les anciens nommaient le Destin, la Fatalité. Sentiment, intelligence, activité, tout en nous est dominé par cette idée d'ordre, qui réprime ce qu'il y a d'excessif dans notre penchant naturel vers l'instabilité. Nous sentons qu'une force supérieure limite notre puissance, et nous apprenons à nous résigner.

Il ne faut pas cependant que cette notion de loi ou d'ordre arrive à dominer nos cerveaux au point d'enchaîner notre activité. Celle-ci, comme tout le reste, est soumise à des lois, et l'homme est spontanément poussé à l'action. L'idée d'ordre toute seule ne représente qu'une partie de la réalité : pour que le tableau soit complet, il faut y joindre la notion que les phénomènes naturels, tout soumis qu'ils soient à un arrangement immuable, sont néanmoins modifiables en de certaines limites et peuvent en conséquence fournir un aliment à notre besoin d'activité. En d'autres termes, l'idée de *loi* doit être complétée par celle de *modificabilité*, qui n'est autre que l'idée de *progrès* dans le langage sociologique.

Ainsi tombe l'argument des métaphysiciens qui reprochent au Positivisme de contenir l'action humaine, ou le taxent de contradiction lorsqu'il recommande d'agir ; ils oublient d'abord que les plus énergiques et les plus actifs d'entre les hommes, les Musulmans et les Puritains, par exemple, sont ceux qui ont cru le plus énergiquement à la fatalité, et ensuite ils ne voient pas que le dogme même des lois immuables centuple l'énergie humaine, puisqu'elle l'empêche de s'épuiser en d'infructueux efforts, et la concentre sur un domaine où elle est sûre de produire des effets certains.

Nous disions, dans notre dernière leçon, que le monde était partagé en deux camps : ceux qui admettent et ceux qui rejettent le principe des lois immuables. Nous pourrions aussi bien dire qu'il est divisé entre ceux qui, frappés de l'instabilité des choses et portés naturellement vers l'idée d'ordre, ne voient de salut que dans l'immuabilité, et ceux qui, voulant modifier à tout prix, jettent partout le désordre et prennent l'agitation pour le progrès.

Le Positivisme a la prétention de concilier ces deux tendances opposées. Il croit avec les uns que l'Humanité et le monde sur lequel elle repose sont soumis à un certain ordre fondamental que nous ne pouvons arbitrairement changer, et il reconnaît avec les autres que l'homme peut beaucoup pour améliorer ses conditions d'existence et transformer, en même temps que le monde qui l'entoure, sa propre nature. Aux premiers il donne satisfaction en concevant la notion d'ordre ; aux seconds il rend justice en établissant la notion de modificabilité.

I

Théorie positive de la notion de modificabilité.

Ce qui a pu donner à penser à beaucoup d'esprits que toute modification était incompatible avec la conception d'un ordre universel et des lois immuables, est l'opinion très fausse que l'on se fait en général de l'idée même de modificabilité.

Lorsque l'on considère les choses d'un point de vue tout absolu et objectif, il est évident que l'ordre du monde, quels que soient nos efforts, n'est pas modifiable, et que dans la variabilité infinie des phénomènes dont nous sommes témoins ou que notre intervention a pu amener, il n'y a que l'application constante et fatale des lois qui régissent le monde. Tout se passe avec une inflexible régularité; il n'existe ni modificabilité, ni perturbation, ni progrès; il y a l'ordre établi et rien de plus.

L'idée de modificabilité, pour peu qu'on y réfléchisse, repose sur la conception d'un certain état normal plus ou moins susceptible d'être altéré. Mais cette conception d'un état normal n'est pas objectivement vraie ; c'est une conception relative, qui répond, théoriquement, à la faiblesse de notre intelligence et, pratiquement, à notre besoin d'activité.

Si notre intelligence était douée d'une suffisante puissance, tout, autour de nous, nous apparaîtrait comme également normal et essentiel, et la notion de *perturbation*, qui n'est que l'équivalent mental de la notion pratique de *modificabilité*, n'aurait aucune raison d'être. Malheureusement le nombre des variables est si grand, la forme des fonctions est si compliquée, et notre esprit est si faible que nous n'arrivons à nous former une idée du monde extérieur qu'à l'aide d'un véritable subterfuge, qui est la conception d'un *état normal* ou *moyen*, constitué par ce qui nous semble être fondamental, essentiel parmi les phénomènes considérés, et de *perturbations*, ou phénomènes complémentaires, qui viennent altérer cet état moyen. C'est uniquement à force de simplifier les choses que nous parvenons à nous former une image plus ou moins approchée de la réalité.

Le cerveau humain a agi encore dans ce cas conformément à la première loi de philosophie première : il a dégagé d'un ensemble de phénomènes celui qui lui a paru le plus simple et le plus fixe, et il en fait une loi, loi qui a été un premier degré d'approximation, un premier pas dans la recherche de la vérité. Puis, à mesure qu'il a mieux observé, et qu'il a reconnu la constance d'autres phénomènes, il leur a donné place dans cette première ébauche à titre d'éléments perturbateurs et a tenu compte de leur influence en imprimant une forme nouvelle à la loi. Tout cela est certainement légitime, étant nécessaire et inévitable, mais une conception légitime n'est pas toujours une conception absolument vraie, et ce serait nous illusionner grandement que de tenir pour réel ce qui n'est, somme toute, que le fruit de notre imperfection mentale. Les phénomènes que nous appelons perturbateurs — ils sont en effet perturbateurs par rapport à nous — sont dans l'ordre du monde de simples phénomènes complémentaires, unis aux phénomènes fondamentaux par un lien intime et indissoluble.

Éclairons notre pensée par quelques exemples.

Tout le monde convient que si l'influence du soleil, dans notre système planétaire, s'exerçait, comme on a pu le croire longtemps, à l'exclusion de toute autre, les planètes devraient décrire une ellipse parfaite autour de l'astre central : il est donc naturel qu'on ait représenté d'abord par une ellipse — c'était l'hypothèse la plus simple — la figure décrite par les planètes et qu'on ait, par suite, considéré l'ellipse comme l'orbite *normal* de ces planètes. Puis on s'est aperçu que l'influence solaire n'est point la seule ; on a constaté que toute planète est encore soumise à l'action des autres planètes, en sorte que celles-ci deviennent pour l'astronome autant d'éléments perturbateurs du mouvement normal, éléments qu'il doit prendre en considération, s'il veut faire un pas vers la réalité. Comme artifice logique, subjectif, cette décomposition des mouvements planétaires en mouvement normal et perturbations est d'une importance capitale; mais, absolument parlant, ces prétendues perturbations font partie intégrante du phénomène et ne sont pas moins essentielles que le mouvement supposé normal. L'unique différence qui existe ici entre le phénomène fondamental et les phénomènes perturbateurs est que l'action du soleil, cause du premier, est l'élément prépondérant, tandis que les actions réciproques exercées par les planètes les unes sur les autres sont des phénomènes d'intensité moindre, quoique de nature toute semblable.

De même, pour représenter l'orbite que parcourt la lune autour de la terre, on a conçu d'abord qu'elle décrivait une ellipse, dont le plan serait incliné d'un certain angle sur l'écliptique. C'est là en effet la partie essentielle du phénomène, et ce serait même tout le phénomène si la lune n'obéissait qu'à l'influence terrestre. Mais elle obéit encore à d'autres influences, et ces causes perturbatrices venant à modifier le phénomène fondamental de l'action de la terre, nous sommes obligés de modifier sans cesse et l'angle d'inclinaison et la direction de l'axe terrestre. Comme la variation est régulière et constante, il est évident qu'un génie assez puissant servi par des sens assez parfaits pourrait suivre pas à pas et noter la modification ainsi éprouvée par le phéuomène principal durant chaque fraction de seconde ; notre médiocrité est telle, malheureusement, que nous nous bornons à calculer le changement survenu dans l'intervalle d'une année, ce qui est d'ailleurs très suffisant pour nos besoins pratiques. En certains cas nous n'allons même pas jusque là, et quand les variations qui s'opèrent dans les phénomènes de la mécanique céleste sont assez lentes pour n'intéresser le monde qu'au bout d'une période de temps considérable, de milliers d'années par exemple, nous convenons de considérer le phénomène comme fixe et à l'abri de toute variation. N'est-ce point là bien une preuve manifeste de la relativité de nos conceptions ?

La marche que nous venons de noter en astronomie, nous la retrouvons partout : en mécanique, en physique, aussi bien qu'en sociologie ou en morale. En mécanique on commence par supposer le mouvement uniforme, sauf à faire intervenir ensuite les causes perturbatrices qui le ralentissent ou l'accélèrent. On dit ainsi qu'un chemin de fer fait tant de kilomètres à l'heure, ce qui, en soi, n'est pas exactement vrai, mais représente l'état moyen ou la moyenne des différentes vitesses que le chemin de fer affecte dans l'intervalle d'une heure.

De même en physique. La loi de la chute des corps présente cette même division entre un élément prépondérant et un élément perturbateur : l'élément prépondérant consiste en ce que les espaces parcourus croissent comme le carré des temps employés à les parcourir ; l'élément perturbateur gît dans la *constante*, qui varie suivant que le lieu de l'expérience est plus ou moins éloigné de l'équateur, et suivant aussi que le projectile tombe de plus ou moins haut.

En biologie l'état moyen est représenté par la *santé*, qui n'est, en somme, que l'expression d'une certaine situation d'équilibre entre les influences diverses auxquelles sont soumis les phénomènes vitaux — situation qui ne peut jamais se prolonger indéfiniment, — et l'élément perturbateur se trouve dans la série des influences morbides qui assaillent l'économie.

En sociologie, l'état moyen réside dans l'*ordre*, et l'élément perturbateur dans les mille causes diverses, tant cosmologiques que biologiques et morales qui mettent aux prises les intérêts et les passions. En morale pratique, enfin, la *vertu* représente cet état moyen de nos penchants qui nous fait vivre en paix avec nous-mêmes et avec les autres, tant qu'un élément perturbateur, qui peut surgir de nous-mêmes, mais qui peut surgir aussi de la société et du monde, ne vient l'altérer.

Donc il se trouve en toute loi une partie fondamentale, invariable qui représente le phénomène dans sa généralité, qui exprime son état moyen, qui en constitue la *moyenne*, suivant une expression empruntée au langage mathématique, et une partie composée d'éléments perturbateurs qui tendent à modifier cette moyenne.

Qu'est-ce donc que la modificabilité?

Au point de vue intellectuel, c'est la possibilité pour les phénomènes naturels d'osciller autour d'un certain *état moyen*, que conçoit notre esprit d'après une première observation au point de vue pratique — auquel se rapporte principalement le mot de *modificabilité*, — c'est la possibilité pour nous-mêmes de modifier la situation qui nous est *faite*, en respectant ce qu'elle offre d'essentiel, de fondamental dans ses éléments.

Cette idée de modificabilité ne pouvait atteindre que de nos jours un tel degré de précision. Comme toute autre elle a son histoire, comme toute autre elle a sa trace et ses fondements dans les conceptions antérieures. C'est graduellement qu'elle se dégage et parvient à l'état de netteté puissante où nous la voyons.

La notion de modificabilité n'est point fille du Fétichisme. Elle ne pouvait naître sous un régime qui consolide et développe surtout l'idée de Destin, de Fatalité. Non pas que le Fétichisme soit inactif : voyez le nègre et l'enfant, ces deux représentants du Fétichisme, ils sont fébriles dans leur activité; mais ils agissent uniquement parce que des dispositions naturelles et des besoins physiques les y poussent, nullement en vertu d'une opinion quelconque sur leur pouvoir modificateur. Si leur activité pouvait être entravée par leur croyance, ils n'agiraient pas.

Le Théologisme, au contraire. comme nous avons déjà eu plus d'une fois l'occasion de le faire remarquer, développe l'opinion que le monde n'est pas immuable et que nous pouvons quelque chose pour le modifier. Les dieux sont alors la source de la modificabilité. C'est en les priant, en les caressant, en les prenant par leurs mauvais penchants que nous obtiendrons d'eux de transformer à notre convenance le milieu qui nous entoure. Les dieux païens, gourmands et charnels, réclament des satisfactions physiques ; le dieu chrétien, plus pur, mais plus vaniteux, exige des sacrifices de vanité.

Mais alors, par une réaction trop complète contre l'esprit fétichique, on arrive à concevoir tous les changements comme possibles ; on n'imagine pas que quelque chose soit impossible à l'homme que soutiennent les dieux ; il marchera sur l'eau, il volera, il guérira sans traitement : dans la bataille les traits s'émousseront sur sa poitrine et son adversaire ne trouvera plus de protection sous son bouclier. Il faut lire dans Homère l'immortelle peinture de cette naïve croyance en la possibilité d'une modification illimitée.

Durant cette phase l'idée de modificabilité est dans toute sa force, mais revêt un caractère absolu et arbitraire. C'est juste au moment où l'homme, tout ignorant et inexpérimenté encore, peut le moins, qu'il s'abandonne aux aspirations les plus chimériques, qu'il caresse les rêves les plus absurdes, qu'il est le plus convaincu de pouvoir tout faire pourvu qu'il soit aidé des dieux. On peut discuter le point de savoir s'il y a jamais eu pour l'homme un état d'esprit plus charmant que cet état d'illusion perpétuelle, tout exposé qu'il fût à tant et de si dures déceptions ; mais on n'en saurait sûrement découvrir qui, en ces temps d'inexpérience, lui fût plus avantageux. En lui voilant la vanité de ses plus audacieux efforts, l'illusion l'a soutenu contre sa propre faiblesse : l'homme aveuglé est devenu héros, il s'est appelé Hercule, Ajax et Achille, il a tenté d'escalader les cieux.

Et en même temps se développait en lui, sous l'influence de la même foi, ce juste sentiment de subordination, sans lequel

Il ne peut exister de véritable puissance modificatrice : car l'homme n'obtenait de secours des dieux, qu'à la condition de leur être soumis. En sorte que nous trouvons réunis dès cet âge et concourant déjà les deux sentiments propres à la modificabilité normale : l'audace et la soumission.

Avec le Dieu constitutionnel d'Aristote, l'idée de modificabilité acquiert une mesure qu'elle n'avait pas. Que demander à un Dieu qui, une fois ses lois établies, semble ne plus prendre souci du monde ? Et nécessairement l'idée de subordination grandit du même coup.

L'état métaphysique auquel conduisait la conception d'Aristote a achevé l'œuvre négative en déblayant le terrain de toute idée de modificabilité arbitraire; et nous ne saurions dire s'il n'a pas ainsi compromis plus d'un bienfait de l'état théologique. Il ne faudrait pas croire toutefois que la métaphysique ait été plus ennemie que le théologisme de l'idée de modificabilité. En un certain sens elle l'a, au contraire, singulièrement développée. Elle a conçu que la puissance modificatrice pouvait dériver non seulement des dieux, mais encore de l'homme ; elle a imaginé que la Vertu, par exemple, mettait l'homme en position de vaincre la nature et de dominer les éléments. Les légendes du bouddhisme, ce chef-d'œuvre de la métaphysique, foisonnent de miracles accomplis par ses dévots. Ici c'est un fils qui guérit sa mère par la puissance de nous ne savons quel acte méritoire ; là c'est un roi qui conjure une famine affreuse en se privant de son dernier aliment en faveur d'un sage religieux. Les miracles des saints catholiques, bien qu'accomplis plutôt par Dieu à la sollicitation de ses plus fidèles serviteurs, qu'en vertu d'une puissance propre, touchent de bien près aux miracles bouddhiques, et ce n'est en réalité qu'un reste des vieilles opinions métaphysiques que cette banalité théologique, dont plus d'un prélat use encore : que les fléaux qui de temps à autre nous accablent, tels que guerres, inondations, famines, sont le produit de nos vices, et que si nos vignes sont malades, c'est que nous sommes sortis du pieux sentier que suivaient nos pères.

Cependant la science préparait l'état final, et l'esprit de l'homme, écartant les nuages, entrevoyait enfin la réalité. La découverte successive de lois naturelles dans tous les ordres de phénomènes lui apportait la preuve définitive que le monde est soumis à un certain ordre contre lequel ne peuvent ni sollicitations, ni prières, ni vertu, ni sainteté, et elle lui donnait en même temps le moyen de modifier sa situation terrestre en lui apprenant à tourner à son avantage ces mêmes lois qui pouvaient sembler d'abord n'avoir été faites que pour son malheur.

La science a montré à l'homme que ce qu'il appelait *perturbations* en astronomie ou en physique, *maladies* en biologie, *révolutions* en sociologie et *péchés* en morale, étaient des évènements soumis aux mêmes lois que les phénomènes prétendus normaux, et qu'il n'existait de modifications que par rapport à lui, ou mieux, par rapport à cet état moyen que conçoit son esprit et que réclament ses besoins. Les perturbations astronomiques sont l'effet d'influences diverses tout aussi normales que celles du soleil, astre prépondérant; les maladies ne diffèrent de la santé que par une variation en plus ou en moins du travail physiologique normal; la fièvre n'est pas cet être malfaisant qui, suivant les anciens, s'abattait sur le malade, mais simplement l'exagération, sous des influences diverses, de phénomènes organiques normaux; la révolution n'est point cette mégère à l'aspect hideux qui trouble encore le sommeil des théologiens, mais uniquement l'état passagèrement prépondérant dans une société de quelqu'un des éléments qui la constituent : intelligence, richesse ou nombre; et le péché n'est pas davantage cette influence occulte de l'esprit du mal qui a rempli tant de cœurs d'effroi : c'est l'effet ordinaire de l'action plus ou moins intense de quelqu'un de nos penchants égoïstes, qui, venant à dépasser l'état moyen autour duquel ils oscillent, rompent l'équilibre établi entre les divers penchants de l'âme et y déterminent une véritable anarchie. Il n'est personne qui soit sans vanité, mais il ne faut pas que celle-ci soit poussée au point d'empêcher autour d'elle toute vie sociale; l'instinct conservateur est un instinct nécessaire, mais au-delà de certaines limites, c'est de la poltronnerie et de la lâcheté.

C'est aux derniers explorateurs du champ scientifique — et cela se conçoit — qu'il appartenait de donner cette conception rationnelle de la modificabilité. Newton l'avait bien par ses admirables travaux fait pénétrer en cosmologie, mais jusqu'à Broussais et à Auguste Comte le champ de la vie lui demeurait fermé. C'est Broussais qui, en fondant la médecine physiologique, — nom significatif, — l'a introduite en biologie; c'est Auguste Comte qui, en généralisant la vue de Broussais, l'a introduite en sociologie et en morale.

Dès lors, il n'existe plus aux yeux de la science pure de distinction entre l'état normal ou moyen et les perturbations ou modifications de cet état : il n'y a plus qu'un ordre universel et inaltérable, dont les phénomènes composants peuvent varier dans leur intensité ou leur vitesse, mais jamais dans leur arrangement.

Cette manière de voir règne depuis longtemps sans partage en cosmologie. Quelle qu'ait été l'idée première et le point de départ des recherches en astronomie, en physique ou en chimie, on est d'accord pour tenir tous les phénomènes comme égaux et ne les point ranger en prépondérants ou subordonnés, en normaux et perturbateurs. Quand une des lois de la pesanteur nous dit que *les espaces parcourus par un corps qui tombe sont entre eux comme les carrés du temps employé à les parcourir,* il est évident qu'on ne s'inquiète ici ni d'un certain corps, ni d'une certaine vitesse, mais bien des corps quelconques animés dans leur chute d'une vitesse quelconque. De même, lorsque nous énonçons que *les durées des oscillations des pendules sont proportionnelles aux racines carrées de leurs longueurs,* nous n'avons en vue aucun pendule particulier, d'une longueur déterminée, et dont les autres ne seraient en quelque sorte que des modifications. Nous pourrions faire la même réflexion pour toutes les lois physiques ou chimiques. Qu'on ait, au début, considéré un cas particulier — apparemment le plus fréquent et le plus visible — et qu'on n'ait cru trouver dans les autres que des perturbations de celui là, c'est ce que la force des choses imposait : il n'en est pas moins vrai que de nos jours, en cosmologie, les cas perturbateurs ne sont plus que des cas normaux.

En est-il tout à fait de même dans les sciences qui concernent l'homme ? Si nous nous plaçons au point de vue scientifique, au point de vue objectif proprement dit, la chose n'est pas douteuse : Broussais et Auguste Comte ont achevé d'établir cette notion qu'il n'existait aucune différence essentielle entre la santé et la maladie, entre l'ordre et la révolution, entre la vertu et le péché. Ces états qui diffèrent tant par leurs conséquences ne sont jamais que le résultat des mêmes phénomènes, agissant seulement avec une intensité ou une vitesse inégale. Entre un poumon sain et un poumon malade il n'y a qu'une différence légère et mesurable d'activité nerveuse et circulatoire. Dans l'un comme dans l'autre, ce sont les mêmes éléments qui sont en jeu : seule l'activité de ces éléments diffère suivant que l'organisme est en état de santé ou en état de maladie. A vrai dire, elle diffère même à tous les moments de l'état de santé ; mais cette différence, cette oscillation ne dépasse pas alors certaines limites et ne porte pas atteinte à la situation habituelle de l'individu. De même, la révolution ne diffère de l'ordre que par l'exagération passagère de quelqu'un des éléments constitutifs de toute société ; mais il n'entre dans la révolution aucun élément nouveau, aucun élément anormal, aucun élément qui n'obéisse aux lois sociologiques. Il n'y a que rupture momentanée d'équilibre entre les divers éléments sociaux. Et il en est, en morale, pour la vertu et le péché, comme en sociologie pour la révolution et l'ordre, et en biologie pour les états de santé et de maladie. Bref, la science de l'homme, objectivement parlant, ne connaît pas plus que celle du monde d'état normal et d perturbations. Tout ce qui arrive est normal.

Mais tout cela ne vaut qu'autant que nous demeurons dans les régions supérieures de la philosophie pure. Aussitôt que nous cessons d'étudier dans l'unique intention de connaître et que nous observons et méditons pour appliquer, nous sommes forcément conduits, toutes les fois qu'il s'agit de l'homme, à partager de nouveau les phénomènes constatés en normaux et perturbateurs. Quoi que nous fassions, nous ne pouvons nous empêcher de trouver une différence entre la santé et la maladie, entre l'ordre et la révolution; et dès lors l'idée de modification et de modificabilité reprend sa place dans nos conceptions.

Y a-t-il grand mal à cela, et, faisant ainsi, agissons-nous contrairement à la raison, contrairement à la méthode positive, contrairement à nos propres enseignements? Non, en vérité, nous ne sommes pas des criminels de lèse-science, mais à la condition, toutefois, que nous n'oubliions pas qu'un tel point de vue, tout relatif, n'est légitime que par rapport à nous. Libre à nous de faire systématiquement de nous-mêmes le centre du monde, pourvu que nous ne nous imaginions pas que nous le sommes réellement.

Tout d'ailleurs nous encourage à penser ainsi. Lorsque d'un œil très philosophique on considère l'ensemble des choses et qu'ayant mis à part le peu que l'on sait, on réfléchit à la masse énorme des phénomènes que l'on ne connaît pas et que la brièveté de notre vie, autant que le peu de place que nous occupons dans le monde ne nous permet guère de connaître, on se prend à songer que ce que nous appelons ordre naturel n'est ordre, en définitive, que pour l'imperfection de notre esprit et de nos sens, et que, si nous pouvions embrasser des milliers d'années et porter nos regards au-delà de notre univers, cet ordre disparaîtrait sans doute devant mille complications inattendues et deviendrait pour nos faibles intelligences le désordre le plus effrayant. Si nous avons cru saisir dans le ciel un mouvement assez régulier, c'est que les modifications imprimées aux corps qui s'y meuvent sont assez peu rapides pour que des générations se succèdent avant qu'on les puisse reconnaître et mesurer, c'est que dans le court espace de temps où il nous est permis de les contempler, ces phénomènes ne nous présentent qu'un moment de leurs éternelles variations. L'ordre naturel, que nous croyons avoir découvert, n'est donc, en quelque sorte, qu'une création de l'Humanité, et, lorsque poussés par les nécessités pratiques de l'existence nous substituons l'homme au monde comme sujet et centre de nos plus ardentes préoccupations, nous ne faisons, somme toute, que donner plus de relativité à des conceptions qui, en dépit de tous nos efforts, ne sauraient jamais être absolument vraies.

11

Établissement du dogme de la modificabilité.

La notion de modificabilité nous est maintenant familière, nous savons à quel point elle est relative, nous ne sommes plus exposés à nous faire illusion sur sa valeur. Nous pouvons donc aborder l'étude de la troisième loi en elle-même et voir à la fois l'appui qu'elle apporte à notre pouvoir modificateur et les limites qu'elle lui impose.

Rappelons d'abord l'énoncé de la loi :

Les modifications quelconques de l'ordre universel sont bornées à l'intensité des phénomènes dont l'arrangement demeure inaltérable.

Nous verrons tout à l'heure qu'Auguste Comte a introduit une loi complémentaire déterminant le degré de modificabilité des phénomènes selon leur place dans la hiérarchie scientifique. Pour le moment nous ne devons insister que sur ce grand principe : que la modificabilité des phénomènes est subordonnée à leur arrangement. Toute la question de la spécificité se trouve là implicitement contenue.

Quelques développements sur ce point, tant débattu de nos jours, ne seront pas superflus.

Au milieu des phénomènes si compliqués et si variés qui l'environnent, l'esprit de l'homme a saisi des ressemblances, des similitudes, et de ces êtres ou de ces phénomènes semblables il a fait des catégories. Chaque catégorie constitue une *espèce*. En physique, par exemple, les phénomènes pesants, lumineux, sonores, électriques ont formé autant d'espèces distinctes, de même qu'à un point de vue encore plus général, les phénomènes numériques, géométriques, physiques, chimiques, biologiques, sociologiques et moraux, ont été séparés par l'observation et rangés, d'après leurs différents caractères, dans un ordre spécial sous autant d'étiquettes particulières.

Le travail scientifique des siècles, loin de tendre à l'absorption de ces catégories les unes par les autres, loin de tendre à l'acheminement de tous les phénomènes vers un phénomène unique, a accusé de plus en plus leur séparation et accru le nombre des catégories. Mieux ont été étudiées la physique, la chimie, la biologie et le reste, et mieux l'on a compris combien toutes ces parties de la science universelle, malgré la juste dépendance des unes à l'égard des autres, malgré l'évidente subordination de chacune d'elles à l'égard des phénomènes inférieurs, possédaient néanmoins une manière d'être qui leur était propre, des lois qui ne s'appliquaient qu'à elles seules, des principes qu'aucun raisonnement ne pouvait faire rentrer dans des principes plus généraux et plus simples.

Bien que quelques retardataires s'amusent encore à parler d'automatisme en biologie ou ne craignent point de déduire d'un rayon de soleil toutes les formes du monde vivant, on peut dire qu'en général aujourd'hui la cause des catégories est gagnée, en ce qui concerne au moins les grandes divisions de l'échelle scientifique. Le physicien et le chimiste ont d'autres préoccupations que celles d'expliquer le monde par les lois mathématiques, et le biologiste ne s'épuise plus, comme au temps de Boerhave, à vouloir faire gouverner exclusivement la vie par les lois physiques. On estime que la vie, bien que soumise aux lois physiques, a ses lois propres, de même que la physique et la chimie, toutes soumises qu'elles sont à l'ordre mathématique, ont aussi les leurs.

La lutte s'est limitée et ne porte plus guère désormais que sur les catégories à établir dans un même groupe. Le matérialisme — car cette disposition à repousser toute catégorie et à ne voir partout que le développement d'un même phénomène est propre au matérialisme — le matérialisme a réduit ses prétentions, mais il n'en reste pas moins le matérialisme. On ne fait plus, comme Descartes, de la physique purement mathématique, ou, comme Guglielmini, de la chimie mathématique ; mais on veut que dans un même groupe de phénomènes, celui des phénomènes physiques, par exemple, tous soient réductibles l'un à l'autre et susceptibles de recevoir une seule et même explication. La chaleur, l'électricité, la lumière ne seraient plus que des modifications du mouvement, toutes semblables en elles-mêmes, ayant même principe, même nature, même loi, et l'on ne s'embarrasse ni de la différence évidente de ces manifestations, ni de l'irrécusable diversité des sensations qu'elles procurent, ni de la variété des appareils chargés de recueillir ces sensations. On ne veut pas comprendre, tant le besoin de tout simplifier est propre à l'esprit humain, qu'il n'y a que coïncidence et simultanéité là où l'on veut apercevoir à toute force équivalence et identité.

Tant que cette tendance ne dépasse pas le cercle des faits cosmologiques, le mal est petit. Le physicien devant ses appareils, le chimiste devant ses fourneaux oublient comme par enchantement ce qu'ils ont débité la veille en costume d'académiciens sur l'unité des phénomènes physiques et chimiques. Mais la chose devient grave aussitôt que l'on pénètre dans le champ de la vie. Là, l'homme et l'Humanité sont directement en jeu, et toute théorie, bonne ou mauvaise, a son importance. Toute fantaisie, en cette matière, doit être interdite.

On ne s'étonnera donc pas que nous donnions quelque attention à la tentative, faite par des savants d'un très grand mérite pour réagir, dans le domaine biologique, contre l'établissement des catégories. Le *Transformisme* — c'est le nom sous lequel cette tentative s'est fait jour — est l'œuvre d'un grand naturaliste français du commencement de ce siècle, Lamark. Tombé dès l'abord dans l'oubli, il doit d'en avoir été tiré par les efforts de Darwin, en Angleterre, et de Hœckel, en Allemagne, qui de nos jours l'ont repris, systématisé et mis en crédit auprès d'un grand nombre de biologistes contemporains.

Depuis Aristote jusqu'à Blainville, une succession presque ininterrompue d'admirables observateurs s'était ingéniée à étudier et à décrire les animaux, à noter entre eux les points de contact, à grouper ceux qui avaient ensemble un nombre suffisant de caractères communs, en un mot à fixer des *espèces* et à établir entre ces espèces une classification.

Cette classification, telle qu'elle est sortie du cerveau de ces grands naturalistes, présente une longue série de types distincts, allant du plus élémentaire au plus compliqué, montrant à chaque degré une organisation plus parfaite, et dans l'ensemble une continuité si remarquable qu'il en est sorti ce vieil adage : *Natura non facit saltum*. Adage trompeur en réalité, car il manque des degrés à cette vaste échelle, et des degrés si importants que de judicieux penseurs ont même proposé d'introduire çà et là des types arbitraires qui formeraient transition entre des types trop éloignés.

Quoi qu'il en soit, l'étude comparée et positive des animaux a fait ressortir avec la plus éclatante évidence les deux points suivants :

1° Le genre animal comprend un certain nombre d'espèces ;

2° Chacune de ces espèces n'est modifiable que dans l'intensité des phénomènes qui lui sont propres et nullement dans leur nature.

Les hommes, par exemple, dont l'ensemble forme l'espèce humaine, sont des êtres semblables, c'est-à-dire possédant un certain nombre d'attributs spéciaux, que ne possède aucune autre espèce animale. Mais les hommes ne sont pas égaux, c'est-à-dire que, bien que composés des mêmes éléments, tous ne présentent pas ces éléments développés au même degré. Telle race a le crâne plus large ou plus oblong, telle autre a le nez plus épaté, celle-ci a la peau plus rouge, celle-là plus jaune ou plus noire ; il existe également, bien que moins tranchées, des différences entre les individus d'une même race : tous n'ont point les cheveux de même couleur, tous ne sont point de la même taille, tous n'ont pas la même intelligence ou la même bonté. Mais il n'y a là, chacun le sent, qu'un développement inégal entre des éléments dont le nombre et la nature sont identiques chez tous les membres de l'espèce. La vue ou l'odorat seront plus ou moins perçants suivant les individus; mais on ne rencontrera aucun d'eux qui ait trois yeux ou deux nez.

Il s'est cependant trouvé des hommes, et même des hommes de génie, pour refuser d'accepter ce résultat frappant d'observations séculaires et pour nier qu'il y eût une limite aux modifications possibles de l'animalité. Lamarck, en présence de cette série d'êtres de plus en plus compliqués qui constituent l'échelle animale, a conçu qu'une continuité aussi parfaite ne pouvait être le résultat d'une création simultanée, et il a imaginé que tout ce qui vit devait provenir d'un type élémentaire, s'élevant, en vertu d'une puissance modificatrice infinie, de l'organisation la plus humble à l'organisation la plus compliquée. Un milieu convenable, l'influence de l'exercice, de l'habitude et de l'hérédité, des délais illimités : Lamarck ne réclamait point d'autres conditions pour faire franchir à une espèce quelconque l'espace qui la sépare d'une autre espèce, pour mener la microscopique monade qui s'agite dans nos macérations végétales aux degrés supérieurs de l'échelle des êtres, pour faire un homme d'un vibrion.

Tant que l'absolu a dominé le monde, tant que l'on a cru pouvoir découvrir le mystère de la création, il est certain qu'à des esprits dégoûtés des niaiseries théologiques la conception de Lamarck devait plaire par son apparente simplicité et nous dirons même par sa grandeur. Il n'y a donc rien d'étonnant à ce qu'elle ait été reprise de nos jours par des hommes de la valeur de MM. Darwin et Hœckel, dont la science et la sagacité sont assurément à l'abri de tout soupçon, mais dont l'esprit n'est peut-être pas encore aussi dépouillé qu'on le suppose de toute influence métaphysique.

L'hypothèse de Lamarck, systématisée par Darwin et Hœckel, a le défaut capital, et cela nous dispense de parler des autres, d'être dépourvue de deux, au moins, des caractères essentiels de toute hypothèse positive. L'appareil scientifique dont on l'entoure peut voiler un instant sa faiblesse : il est aisé de montrer qu'elle ne diffère pas en soi des hypothèses théologico-métaphysiques.

Nous avons dans notre quatrième leçon assigné trois caractères à l'hypothèse positive : nous avons dit *qu'elle devait être la plus simple possible, qu'elle devait être toujours vérifiable, qu'elle devait porter uniquement sur la liaison des phénomènes observés, jamais sur leur origine ou sur leur nature.*

L'hypothèse des transformistes revêt-elle ces trois caractères ? Evidemment non. Nous ne la chicanerons pas sur le premier point, quoique, après tout, elle ne soit guère plus simple que l'hypothèse théologique. Entre l'idée d'une création générale opérée d'emblée par un être tout-puissant, par le seul effet de sa volonté, et celle d'une succession spontanée accomplie dans des conditions *illimitées* de temps, de milieu, etc., la différence est moins grande qu'on ne l'imagine, outre qu'en fin de compte, le transformisme aboutit encore à une création quelconque, puisqu'à cette succession soi-disant naturelle des êtres, il faut toujours un point de départ. La théorie de la *génération spontanée* a bien résolu la difficulté ; mais la génération spontanée n'est autre chose que la création moins le créateur, et, logiquement, le matérialisme s'est trouvé ici un peu inférieur au théologisme.

Ne voit-on pas, d'ailleurs, que l'hypothèse transformiste, et c'est en cela qu'elle manque du troisième caractère propre aux hypothèses positives, porte sur l'origine et la nature des phénomènes et non uniquement sur leur liaison ? Cherche-t-on ici le *comment* ou le *pourquoi* des choses ? S'attache-t-on uniquement à connaître les rapports observables entre des phénomènes existants, ou ne s'aventure-t-on point, dans un domaine où l'observation perd pied, à la recherche de l'absolu ? Tout comme le théologien, le transformiste veut savoir par le menu de quelle manière s'est fait ce qui nous entoure, et comme le théologien il succombe à la tendance la plus contraire au véritable esprit positif.

Mais c'est surtout le second caractère des hypothèses positives qui fait défaut à l'hypothèse de Lamarck : elle est de tous points *invérifiable*. Que répondre à celui qui demande des millions d'années et des conditions de toute sorte pour démontrer par ses conséquences l'exactitude de sa conception ? C'est se donner vraiment beau jeu que de renvoyer la vérification d'une hypothèse à une époque si éloignée de nous que l'âge de pierre nous est voisin en comparaison de celui où nous serons enfin fixés sur l'hypothèse de Lamarck. Existe-t-il un seul exemple qu'une espèce quelconque ait pu être transformée en une autre espèce ? C'est ce qu'il faudrait cependant prouver. Tout ce qu'on a démontré — et nous ne cacherons pas que la démonstration était utile, — c'est que la modificabilité animale est considérable, c'est que le milieu, l'exercice, l'hérédité et le temps peuvent beaucoup pour perfectionner ou altérer une espèce ou une race, c'est que nous avons sur la nature vivante plus de puissance que nous ne l'imaginions ; mais on n'a jamais démontré que cette modificabilité fût sans limite, qu'elle allât au-delà de l'intensité des phénomènes et pût porter sur leur arrangement, qu'on arriverait à augmenter ou à diminuer à la longue le nombre des vertèbres humaines, qu'on nous munirait quelque jour d'ailes et de nageoires, et, suivant le rêve de Fourier, qu'on nous doterait d'une queue au bout de laquelle brillerait un œil.

Les transformistes qui réclament pour la réalisation de leur hypothèse des délais illimités, devraient se rappeler que dans une science infiniment plus précise et plus exacte que la biologie, en astronomie, la coutume est de tenir pour invariable tout ce qui ne varie point en des limites de temps suffisamment appréciables. Il semble qu'on pourrait sans inconvénient user de la même sagesse dans les conceptions biologiques, beaucoup plus indéterminées, beaucoup moins certaines par nature, et dans lesquelles il convient d'apporter une réserve qui n'est point nécessaire dans les théories astronomiques.

En résumé, l'hypothèse transformiste est de la pure métaphysique ; c'est la substitution de l'absolu au relatif, de l'imagination à l'observation, de la chimère à la réalité. Et c'est pourquoi nous n'en voulons point.

Est-ce à dire qu'il n'y aura rien à prendre dans les laborieuses recherches entreprises par les successeurs de Lamarck ? Nous serions les derniers à le soutenir. Darwin et son école ont porté loin et haut une étude que la philosophie biologique réclamait depuis longtemps et sur laquelle Auguste Comte a appelé plus d'une fois avec insistance l'attention des savants spéciaux : celle de l'influence des milieux sur l'organisme, ou *mésologie*. Et, en vérité, on serait presque tenté de pardonner au transformisme sa conception antiscien tifique en raison des services mémorables qu'indirectement il a rendus, si, dans le cas présent, l'intérêt que nous attachons à tout ce qui vit et en particulier à l'espèce humaine ne commandait point d'être inexorable envers une hypothèse non positive, dont on exploite déjà les désastreuses conclusions. Nous n'aurions sans doute qu'à nous incliner devant une hypothèse démontrable, quelles qu'en fussent les conséquences ; mais c'est trop exiger de nous que de nous obliger à croire à une hypothèse qu'on ne peut vérifier, mais dont on tire néanmoins les conséquences les plus dangereuses pour l'espèce. Si l'esprit humain a secoué le joug d'une théologie, dont les fausses conceptions avaient au moins pour excuse d'être formées dans l'intérêt de la société, ce n'est point pour subir celui d'un matérialisme, dont les conceptions, pour n'être guère moins fausses, tournent directement en ruine à cet coméçets.

Les raisons que nous faisons valoir contre l'hypothèse de Lamarck sont de nature purement philosophiques et, pour ainsi dire, *a priori*. Mais on sait combien d'objections lui ont été faites à un point de vue plus strictement scientifique. Si nous ne les relevons pas ici, c'est que nous faisons un cours de philosophie première et non de biologie et qu'il nous suffit d'avoir caractérisé ce qui, au point de vue des lois générales de l'esprit humain, juge et condamne le transformisme. Le reste est à faire aux savants.

Donc, en biologie, comme en cosmologie, la tendance scientifique n'est point de réduire le nombre des catégories, étais plutôt de l'accroître, et c'est un point de mieux en mieux démontré, que la modificabilité porte sur l'intensité des phénomènes et non sur leur arrangement.

Comme tout varie suivant des lois, il nous reste à voir comment s'effectue la modification selon que le phénomène est soumis à une loi de similitude ou à une loi de succession.

Au premier abord, on se demande comment se peut faire

la modification d'un phénomène soumis à une loi de similitude. En effet, les lois de similitude, étant surtout préparatoires des lois de succession, ont pour but de grouper les phénomènes, de les classer, de les spécifier. Il semble que l'on ne peut modifier ces phénomènes sans détruire les lois elles-mêmes. Il n'en est rien cependant. Dans le cas des lois de similitude, la modification ne porte pas sur le phénomène; elle s'effectue par la substitution d'un phénomène à un autre. On fait varier l'échelle. On choisit un type plus ou moins éloigné du type primitif. On fait usage des *succédanés*.

Il n'est point d'art où l'on n'emploie les succédanés. La médecine en tire un parti considérable. Pour répondre à telle ou telle indication, elle a des séries de médicaments offrant tous, à des degrés divers, une propriété essentielle commune, associée à des propriétés secondaires et variables. Elle emploiera dans un cas le fer et dans l'autre le manganèse; dans un cas l'opium, dans un autre le bromure de potassium ou la belladone, etc. Le lait dont nous usons comme aliment est essentiellement composé de la même manière, quelle que soit sa provenance. Cependant ses effets diffèrent suivant qu'on emploie le lait de chèvre, le lait de vache, le lait de chienne ou le lait d'ânesse. C'est que les éléments qui les constituent, bien que semblables, ne se rencontrent point partout dans les mêmes proportions : aussi fait-on choix de l'un ou de l'autre, suivant les cas. Tous les habillements et toutes les habitations répondent également à certaines exigences communes, et c'est en quoi tous se ressemblent. Mais que de degrés entre la parure d'une dame de cour et le pauvre vêtement d'une paysanne, entre le palais d'un grand seigneur et la hutte d'un campagnard!

En ce qui concerne les phénomènes soumis aux lois de succession, la variation porte exclusivement sur la vitesse ou l'intensité. Dans la chute des corps, par exemple, on observe que la vitesse varie suivant que le corps tombe de plus ou moins haut, on observe que la vitesse des oscillations d'un pendule varie suivant la longueur de ce pendule, mais la nature du phénomène ne change pas: le rapport entre la vitesse d'un corps qui tombe, et la hauteur d'où il tombe est toujours le même; le rapport entre la vitesse des oscillations d'un pendule et la longueur de ce pendule est toujours le même. De même il y a une différence de vitesse dans la marche suivie par les différents peuples de la terre pour s'élever de l'état fétichique à l'état positif — auquel beaucoup ne sont pas encore parvenus. Mais tous suivent une marche identique dans les évolutions que dirige la loi des trois états. Aucun n'a passé par le polythéisme avant de passer par le fétichisme, aucun n'a débuté par l'état positif. Il n'y a de même qu'une différence de vitesse entre l'évolution de l'enfant et celle de l'espèce. Les peuples encore plongés dans le fétichisme traverseront très certainement d'un pas plus rapide, les phases théologique et métaphysique que ne l'ont fait les peuples déjà positifs, mais ils ne seront point cependant dispensés complètement des épreuves communes. Celles-ci ne seront qu'abrégées.

En d'autres cas, la modification porte sur l'intensité. Ainsi, lorsqu'en géométrie je construis une circonférence au moyen du rayon, je puis faire varier la grandeur de la circonférence en modifiant celle du rayon, mais le rapport entre ces deux quantités reste constant, et le phénomène ne change pas de nature.

Cette conception scientifique de la modificabilité nous mène à concevoir *théoriquement* toutes les lois comme réductibles à leur forme mathématique. Comme il n'est point de phénomène qui ne soit plus ou moins mesurable et qu'on ne puisse par conséquent ramener à une équation, il en résulte que l'on est libre de convertir toute loi en *fonction*, cette fonction restant de même forme pour chaque phénomène. La modificabilité portera toujours sur l'intensité.

Lorsque nous éprouvons de la résistance pour élever un

corps à une certaine hauteur, que faisons-nous? Nous faisons parcourir au corps un plan incliné qui décrit avec l'horizon un angle plus ou moins considérable. De même, lorsque nous voulons éviter une chute trop rapide, nous nous servons encore d'un plan incliné, dont la pente diminuera le degré de vitesse que nous imprimons à l'objet. Dans les deux cas, la loi de la chute des corps reste la même : on modifie seulement l'intensité de l'un des phénomènes en faisant varier l'autre; on diminue la vitesse en augmentant l'espace parcouru et le temps employé à le parcourir.

Il importe de remarquer que ce procédé modificateur revient ici à changer la valeur de la *constante*. La loi de la chute sur le plan incliné est toujours représentée par la formule : $e = 1/2\ gt^2$, mais la valeur de g varie suivant l'angle que le plan fait avec l'horizon. Les applications de la mécanique rationnelle à la pratique effective nous offrent un exemple bien capable de servir de type pour les autres ordres de phénomènes et sur lequel nous ne saurions trop appeler la méditation des penseurs. C'est la conception de ce que Carnot a appelé le *moment d'activité* et de ce que l'on exprime communément aujourd'hui, d'une façon moins heureuse, par le mot de *travail mécanique*. Cette conception combine d'une manière vraiment admirable les idées de constance et de variation propres à la modificabilité. Le travail mécanique est le produit de la force par la vitesse et par le temps. Les géomètres énoncent que dans un système mécanique donné le travail mécanique est constant; mais cette même formule indique la loi de la modificabilité en représentant que toutes les machines ont pour but, non de changer la quantité de travail mécanique, mais de faire varier l'un des facteurs, ce qui, par une conséquence fatale, amène la variation de tous les autres. Si, au moyen du levier, nous pouvons employer une très petite force à en vaincre une très grande, c'est que nous gagnons en force ce que nous perdons en vitesse et en temps. Le produit des facteurs reste constant, mais c'est beaucoup, pour modifier le phénomène, que nous puissions faire varier celui des facteurs qui est à notre disposition. Si l'on veut systématiser et généraliser cette conception, de manière à ramener à un même point de vue et à une même formule l'idée de loi et celle de modificabilité, nous serons conduits à cet énoncé : *une fonction déterminée des variables égale une constante.* Exemple : Le produit des deux variables $xy = A$. Dans cette loi, la modificabilité consiste en ce que l'homme peut à son choix augmenter x ou y; mais la nature de la loi veut qu'aussitôt l'autre variable diminue dans une mesure telle que le produit reste constant.

A vrai dire, cette possibilité plus ou moins complète de convertir en équations tous les rapports existants entre les phénomènes a conduit à cette forme de matérialisme dont nous avons eu déjà plus d'une fois l'occasion de parler : le matérialisme algébrique. On a cru que l'ordre du monde allait tenir dans quelques formules et qu'il serait bientôt aussi facile de le modifier que de jongler avec les lettres et les chiffres. Mais d'abord les hommes sont loin d'avoir mesuré encore tous les phénomènes, et il n'est point dit que beaucoup de ces phénomènes n'échapperont point toujours à leur compas. Que nous concevions comme un idéal possible de mesurer un jour la force déductrice, la vanité, la bonté de l'homme, soit; mais ne nous imaginons pas, comme plusieurs en donnent l'exemple, y être déjà parvenus. D'autre part, il convient de nous persuader à nous-mêmes qu'en convertissant en formules algébriques les relations naturelles que l'expérience nous révèle, nous ne faisons que donner la précision mathématique à des sujets qui spontanément ne la comportent pas toujours. Il n'y a rien là assurément que d'admissible et de scientifique, et l'utilité qu'il en est résulté dans la pratique montre à quel point l'esprit humain s'est engagé là dans une voie heureuse, mais c'est à la condition que nous prendrons nos formules pour ce qu'elles valent et que nous ne croirons pas agir sur la réalité parce que nous aurons la liberté d'agir sur les quelques équations qui la représentent et la précisent.

Quelques mots encore et nous en aurons fini avec la théorie de la modificabilité.

A la loi que nous avons énoncée, il faut ajouter le complément que lui a donné Auguste Comte au dernier chapitre du second volume de sa *Politique positive :*

« Dans l'ensemble de la hiérarchie naturelle, l'accroissement nécessaire de la complication, à mesure que la généralité diminue, produit toujours deux résultats inverses, qui tendent à se compenser de plus en plus, en opposant la modificabilité à l'imperfection. »

Le phénomène mathématique est entre tous le plus parfait, mais aussi le moins modifiable ; l'homme, à l'autre bout de la série, est le moins parfait, mais en revanche le plus modifiable. Et cela se conçoit. Tout phénomène étant soumis non seulement aux lois qui lui sont propres et qui régissent sa classe, mais encore à tous ceux qui régissent les classes inférieures, il en résulte que les modifications, et par conséquent les chances de modification, croissent en raison du rang plus élevé qu'occupe le phénomène dans la série. Les actions chimiques, par exemple, outre les lois spéciales qui les dominent, éprouvent encore l'influence des lois physiques et mathématiques. Les conditions de densité, de chaleur, d'électricité, de lumière, s'ajoutent aux conditions chimiques proprement dites, pour multiplier nos moyens d'action sur la composition intime des corps. Tous ces moyens se retrouvent à notre disposition quand nous nous proposons d'intervenir dans les phénomènes de la vie, puisqu'ils sont déjà soumis aux lois chimiques, physiques et mathématiques ; mais de plus un secours nouveau nous est offert dans les règles propres à l'ordre vital. Et la même compensation nous est offerte quand nous pénétrons dans le domaine social et moral où la complication des phénomènes est précisément rachetée par les facilités offertes à notre puissance modificatrice.

Tout concourt en effet à modifier l'homme. Le climat sous lequel il vit, les circonstances particulières du coin de terre où il a posé sa tente, les habitudes qu'il tient de ses prédécesseurs, ses rapports avec les autres hommes, la présence ou l'absence, dans le milieu social où il s'agite, de types plus ou moins exceptionnels, sont autant de facteurs qui modifient son existence, qui le font heureux ou malheureux, mais ce sont aussi autant de facteurs modifiables dans leur intensité et dont l'homme peut diminuer ou augmenter l'influence suivant qu'il le juge utile à son propre sort.

C'est là en vérité une découverte singulièrement consolante de penser que la nature humaine et la société sont, entre tous les faits de ce monde, ceux sur lesquels nous avons le plus de prise et le plus d'action. Si le climat est dur, la vie difficile, le corps chétif, l'intelligence faible, le sentiment inférieur, n'oublions pas qu'en revanche il nous est possible de nous protéger contre le climat, d'adoucir la vie, de fortifier le corps, d'éclairer l'intelligence et d'élever le sentiment. Ce que l'homme a fait jusqu'ici d'une façon tout empirique et comme au hasard, il le fera désormais avec la conscience de sa force, avec la connaissance du but qu'il poursuit et celle des moyens propres à l'atteindre.

III

Institution subjective du dogme de la modificabilité.

Ce n'est point tout que de nous être fait une idée nette de la *modificabilité*, il nous faut examiner encore à quelles conséquences cette idée va nous conduire et quelle influence elle doit exercer sur notre activité intellectulle, morale et pratique.

Nous avons dit tout à l'heure que si, au point de vue objectif, il n'existait pas de différence essentielle entre les phénomènes prétendus perturbateurs et les phénomènes prétendus normaux, si les uns et les autres étaient également normaux et ne différaient qu'en intensité ou en vitesse, étant soumis aux mêmes lois et demeurant immodifiables dans leur nature, il n'était guère possible de considérer les choses de la même façon, aussitôt que, quittant la théorie pure, on pénétrait dans le domaine pratique. C'est qu'ici les considérations subjectives doivent définitivement l'emporter.

Dès qu'il ne s'agit plus de spéculer *in abstracto* sur les phénomènes, mais de les considérer en vue d'applications utiles, bon gré mal gré l'Humanité et l'homme redeviennent l'objet principal de nos préoccupations, et l'idée de modificabilité, c'est-à-dire l'idée de phénomènes normaux, que des influences diverses peuvent perturber, s'impose de nouveau à notre esprit. En présence de faits qui nous intéressent à tant de titres, nous ne saurions garder l'indifférence superbe de ces sages qui suivent les évènements humains avec la même impassibilité que s'ils habitaient Mars ou Vénus. Nous nous refusons, quant à nous, à ne voir dans tout ce qui altère la santé, l'ordre social et l'ordre moral qu'un jeu d'influences contraires, qui, émanant de l'ordre universel, ne sauraient ni nous surprendre ni nous émouvoir. Nous nous obstinons à penser que la maladie, que la révolution, que le péché sont d'éternels sujets d'inquiétude pour le genre humain; qu'une fluxion de poitrine, qu'un cancer, pour n'être que l'exagération en plus ou en moins de certaines fonctions vitales, peuvent cependant avoir des conséquences graves pour l'humanité; qu'un assassinat qui, objectivement, représente une série de phénomènes très simples, devient, en certains cas, l'évènement le plus désastreux; et lorsque nous entendons d'audacieux pédants s'écrier : *que la force prime le droit* ou *que les forts sont appelés à manger les faibles,* — deux vérités qui, dans une certaine mesure, sont conformes cependant à l'ordre naturel, nous prétendons pouvoir pousser encore un cri de colère et de dégoût.

Ce n'est pas sans raison qu'appréciant les modifications de

l'ordre du monde nos pères ont donné à celles du monde inorganique ces noms incolores et vagues de *perturbations* ou *d'altérations*, tandis qu'ils ont désigné celles du monde vivant par les appellations significatives et spéciales de *maladies*, de *révolutions* et de *péchés*.

Pratiquement en effet toute notre existence, individuelle ou sociale, repose sur la conception de cet état moyen, accepté d'abord par notre intelligence impuissante et inexercée comme l'état normal, comme l'ordre, et c'est pourquoi nous traitons toute modification apportée à cet état normal ou moyen de désordre, de maladie, de révolution. Il va sans dire que cet état normal n'est pas immuable, sans quoi le progrès n'existerait pas; mais, pour qu'il varie sans dégénérer en désordre, il faut que rien ne soit dérangé dans l'équilibre du système, et que l'accroissement d'intensité ou de vitesse porte toujours sur l'ensemble de ses éléments. Le progrès, a dit Auguste Comte, n'est que le développement de l'ordre.

Si donc, au point de vue objectif, au point de vue de la réalité scientifique, il convient de repousser toute idée de modificabilité et de ne voir partout qu'un ordre inaltérable, il est également certain qu'au point de vue subjectif, au point de vue humain, nous sommes dans l'étroite obligation de reprendre cette idée de modificabilité, et de concevoir comme normal un état particulier du monde et de l'homme, que les évènements indépendants de notre volonté aussi bien que nos efforts propres tendent à modifier.

Il va sans dire qu'en gardant dans son capital intellectuel l'idée d'un pouvoir modificateur, le Positivisme lui enlève tout ce qu'il avait d'arbitraire dans les conceptions théologico-métaphysiques. Il demeure convenu que nous ne pouvons rien sur l'arrangement des phénomènes et que notre action n'a lieu de s'exercer que sur leur intensité et sur leur vitesse. Libre à nous de développer la graisse ou le muscle d'un animal, libre à nous de restreindre ou de développer dans une société la puissance de l'intelligence, de la richesse ou du nombre, libre à nous de refréner dans le cerveau de l'homme l'influence de certains penchants et d'exalter celle de certains autres; mais nous ne pouvons augmenter ou diminuer d'un seul le nombre des os ou des muscles d'un cheval ou d'un chien, nous ne pouvons faire que l'intelligence, la richesse ou le nombre soit sans puissance dans une société, nous n'obtiendrons jamais que le nombre des instincts égoïstes devienne plus petit, que celui des sentiments altruistes devienne plus grand. Ayons toujours présent à l'esprit que notre pouvoir modificateur a ses limites.

Rappelons-nous également que, le progrès étant le développement de l'ordre, l'influence modificatrice, pour être utile, doit s'exercer d'une façon graduelle et continue, et que la prétention de conduire les choses d'un seul coup au but désiré ne saurait amener que déceptions et désastres. Chose curieuse! nous savons très bien aujourd'hui contenir notre impatience dans tout ce qui a trait à la modification du monde physique, nous savons attendre du temps ces transformations multiples des choses que lui seul peut nous donner, nous ne nous irritons pas contre une liquéfaction ou une solidification lente à se produire, et cependant, que d'hommes, même parmi les plus positifs, se révoltent encore de la lenteur avec laquelle s'opèrent les changements sociaux et moraux et ne veulent pas croire qu'il suffit d'un signe pour modifier la face du monde! Nous sommes encore sur ce point sous le joug des préjugés d'un autre âge, nous raisonnons comme au temps où il suffisait d'implorer les dieux pour déterminer le changement d'une société, ou de faire appel à la conscience pour obtenir le redressement d'un tort. La science et l'expérience nous ont enseigné cependant que, dans l'ordre humain, toute modification est affaire d'exercice et d'habitude, que toute modification, par conséquent, ne peut s'opérer qu'avec lenteur et par degrés.

La patience n'est psa la seule vertu que doit cultiver en nous une conception scientifique de la modificabilité: elle développe encore la soumission et le courage. L'idée de destin et de fatalité tendait, au moins en théorie, à entretenir chez nos ancêtres une sorte d'affadissante apathie : Pourquoi agir quand l'homme est sans puissance contre les volontés d'en haut ? Et en même temps l'idée contraire d'arbitraire divin, venue plus tard, les poussait à croire à une modificabilité sans limites : Quoi d'impossible à qui a tout créé ? Inertie d'un côté, illusion de l'autre : dilemme terrible où se sont débattus les vieux âges. Les temps ont changé, la science a grandi et il n'y a pas plus de place dans nos âmes pour l'inertie que pour l'illusion. La connaissance d'un ordre universel, auquel tous les phénomènes sont subordonnés, ne saurait désormais paralyser notre activité ; mais il nous inspire la soumission, et nous pousse à subir de bonne grâce ce que nous ne pouvons empêcher. Nous savons également que cet ordre ne concerne que l'arrangement des phénomènes et non leur intensité, et par là nous concevons la possibilité d'améliorer notre état et de faire tourner cet ordre même à notre profit. N'y a-t-il pas dans cette pensée de quoi remplir notre cœur d'espérance et de courage ?

Si nous avons perdu toutes les illusions de nos pères nous avons gagné en échange une confiance en nous-mêmes qu'ils n'avaient pas. Nous n'espérons plus escalader le ciel avec les Titans, lire dans les étoiles avec les astrologues, trouver l'or ou l'homme au fond d'un creuset avec les alchimistes ; mais, dans la mesure de nos forces, nous irons, nous réformerons, nous améliorerons jusqu'à la limite extrême du possible, et nous apporterons dans notre œuvre cette persévérance sûre d'elle-même et dépouillée de toute préoccupation étrangère au but, qui n'a été jusqu'ici le propre que des sectes fanatiques qui ont cru à la fatalité. Cette audace, cette ténacité qu'ils puisaient dans leur foi théologique, nous la puiserons, nous, dans une foi scientifique, bien autrement profonde et sûre.

Ce n'est pas qu'aujourd'hui il manque dans le monde de

l'audace pour modifier, au moins en ce qui touche l'ordre inorganique. Loin de là, le danger actuel n'est pas que nous n'osions point, c'est au contraire que nous osions trop, que nous ne soyons pas assez ménagers de notre planète, que nous tirions d'elle au-delà de ce que nous pouvons raisonnablement exiger. Nous usons de la terre comme si après nous tout devait périr, nous gaspillons nos richesses comme si nous devions être sans successeurs. Le sol et le sous-sol de notre globe sont à la merci du premier aventurier ; on parle de dessécher des mers ou de leur donner un nouveau lit comme des entreprises les plus simples ; on fouille les mines comme si elles étaient inépuisables.

Tout cela a pu être fait sans inconvénient tant que notre planète ne nous a pas été complètement connue, tant que nous avons ignoré l'étendue de nos ressources et de notre pouvoir. Peut-être même y eût-il eu danger à réprimer trop tôt des forces qui croissaient encore. Mais où est aujourd'hui notre excuse, lorsqu'au lieu d'agir en usufruitiers sages, qui doivent compte de leur gestion aux générations futures, nous nous conduisons à la manière de ces sauvages des forêts américaines qui vivent au jour le jour de ce que leur donne la terre sans prendre souci du lendemain ? Gardons-nous de croire que tout autour de nous est inépuisable et que la science est toujours là, prête à nous garantir contre notre négligence et notre légèreté. Gardons-nous de croire surtout qu'il est permis d'abuser des choses tant qu'autour de nous une partie de l'Humanité n'est pas encore complètement pourvue du nécessaire, tant qu'il existe des peuples sans toit et sans pain.

L'heure est venue de dresser le grand inventaire humain. Comme des voyageurs, qu'un naufrage aurait jetés dans une île déserte et qui n'attendent de secours que d'eux-mêmes, nous devons avec un soin pieux nous enquérir de nos ressources et savoir enfin sur quoi, dans ce monde, nous pouvons compter. Nous devons connaître ce que chaque pays produit d'utile, ce qu'il recèle de précieux et de rare, et sans nous en tenir uniquement à ses richesses physiques, étudier ce qu'il garde en son sein d'activité, de connaissances, de moralité, car tout importe, et l'homme est intéressé à connaître sa situation sociologique et morale aussi bien que sa situation inorganique et biologique sur tous les points de la terre. Il n'y a plus à discuter sur l'étroite solidarité qui unit les hommes.

Une fois renseignés sur nos richesses, nous pourrons alors modifier avec certitude. Economisant avec soin ce qui est utile, avec jalousie ce qui est rare, détruisant autant que possible ce qui est dangereux, ne négligeant que l'inutile ou le superflu, nous ferons servir l'un à l'autre tous les pays de la terre, nous donnerons à chacun sa place dans le concours universel, nous nous élèverons contre l'abus et le gaspillage des forces tout autant que contre l'abus et le gaspillage des matériaux. Dans leur organisation matérielle, les villes et les nations tendent aujourd'hui à restreindre la part de l'initiative et du caprice individuels pour donner davantage aux vues d'ensemble. Tout ce qui intéresse la communauté se fait d'une façon de plus en plus systématique et coordonnée : routes, canaux, fleuves, mines, moyens généraux de transport, etc., tout est confié à l'Etat. Eh bien ! le temps est venu d'établir quelque chose d'approchant pour la terre entière et de coordonner de même par toute la planète les efforts de ses habitants.

Mais tout cela, encore une fois, ne s'applique qu'à la modification de l'ordre inorganique. Dans l'ordre organique, au contraire, il y a plutôt à exciter l'ardeur réformatrice qu'à la refréner.

Pour les phénomènes de la vie, par exemple, à peine l'ère modificatrice est-elle ouverte. On ne conteste plus peut-être que les phénomènes vitaux soient régis par des lois, mais ces lois, on ne cherche pas à les faire tourner suffisamment à l'avantage des hommes ; et nous semblons ignorer toujours que l'ordre organique est mille fois plus modifiable que l'inorganique. L'Humanité ne sait pas encore, faute de hardiesse, tout ce que lui réserve la terre par ses végétaux, et tout ce qu'elle peut sur elle-même pour améliorer, fortifier la constitution de ses enfants. L'élevage des animaux domestiques a beau montrer ses résultats superbes : on croit jusqu'ici avoir assez fait si l'on a amélioré le bœuf ou le cheval, et l'on se met peu en peine de l'homme.

Ce défaut d'audace devient nécessairement plus sensible encore quand de l'ordre vital nous passons à celui des phénomènes sociologiques et moraux. En cette matière, la timidité est telle que beaucoup résistent à l'idée même qu'aucun changement soit possible. On parle vaguement de progrès, mais on piétine sur place et l'on attend tout du hasard. Il n'est point ici question, bien entendu, des extravagants qui croient non seulement au changement, mais à la possibilité de tout changement, et qui ne veulent point s'imaginer que le monde social ou moral ne se peut transformer, comme le monde inorganique, que suivant certaines lois, qu'il faut d'abord connaitre, avant de songer à rien modifier. Que ces métaphysiciens-là relèvent de saint Paul ou de Rousseau, nous les tenons pour également dangereux, sitôt qu'ils se mêlent de gouverner les hommes et les sociétés.

Il est temps, il est grand temps que l'esprit positif s'introduise enfin dans le plus difficile et le plus compliqué des arts, celui qui mal exercé peut faire certainement le plus de mal, mais qui, cultivé par des esprits sages et suffisamment imprégnés des notions scientifiques nécessaires, peut procurer aux hommes le plus de bonheur. Il est temps de faire pénétrer dans la politique et la morale cette méthode rationnelle qui depuis si longtemps déjà régit les modifications voulues du monde matériel et qui gouverne l'industrie abstraite. L'ingénieur s'aide des lois connues du monde inorganique pour construire un plan de machine qui, quelques semaines après, sera une réalité vivante, telle en toutes ses parties, que son inventeur l'aura conçue : l'homme d'Etat et le moraliste, se basant sur une connaissance sérieuse des lois de la nature humaine et de l'existence sociale, doivent eux aussi construire désormais des plans systématiques, dans lesquels des moyens conformes aux lois naturelles conduiront sûrement vers un but d'un accès plus ou moins facile, mais placé toujours dans la direction que réclame l'évolution normale des individus et des sociétés. N'ignorons-nous pas jusqu'où va la puissance de l'homme sur l'homme, et à quel point nous sommes maîtres de notre propre sort? S'il était cependant besoin de nous donner confiance en nous-mêmes, nous n'aurions qu'à jeter les yeux sur l'histoire des Religions et considérer de quelle manière elles ont surgi. La plupart de ceux qui les ont provoquées n'avaient de l'homme et du monde aucune conception réelle, beaucoup ne connaissaient guère de la société que ce que leur en avait appris leur propre expérience, tous n'avaient pour point d'appui que le sol tremblant des rêveries théologiques, tous marchaient à l'aventure ; et cependant ils ont accompli des révolutions prodigieuses, ils ont transformé mentalement et moralement des millions d'hommes, ils ont uni les peuples, ils ont changé la face de la terre. De quoi donc l'homme n'est-il pas devenu capable, aujourd'hui qu'armé d'expérience et de science, il peut agir, non plus au hasard, mais comme à coup sûr. Si le mouvement même de la civilisation, en stabilisant toutes choses, a rendu plus difficile qu'aux temps de Moïse ou de Mahomet, de modeler et de pétrir les nations, en revanche il existe, entre le pouvoir modificateur de ces grands hommes et le nôtre, la même différence qu'entre les pratiques de l'industrie théocratique et celles de l'industrie positive. Il se peut que la matière soit devenue moins malléable, mais les moyens que nous avons pour la traiter sont aussi plus énergiques et plus certains. N'est-ce point d'ailleurs quelque chose que de savoir en toutes circonstances où nous allons, que de ne point nous prodiguer en efforts stériles, que de pouvoir compter sur la transformation sociale ou morale prévue dans nos plans, comme le médecin compte sur le résultat du médicament qu'il a prescrit.

Il est vrai qu'en donnant à notre pouvoir modificateur, dans l'ordre social et moral, la même certitude que dans l'ordre purement matériel, la science nous a interdit le domaine des chimères, et, en réduisant le champ de nos conceptions sociologiques, a limité nos prétentions. Ceux-là seuls peuvent s'en plaindre qui estiment que rêver vaut mieux qu'agir.

Cependant, comme un idéal, en morale surtout, semble chose indispensable à l'Humanité — ne faut-il pas viser toujours plus haut que le but, — Auguste Comte s'est demandé s'il ne saurait y avoir d'utopie en politique ou en morale positives, et il a résolu la question affirmativement. L'utopie théologique ou métaphysique, c'était le rêve. Lois et conditions naturelles, relations normales, situations réelles, tout y était sacrifié au désir, au caprice, à la passion. Il s'agissait moins de modifier le monde que de le créer à nouveau. Sans souci de ce qui était, on imaginait ce qui serait ou devrait être un jour et l'on s'inquiétait médiocrement de la voie qui du présent mènerait vers cet avenir. Depuis la République de Platon jusqu'à l'utopie de Thomas Morus, et à la Cité du Soleil, de Campanella, il n'est aucune de ces conceptions fameuses qu'un politique puisse prendre pour idéal, aucune qui soit réalisable en quelque point, aucune qui soit autre chose qu'un agréable passe-temps de littérateur.

Auguste Comte exige davantage de l'utopie positive. Il n'est pas nécessaire que l'idéal qu'elle trace soit toujours accessible, car elle peut être utile sans que le but marqué soit atteint. Mais il faut toujours que cet idéal soit dans la ligne des modifications possibles, qu'il soit comme une limite extrême posée dans un certain sens à notre pouvoir modificateur, que dans sa construction nous tenions compte de toutes les lois naturelles qui nous sont connues. L'Utopie diffère du Plan proprement dit en ce que sa réalisation ne comporte aucune condition de temps et ne vise que l'avenir le plus éloigné ; il se peut même qu'elle ne se réalise jamais.

Appliquant ces principes, Auguste Comte a construit une utopie morale, dont la rationalité n'est pas douteuse, malgré les moqueries et les reproches qu'elle a suscités chez des critiques dont plus d'un certes s'est agenouillé pieusement devant les absurdités de Platon. La *Vierge-mère* d'Auguste Comte est une utopie rationnelle en ce que le fait sur lequel elle repose n'apparaît que comme limite extrême des réactions possibles du moral sur le physique et ne demande sa réalisation à aucune intervention surnaturelle. Cette réaction suprême peut évidemment ne jamais se produire : elle n'en est pas moins dans la direction des hypothèses que les notions déjà acquises dans l'ordre de phénomènes correspondant nous permettent de concevoir. Quant aux services qu'une telle utopie est appelée à rendre, nous renvoyons nos auditeurs, s'ils veulent les connaître, au chapitre de la *Politique positive* où Auguste Comte l'a complètement exposée : ils y verront comment, dans l'esprit de son créateur, elle doit contribuer à perfectionner notre moralité sous ses trois formes individuelle, domestique et civique ; et avec lui nous ajouterons qu'il importe peu que le problème soit ou non jamais résolu, puisque son efficacité, morale et mentale, est indépendante de sa réalisation, et qu'il aura rempli son office s'il est envers le progrès moral aussi utile que le fut envers le progrès matériel le rêve de la transmutation des métaux.

Nous achevons, avec cette troisième loi, l'étude du premier groupe de lois de la philosophie première.

La première loi avait trait à la théorie des hypothèses, la seconde concernait la théorie de la loi ou de l'ordre, la troisième celle de la modificabilité ou du progrès. Cette triple théorie avait sa place marquée au début de la philosophie première, puisqu'elle domine nécessairement toutes nos conceptions. Avant de traiter des différentes lois, il convenait de traiter d'abord de la *loi*, et partant de l'*hypothèse*, qui en est le point de départ, et de la *modificabilité*, qui en est la conséquence.

Nous abordons maintenant l'étude des lois les plus générales après celles qui composent ce premier groupe : ce sont les lois de l'Esprit humain, d'où dérivent naturellement toutes les autres. Ces lois forment le second groupe, essentiellement subjectif, des lois de philosophie première.

COURS DE PHILOSOPHIE PREMIÈRE

PROFESSÉ PAR M. PIERRE LAFFITTE

SEPTIÈME LEÇON

(RÉDIGÉE PAR LE D' P. DUBUISSON)

DE LA QUATRIÈME LOI DE PHILOSOPHIE PREMIÈRE

Subordonner les constructions subjectives aux matériaux objectifs (1).

I

Considérations sur l'ensemble du second groupe des lois de la Philosophie première.

Nous abordons dans cette leçon le second groupe de lois de la Philosophie première. Essentiellement subjectif, il embrasse les lois statiques et les lois dynamiques de l'entendement.

Il compte six lois : trois statiques et trois dynamiques, qu'il convient de rappeler.

LOIS STATIQUES

1° *Subordonner les constructions subjectives aux matériaux objectifs* ;

Ici encore, Auguste Comte a donné à l'énoncé la forme d'un précepte et non celle d'une loi. La formule scientifique serait : *Notre intelligence tend toujours spontanément à subordonner ses constructions subjectives aux matériaux objectifs.*

2° *Les images intérieures sont toujours moins vives que les impressions extérieures ;*

3° *Toute image normale doit être prépondérante sur celles que l'agitation cérébrale fait simultanément surgir.*

LOIS DYNAMIQUES

1° *Chaque entendement présente la succession des trois états : fictif, abstrait et positif, envers les conceptions quelconques, avec une vitesse proportionnée à la généralité des phénomènes correspondants ;*

2° *L'activité est d'abord conquérante, puis défensive et enfin industrielle ;*

3° *La sociabilité est d'abord domestique, puis civique et enfin universelle, suivant la nature propre à chacun des instincts sympathiques.*

Par les trois lois du groupe dont nous avons achevé l'étude dans notre dernière leçon, nous avons déterminé la véritable marche de tout travail intellectuel normal.

Nous avons d'abord montré comment la première loi établissait un lien entre les documents divers fournis par l'observation et en nous dirigeant vers une hypothèse plutôt que vers une autre nous tirait de l'indécision. Mais nous avons montré aussi que cette loi, par sa seule vertu, ne pouvait nous arracher à l'état de folie, qui est plus que l'état d'indécision — beaucoup de fous sont très décidés, — et qui n'est point conjuré par cela seul qu'on a fait l'hypothèse la plus simple, attendu que beaucoup de fous font l'hypothèse la plus simple.

Nous avons donc été conduits à compléter la première loi par les deux suivantes qui achèvent de régler l'état de raison, l'une en exigeant que toute hypothèse soit conforme à l'ordre du monde, l'autre en fixant les bornes de notre pouvoir modificateur.

Cela suffit-il, et tenons-nous bien cette fois une théorie générale et abstraite de l'entendement ?

Point encore. Par des motifs logiques, nous avons laissé de côté et supposé provisoirement hors de discussion toute une catégorie de phénomènes dont les lois sont à la base même de la théorie de l'entendement et qu'il nous faut maintenant aborder. Lorsque, dans la première loi, nous avons dit que l'esprit humain avait une tendance spontanée à former l'hypothèse la plus simple que comporte l'ensemble des renseignements obtenus, nous ne nous sommes pas expliqués sur la manière dont ces renseignements sont obtenus. Nous les avons supposés tels et nous avons montré à quel travail de digestion — qu'on nous permette le mot — ils étaient soumis dans le cerveau. Cependant l'ingestion mentale, elle aussi, est soumise à des lois, et la façon dont elle s'opère n'est nullement indifférente. Son étude même semblerait devoir précéder l'autre, comme l'étude de l'ingestion précède nécessairement celle de la digestion dans la physiologie de la nutrition physique, mais il faut songer qu'il ne pouvait en être de même dans la physiologie du cerveau, attendu qu'avant d'étudier aucune loi particulière, même celles de l'ingestion, il est de stricte logique de déterminer d'abord ce que c'est qu'une loi, ce qui est précisément l'objet du premier groupe.

Il nous faut donc maintenant rechercher comment s'obtiennent ces matériaux de nos conceptions, comment se forment ces images sur lesquelles travaille notre cerveau, à quelles influences diverses obéit leur construction.

Ces influences sont de deux sortes.

Le cerveau emprunte bien tout au monde extérieur. Mais ce monde extérieur se présente à nous sous deux formes parfaitement distinctes : il y a d'un côté la planète sur laquelle nous vivons et le système auquel cette planète appartient; de l'autre, il y a la société dont nous sommes membres et qui nous fournit un milieu intellectuel et moral, comme la planète nous fournit un milieu physique. De là deux sortes d'influences exercées sur notre entendement : influences *cosmologiques*, qui prennent leur source dans le milieu matériel ; influences *sociologiques*, qui prennent la leur dans le milieu social ; les premières nous procurent les matériaux de nos constructions, les secondes nous disposent à tirer parti de ces matériaux. De là trois lois statiques réglant la part des influences cosmologiques, et trois lois dynamiques réglant celle des influences sociologiques.

La première des lois statiques, celle qui sera l'objet spécial de cette leçon, préside au travail initial d'emmagasinement des matériaux intellectuels ; elle conduit à la théorie de la *sensation*.

Mais ces matériaux recueillis par la sensation sont, pour ainsi dire, jetés pêle-mêle dans le cerveau, il s'agit de les ordonner, de les classer, avant de les livrer au travail de la digestion mentale. Ce classement est précisément l'objet des deux autres lois. L'une établit la distinction entre les *sensations* et les *images*, entre les impressions actuelles et les souvenirs ; l'autre met l'ordre entre les images que tout travail cérébral fait naître et prévient l'incohérence et l'agitation.

La découverte de ces trois lois, comme d'ailleurs celle de toute loi quelconque, est le produit d'une longue gestation mentale de l'Humanité. Ce sont des observations d'abord, puis des aperceptions vagues qui se précisent de plus en plus et finalement aboutissent à une loi et à une formule. Aristote, Hume, Auguste Comte sont les trois noms qui résument cette lente succession d'efforts. Aristote fit plus qu'entrevoir la première loi, il en a donné une formule. Hume, beaucoup plus tard, a repris la démonstration de cette première loi, et ébauché la seconde. Auguste Comte, le dernier venu, a découvert la troisième et formulé définitivement les deux autres.

Sans faire tort à la mémoire d'Aristote et de Hume, on peut

affirmer que dans cette construction difficile la part la plus importante revient à Auguste Comte. Ces trois lois forment un ensemble parfaitement précis, et le seul fait de les avoir groupées, d'avoir fait saisir le lien qui les unit et le but général auquel chacune d'elles concourt étroitement, suffirait, en dehors même de la découverte d'aucune de ces lois, à assurer la gloire d'un penseur. Mais Auguste Comte a fait plus : on lui doit la troisième loi, qui, à notre connaissance n'avait même pas été entrevue par les philosophes qui l'ont précédé, et ce qu'il a pris à Hume pour s'élever à une conception nette de la seconde est si peu de chose qu'un critique moins impartial pourrait lui en attribuer tout l'honneur.

Qu'il y ait, ou non, hésitation quant à la paternité des trois lois statiques, il ne saurait y en avoir aucune quant à celle des trois dynamiques. Ici tout appartient bien à Auguste Comte : conception et formulation.

La première, qui n'est autre que la *loi des trois états*, indique la marche de l'esprit humain dans tous les sujets quelconques, en même temps que l'influence exercée par la nature des phénomènes considérés sur la vitesse de cette marche. L'objection soulevée contre la première partie de cette loi se trouve résolue par la seconde. On conçoit comment, en vertu d'une double influence, nos conceptions passent toutes par les trois états, fictif, abstrait et positif, mais n'y passent que successivement, et dans l'ordre de généralité propre aux phénomènes étudiés.

Nous renvoyons pour de plus amples détails à la leçon où il sera traité de cette grande loi.

La deuxième et la troisième lois dynamiques marquent a part respective qu'aux différents âges de l'histoire, prennent l'activité et le sentiment dans nos conceptions. Que l'activité et le sentiment jouent leur rôle dans les créations de notre esprit, c'est là une vérité dont les hommes ont toujours eu le sentiment, et sur laquelle nous nous sommes déjà expliqués longuement dans la théorie des hypothèses. Mais cette influence de l'activité et du sentiment ne s'exerce pas toujours de la même manière, elle varie avec l'état social, elle se transforme avec le progrès de l'Humanité. Il y a donc nécessité de la suivre dans ses variations, si l'on veut se faire une idée nette des raisons d'être des constructions diverses, parfois si extraordinaires, de notre esprit.

Par cela même qu'elles dominent toutes nos conceptions, ces trois lois président nécessairement à l'évolution mentale de toutes les sciences et c'est à ce titre qu'elles doivent être placées en philosophie première, où elles déterminent l'influence du temps sur les idées, comme les trois lois précédentes avaient déterminé celle de l'espace.

Auguste Comte, dès le début de sa carrière, a fait de ces lois le fondement de sa sociologie dynamique. En les introduisant, beaucoup plus tard, en philosophie première, il ne les a pas plus ravies à la sociologie qu'il n'a ravi à la mécanique les lois de Kepler, de Galilée et de Newton, auxquelles il a donné place également parmi les quinze lois universelles. La loi des trois états n'est ici que provisoirement détachée de sa vraie place scientifique, elle la reprend aussitôt qu'on aborde l'étude propre des phénomènes sociaux.

Avant de procéder à l'étude des lois dont l'ensemble compose la science, et qui ne sont que les résultats les plus abstraits des opérations de notre esprit, il convenait de nous faire une idée exacte du mécanisme particulier qui engendre ces opérations ; avant d'étudier les produits de l'entendement, il convenait d'en donner une théorie. De là les neuf premières lois, sur lesquelles six appartiennent en propre à la philosophie première et trois autres sont empruntées à la sociologie.

II

De la plus grande extension que comporte la notion de sensation.

Ceci dit sur l'ensemble des lois des deux premiers groupes, entrons maintenant dans l'examen de celle qui doit faire l'objet de notre leçon.

Cette loi, dont Auguste Comte a donné la formule — *subordonner les constructions subjectives aux matériaux objectifs* — repose sur une théorie positive de la sensation. C'est donc par cette théorie que nous devons entrer en matière.

L'idée de sensation n'a pas jusqu'ici, on peut le dire sans froisser personne, atteint, même dans l'esprit de la plupart des physiologistes, la netteté qui convient à une notion vraiment scientifique. Beaucoup de gens soupçonnent ce que peut être la sensation, très peu voient clairement ce qu'elle est. On s'en tient à certains faits, on étudie certains genres de sensation, mais on s'inquiète médiocrement de la sensation en général, phénomène physiologique qui se présente à nous sous des formes assurément très diverses, mais qui, sous toutes ses formes, ne laisse jamais d'avoir quelque chose de constant. Il importe cependant de généraliser cette notion, et par généraliser, nous entendons lui donner une étendue telle qu'elle contienne tous les cas particuliers.

On connaît, en algèbre, ce problème classique des deux courriers, dans lequel on recherche à quel endroit d'une ligne se rencontreront deux courriers allant dans le même sens, mais partant de points différents, à des heures différentes et marchant avec des vitesses inégales. En généralisant le problème, c'est-à-dire en extrayant de tous les cas particuliers ce qu'ils présentent de commun dans leurs données, les géomètres ont obtenu, une fois pour toutes, une formule qui permet de résoudre, sans effort nouveau, tous les cas qui se peuvent rencontrer. Eh bien, ce que les géomètres font en algèbre est bon à pratiquer dans les autres parties de la science. Il en résulte d'immenses avantages. Nous n'avons pas l'espoir de jamais atteindre, quand il s'agit de phénomènes aussi compliqués que ceux de la vie, la précision algébrique ; mais en dégageant ainsi des faits particuliers les éléments du fait général, nous arrivons sans peine à concevoir toutes les modifications que ce fait général, dans ses parties essentielles, peut subir, et, de cette façon, nous ne sommes pas au moins exposés à prendre pour un fait ouveau ce qui n'est quelquefois que l'extension plus ou moins exagérée d'un fait connu, comme cela est arrivé, faute d'une théorie abstraite, pour la sensation.

Construisons donc cette théorie abstraite.

Si nous négligeons l'objet extérieur qui est la condition fondamentale de toute sensation et sans lequel elle ne peut se produire, nous reconnaissons qu'elle se compose de trois éléments.

Ces trois éléments sont :

1° L'impression exercée sur l'être vivant ;

2° La conscience, de la part de cet être, d'une modification survenue en lui ;

3° L'acte par lequel l'individu rapporte cette impression à l'objet extérieur, ou perception proprement dite.

A quelque degré que se montrent ces trois éléments, sitôt qu'ils existent la sensation est complète. Mais ce degré peut varier à l'infini ; il a un maxima et un minima, et le minima peut être égal à zéro : autrement dit, l'élément peut manquer, comme nous le verrons tout à l'heure.

Quelques explications d'abord au sujet des conditions anatomiques de la sensation.

Si loin que nous remontions dans l'histoire de la science, nous retrouvons les efforts des biologistes pour déterminer ces conditions. L'observation vulgaire les a toujours supposées, alors même qu'elle n'arrivait pas à les constater. On n'a jamais concédé l'immatérialité à la sensation : fait d'une capitale importance.

C'est une chose, en effet, dont on ne semble pas aujourd'hui encore, même dans le monde savant, sentir toute l'utilité que l'assignation d'un siège — ce siège dût-il être d'abord hypothétique et provisoire — à toute fonction physiologique. Au point de vue logique, cependant, rien n'est plus précieux. La notion de *fonction* ne se précise et ne s'explique que par celle de *siège*, qui est plus simple. Tant qu'une fonction n'est point liée à un organe matériel, elle est et demeure *entité*, c'est-à-dire quelque chose d'élastique et d'arbitraire à qui l'imagination peut prêter toutes les formes et toutes les vertus. Voyez l'âme : que n'en a-t-on fait, jusqu'au jour où la science l'a pour jamais fixée au cerveau ? De quelles facultés, de quels pouvoirs ne l'a-t-on pas dotée ? N'a-t-on pas été jusqu'à lui accorder de ne pas mourir ? Si l'on ne savait tout ce qu'une tête humaine peut tenir à la fois d'idées contradictoires, et combien peu il lui coûte d'admettre une absurdité dès qu'elle en a besoin pour étayer un système, on serait tenté de se demander si ceux qui ont parlé de l'âme avaient leur raison.

Mais qu'on enferme l'âme dans le cerveau, et, de suite, toute cette fantaisie s'évapore. L'âme n'est plus désormais que le fonctionnement du plus délicat, mais aussi du plus réel des mécanismes. Son étendue et sa puissance ont des limites, et son existence aussi. Sous peine d'imbécillité ou de folie, nous ne pouvons plus lui prêter que les facultés des éléments auxquels elle est liée et avec lesquels elle est condamnée à vivre. De là des conséquences, qui d'un coup ruinent toutes les divagations de la métaphysique : l'âme n'est plus immortelle, puisque ses éléments anatomiques, à savoir les cellules cérébrales, sont périssables ; elle est soumise, comme ses soutiens matériels, aux lois biologiques du développement et de la décadence, elle obéit à la loi de la rénovation continue, elle subit celle de l'hérédité. Enfin, elle varie suivant les hommes, exactement comme leur cerveau.

On conçoit, dès lors, une foule de choses qui, jusque là, étaient demeurées inexplicables ; on comprend l'accroissement et l'affaiblissement graduels de nos facultés, le perfectionnement des unes par l'exercice, l'atrophie des autres par le non-usage, la transmission d'une génération à l'autre des améliorations acquises et des vices contractés, enfin la formation de certaines races particulières sous l'influence prolongée de certaines habitudes et de certaines lois.

D'un autre côté, par cela seul que la notion de siège est plus objective que celle de fonction, nous trouvons dans nos propres sens des aides et des guides que nous n'avions point lorsque notre imagination ne se reposait que sur elle seule du soin de tout découvrir. Au lieu d'inventer, nous observons, et comme tous ceux qui observent observent les mêmes choses, il est naturel qu'ils arrivent tôt ou tard à s'entendre, n'en déplaise aux purs métaphysiciens.

Enfin, toute hypothèse touchant la fonction devient vérifiable, c'est-à-dire susceptible de démonstration, puisque nous connaissons le siège, et que par son intermédiaire nous pouvons agir sur la fonction, chose impossible tant que la fonction reste une entité.

Nous rougirions d'insister davantage sur l'importance de la notion de siège : elle saute aux yeux.

Quelles sont donc les conditions anatomiques de la sensation ?

Nous avons indiqué tout à l'heure trois éléments dans la sensation ; à ces trois éléments physiologiques ou fonctionnels doivent nécessairement correspondre trois éléments anatomiques, auxquels il faut adjoindre un quatrième élément, élément conducteur, chargé de les mettre en relation.

L'impression, quelle que soit sa source, est reçue à la périphérie par un organe nerveux d'une constitution particulière et variable, portant des noms divers suivant le sens auquel il est attaché.

La conscience de l'impression se fait au seuil de l'appareil cérébral, dans le *ganglion sensitif*, masse de substance grise formée de cellules nerveuses et qui se trouve placée comme un intermédiaire entre la portion postérieure ou sensitive de la moelle épinière et le cerveau.

Enfin l'acte par lequel l'individu rapporte l'impression à l'objet extérieur a lieu dans le cerveau même. C'est une fonction de ses *lobes antérieurs*.

Les organes chargés d'établir une communication entre ces trois étapes de toute sensation sont les nerfs, cordons extrêmement tenus, essentiellement composés d'une partie centrale — *cylinder axis* — et d'une enveloppe visqueuse, qui, en dehors du cerveau et de la moelle, se recouvre d'un tissu lamineux qui forme le *névrilème*.

Peut-on dire que ces différents points sont dès aujourd'hui hors de conteste? Oui, ou peu s'en faut.

Personne ne discute l'existence des nerfs conducteurs, personne ne discute celle des organes d'impression. Si l'accord est moins parfait en ce qui concerne les deux autres éléments, c'est qu'il est encore difficile de les localiser avec précision et que le milieu scientifique actuel, trop inquiet de démonstrations purement objectives, n'attache pas assez d'importance aux preuves tirées des convenances logiques.

On admet les ganglions sensitifs que l'expérience anatomo-physiologique a rendus en quelque sorte *palpables* et *visibles*; on réserve son opinion quant aux autres, on ne semble même pas bien persuadé qu'ils existent.

C'est là le vice d'une éducation biologique dans laquelle on tend constamment à faire prévaloir le point de vue anatomique sur le point de vue physiologique. On veut voir et toucher avant de croire, alors même qu'il y a d'excellentes raisons de croire. La prudence est certainement une disposition toute scientifique, mais il ne faudrait pas que, pour se garder d'erreurs possibles, on tombât dans l'absurdité. Tout le monde convient aujourd'hui qu'à toute fonction répond un organe. Il suffit donc de déterminer avec précision le nombre des fonctions pour déterminer du même coup celui des organes, et alors même que nous ne parviendrions pas immédiatement à découvrir ces organes, nous sommes dans l'obligation de leur donner une place, cette place fût-elle provisoire, dans le cadre anatomique.

C'est en réalité parce qu'on ne s'est pas donné la peine d'analyser avec l'attention qu'il comporte le phénomène de la sensation, qu'on a pu douter de l'existence de certains de ces éléments. Le ganglion sensitif est aussi nécessaire que la fonction dont il est l'organe. Entre l'impression reçue à la périphérie et l'acte cérébral par lequel nous rapportons la sensation à un objet extérieur, il existe un terme moyen, auquel rien ne saurait suppléer.

Le travail de l'intelligence et du sentiment deviendrait radicalement impossible s'il était continuellement entravé par l'afflux incessant des impressions périphériques. Le cerveau ne peut évidemment entendre à toutes ; il doit être en position d'admettre les unes, d'écarter les autres ; c'est un grand seigneur qui ne donne pas audience à tout le monde. Et bien, c'est précisément dans le ganglion sensitif que les impressions font antichambre ; c'est là qu'elles sont d'abord reçues et qu'elles demeurent à la disposition du cerveau. On a remarqué qu'une méditation profonde, qu'une conversation animée, que l'attention fortement portée sur un objet procuraient parfois l'oubli des plus vives douleurs — témoin ces martyrs dont l'histoire nous peint la sérénité au milieu des supplices les plus cruels ; — on sait également que pendant le sommeil, les impressions parviennnent difficilement jusqu'au cerveau. Tout cela serait inexplicable sans la présence d'une station intermédiaire, où se rendent indistinctement toutes les impressions, mais où beaucoup aussi demeurent ensevelies si le cerveau ne les en tire pas. Le mot d'*attention* n'exprime pas autre chose. Le cerveau perçoit ou non une sensation, suivant qu'il veut ou ne veut pas sentir, suivant qu'il est ou n'est pas attentif, à moins, bien entendu, que la sensation n'atteigne une intensité telle qu'elle force la porte, pour ainsi parler.

Les différences curieuses qui se rencontrent dans les mémoires et les aptitudes des individus ne seraient pas moins incompréhensibles si nous ne reconnaissions entre le travail cérébral proprement dit et l'impression primitive une fonction qui consiste à emmagasiner les sensations simples et à les tenir à la disposition du cerveau. Le poète, le peintre, le musicien doivent être munis, cela va sans dire, de hautes facultés intellectuelles, mais, pour être complets, il faut encore qu'ils puissent renouveler presque à l'infini les matériaux de leurs images, ce qui suppose toujours des ganglions sensitifs spéciaux suffisamment développés. A l'autre extrémité de l'échelle ne voit-on pas l'idiot, l'être privé d'intelligence, pourvu parfois de la plus curieuse aptitude à garder certaines impressions, à retenir des airs de musique, par exemple? Et cela est-il explicable si l'on n'admet un organe spécial, indépendant de l'intelligence, chargé de conserver les sensations simples?

Ceux-là donc qui admettent l'existence de certains ganglions et n'admettent pas celle des autres manquent à toutes les lois de la logique. Ce sont les nécessités physiologiques qui doivent nous porter ici à admettre ou ne pas admettre, et l'absence actuelle de faits objectifs ne saurait nous arrêter.

Il n'est pas très sûr après tout que nous ayons découvert le siège vrai des ganglions que nous croyons connaître, mais ce dont nous pouvons être certains, c'est qu'à chaque sens est attaché un ganglion. Que nous négligions jusqu'à nouvel ordre de déterminer le siège de ces organes nécessaires, ou qu'avec le docteur Audiffrent, nous leur assignions des sièges provisoires, il n'importe : l'essentiel est que nous ne doutions pas d'eux.

Ce que nous disons de la conscience de l'impression et de son organe propre, le ganglion sensitif, s'applique aussi bien au dernier élément de la sensation et a son siège : la perception proprement dite.

Ici tout le monde est d'accord; non peut-être sur la localisation à donner au phénomène, question sur laquelle beaucoup de physiologistes se montrent encore fort indécis, mais sur le phénomène lui-même : on ne sait pas où il siège, mais on ne doute pas qu'il existe. Auguste Comte, devançant en cette occasion comme en beaucoup d'autres les savants contemporains, a localisé la fonction dans les lobes antérieurs du cerveau. Ceux qui seraient curieux de savoir quelles raisons à la fois objectives et subjectives ont déterminé le grand philosophe, n'ont qu'à lire le chapitre de sa *Politique positive* (ch. III, vol. Ier) où il les a exposées. Elles sont trop nombreuses et trop importantes pour que nous puissions les donner ici, même en résumé.

Nous admettons donc trois éléments et, par conséquent, trois organes dans la sensation. Mais nous admettons aussi que ces trois éléments ne présentent pas toujours le même degré d'intensité; et cela nous permet d'expliquer les cas plus ou moins éloignés de la sensation ordinaire, de la sensation moyenne, dans laquelle il y a en quelque sorte proportion entre les divers éléments.

Considérons d'abord le cas où l'élément fondamental de toute sensation, l'impression, est au dessous de la moyenne. La sensation arrive alors au cerveau tellement indécise que celui-ci ne peut la rapporter à aucun objet extérieur. Il a bien conscience d'une modification subie, mais il est incapable de dire au juste en quoi elle consiste. On donne le nom de *vagues* à cette sorte de sensation, dont le nombre et l'importance sont de beaucoup supérieurs à l'opinion qu'on s'en peut former d'abord et qu'on s'en est formée longtemps. Cabanis est le premier qui ait nettement montré leur rôle dans le développement et l'éducation de nos sentiments et de nos idées, et sa démonstration a plus ruiné les théories de Condillac, qui n'en avait tenu aucun compte, que ne l'ont fait toutes les dissertations ultérieures de M. Cousin.

Ces sensations vagues ne laissent pas de répit à notre cerveau ; elles proviennent tantôt des changements légers dont notre milieu est le théâtre, et qui agissent sur notre système cutané, tantôt des modifications qui s'opèrent en nous-mêmes, soit à la surface de la muqueuse, soit dans l'intérieur de nos organes. Ces sensations-là sont trop confuses pour fournir des images et faire naître des idées ; mais elles ont assez de force pour modifier nos dispositions et par leur entremise nos idées. Leur action est surtout manifeste à certaines époques de l'existence, et, en particulier, au moment où notre économie se complète et se développe. La puberté, qui, en apportant aux deux sexes des organes et des besoins nouveaux, les jette dans une disposition si extraordinaire, exalte à un si haut point leurs facultés, les pousse à des actes si étranges, la puberté cependant ne se manifeste à l'âme que par des sensations vagues, dont le jeune homme ou la jeune fille tenteraient vainement de se rendre compte.

Cabanis, dans la mémorable peinture qu'il en a faite, remarque avec raison l'influence qu'elles exercent sur certains individus prédisposés pour les conduire à la folie ou à un état voisin de la folie. Il est certain que toute une catégorie de mélancoliques et d'hypochondriaques sont moins malades du cerveau que de l'estomac, du cœur ou du ventre, bien qu'il faille toujours admettre chez eux une prédisposition suffisante. Une digestion irrégulière, un fonctionnement imparfait du poumon ou du cœur peuvent amener à la longue, par le malaise vague et continu dont ils sont la cause, un certain degré de folie, que les médecins ne guérissent qu'en traitant l'organe malade.

Au surplus, n'éprouvons-nous pas tous, dans le meilleur état de santé, l'influence journalière de ces sensations sur notre cerveau ? Sommes-nous les mêmes avant et après le repas, avant et après une course fatigante, au moment du coucher et au réveil ? Et cependant à quoi attribuer cette différence dans l'état de nos sentiments et de nos pensées, inons aux modifications dont ces sensations indescriptibles autant qu'incessantes sont la source ?

Si faibles que soient, dans la sensation vague, la conscience et la perception, il n'est pas douteux que l'une et l'autre s'y rencontrent. Ces deux éléments du phénomène disparaissent dans la sensation *inconsciente*.

La sensation inconsciente n'arrive pas jusqu'au cerveau, e, cependant elle n'en est pas moins une sensation. Comment cela ? C'est que la fin propre de toute sensation est de provoquer un mouvement : « Le sentiment et le mouvement sont liés l'un à l'autre, dit Cabanis ; tout mouvement est déterminé par une impression. » Et toute la physiologie le répète après lui.

Si le fait exprimé par Cabanis ne signifie point que tout mouvement est immédiatement précédé d'une sensation, attendu que beaucoup de sensations restent longtemps emmagasinées dans le cerveau avant de provoquer un mouvement, il ne signifie pas non plus que toute impression, pour produire un mouvement, doit nécessairement passer par le cerveau. L'expérience prouve manifestement le contraire.

Tout le monde a provoqué ou vu provoquer des mouvements, et même des mouvements compliqués chez un animal fraîchement décapité. Chatouillez-lui le flanc, il se gratte ; pincez-le, brûlez-le, il se met en défense : c'est donc qu'en de tels actes le cerveau n'intervient pas toujours. De même il est telle maladie de la moelle épinière dans laquelle l'individu se trouve exactement dans le cas de l'animal décapité et où l'on observe les mêmes faits. La continuité est rompue en un point de l'axe et au dessous de ce point les impressions sont arrêtées dans leur trajet vers le cerveau. Mais cela n'empêche pas que le pincement, le chatouillement, la brûlure ne provoquent des mouvements dans les parties correspondantes.

Voilà donc des cas où, bien évidemment, il y a sensation inconsciente, c'est-à-dire où l'impression détermine le mouvement sans participation du cerveau. Mais ces cas sortent de l'ordinaire, de l'état moyen, de l'état de santé. L'état de santé présente-t-il, lui aussi, des sensations inconscientes? Assurément, et en très grand nombre. On peut même dire que tous les mouvements qui s'effectuent dans les profondeurs de notre être, sont produits par des impressions qui n'atteignent point le cerveau. Elles peuvent, ces impressions, devenir, pour peu qu'elles s'accentuent, des sensations vagues, et même, en s'exagérant, des sensations très précises, allant parfois jusqu'à la douleur, mais dans leur état moyen, ordinaire, constant, elles demeurent inaperçues et ignorées. Bien portants, nous ne sentons point le bol alimentaire descendre dans notre estomac et circuler dans notre intestin, nous ne sentons point battre notre cœur, bondir nos artères, et nos glandes innombrables sécrètent leurs humeurs sans que nous nous doutions même qu'elles existent, sauf dans le cas de maladie où alors elles ne s'imposent que trop à notre attention.

Tout cela paraîtrait d'abord bien inexplicable et bien obscur si une conception plus large de la sensation ne nous amenait à penser qu'à l'origine de toute sensation inconsciente il y a une sensation consciente. Si le fœtus pouvait conter les impressions de sa vie intra-uterine, si l'enfant à la mamelle pouvait exprimer tout ce qu'il sent, nous constaterions que ce qui passe inaperçu pour l'adulte ne passe pas inaperçu pour le fœtus et l'enfant. Ce monde intérieur qui n'est rien pour l'homme est tout pour eux. Les contractions de leur cœur sont les évènements autour desquels gravite leur frêle existence. C'est à la longue seulement, et en vertu de la *loi de l'habitude*, si bien exposée par Bichat, que ce qui s'accomplissait d'abord avec effort et par un véritable acte d'énergie cérébrale, finit par s'effectuer de soi-même et avec une régularité d'autant plus parfaite que le cerveau capricieux n'intervient plus.

Le cerveau est un maître qui a des ministres auxquels il

confie le soin de surveiller les actes, une fois que ceux-ci ont été assez réglés. Ces ministres sont les amas cellulaires répandus tout le long de la moelle et d'où partent les nerfs moteurs. Tantôt l'ordre vient du cerveau et ne fait que traverser la cellule motrice. Mais tantôt, aussi, l'ordre part de la cellule motrice elle-même, qui réagit alors sous l'influence directe de la cellule sensitive avec laquelle elle est liée.

La marche, le saut, l'équitation, la natation, pour ne parler que des exercices les plus compliqués, seraient absolument inexplicables, tout vulgaires qu'ils soient, s'il fallait admettre que les mouvements qui les composent — et dans la plupart d'entre eux, il n'est pas un muscle du corps qui ne soit en jeu — sont toujours commandés par le cerveau. Au début, le cerveau commande ; il lui faut bien coordonner l'action musculaire, fixer les synergies, et il n'y parvient point sans mal — voyez l'enfant qui apprend à marcher. Mais peu à peu tout cela s'ordonne, se combine, s'accorde, et un moment arrive où l'homme, au milieu des exercices corporels les plus difficiles, garde l'esprit aussi disponible, aussi libre de préoccupations étrangères que si ses membres étaient au repos. Les sensations conscientes, dont ces mouvements dépendaient d'abord, sont devenues peu à peu inconscientes.

Nous venons de voir dans la sensation vague et dans la sensation inconsciente diminuer d'abord, puis disparaître complètement la part du cerveau. Nous devons examiner maintenant le cas inverse : celui où la part du cerveau s'exagère au point de devenir le seul élément de la sensation. C'est le double phénomène de l'illusion et de l'hallucination.

Entre l'illusion et l'hallucination nous ne retrouvons, comme entre la sensation vague et la sensation inconsciente, qu'une différence de degré. Dans l'illusion, quelque abusive que soit la part prise par le cerveau, la sensation est complète, nous y rencontrons les trois éléments, et toujours une impression à l'origine. Ce qui donne à cette variété de sensation son caractère spécial, c'est que l'image créée dans le cerveau sous l'influence de l'impression ne correspond pas ou correspond mal à l'objet extérieur qui l'a produite. Il y a illusion quand nous prenons un homme pour un autre, un arbre pour un homme, des nuages pour une montagne, un désert de sable pour une plaine liquide. Dans beaucoup de cas l'illusion est inévitable : l'objet est éloigné, nos sens sont médiocres, des circonstances extérieures, le brouillard, le vent, concourent à augmenter cette médiocrité naturelle ; l'image arrive au cerveau trouble et confuse et celui-ci, en voulant combler les lacunes, souvent tombe dans l'erreur. Mais il est aussi des cas où c'est l'état intérieur plus que l'état extérieur qui détermine l'illusion. L'individu est préoccupé, il a tend ou il craint ; une certaine image s'est emparée de son esprit, et il a comme une tendance à confondre avec elle les images plus ou moins voisines que la sensation lui apporte.

Il ne faut pas croire que les fous seuls soient sujets à l'illusion. C'est un phénomène très vulgaire dans la vie des hommes, et des plus sensés comme des autres. On s'imagine apercevoir dans le premier venu l'ami désiré, on croit lire son écriture sur la lettre qu'on vous apporte, on voit de la beauté dans celui ou celle qu'on aime, etc., etc. A cet égard, la vie est un tissu d'illusions.

L'hallucination s'éloigne davantage de l'état normal ou moyen. Là, la sensation est incomplète, car l'impression manque. Les images éveillées dans le cerveau ne répondent qu'à des excitations intérieures, le plus souvent passionnelles. Sous l'influence de sentiments exaltés ou de préoccupations oppressives, les objets de la contemplation intime la plus habituelle prennent tout à coup une intensité extraordinaire et, de simples souvenirs qu'ils sont en réalité, passent à l'état d'images vivantes. Ici nous côtoyons la folie, si nous n'y sommes tout à fait. Mais c'est là un sujet sur lequel nous aurons trop longuement à revenir dans notre prochaine leçon, pour que nous lui accordions plus de temps dans celle-ci. Il nous suffit d'avoir marqué le rapport de l'hallucination à la sensation.

Nous avons ainsi étudié la sensation d'une manière abstraite, et nous avons montré ce qui pouvait résulter de la diminution ou même de l'absence de plusieurs des éléments qui la composent.

Pour compléter son étude il reste à parler des sensations, ou mieux, des différents modes que présente la sensation.

Jusqu'au commencement de ce siècle, l'opinion commune avait limité à cinq le nombre de nos manières de sentir, de nos sens : la vue, l'ouïe, l'odorat, le goût et le toucher. Dans le cours de physiologie qu'il fit à la Sorbonne, vers 1830, de Blainville traitant la question crut devoir porter ce nombre à huit. Auguste Comte s'est rallié à cette opinion.

Est-elle fondée ? On n'en peut douter. Ceux qui tiennent pour le nombre cinq seraient assurément plus embarrassés de fournir les raisons de leur préférence que nous le sommes de fournir les nôtres. Vouloir enfermer sous la même rubrique de toucher des sensations aussi différentes que celles provenant d'un objet chaud ou d'une masse pesante, sous prétexte que nous ne connaissons pas encore les organes propres à chacune des deux sensations, n'est pas faire preuve d'une grande logique ni d'une conception très éclairée de la physiologie. Nous n'avons pas à revenir sur ce que nous avons dit plus haut touchant la nécessité d'admettre certains organes, lorsque l'analyse physiologique nous a démontré l'existence des fonctions correspondantes ; nous ajouterons seulement qu'en ce qui concerne les différentes sensations comprises jusqu'ici sous le nom vague de toucher ou de sensibilité générale, on ne saurait s'étonner de ne pas avoir encore pu distinguer leurs organes propres, quand l'on voit que les caractères qui distinguent un nerf moteur d'un nerf sensitif—caractères qui doivent évidemment être plus tranchés que ceux qui existent entre deux nerfs sensitifs quelconques — ne sont pas encore établis.

Ici donc, comme partout, c'est l'analyse physiologique seule qui doit déterminer notre opinion. Pure affaire d'observation et d'expérience : autant nous découvrirons de manières de sentir que nous ne pourrons ramener à aucune autre, autant nous admettrons de sens spéciaux. Or, il ne faut pas se livrer à des méditations bien longues pour constater que notre organisation est susceptible d'être impressionnée de huit manières différentes, correspondant à huit ordres de phénomènes que l'on peut classer sous les noms de *forme*, de *lumière*, de *son*, de *saveur*, d'*odeur*, de *pesanteur*, de *chaleur*, d'*électricité*. On remarquera que ces divers ordres de phénomènes forment autant de chapitres distincts dans nos traités de physique, ce qui montre bien, d'une part, que ces phénomènes ne sont pas réductibles les uns aux autres, d'autre part qu'ils sont bien huit, et non plus.

A cet égard on pourrait même faire observer que si l'on a réuni jusqu'ici sous une étiquette unique des phénomènes qui ne paraissent pas tout-à-fait de même ordre, comme sont les phénomènes électriques et les phénomènes magnétiques, c'est précisément que nos sens ne les distinguent pas, tant qu'on ne les a ramenés à des phénomènes visuels. De ce que le magnétisme a de nombreux points de contact avec l'électricité il ne s'ensuit pas qu'il y ait identité entre l'un et l'autre. Il nous manque, pour bien juger des différences qui les séparent, un sens magnétique. Et cela nous conduit à penser que peut-être ne connaissons-nous pas toutes les propriétés des corps. Nous leur en attribuons huit parce que nous avons huit sens, mais rien ne dit qu'avec une sensibilité plus parfaite, c'est-à-dire avec un plus grand nombre de sens, nous ne leur en découvririons pas davantage.

C'est donc sur une vue raisonnée des nécessités physiologiques que nous fixons à huit le nombre de nos sens, en distinguant quatre sens dans ce qui n'en formait jusqu'à Blainville qu'un seul sous le nom de toucher, à savoir : le *tact*, la *musculation*, la *coloration* et l'*électrition*.

Quatre sens ! c'est-à-dire quatre appareils spéciaux. C'est là, en effet, le point capital de la discussion.

S'il ne s'agissait que d'établir qu'il existe une différence entre une sensation de chaleur et une sensation de tact ou de pesanteur, on serait assez promptement d'accord, et il n'y aurait qu'à préciser le nombre de ces sensations distinctes ; mais ce que beaucoup de physiologistes n'admettent pas encore, c'est qu'à chacune d'elles soit attaché un appareil spécial, c'est que chacune ait ses nerfs propres, c'est qu'un même nerf sensitif ne soit pas chargé de porter au cerveau quatre impressions parfaitement distinctes. Ici encore nous nous heurtons à ce vieil esprit métaphysique, qui ne se plaît décidément que dans l'absurde. On reconnaît qu'une sensation de poids n'a rien de commun avec la sensation d'une secousse électrique; mais on ne voit rien d'impossible à ce que toutes deux se rendent au cerveau par le même nerf, alors qu'on bondirait à la seule pensée que l'œil puisse entendre ou l'oreille voir.

Ceux que des arguments purement logiques laissent indifférents devraient au moins se rendre à l'évidence des faits objectifs.

Il est en effet peu de points de la science sur lesquels on ait accumulé autant d'observations lumineuses, autant de preuves convaincantes. Il y a quelque trente ans, un médecin d'un très grand mérite découvrait que certains malades pouvaient perdre la sensibilité au tact ou à la pesanteur tandis qu'ils conservaient la sensibilité à la chaleur ou aux phénomènes électriques. Et il en déduisait naturellement qu'il y avait là des sens et des appareils distincts. Depuis, c'est par centaines que les faits de même ordre ont été observés et classés, et si quelque chose doit surprendre, c'est la résistance qu'on oppose encore à une vérité aussi évidente. Le curieux c'est que, faute de se dégager de l'esprit métaphysique, les récalcitrants, obligés de distinguer entre des sensations jusque-là confondues, sont tout de suite tombés dans l'excès contraire.

Ils ont accordé à l'homme beaucoup plus de sensations distinctes qu'il n'en a en réalité. C'est ainsi qu'on l'a, sans motif sérieux, gratifié d'un sens de chatouillement, qui n'est évidemment qu'une modification du tact ; c'est ainsi qu'on lui a concédé un sens de douleur, qui, logiquement, devrait être subdivisé en autant de sous-sens qu'il y a de douleurs distinctes. La douleur n'est que l'exagération de nos sensations diverses. La chaleur, le poids, l'électricité, le tact (pincement ou piqûre), la lumière, le son, etc., sont autant de sources de douleur, lorsqu'ils impressionnent trop vivement un sens. S'il est difficile parfois de rapporter la douleur à sa cause, c'est qu'il y a souvent dans la douleur exagération simultanée de plusieurs sensations et que les analyser n'est pas chose facile, lorsque le cerveau est jeté hors de lui-même par l'intensité de la souffrance. Mais il est des cas où le malade dépeint très bien et d'une façon très précise ce dont il souffre ; il dit : c'est une brûlure, une piqûre, un sentiment de tension, etc., etc., et l'on ne peut dès lors arguer de la confusion.

Les savants ont été conduits à spécialiser la douleur par les mêmes raisons qui les avaient menés à spécialiser certaines sensations. Ils ont cru rencontrer la douleur chez des sujets dont la sensation moyenne était abolie, ou, inversement, ne la plus trouver chez des sujets dont la sensation moyenne subsistait.

Il suffit d'analyser avec soin les cas cités, très nombreux d'ailleurs, pour s'apercevoir qu'il n'y a pas lieu d'en tenir compte. Le vice de la démonstration consiste à étudier la sensation moyenne sur un sens et la douleur sur un autre, à constater par exemple l'état de la sensation moyenne, en interrogeant le tact, et à s'enquérir de la douleur en interrogeant la calorition, comme si le même appareil sensitif portait au cerveau toutes les impressions. Pour que les faits fussent concluants, il aurait fallu montrer que le même individu percevait une impression de tact légère tandis qu'il restait insensible à un pincement ou à une piqûre, qu'il réagissait à une sensation de chaleur modérée tandis qu'il restait indifférent à une véritable cuisson.

Nous avons donc huit sens. Ces huit sens, est-il besoin de le dire, sont très imparfaits ; mais il y a des degrés dans l'imperfection.

Si tous nous indiquent plus ou moins l'existence de certaines propriétés dans les corps, tous n'y mettent pas assez de précision pour que nous puissions comparer entre eux ces différents corps. Il est difficile, par exemple, de reconnaître entre deux objets pesants et chauds lequel est le plus pesant et le plus chaud, lorsque la différence n'est pas fortement accusée.

De nos sens, la vue seule nous procure des notions vraiment précises, et encore nous renseigne-t elle mieux sur la forme et la direction que sur l'intensité et la couleur. Nous mesurons mal les qualités de lumière ou de coloration propres aux objets, mais nous mesurons bien leur direction par rapport à nous, et nous avons encore perfectionné ces aptitudes visuelles au moyen d'instruments spéciaux.

Le tact est, après la vue, le sens le plus précis, mais il ne nous apporte qu'un très petit nombre d'idées. Quant aux autres sens, leurs renseignements sont beaucoup plus vagues. Si nous percevons assez bien la hauteur des sons, nous jugeons mal de leur intensité et surtout de leur timbre. La musculation et la coloration nous fournissent des données encore moins exactes. Le goût et l'odorat ne nous donnent que des indications fugitives ; enfin celles que procure l'électrition sont si peu appréciables que, pour être fixé sur son existence, il faut artificiellement soumettre notre sensibilité à l'action exagérée des phénomènes électriques.

L'Humanité ne pouvait se contenter d'un tel à-peu-près ; mais comment rendre précis ce qui ne l'était pas ? La science a accompli ce prodige.

Elle s'est appliquée à transformer en sensations visuelles, c'est-à-dire en sensations précises, les sensations plus ou moins vagues qui nous venaient des autres sens. Et sur quoi s'est-elle appuyée pour opérer cette transformation ? Sur ce fait vulgaire, mais dont on ne pouvait tirer parti qu'après de très longues observations : que la modification qui s'opère dans telle ou telle propriété d'un objet n'est jamais isolée, mais toujours accompagnée au contraire de modifications simultanées dans les autres propriétés. Dans un corps qui s'échauffe, par exemple, il n'y a pas que son état thermique qui change ; sa luminosité, son état électrique, sa sonorité, sa forme changent également, et l'observation montre que ce changement n'est pas arbitraire, qu'il y a une relation constante entre la modification thermique et la modification d'électricité, de lumière ou de forme. De là le moyen d'apprécier les modifications les moins accessibles à nos sens au moyen des modifications les plus accessibles, c'est-à-dire les plus mesurables ; de là le moyen de connaître l'augmentation ou la diminution de chaleur d'un corps d'après une simple augmentation ou diminution dans sa longueur ou mieux dans celle d'un corps plus maniable soumis à la même température ; de là la possibilité de comparer les poids des corps d'après les mouvements d'un bras de levier, la hauteur des sons d'après le nombre des vibrations du corps producteur, l'intensité d'une source électrique d'après les variations de l'électromètre, etc., etc.

On peut dire qu'une science n'est constituée que le jour où les observations sur lesquelles elle repose sont réduites en observations visuelles, c'est-à-dire en observations mesurables et par suite comparables entre elles, ce qui ne veut pas dire, comme le croient naïvement les matérialistes, que tous les phénomènes quelconques ne sont que des phénomènes de mouvement, mais seulement qu'il y a coïncidence et connexité entre tous les phénomènes et que nous pouvons conséquemment apprécier les uns par les autres.

III

Quatrième loi : Subordonner les constructions subjectives aux matériaux objectifs.

La notion que toutes nos constructions subjectives reposent, en fin de compte, sur des sensations et, par suite, sur des matériaux objectifs, est une immense induction de l'Humanité.

Les Grecs, comme il est facile de le prévoir, en ont eu la première idée. C'est d'abord Hippocrate qui, dans son immortel Traité des airs, des eaux et des lieux, montre l'influence des milieux sur l'état des sentiments et des conceptions. Vient ensuite Aristote qui, d'un coup de génie, touche presque le but. Son aphorisme fameux : « Il n'est rien dans l'intelligence qui n'ait préalablement passé par la sensation » contient en quelque sorte la moitié de la vérité. La rectification ne viendra qu'au dix-huitième siècle — deux mille ans plus tard.

Pendant ces deux mille ans, le monde perd pied. Une théologie toute-puissante enseigne que la meilleure partie de nos connaissances nous vient d'en haut, que Dieu a daigné descendre sur terre pour révéler aux hommes ce qu'ils doivent croire sur les matières qui leur importent le plus. Depuis l'origine du monde jusqu'à la façon dont l'homme sent et pense, tout est objet à révélation; un seul domaine lui demeure interdit : celui des nombres et de l'étendue, sur lequel la science avait déjà mis la main.

Puis la révélation théologique fait place à l'inspiration métaphysique. Aussi inévitable que la première, et, à certains égards, plus incompréhensible peut-être, elle constitue cependant un progrès, puisqu'elle élimine tout élément étranger à l'homme et au monde. Ne pouvant expliquer par des motifs réels les mouvements de l'âme sous l'influence desquels il aime et il pense, mais se refusant à les rapporter plus longtemps aux caprices d'une *divinité*, l'homme suppose qu'en lui réside une puissance cachée qui lui souffle ses sentiments et ses pensées. C'est le règne absolu de l'imagination.

Est-il besoin de démontrer que, sous la doctrine de la révélation comme sous celle de l'inspiration, l'esprit humain ne fait jamais qu'obéir à la loi suivant laquelle toutes nos conceptions, les plus extravagantes comme les plus raisonnables, reposent sur des matériaux fournis par la sensation. Ce que le prophète ou l'apôtre prend pour la révélation divine n'est autre chose que le conseil plus ou moins impérieux donné par la raison sous l'impulsion du sentiment et la pression des circonstances. Il n'y a d'autre révélateur ici que l'intelligence guidée par la sensation. Elle seule révèle, elle seule inspire.

Mais pour que cette grande vérité devînt évidente, il fallait que nos conceptions se fussent multipliées, qu'une analyse minutieuse les eût retournées en tous sens, que de multiples théories se fussent fait jour, que le réalisme, que le nominalisme, que le conceptualisme eussent vécu.

Le XVIIIe siècle revient à la conception d'Aristote, mais avec un appareil d'arguments et de preuves, et par conséquent avec une puissance de démonstration qu'Aristote ne pouvait avoir. Sous l'influence de la révolution philosophique de Bacon et de Descartes, Locke, dans les dernières années du XVIIe siècle, publie son *Essai sur l'entendement*, qui, sauf une restriction importante, n'est que le développement de la pensée péripatéticienne. Aristote proclamait qu'il n'y a rien dans l'intelligence qui ne vienne des sens. Locke remarque que la sensation n'explique pas tout, qu'il faut admettre un effort propre de l'intelligence et que cet effort est la réflexion :

Nisi intellectus ipse, dit Leibnitz vingt ans plus tard, confirmant et précisant Locke.

La théorie de l'entendement et des idées reste la grande discussion philosophique du siècle. Hume avec ses *Nouveaux Essais sur l'entendement humain* (1742), Condillac avec son *Essai sur l'origine des connaissances humaines* (1746), Diderot dans sa *Lettre sur les Aveugles* (1749), Helvétius dans son livre *De l'Esprit* (1758), multiplient les artifices de l'analyse la plus ingénieuse pour saisir la vérité, les uns, comme Condillac et Helvétius, avec plus d'esprit métaphysique et plus de tendance au système ; les autres, comme Hume et Diderot, avec un génie plus scientifique et un plus réel talent d'observation. Kant, enfin, dans sa *Critique de la raison pure* (1781), sépare l'*objectif* et le *subjectif* et donne ainsi à la physiologie intellectuelle le degré de clarté que comportait le temps.

C'est à Auguste Comte, plus tard venu, qu'était naturellement réservé de construire une théorie rationnelle et définitive de l'origine des idées. En disant que cela lui était naturellement réservé, nous ne prétendons pas que, cérébralement, il fût plus en état qu'aucun de ses devanciers de résoudre un aussi grand problème ; nous voulons exprimer surtout qu'il est venu au moment où un homme de génie pouvait utilement mettre en œuvre tant de matériaux amassés. Que de phénomènes analysés, que de lois découvertes, que de notions nouvelles établies entre le moment où Kant publia sa *Critique de la raison pure* et celui où Auguste Comte énonça sa quatrième loi de Philosophie première, celle qui subordonne le subjectif à l'objectif ! Deux sciences, jusque-là empiriques, la chimie et la biologie, constituées sur des bases positives ; deux ordres de faits, faits sociaux et faits moraux, arrachés à la théologie et à la métaphysique et attribués à la science sous les noms de sociologie et de morale ; la théorie de la nature humaine mise au rang des connaissances positives ; la théorie de la sensation développée et complétée : n'était-ce pas là autant de points d'appui que n'avaient ni Locke, ni Leibnitz, ni Kant, et que possédait Auguste Comte ?

Comment, par exemple, les penseurs du XVIIIe siècle auraient-ils chassé du domaine intellectuel toute idée *innée*, quand leur imparfaite théorie de la sensation ne leur permettait même pas de comprendre d'où leur pouvait venir l'idée de masse et de force que nous donne la musculation ?

Et alors même qu'ils auraient eu une idée moins fausse de la sensation, comment se seraient-ils élevés à une conception nette des fonctions de l'entendement, alors qu'ils ne sentaient même pas la nécessité de les rapporter à un siège et de déposséder l'âme de son privilège d'immatérialité.

Auguste Comte, le premier, montra que toutes nos idées quelconques, même les idées mathématiques que Locke, Leibnitz et Kant considéraient encore comme des idées nécessairement innées et préexistantes, ont leur point de départ dans l'observation. Le premier, il montra que ces postulata, que ces axiomes que l'on a donnés si longtemps pour des vérités indépendantes de toute expérience, n'étaient, après tout, qu'un résultat d'expérience, et, par conséquent, que la mathématique, cette science classée en dehors de toutes les autres, cette science à part, n'était comme toutes les autres, quelque faible d'ailleurs qu'y fût le rôle de l'expérience et quelque grand qu'y fût celui de la déduction, qu'une science expérimentale (1). Newton avait introduit l'observation en mécanique, Auguste Comte la plaça au seuil même de la science des nombres : l'arithmétique.

Mais il a fait plus. Il a rattaché la loi qui subordonne l'intelligence à la sensation, et le subjectif à l'objectif, à la loi plus générale qui subordonne les phénomènes supérieurs, plus compliqués et plus nobles, aux phénomènes inférieurs,

---

(1) Dès 1819, Auguste Comte faisait de la Géométrie une partie de la Physique.

plus généraux. La quatrième loi de Philosophie première n'est en quelque sorte qu'un prolongement de celle qui soumet l'être vivant au monde extérieur, et elle en acquiert par là une consistance inébranlable.

Tout être vivant emprunte au monde extérieur des éléments qu'il lui rend en partie après les avoir transformés. Privé des éléments gazeux, liquides et solides dont il se nourrit, l'être meurt. Or, ce qui est vrai pour le corps est vrai pour l'âme, si par âme nous entendons les organes cérébraux de l'intelligence et du sentiment.

Le milieu est pour l'âme, comme pour le corps, un *aliment*, un *excitant*, un *régulateur*.

Un aliment : c'est-à-dire que le milieu fournit à l'âme la substance qu'elle transforme pour se nourrir. L'âme n'absorbe pas tels quels les matériaux qu'elle emprunte au dehors et qu'elle ingère sous forme d'impressions, mais elle les triture et les élabore et les convertit en idées et en constructions, de même que le corps, par le travail de la digestion, transforme, avant de les livrer à l'appareil circulatoire et par lui aux tissus, les substances introduites dans l'estomac. La construction finale peut être énorme, prodigieuse, fantasque au possible; l'analyse découvre qu'il n'y entre jamais que des impressions fournies par nos sens, et rien d'autre. Examinant quelques-unes de ces imaginations monstrueuses, comme il en est éclos dans le cerveau des poètes ou des fabulistes, Hume observe qu'on n'a jamais fait, dans les productions les plus extraordinaires, que joindre ensemble des idées vulgaires qu'on n'a point coutume de trouver unies. En pensant à une montagne d'or nous nous bornons à associer deux idées qui peuvent subsister ensemble, l'idée d'or et celle de montagne. Nous concevons un cheval ailé par la combinaison des idées d'aile et de cheval, un cheval vertueux, par la liaison des idées de cheval et de vertu. Avec la meilleure volonté du monde, l'homme en créant les dieux n'a jamais su que leur attribuer ses qualités ou ses vices. Il les a faits infiniment vertueux ou infiniment vicieux, mais il ne leur a donné en définitive que les vertus et les vices qu'il se connaissait.

Une sorte d'expérience naturelle a été très habilement mise à profit par les philosophes pour montrer que toute idée nous vient des sens ; c'est celle qui nous est offerte par des individus privés de la vue ou de l'ouïe. Tout le monde connaît les deux Lettres de Diderot sur les aveugles et sur les sourds, et le merveilleux tableau qu'il nous a laissé de leurs conceptions. Tout le monde a lu l'histoire de l'aveugle du Puiseau, de ses idées sur le vol et la pudeur, et la réponse de Saunderson au ministre qui veut lui prouver l'existence de Dieu d'après les merveilles de la nature : « Eh! monsieur, laissez là tout ce beau spectacle qui n'a jamais été fait pour moi! j'ai été condamné à passer ma vie dans les ténèbres et vous me citez des prodiges que je n'entends point et qui ne prouvent que pour vous et que pour ceux qui voient comme vous. Si vous voulez que je croie en Dieu, il faut que vous me le fassiez toucher. » Quel coup aux conceptions théologiques!

Mais la sensation n'est pas qu'un aliment, elle est encore un *excitant* pour notre âme, et par là nous entendons qu'elle agit sur l'état mental et moral pour le stimuler ou le déprimer, absolument comme agissent sur le corps les substances qui le nourrissent. Celles-là ne sont pas seulement alimentaires, elles ne servent pas uniquement à entretenir dans l'intimité du tissu le phénomène de rénovation continue qui est la vie, elles ont encore sur l'être une puissance stimulante ou dépressive qui marque ses effets par un accroissement ou une diminution d'activité; témoin l'énergie très différente dont font preuve l'homme qui quitte la table et celui qui a l'estomac creux ; témoin la hardiesse particulière que procurent momentanément à l'esprit et au corps le café, l'alcool et toutes les liqueurs fermentées, témoin l'abrutissement dans lequel l'opium et le haschich plongent leurs fumeurs.

La sensation a sur notre intelligence et nos sentiments un effet absolument comparable. Elle sert à nos constructions mentales, mais elle les provoque aussi. Affections ou spéculations, tout nous est inspiré par le milieu. C'est la nécessité d'agir sur lui pour le modifier, et non le hasard ou notre inclination particulière qui suscite nos méditations, et c'est à ceux que le sort a placés auprès de nous que va notre amour. Tout, dans ce qui nous environne, est stimulation pour la pensée et pour le cœur. Le moindre objet devient une source de désirs et de craintes, et par suite de combinaisons. L'image éveille le sentiment et celui-ci en retour réagit sur l'intelligence qui évoque les souvenirs, tire les conséquences et forge les plans. *La logique des sentiments*, suivant laquelle une conception se lie plus ou moins artificiellement à l'image d'un objet aimé, est, en partie, fondée sur cette loi.

Enfin le milieu, par l'intermédiaire de la sensation, est encore un *régulateur*, ce qui veut dire qu'il domine nos sentiments et nos pensées. Si le monde extérieur ne faisait que fournir des aliments au cerveau et ne le réglait pas, le cerveau s'épuiserait en chimères, et la vie de l'homme ne serait qu'un rêve.

L'état passager qui sépare la veille du sommeil et dans lequel le cerveau suit déjà sa voie capricieuse, sans avoir encore rompu tous liens avec le monde extérieur, deviendrait en quelque sorte l'état normal, et des associations d'idées sans suite, sans but et sans fin, quelque chose comme les constructions des moines hindous, remplaceraient dans ce monde la science et l'art. Heureusement il faut vivre, c'est-à-dire s'accommoder avec le milieu pour en tirer l'existence, et le soin de vivre préoccupe assez l'intelligence humaine pour qu'elle ne se prodigue pas en divagations stériles. Le milieu est donc un régulateur.

Nous avons ainsi ramené la quatrième loi de Philosophie première à la loi universelle qui veut que l'ordre plus simple domine l'ordre plus compliqué, ce qui nous conduit naturellement au terme de notre sujet. Sans avoir dit tout ce qu'il y avait à dire sur la sensation, nous croyons cependant en avoir donné une idée assez précise, pour n'être pas arrêté dans la suite de cette théorie de l'entendement.

Il reste maintenant à montrer comment ces sensations, que nous n'avons encore envisagées qu'à l'état simple, se combinent pour former des *images*, et comment ces images se classent et s'ordonnent pour fournir à nos méditations. C'est ce que nous étudierons en exposant la cinquième et la sixième loi.

COURS DE PHILOSOPHIE PREMIÈRE

PROFESSÉ PAR M. PIERRE LAFFITTE

HUITIÈME LEÇON

(RÉDIGÉE PAR LE Dr P. DUBUISSON)

DE LA CINQUIÈME LOI DE PHILOSOPHIE PREMIÈRE

Les images intérieures sont toujours moins vives que les impressions extérieures.

I

Démonstration de la cinquième loi de philosophie première.

Ce n'est point au moment même où les sensations lui arrivent que notre cerveau, du moins dans la très grande majorité des cas, les met en œuvre et les fait servir à ses constructions. Quelles qu'elles soient — inconscientes, vagues, ou conscientes — elles vont se déposer dans certains points déterminés des centres nerveux et attendent là qu'une nécessité intellectuelle vienne les en tirer. Elles ressuscitent alors sous forme de souvenirs, sous forme *d'images*. C'est sur des souvenirs, sur des images que travaille le cerveau, les sensations immédiates et directes étant, en général, trop peu nombreuses et trop spéciales pour lui être d'un grand secours.

Qu'est-ce donc que *l'image?*

Toute impression qui se reproduit en nous, indépendamment de l'objet extérieur qui l'a primitivement produite, se nomme image. On remarquera que cette expression *d'image* employée pour désigner le retour de nos sensations quelconques est empruntée aux plus caractéristiques d'entre elles, aux sensations visuelles, à celles qui — nous l'avons vu dans la dernière leçon — arrivent à se substituer à toutes les autres quand celles-ci sont trop peu précises. Aristote, dans le *Traité de l'âme*, use déjà de ce mot *image* en lui donnant la même signification.

L'image est donc la reproduction de nos sensations, et dans son sens le plus étroit, ce n'est que cela. Cependant il ne faut pas s'observer longtemps pour constater qu'il y a presque toujours dans l'image quelque chose de plus que le simple retour d'une sensation. On y rencontre également le retour d'une émotion. Toute sensation primitive détermine généralement en nous une émotion. Cette émotion reste, pour ainsi dire, attachée à la sensation qui l'a produite, et le jour où la sensation ressuscite, l'émotion réapparaît également. D'où cette conséquence qu'il y a dans toute image — sauf peut-être dans certaines images abstraites, fruit d'élaborations cérébrales diverses, qui ne provoquent pas par elles-mêmes d'émotions bien tranchées — le double retour d'une sensation et d'une émotion. C'est sur cette combinaison entre les émotions et les images proprement dites qu'est fondée la double logique des sentiments et des images, la première tendant à réveiller les images, la seconde tendant au contraire à réveiller les émotions.

Ces images ont un siège dans le cerveau : tantôt elles s'éveillent dans *l'appareil ganglionnaire*, et alors elles sont simples ; tantôt elles prennent naissance dans l'organe de la *contemplation concrète*, et alors elles sont composées. Ceci mérite explication.

Ce sont rarement des sensations simples que nous retrouvons dans l'image. Néanmoins on les y rencontre ; nous nous souvenons d'un son, d'une couleur, d'une sensation de chaleur ou de froid, etc., etc.; mais, d'ordinaire, ces sensations, sauf le cas où nous voulons précisément étudier les différentes propriétés des choses et où nous les décomposons par abstraction, se présentent à nous associées, combinées, et formant une unité, un tout. Le souvenir porte presque toujours sur des êtres, et l'image est généralement synthétique.

Ce que nous avons dit, dans la septième leçon, de la physiologie ganglionnaire suffit pour faire comprendre que le rappel d'une sensation simple ne peut être que le résultat d'une excitation ganglionnaire, les ganglions ayant pour fonction propre de recevoir et de garder les sensations dans leur état de simplicité.

Dès qu'il s'agit d'images composées, et, comme nous venons de le dire, c'est le cas le plus fréquent, nous ne pouvons plus expliquer le phénomène à l'aide des seules fonctions ganglionnaires, et nous devons alors faire intervenir l'action d'un nouvel organe : *la contemplation concrète*.

La contemplation concrète est, dans l'ordre de dignité croissante, le premier des cinq organes assignés à l'intelligence par Auguste Comte dans son tableau cérébral. Etroitement liée aux divers ganglions spéciaux, elle reçoit de chacun d'eux les sensations simples qui lui sont propres, et de la réunion de ces sensations simples elle construit les êtres qui donneront lieu aux images composées, de même que les sensations simples, déposées dans les ganglions, donneront lieu aux images simples.

Nous avons trop insisté, à propos de la sensation, sur l'importance d'un siège dans l'étude des fonctions pour qu'il soit utile de nous appesantir longuement ici sur les conséquences de cette localisation des images, tant simples que composées. Quelques mots suffiront.

De ce fait que nos images se trouvent soumises dans leur existence aux mêmes conditions matérielles que la portion de substance grise à laquelle elles sont attachées, il résulte d'abord qu'elles peuvent se reproduire spontanément, d'après certaines règles que l'expérience n'a pas encore complètement établies, mais qu'il est possible d'entrevoir. Une excitation quelconque, extérieure ou intérieure, — un coup appliqué sur le crâne ou un afflux sanguin par exemple, — pourront rappeler des sensations et des émotions sans aucune sollicitation intellectuelle ou morale proprement dite.

Du même fait il résulte également que nos images subissent dans leur état des transformations équivalentes à celles qu'éprouvent les éléments anatomiques sur lesquels elles reposent, ou encore des modifiations qui ont leur source dans la réaction des parties voisines ou éloignées sur ces mêmes éléments. Il se fait sur nos images, aussi bien de la part de l'intelligence que de la part du sentiment, un travail invisible dont nous ne pouvons nous rendre compte qu'en constatant les changements que le temps à la longue détermine sur elles.

Cette notion de siège nous permet encore de comprendre comment l'appareil des images réagit — et quelquefois d'une façon si vive — non seulement sur les autres fonctions cérébrales, mais encore sur le reste de l'organisme, par l'intermédiaire des nerfs moteurs et nutritifs à l'aide desquels le cerveau tient le corps sous sa dépendance. Elle nous permet enfin d'expliquer ce fait, devant lequel la psychologie est toujours demeurée sans réponse, que l'image n'a pas, en reproduisant une sensation, l'intensité première de cette sensation.

Ce point nous amène précisément au sujet même de notre leçon : à la cinquième loi, dont la formule est ainsi conçue :

Les images intérieures sont toujours moins vives que les impressions extérieures.

Cette formule est d'Auguste Comte ; mais la loi qui s'y trouve énoncée ne lui appartient pas en propre. Elle avait été, au siècle dernier, déjà puissamment ébauchée par Hume, qui à la première page de son admirable *Traité de la nature humaine* (1738) posait la distinction entre les impressions et les images, qu'il appelle *idées :*

« Toutes les perceptions de l'esprit humain, dit Hume, se résolvent en deux genres distincts que j'appellerai *impressions* et *idées*. La différence entre ces deux genres consiste dans les degrés de force et de vivacité avec lesquels ils frappent l'esprit et pénètrent dans notre pensée ou conscience. Ces perceptions qui entrent avec le plus de force et de violence, nous pouvons les nommer *impressions* ; et, sous ce nom, je comprends toutes nos sensations, passions et émotions, considérées lorsqu'elles font leur première apparition dans l'âme. Par *idées*, j'entends les faibles images que laissent les impressions dans la pensée et dans le raisonnement... Les degrés ordinaires des deux genres sont aisément distingués ; mais, en certains cas particuliers, ils peuvent se rapprocher très près l'un de l'autre. Ainsi, dans le sommeil, dans la fièvre, dans la folie, dans toutes les émotions violentes de l'âme, nos idées peuvent se rapprocher de nos impressions ; d'autre part, il arrive quelquefois que nos impressions sont si faibles et de si bas degré que nous ne pouvons les distinguer de nos idées. Mais, nonobstant cette étroite ressemblance en un petit nombre de cas, la différence qui les sépare est en général si nette que personne ne peut se faire scrupule de les ranger sous deux chefs distincts et d'assigner à chaque espèce un nom particulier pour marquer la différence. » (*Traité de la nature humaine*, pages 9 et 10, traduction Renouvier-Pillon:)

Plus tard Diderot a repris la même thèse, sans cependant augmenter beaucoup les vues de Hume, qu'il a plutôt défendues que développées. Enfin est venu Auguste Comte, qui a complété l'œuvre de ses prédécesseurs : 1° en donnant à la loi une netteté qu'elle n'avait pas et ne pouvait avoir dans l'esprit de Hume ; 2° en la formulant ; 3° en la mettant à sa place dans l'ensemble des lois qui régissent notre entendement.

Mais il ne suffit pas d'énoncer une loi, il faut encore la démontrer, c'est-à-dire rattacher au fait général qu'elle formule tous les faits particuliers, normaux ou anormaux, qu'elle est censée embrasser. Démontrons donc cette cinquième loi.

Nous disons que ce qui différencie l'image de l'impression, c'est l'*intensité*. L'intensité est donc le seul caractère commun à tous les cas, le seul qui se retrouve dans toutes les images, aussi bien dans celles qui se rapprochent extrêmement de la sensation primitive que dans celles que le temps et le travail du cerveau ont réduites ou transformées.

Toutefois, si ce caractère est le seul commun à tous les cas, il faut bien reconnaître : d'une part, que nos différentes sortes de sensations ne laissent pas dans notre cerveau des images également intenses ; d'autre part, que, même pour un certain ordre de sensations, il n'y a pas rapport direct entre l'intensité de l'image et celle de la sensation primitive.

Supposons une sensation gustative et une sensation visuelle également vives ; personne ne doute que l'image qui restera de la sensation visuelle ne sera d'une intensité très supérieure à celle provenant de la sensation gustative. Celle-ci pourrait même être infiniment plus pénétrante que l'autre, que son image resterait encore moins intense. C'est à peine si, dans certains cas, le souvenir demeure ; le meilleur vin du monde ne donne qu'une image bien fugitive.

Nous disons aussi que, même pour un certain ordre de sensations — qu'il s'agisse de celles de la vue, ou de celles de l'ouïe, par exemple — il n'y a pas rapport direct entre l'intensité de l'image et celle de la sensation primitive. C'est là un fait d'observation vulgaire. Tout le monde a remarqué que des phénomènes ou des évènements, qui ont passé presque inaperçus d'abord, peuvent donner lieu à des images d'une vivacité extrême, tandis que d'autres phénomènes, qui ont très fortement impressionné quand ils se sont produits, n'engendrent que des images bien moins intenses.

L'explication à donner de ce fait se tire des lois mêmes de l'animalité.

L'intensité de l'image est sans doute affectée par l'intensité de la sensation primitive, et, en général, à une sensation forte correspond une image forte, à une sensation faible une image faible. Mais quelque chose intervient qui peut modifier singulièrement cette relation ; ce quelque chose, c'est la possibilité de *répéter* la sensation, de la *reproduire à volonté.*

Les fonctions des ganglions sensitifs et celle de la contemplation sont soumises, comme toutes les fonctions de l'organisme, aux trois lois de l'animalité, c'est-à-dire qu'elles sont susceptibles d'exercice, et, par conséquent, d'habitude et de perfectionnement. Si nos besoins moraux, intellectuels ou pratiques vont réveiller fréquemment une certaine image, cette image tendra à devenir de plus en plus intense et à se rapprocher de l'impression primitive. Si celle-ci peut elle-même être reproduite à volonté, le degré de vivacité de l'image en sera accru d'autant.

Il résulte de là que les images proportionnellement les plus intenses sont celles que nous réveillons le plus souvent. Or, comme c'est presque exclusivement sur des images visuelles que nous faisons nos constructions mentales, depuis le projet le plus simple jusqu'au plus compliqué, il est naturel que ces images visuelles deviennent proportionnellement les plus intenses, étant de beaucoup les plus exercées. Après elles viennent les images auditives, celles qui nous sont les plus nécessaires et que nous exerçons le plus, après les images visuelles. Quant aux autres, nous serions assez embarrassés pour les classer. Pour celles-là ce sont, en général, les besoins pratiques de chacun qui accroissent ou diminuent leur intensité. Il est certain, par exemple, qu'un employé à la dégustation des vins possédera des images gustatives infiniment plus intenses qu'un buveur d'eau.

C'est si bien l'exercice et rien d'autre qui détermine l'intensité relative de nos images que nous parvenons à obtenir des images très nettes de sensations qui ne fournissent d'ordinaire que des images faibles et confuses, lorsque le besoin nous oblige à recourir plus souvent à ces sensations et à leurs images. C'est ainsi que l'aveugle, et surtout l'aveugle né, obligé de se servir pour ses constructions mentales d'images tactiles, arrive à donner à ces images une intensité égale à celle que le voyant parvient à donner à ses images visuelles.

Nous venons de voir ce que c'est que l'image, en quoi elle diffère de l'impression et en quoi les images diffèrent entre elles. Sommes-nous ainsi en état d'aborder l'étude du travail cérébral proprement dit? Non, car notre esprit ne met pas uniquement en œuvre les images dont nous avons jusqu'ici parlé, à savoir les images qui reproduisent, au degré d'intensité près, les impressions primitives, les images qui ne sont que des impressions affaiblies.

Ces images-là, on peut les appeler images *complètes* ; elles laissent dans notre mémoire la représentation plus ou moins exacte, mais totale, des objets qui les ont produites. Elles servent puissamment, en cet état, à nos besoins intellectuels, en ce qui concerne la vie pratique, esthétique, et même scientifique; mais si nous n'avions qu'elles, nous répondrions difficilement à la plus grande partie de nos besoins scientifiques, à beaucoup de besoins esthétiques, et même à certains besoins pratiques. Il faut donc que nous ayons d'autres images à notre disposition. Ces images seront des images *incomplètes*.

Notre cerveau, en vertu de son organisation propre, a le pouvoir de décomposer les images complètes, de considérer séparément les différentes parties, les différentes propriétés ou qualités qui les constituent. Ce pouvoir réside dans l'organe qu'Auguste Comte a appelé *la contemplation abstraite*, qui a ses images propres, les *images abstraites ou incomplètes*, par opposition aux images concrètes ou complètes de la contemplation concrète. L'image concrète se rapporte aux *êtres*, l'image abstraite est indépendante de tel ou tel être. Un objet quelconque porte en lui-même des propriétés particulières de forme, de couleur, de chaleur, d'odeur, de poids, etc.;

et l'image concrète nous représente cet objet avec toutes ces propriétés. C'est bien cet objet-là et non un autre que le souvenir réveille. L'image abstraite porte au contraire sur telle ou telle de ces propriétés ; c'est la couleur, c'est la forme, c'est l'odeur, c'est le poids, etc. ; mais il est évident qu'ainsi détachée de l'objet qui lui a donné naissance, l'image prend un caractère général qui lui permet de s'accommoder à tous les objets, et quand on réveille une image de cette nature, on ne saurait la rapporter à aucun objet extérieur déterminé, bien qu'elle ait sa source dans les objets extérieurs.

Ici se présente une difficulté. Nous nous rendons parfaitement compte de ce qu'est une image concrète ; c'est l'impression plus ou moins affaiblie de l'objet extérieur lui-même. Mais que peut bien être une image abstraite ? Comment nous représenter la forme *en soi*, le poids *en soi*, la couleur, l'odeur *en soi* ? Il serait téméraire de vouloir fixer ici la forme exacte que prennent dans chaque entendement les images abstraites. Ce qui est certain, c'est qu'elles ne sont des images qu'autant qu'elles sont représentées par des signes. Ces signes sont la plupart du temps artificiels, souvent arbitraires, l'important est qu'il n'y ait pas d'ambiguïté possible dans la relation établie entre eux et l'image abstraite.

C'est sur les images abstraites que s'exerce principalement notre esprit quand il construit, c'est-à-dire quand il modifie, transforme et combine. Il peut modifier une image concrète, c'est-à-dire une image déterminée, en accroissant ou en diminuant l'intensité de ses différents caractères ou de tel d'entre eux. Il peut également combiner ou associer entre elles des images concrètes pour en faire de nouveaux touts ; mais cette double opération est peu de chose comparativement à ce qu'il peut obtenir de la modification ou de la combinaison des images abstraites. Là le champ des transformations est véritablement infini. On le comprend sans peine si l'on songe que les propriétés que nous pouvons, par abstraction, détacher des êtres réels sont innombrables, et, en second lieu, que chacune de ces propriétés peut revêtir tous les degrés possibles d'intensité. On ne voit pas, en vérité, quelles limites assigner au pouvoir de combinaison propre à notre esprit. Les inventions les plus extraordinaires, les plus bizarres, les plus saugrenues de l'intelligence humaine deviennent, dès lors, aisément explicables, sans qu'il soit utile de faire appel à l'innéité des idées ou à la révélation divine. La création des monstres et des anges nous semble de même ordre que celle d'un personnage quelconque de drame ou de roman. La création de Dieu même ne nous paraît pas plus inexplicable. Ce qui aurait dû ramener la métaphysique et la théologie à des idées plus justes sur la valeur de leurs propres inventions, c'est cette remarque vulgaire qu'elles n'ont jamais su donner à leurs êtres les plus grandioses, les plus majestueux, les plus vénérés que les qualités, physiques ou morales, qui sont chez l'homme et chez l'animal. Toutes les qualités divines sont également des qualités humaines, et l'aile des anges se retrouve, en principe, sur tous les oiseaux.

La combinaison des images est une synthèse qui met en jeu toutes nos fonctions cérébrales. Le sentiment y intervient d'abord, quelque peu de cas que la métaphysique fasse de lui. Et il intervient de deux façons. D'une part, les émotions sont tellement liées aux images, que l'on ne peut réveiller des images sans réveiller en même temps des émotions, qui, réagissant, suscitent de nouvelles images. D'autre part il intervient directement pour provoquer, aider, soutenir soit la formation, soit la modification et la combinaison des images. A moins que nous ne demandions à notre esprit quelque effort particulier et soutenu — et, dans ce cas encore, on retrouve toujours à l'origine le sentiment impulseur — le spectacle qu'offre spontanément notre intelligence est celui d'une succession plus ou moins incohérente d'images qui naissent et meurent sous l'influence des passions qui se livrent bataille dans notre cerveau. Le rêve nous est un exemple de ce que peut donner par elle-même la spontanéité cérébrale, et notre vie intellectuelle et morale serait un rêve perpétuel si le monde extérieur, avec sa régularité propre et ses exigences terribles, n'intervenait comme régulateur.

Toutes les fonctions intellectuelles entrent en activité dans l'élaboration des images. C'est d'abord la contemplation, concrète et abstraite, double réservoir de nos images, siège de leur formation première et de leur reproduction consécutive ; c'est ensuite la méditation, tant inductive que déductive ; l'inductive coopérant, par son office normal, au rapprochement des images ; la déductive jugeant de la convenance ou de la disconvenance de ces rapprochements, et déterminant l'association et la combinaison des éléments fournis par l'observation et rapprochés par l'induction. Le langage enfin a un rôle indéniable dans ce travail d'imagination. Il lui faut des signes, des images, et pour les obtenir il sollicite sans cesse les autres organes intellectuels. Ce n'est pour eux, ni un allié, ni un serviteur, c'est un stimulant.

Faut-il ajouter que le caractère lui-même a sa part dans la formation des images. Il y a sa part en vertu de sa destination générale qui est de provoquer, de retenir ou de soutenir l'exercice de tous nos organes cérébraux quelconques. Il agit aussi bien sur les organes du sentiment que sur ceux de l'intelligence, et entre ceux-ci son action s'exerce également sur l'appareil de la contemplation, sur celui de la méditation, et sur celui de l'expression.

Si nous appelons *imagination* le travail cérébral qui consiste à reproduire, à modifier, à associer et à combiner les images, nous voyons donc que ce travail est le résultat, non pas d'une faculté unique, comme le veulent les métaphysiciens, mais bien de toutes les facultés intellectuelles, morales et autres qui ont pour siège le cerveau.

Et cela explique, pour le dire en passant, tous ces phénomènes que les psychologues ne sont jamais parvenus à éclaircir. Ce n'est pas, en effet, avec l'hypothèse d'une faculté unique, l'imagination, que l'on peut rendre compte de cette multiplicité d'aptitudes particulières que l'on rencontre parmi les hommes et qui toutes cependant reposent plus ou moins sur la disposition à imaginer. Si l'imagination est une faculté simple et non une résultante de facultés, il est évident que les seules différences qui devront exister entre les hommes seront des différences de degré. On aura plus ou moins d'imagination, mais celle-ci présentera toujours le même caractère, au degré près. Or, c'est ce qui ne s'observe pas dans la réalité des choses. Il y a non seulement différence dans le degré, mais il y a encore différence dans le caractère de l'imagination. Il y a des imaginations poétiques, des imaginations musicales, des imaginations scientifiques, etc., etc. Seule, la théorie positive donne la clef de ces diversités si nombreuses, et parfois si extraordinaires. Il tombe sous le sens que, si l'imagination est une résultante de facultés, qui toutes peuvent intervenir avec une énergie différente, leur combinaison produira les effets les plus variés.

Toutes les aptitudes esthétiques s'expliquent chez les individus qui les possèdent par un développement supérieur de la contemplation concrète auquel vient se joindre un essor particulier de tel ou tel organe ganglionnaire. Chez les musiciens, ce sera le ganglion auditif, chez le peintre le ganglion visuel. Lorsqu'à cette double supériorité se réuniront en outre les hautes facultés intellectuelles, on obtiendra le génie musical ou pictural. Les aptitudes scientifiques et philosophiques s'expliquent, de leur côté, par la combinaison d'une contemplation abstraite spécialement active avec des facultés méditatives exceptionnelles. Et encore tout cela ne rend compte que de l'aptitude. Cette aptitude pourra rester latente si toutes les autres parties du cerveau n'interviennent, si le sentiment ne donne l'impulsion première, et si le caractère n'est là pour triompher des difficultés que toute réalisation rencontre.

Cette théorie ne serait point complète si nous ne disions quelques mots des relations qui existent entre l'imagination — nous prenons le mot dans son sens positif — et le reste de l'organisme. S'il existe un lien étroit entre toutes les parties du cerveau, il existe des liens non moins étroits entre le cerveau et le corps. Il résulte de là que l'imagination, fonction complexe du cerveau, est nécessairement influencée par les modifications qui atteignent le reste de l'organisme. Quiconque s'est observé sait très bien que l'état de l'estomac, de l'intestin ou du cœur agit directement sur la formation des images. On sait que l'alcool, le vin, le café pris à doses modérées surexcitent la production des images et donnent de l'éloquence et de la verve aux moins bien doués. La maladie, les tourments physiques, en influençant nos dispositions morales, réagissent par elles indirectement sur notre appareil contemplatif où s'éveillent alors les images tristes et les pensées désolantes.

La réciproque n'est pas moins certaine. Le corps influe sur la production des images, mais celle-ci influe à son tour sur le corps. C'est là un point plus méconnu; mais, outre qu'une observation directe, à laquelle chacun a pu se livrer, met le fait hors de doute, il est de ceux dont l'existence peut être établie *à priori*. A l'exception de quelques images abstraites, en elles-mêmes indifférentes, toutes nos images, nous l'avons dit, sont indissolublement liées à des émotions, en sorte que nous ne pouvons pas réveiller une image dans la partie antérieure de notre cerveau, sans qu'aussitôt nous n'éveillions une émotion dans sa partie postérieure. Mais celle-ci, nous le savons, est en relation directe avec le reste de l'organisme par l'intermédiaire des nerfs nutritifs, et ce qui serait dès lors inadmissible, ce n'est pas que l'imagination fasse sentir son action sur les viscères, c'est qu'elle ne la fasse pas sentir.

II

Théorie positive de la continuité des images.

Nous n'avons pas encore tout dit sur la théorie des images. Il nous reste à parler de leurs relations avec le monde extérieur, de ce monde qui leur a donné naissance, qu'elles représentent et qu'elles nous servent à modifier.

Toutes les fois que nous évoquons une image complète, il n'y a pas seulement retour de l'impression primitivement ressentie, il y a encore rapport de cette impression avec l'objet extérieur qui l'a provoquée. S'il n'y avait qu'un retour d'impression et rien de plus, notre vie se passerait à accumuler les images, sur lesquelles notre intelligence pourrait à la rigueur s'exercer, mais qui ne nous seraient d'aucune utilité dans la pratique.

Celle-ci, en effet, repose sur l'expérience, laquelle, à son tour, est fondée sur la possibilité, non seulement de comparer entre elles les images diverses que l'observation recueille, mais encore de rapporter ces images aux objets qui les ont produites, c'est-à-dire de leur restituer leur position dans l'espace et dans le temps. De ces deux éléments : l'*espace* et le *temps*, d'où dépend *l'objectivation* de l'image, le premier représente les conditions matérielles, les caractères extérieurs et distinctifs de l'objet producteur de l'image et qui font que cet objet ne pourra être confondu avec aucun autre ; le second représente la succession des images, leur enchaînement et le rapport qui existe entre telle ou telle de ces images et l'une d'elles prise comme point de départ ou terme de comparaison. Ceci revient à dire, en langage vulgaire, que l'acte de se souvenir est une opération double qui consiste, d'une part à se retracer l'objet, d'autre part à se reporter au moment où il a fait impression sur notre esprit. Ces deux parties de l'opération, quoique indispensables l'une et l'autre pour qu'il y ait souvenir, ne sont pas néanmoins absolument connexes, en ce sens qu'on peut avoir gardé une image très vive d'un phénomène sans avoir conservé pour cela une idée exacte du moment où il s'est produit. Tel individu, telle maison, tel paysage, nous reviennent avec une exactitude surprenante, et quelquefois il nous est impossible de retrouver, au moins immédiatement, l'époque où nous l'avons aperçu. C'est souvent au moyen du raisonnement, c'est-à-dire à l'aide de l'appareil méditatif, que nous rétablissons cette notion du temps. Les faits sont enchaînés les uns aux autres dans le temps, comme ils le sont dans l'espace, ils se tiennent mutuellement, et il suffit dans beaucoup de cas de se remémorer le moment de tel ou tel autre fait pour obtenir celui du fait actuellement considéré.

Quoi qu'il en soit, nous pouvons nous faire dès à présent une idée positive de ce qu'on appelle le *souvenir*. Le souvenir est une image que nous rapportons à une impression, en déterminant à la fois le lieu et le moment où elle nous a frappés.

Quant aux conditions physiologiques du souvenir, aux conditions qui nous permettraient d'expliquer ses diverses manières d'être, ses bizarreries, ses anomalies apparentes, nous devons reconnaître que nous sommes là-dessus très peu avancés et qu'en ce point il y a plus de questions posées que de questions résolues. Comment se fait-il, par exemple, que certains souvenirs demeurent au milieu d'une foule d'autres qui ont sombré, que nous nous rappelons subitement au sein de la vieillesse tel ou tel fait qui a frappé notre enfance et qui, depuis lors, était tombé dans l'oubli? Pourquoi certaines périodes de la vie laissent-elles après elles des souvenirs extraordinairement vivants, tandis que d'autres laissent à peine une trace fugitive? Pourquoi enfin certaines images reviennent-elles d'une manière quasi-périodique assiéger et tourmenter notre esprit? Ce sont là autant de problèmes d'une complexité extrême et dont la solution n'est même pas entrevue. Tout au plus pourrions-nous dès à présent tenter d'analyser les données qui entrent dans leur composition et, par suite, indiquer dans quelle voie les recherches doivent être conduites. On ne peut douter, par exemple, de l'intervention du sentiment dans le phénomène du souvenir ; mais comment et dans quelle limite intervient-il ? L'association des images est un autre élément du souvenir ; mais comment cette association s'opère-t-elle ? quelles sont ses lois ? Le milieu, les habitudes sont également des conditions qui importent soit à l'intensité, soit à la périodicité de nos souvenirs et sur lesquelles nous n'avons que de bien vagues renseignements ; enfin il y a les conditions physiques, matérielles, anatomiques du souvenir, d'où toutes les autres dépendent, après tout, et qui nous sont encore presque totalement inconnues.

Le jour où nous tiendrions une réponse à toutes ces questions, nous ne posséderions pas seulement une véritable théorie du souvenir, nous aurions encore le moyen de le gouverner. L'empirisme l'a bien tenté et il a même posé certaines lois. Mais combien tout ce qui a été fait jusqu'ici dans cette direction est peu de chose auprès de ce qui sera fait quand on aura éclairé d'une manière suffisante ce coin obscur de la physiologie mentale ! Toutes nos ressources actuelles se bornent à quelques règles fondées sur l'association des images. Elles ne sont assurément ni sans intérêt ni sans valeur ; mais bien fou celui qui voulant diriger ses souvenirs se confierait d'une façon absolue et exclusive aux procédés de la mnémotechnie !

Donc, l'étude des conditions du souvenir non seulement n'est pas ébauchée, mais elle n'a même jamais été vraiment posée, ce qui se conçoit, d'après l'horreur de la métaphysique pour toute matérialisation des phénomènes intellectuels, du souvenir comme des autres. Or, les premières recherches à entreprendre doivent justement porter sur cette question de siège. Il s'agit de savoir d'abord où s'accomplit le souvenir complet, inséparable des notions d'espace et de temps. A *priori*, et d'après des considérations tirées du classement et du siège de nos facultés intellectuelles, considérations sur lesquelles nous avons trop souvent insisté pour qu'il soit utile d'y revenir ici, nous émettons l'avis que le souvenir complet, avec ses deux éléments fondamentaux concernant le temps et l'espace, s'accomplit dans l'observation concrète, c'est-à-dire dans l'organe où s'accumulent et se reproduisent les images.

C'est qu'en effet le souvenir proprement dit suppose toujours le concours ou l'association d'*images constantes* autour d'une image prépondérante qui constitue l'*être*. Elle suppose par conséquent la notion d'être qui ne peut être conçue, comme nous allons le voir, que par l'observation concrète.

Sans répéter ce que nous avons dit au sujet de l'importance d'un siège, soit à propos des sensations, soit à propos des images, faisons remarquer une fois de plus quelles conséquences considérables sont à tirer du point de vue qui fait passer ces études de l'état métaphysique à l'état positif. Le seul fait que nous possédons une hypothèse précise sur le siège du souvenir et les notions de temps et d'espace qui en forment la base nous amène à concevoir comme possible l'explication d'une foule de faits, qui autrement ne nous apparaissent que comme des phénomènes extraordinaires et anormaux. Dès que le souvenir n'est plus qu'une fonction de l'organisme, fonction en rapport direct avec toutes les autres fonctions de l'organisme, tant végétatives qu'animales et cérébrales, on comprend que l'organe du souvenir peut être affecté de mille façons, soit directement, soit indirectement, et à tous les degrés, depuis l'excitation légère qui provient de l'ingestion d'un peu de café ou d'alcool, jusqu'à l'altération profonde qui résulte d'une véritable maladie.

A la théorie du souvenir se rattachent plusieurs questions intéressantes qui, de tout temps, ont préoccupé les psychologues, et sur lesquelles on a beaucoup déraisonné, faute d'une conception positive. Le fait de la construction de l'être, le phénomène de la reconnaissance, les notions de substance, de mode, d'accident, la théorie du moi et de l'unité personnelle rentrent dans cette catégorie. Donnons quelques instants à chacune de ces questions.

La construction de l'être — c'est-à-dire la formation dans notre esprit d'une image complète qui nous permettra, lorsque nous nous retrouverons en présence de l'individu ou de la chose, de dire : c'est lui, ou c'est elle — la construction de l'être n'est pas un phénomène simple et encore moins un phénomène passif de notre cerveau. C'est au contraire un phénomène très complexe et très actif, auquel participent toutes les parties du cerveau, bien que l'observation concrète en soit le siège principal. D'une part, en effet, il s'agit finalement de construire une image complète, et c'est dans l'observation concrète que se forment ces sortes d'images ; d'autre part, le phénomène de la construction de l'être est commun à l'homme et à beaucoup d'animaux, ce qui fait supposer qu'il doit avoir lieu dans la partie du cerveau antérieur qui se rencontre d'abord dans la série animale.

Physiologiquement, cette construction consiste à rapporter une série d'images secondaires à une image prépondérante.

L'image prépondérante est nécessairement fournie par les impressions les plus énergiques, les plus renouvelables et les plus persistantes, c'est-à-dire par les impressions visuelles, qui tout d'abord déterminent une image d'ensemble, une sorte d'ébauche de l'être à construire. Puis autour de cette image prépondérante viennent se grouper toutes sortes d'images secondaires, qui vont donner à l'être ses caractères, le parfaire, le compléter ; ces images-là sont fournies par toutes les impressions autres que les impressions visuelles, c'est-à-dire par les impressions auditives, tactiles, odorantes, gustatives, musculaires, etc., etc. Chacune d'elles arrive à son heure et se lie à l'impression visuelle de manière à n'en pouvoir plus être séparée. L'être se construit ainsi peu à peu, et quand la construction est achevée, l'esprit possède une image complexe dans laquelle entrent toutes les espèces d'images que nos ganglions peuvent fournir. Lorsque nous nous représenterons cet être, nous ne croirons pas seulement le voir, nous croirons encore l'entendre, le sentir, le toucher ; aucune des impressions qu'il nous aura procurées ne reparaîtra sans les autres. Et cet être une fois construit ira se modifiant avec les impressions nouvelles qu'il nous fournira ; il sera sujet à amélioration ou à déchéance ; nous grefferons des émotions sur son image ; il ne nous apparaîtra qu'avec toutes ses qualités, bonnes ou mauvaises, intellectuelles, morales ou physiques. Il va de soi que dans une construction semblable tout le cerveau est intéressé, que le sentiment intervient, ne fût-ce que pour modifier nos observations — on voit en beau ce qu'on aime, en laid ce qu'on hait — et que les plus hautes facultés intellectuelles ont leur rôle pour rapprocher et coordonner, opérations élémentaires de toute construction.

Au phénomène de la construction de l'être se rattache intimement celui de la *reconnaissance*.

Reconnaître, c'est établir par comparaison la ressemblance entre une image gardée par notre cerveau et la sensation directe que procure l'individu ou l'objet qui a suscité l'image ; quelquefois c'est établir la ressemblance entre deux images. Il est des cas où la reconnaissance n'exige que peu d'efforts de notre intelligence : il est certain que, si l'individu ou l'objet que nous revoyons a donné lieu dans notre esprit à l'une de ces constructions dont nous venons de parler, tout concourra à nous le faire reconnaître, depuis l'aspect et le son de la voix jusqu'à la sensation tactile et calorifique que nous donnera la pression de la main ; mais il est aussi des cas où la reconnaissance est un bien autre travail. Sans parler de ceux où l'individu, que nous n'avons pas revu depuis longtemps, est considérablement changé et où il faut que nous fassions appel à toutes nos ressources mentales pour identifier l'image présente à l'image ancienne, il y a le cas si fréquent où nous

nous trouvons en présence d'un objet qui n'a laissé dans notre esprit qu'une trace fugitive. En quel lieu, à quel moment l'avons-nous vu ou entendu ? Ici, la plupart du temps nous serions vaincus par la difficulté si nos plus hautes facultés intellectuelles, l'induction et la déduction, ne venaient au secours de l'observation concrète. Par l'induction, qui groupe, qui réunit, qui solidarise, nous rattachons l'objet à ses entours, nous le replaçons dans son milieu ; par la déduction, nous rétablissons l'ordre et la succession des évènements et nous remettons l'objet à sa place dans le temps. Le cœur joue dans ce phénomène de la reconnaissance un rôle non moins capital que dans celui de la construction, d'ailleurs identique. L'impression aimable, comme l'impression terrible, aident singulièrement au souvenir. L'image indifférente s'efface vite ; celle qui s'accompagne d'un sentiment d'amour ou de crainte demeure au contraire et s'éveille au premier choc. Si l'enfant construit et reconnaît sa mère longtemps avant tous les autres êtres qui l'entourent, c'est que dès le premier jour elle a développé chez lui les sentiments tendres ; le poète a dit : c'est au sourire que les enfants apprennent à reconnaître leur mère.

Une chose à noter est que les trois premières lois de philosophie première interviennent efficacement dans ces deux opérations de l'esprit : la construction de l'être, la reconnaissance. Il est évident que l'une comme l'autre reposent sur cette opinion spontanément enracinée chez tous les hommes de tous les lieux et de tous les temps — quelles qu'aient été d'ailleurs les théories régnantes — que le monde n'est pas soumis à une instabilité perpétuelle, qu'il y a en lui quelque chose de fondamental qui ne varie pas et que la portion contingente et variable porte uniquement sur l'intensité des phénomènes et non sur leur arrangement. Supposons un monde trop mobile : il est certain qu'aucune construction et aucune reconnaissance ne seraient possibles. Toutes les impressions donneraient lieu à des images nouvelles ; rien ne viendrait compléter et parfaire les images anciennes ; nous n'aurions à notre service que des images également précaires et fugitives. Heureusement, toutes les théologies du monde n'ont pas ébranlé la confiance de l'homme en ce point : qu'il y a permanence dans ce qui l'entoure.

A la théorie de la reconnaissance se rattache une des théories sur lesquelles on a peut être le plus divagué : la théorie de l'*unité personnelle*, de l'*unité du moi*.

Qu'est-ce que la notion du moi ? C'est une notion relative, comme le phénomène de la reconnaissance, avec lequel, d'ailleurs, il se confond. Se reconnaître soi-même — car c'est en cela finalement que consiste la notion du moi — n'est pas un phénomène différent en lui-même de celui qui consiste à reconnaître les autres. L'opération exige les mêmes facultés et des procédés identiques.

C'est une notion qui ne s'acquiert que peu à peu ; l'enfant ne naît pas avec la conscience de son moi, il naît simplement avec des facultés propres à l'acquérir. Il se construit comme il construit un être quelconque, avec cette seule différence que les impressions et les images qui viennent se grouper autour de l'impression et de l'image principale sont plus nombreuses que dans tout autre cas, attendu qu'aux images externes, celles que lui donnent la vue, l'ouïe, le toucher, se joignent les images internes, si nombreuses et souvent si intenses qui proviennent des viscères. De ce que nous disons *je* ou *moi* il ne s'ensuit nullement, quoi qu'en ait pensé Descartes, que nous naissions avec une façon de nous considérer nous-mêmes absolument différente de celle dont nous considérons les autres. Il ne faut pas oublier que c'est à la longue et par un fait d'abstraction que nous mettons *je* ou *tu* aux lieu et place du nom propre. L'enfant emploie des mois, des années avant de comprendre que c'est à lui qu'on s'adresse quand on lui dit *tu* et que pour parler de lui-même il doit dire *je*. Pour se faire entendre de lui, on lui parle à la troisième personne et on emploie son nom : « Pourquoi Hélène ne mange-t-elle pas? pourquoi Georges a-t-il cassé son jouet? » Croit-on par hasard que le chien ou le chat, qui ne disent point *je*, n'ont pas conscience d'être, n'ont pas idée de leur *moi* et se prennent pour d'autres?

Donc la notion du moi n'est pas un phénomène différent de celui de la reconnaissance et de la construction des êtres; et ayant même nature, il doit avoir même siège, c'est-à-dire la contemplation concrète. D'où il suit que tout ce qui altérera la contemplation concrète altérera également la notion du moi. On la voit disparaître ou se modifier — se dédoubler en certains cas, — dans quelques maladies mentales, on la voit s'affaiblir dans la vieillesse. Les grandes perturbations morales ont parfois des effets identiques. C'est le cœur qui mène l'homme, et quand de grands changements se sont faits dans le cœur, l'esprit entraîné ne résiste pas toujours à l'assaut, et l'unité est rompue. Les impressions ne provoquent plus les mêmes émotions; et il y a alors comme deux *moi* superposés.

Les questions d'identité et de continuité reposent sur celle d'unité du moi. Elles ne présentent en plus que la possibilité de rapporter les images, d'où dépend la notion du moi, au lieu et au temps de leur impression, elles représentent le *souvenir* en tant qu'il concerne le moi et, comme le souvenir, peuvent être affectées de mille manières, depuis le trouble le plus insignifiant jusqu'à la plus complète destruction. Tout ce qui a été dit sur la *persistance* indéfinie du moi reste donc une affirmation métaphysique et sans preuve

Nous avons indiqué comme se rattachant à la question du souvenir quelques notions secondaires, telles que celles de *substance*, de *mode*, d'*accident*. Ce que nous avons à en dire se résume en ceci: que toutes ces notions sont des produits de l'observation abstraite, saisissant ce qu'il y a de commun et de fondamental dans tous les êtres construits par l'observation concrète. Ce sont encore là de ces produits lentement formés par notre intelligence, à la suite d'une multitude d'observations, et que nous ne possédons pas plus de naissance que nous ne portons dans notre tête en venant au monde l'image d'un professeur en Sorbonne ou la silhouette du Parthénon.

III

Des modifications pathologiques que comporte la cinquième loi de philosophie première.

Une théorie n'est complète, d'après les trois premières lois de philosophie première, et surtout d'après la troisième, qu'autant qu'après avoir établi *l'état moyen,* on indique les limites de variation extrême, autrement dit l'état pathologique. C'est ce qui nous reste à faire en ce qui concerne cette théorie des images.

La cinquième loi de philosophie première porte que l'image sera moins intense que l'impression qui l'a fait naître. Ce sera là l'état normal ou moyen. L'état pathologique consistera dans une modification de cette intensité relative; l'image sera plus intense que l'impression, on aura l'*hallucination*.

Occupons-nous donc de l'hallucination. Secondairement, nous parlerons de quelques modifications pathologiques qui atteignent non plus l'image, mais le souvenir dans ses deux conditions de lieu et de temps.

L'hallucination est le phénomène intellectuel dans lequel, nos images prenant une intensité égale à celle de l'impression primitive, nous ne pouvons nous empêcher de croire à une impression nouvelle; dans lequel, en d'autres termes, nous confondons l'image avec l'impression.

De même que l'image est simple ou composée, l'hallucination peut être aussi simple ou composée.

L'hallucination simple a pour siège le ganglion, comme

l'image correspondante. On pourrait l'appeler l'hallucination ganglionnaire.

Autant nous comptons d'organes des sens, autant nous devons compter de genres d'hallucinations simples : la vue, l'ouïe, l'odorat, le goût, le tact, la calorition, l'électrition, la musculation peuvent donner lieu à un nombre égal d'hallucinations simples. L'hallucination composée portant sur des êtres, sur des constructions d'êtres, reconnaît pour siège le siège même de ces constructions, c'est-à-dire la contemplation. Elle peut revêtir naturellement des formes innombrables.

Tout le monde est plus ou moins sujet aux hallucinations simples. Il n'est personne qui, dans le courant de sa vie, n'ait été poursuivi, ne fût-ce que quelques instants, par une figure, par un air de musique, par une odeur ou une saveur désagréable, ou qui n'ait eu mal à propos une sensation de contact, de chaleur, de pesanteur ou de secousse électrique. C'est un état pathologique on ne peut plus commun, mais dont nous ne tenons aucun compte, dont nous ne nous apercevons même pas, tant il est, le plus souvent, fugace et passager. Le moindre effort de raisonnement suffit, alors, en effet, pour chasser l'hallucination.

Celle-ci, cependant, n'est pas toujours aussi fugitive, et dans ce cas, elle devient le symptôme d'une véritable maladie. Tandis que dans l'hallucination passagère nous ne trouvons d'autre cause que l'excitation également passagère des organes sensoriels ou cérébraux, nous trouvons à l'origine de l'hallucination persistante une excitation, une altération plus ou moins permanente de ces mêmes organes.

Un très grand nombre de maladies provoquent de ces sensations subjectives : les affections de la vue et de l'ouïe, par exemple, déterminent presque constamment des hallucinations visuelles et auditives ; le malade perçoit des arcs lumineux, des étincelles, des points colorés, il entend des bruits. Le phénomène change d'ailleurs avec le point de l'appareil attaqué. Il est évident que si le ganglion, où se fait le dépôt de nos sensations, est altéré, les symptômes seront plus complexes et plus variés que si le mal n'atteint encore que l'organe périphérique. Les affections de la moelle, et surtout de la partie postérieure de la moelle, déterminent en grand nombre ces sortes d'hallucinations. Les malades accusent des sensations de brûlure ou de froid, des secousses électriques ; ils se disent piqués, tenaillés, étreints comme dans un étau, etc., etc.

Dans presque tous les cas où l'hallucination reconnaît pour cause une maladie viscérale, dans laquelle nos organes nerveux sont directement ou indirectement intéressés, celui qui en est victime ne se trompe guère sur la sensation qu'il éprouve. Il se rend compte qu'elle est l'effet d'un trouble organique et ne la rapporte à aucun objet extérieur.

Il n'en est pas de même quand l'hallucination provient d'un trouble cérébral, principalement moral. Elle est alors comme sollicitée par le malade lui-même, et ne peut, par conséquent, être rejetée par lui. Il faut, dans ce cas, que la passion ait pris un bien grand empire sur la raison de l'individu, et c'est ce qui arrive dans la folie. Celui qui, entraîné par les malheureuses suggestions de l'instinct conservateur ou de l'orgueil, ou de la vanité, ou de tous ces sentiments réunis, en vient à s'imaginer qu'il est l'objet d'incessantes persécutions et ne voit qu'ennemis autour de lui, celui-là, à mesure que la passion le domine davantage, croit entendre les voix de plus en plus distinctes de ses persécuteurs. Ce ne sont d'abord que quelques éclats de rires qui frappent son oreille, puis viennent les mots ironiques, puis les menaces, enfin de véritables discours auxquels le malheureux s'emporte à répondre et qui le mènent, quand le trouble est arrivé à son dernier période, tantôt à l'homicide, tantôt au suicide, toujours au désespoir.

Certains états de l'âme, qu'on ne peut, pour beaucoup de raisons, taxer de folie, bien qu'ils aient avec la folie des points de contact, présentent à un haut degré le phénomène hallucinatoire, simple ou composé. Le plus remarquable de ces états est l'extase, propre aux natures ultra-vénérantes. C'est généralement une vision qui domine la scène; mais l'hallucination n'est pas toujours exclusivement visuelle, auquel cas elle serait simple; le personnage parle, il se laisse toucher, il a tous les caractères de l'existence objective; l'image est alors composée et l'hallucination également. L'extatique éprouve en même temps une foule de sensations délicieuses. Il ressent dans toutes les parties de son être un bien-être spécial qui, pour un moment, lui donne le sentiment d'une existence extra-terrestre. Si l'excitation atteint le ganglion musculaire il n'est pas rare que l'individu se croie délivré des lois de la pesanteur. Il se sent enlever de terre et transporter dans l'espace. C'est le cas d'ailleurs de beaucoup de fous.

On serait moins tenté de s'étonner de tous ces faits étranges si l'on songeait qu'entre l'hallucination et le rêve la seule différence est que dans l'hallucination nous rêvons éveillés et que dans le rêve proprement dit nous rêvons endormis. Il n'est guère de nuit où ne soyons plus hallucinés que tous les extatiques et tous les fous; nous vivons dans le sommeil une véritable seconde vie où nos sensations sont si intenses que nous ne sommes pas toujours sûrs, au réveil, de n'avoir pas éprouvé des sensations réelles, et que, lorsque nous voulons peindre certains états extraordinaires de la veille, nous nous demandons si nous ne sommes pas les jouets d'un songe. Au fond, dans l'un comme dans l'autre cas, le monde extérieur disparaît, et, faute de régulateur, l'existence cérébrale se trouve dominée par la passion. Cela paraît naturel dans le rêve, où nos sens sont endormis et notre intelligence fermée par conséquent à tout ce qui vient du dehors, mais on trouve la chose extraordinaire dans l'hallucination, parce qu'alors les yeux semblent voir et les oreilles entendre; cependant qui de nous n'a ses heures d'attention, durant lesquelles il demeure insensible à toutes les impressions venues du dehors? qui de nous, sans pour cela être Archimède, ne se laisse de temps à autre absorber complètement par quelque pensée pendant que l'ennemi prend Syracuse ? Il n'y a dans tout cela qu'une question de degré et une question d'origine. Tout le monde a été plus ou moins sujet à l'hallucination, mais tout le monde n'est pas halluciné au degré de Pascal ou de Berbiguier ou à la façon de sainte Thérèse, et surtout tout le monde n'est pas halluciné pour des motifs identiques.

Nous disions tout à l'heure que parmi les modifications pathologiques que comporte la cinquième loi, se plaçaient, à côté de l'hallucination, qui est, sans contredit, la modification la plus importante, certains phénomènes caractérisés par l'altération de l'une ou de l'autre des deux conditions qui constituent le souvenir, sinon des deux conditions ensemble. Il y a, en effet, impossibilité de restituer tel ou tel objet en son lieu ou en son temps. Tandis que certaines images gardent longtemps leur vivacité première, d'autres s'effacent, ou perdent de leurs caractères, ou ne sont plus que des souvenirs trompeurs. Si, de même que l'exercice tend à fortifier et à rafraîchir le souvenir, le repos tend à l'affaiblir et à l'effacer, si, par suite, il n'est pas étonnant que les souvenirs non cultivés s'effacent, il reste à expliquer comment entre tant de souvenirs également cultivés ou également délaissés de si grandes différences se peuvent présenter. Ce sont là des questions qui, faute d'une théorie à laquelle on ait pu jusqu'ici les rattacher, n'ont jamais fait l'objet d'aucune étude, ni d'aucune analyse ; on pourrait même dire qu'elles n'ont jamais été soulevées.

Sans vouloir combler ici une telle lacune, nous pouvons cependant indiquer déjà l'ensemble des conditions externes et surtout internes qui peuvent déterminer cette sorte de modifications pathologiques, aussi bien d'ailleurs que les altérations mieux connues, comprises sous le nom d'hallucinations.

Tout ce qui tend à briser l'unité du moi, son identité, sa continuité, tend également à modifier le souvenir et nous met du même coup sur la voie de l'hallucination. Or, entre tous les dangers que court le moi aucun ne le menace autant que l'*instabilité* sous toutes ses formes. On peut dire qu'elle est la source de toutes les maladies du souvenir.

Il y a d'abord l'instabilité du monde extérieur. Celle-ci est au fond plus apparente que réelle, puisqu'au milieu de tant de changements l'esprit humain est parvenu à saisir des lois constantes. Néanmoins certains esprits mal équilibrés demeureront toujours plus frappés, dans le spectacle des phénomènes extérieurs, de ce qu'il a de variable que de ce qu'il a de régulier, et s'abandonnant alors à l'idée que rien n'est fixe, que tout peut se produire, ils seront plus tentés que d'autres de prendre pour réelles de simples conceptions imaginatives, autrement dit, de tomber dans l'hallucination. Pour la même cause l'abus des déplacements et des voyages sera funeste aux esprits insuffisamment pénétrés de l'idée d'un ordre universel. Ceux-là, en recherchant sans cesse de nouvelles sensations, tendent à augmenter artificiellement à leurs propres yeux l'instabilité naturelle du monde, et, pour peu qu'une certaine débilité native vienne ajouter à son influence, le désordre mental n'est pas loin.

Heureusement ces cas sont rares, et l'instabilité du monde extérieur, de toutes les sortes d'instabilité, est l'une des moins redoutables. Bien autrement dangereuses sont l'instabilité sociale et sa résultante, l'instabilité professionnelle. Voilà la grande cause de trouble, celle qui peuple nos asiles et qui, de plus en plus, conduit nos populations à la folie. L'instabilité sociale produit sur le cerveau humain quelque chose d'assez semblable à l'effet produit par l'instabilité du monde extérieur, mais avec cette différence que la première intéresse plus directement nos passions. Le continuel bouleversement des relations sociales, les modifications incessantes dans les formes du gouvernement, le spectacle habituel de tant de fortunes extraordinaires et de catastrophes soudaines, arrivant, les unes et les autres, sans raisons bien apparentes, tout cela ne doit-il pas pousser la masse des hommes, ignorants pour la plupart de l'existence des lois sociologiques, à croire qu'il n'y a qu'arbitraire dans les phénomènes sociaux; que tout est possible à l'homme muni de volonté; que de l'état misérable où il se débat aujourd'hui il peut s'élever demain jusqu'au sommet de l'échelle sociale, pour peu que le hasard le favorise; que tout enfin est loterie dans le monde et que le gros lot n'est à personne. Et alors que d'ambitions insensées dans toutes les têtes! que d'espoirs inconsidérés! que de déceptions! C'est là que la folie attend l'homme; il ne veut pas, il ne peut pas abandonner tout d'un coup les images que durant des mois, des années il a caressées dans ses visions ambitieuses ou cupides, et alors il se fait à lui-même un monde où tous ses rêves sont réalisés : ses images se confondent avec ses sensations, il n'y a plus d'obstacles aux désirs de l'halluciné.

Il y a encore l'instabilité morale, qui plus ou moins se rattache aux autres, mais qui ne leur est point tellement liée qu'elle ne puisse se produire sans elles. L'instabilité morale est le grand péril que se sont efforcées de conjurer les religions. Elles ont poursuivi de tout temps un double but : 1° rallier les hommes entre eux pour aboutir à la stabilité sociale; 2° faire converger nos affections autour d'une affection prépondérante, pour nous donner la stabilité morale. Ce second but a été jusqu'à nos jours mieux atteint que le premier, et, pour ne parler que de la dernière synthèse religieuse, le catholicisme, on peut dire qu'il exerce encore sur beaucoup de natures une domination morale, bien que sa puissance de ralliement social soit depuis longtemps épuisée.

Ce n'est pas ici le lieu d'indiquer par quels procédés s'obtient cette stabilité morale; ce qu'il nous importe de savoir, c'est qu'elle consiste dans le groupement de nos affections autour de l'une d'entre elles, et que cette affection prépondérante tend, à mesure que se compliquent les relations humaines, à devenir de plus en plus altruiste.

Or, comme, après tout, l'intelligence est dans la dépendance du cœur, comme nous n'observons et ne construisons qu'à travers nos sentiments, comme nos souvenirs et nos images sont mêlés à nos émotions si intimement qu'on ne peut les en séparer, il est aisé de comprendre que notre état mental sera singulièrement différend, suivant qu'un même sentiment ne cessera de commander dans notre cerveau, ou bien qu'une pléiade de passions contraires s'y disputeront le pouvoir. Dans le premier cas, nous n'avons jamais, pour un objet, qu'un souvenir et qu'une image; dans le second nous avons pour ce même objet autant de souvenirs et d'images que nous avons de passions rivales. Et nous retombons dès lors dans cette instabilité mentale qui aboutit à nous présenter toutes les conceptions comme possibles, ce qui est le premier pas sur le chemin de la folie.

Nous n'insisterons pas. Le peu qui précède est suffisant pour montrer quelle source abondante de considérations intéressantes peut fournir le sujet. En dire davantage serait empiéter sur un cours de morale et nous faisons ici de la philosophie première.

COURS DE PHILOSOPHIE PREMIÈRE

PROFESSÉ PAR M. PIERRE LAFFITTE

NEUVIÈME LEÇON

DE LA SIXIÈME LOI DE PHILOSOPHIE PREMIÈRE (1).

Toute image normale doit être prépondérante sur celles que l'agitation cérébrale fait simultanément surgir.

I

Considérations générales sur le travail cérébral

Nous avons vu dans la précédente leçon quels sont les caractères fondamentaux des images et les lois suivant lesquelles le cerveau les construit, d'après les impressions fournies par le monde extérieur sur nos sens. Il s'agit actuellement de voir quels caractères doivent présenter ces images pour servir aux véritables constructions mentales. Mais avant d'exposer la loi qui règle le caractère des images dans un tel cas, il faut

---

(1) M. Dubuisson a rédigé les huit premières leçons du Cours de Philosophie première. Elles ont été publiées dans *la Revue occidentale*; la dernière a paru dans le numéro du mois de mars 1882. Des nécessités personnelles l'ont empêché, à mon très grand regret, de continuer un travail dont il s'était bien acquitté. Diverses circonstances m'ont empêché de le continuer moi-même. Je vais le reprendre maintenant.
Cette neuvième leçon est le résumé de celle que j'ai faite le Dimanche 10 février 1878 (13 Homère, 90,, 10, rue Monsieur-le-Prince.

préalablement exposer la théorie générale du travail cérébral proprement dit dans les constructions de l'entendement humain, et, pour cela, il faut d'abord expliquer nettement ce que nous entendons par construction mentale et apporter ainsi un peu de lumière dans un sujet difficile et qui n'a jamais été jusqu'ici que confusément entrevu.

L'activité mentale du cerveau consiste dans deux grandes opérations : la *contemplation* et la *méditation*. La contemplation a pour destination la construction des images ; quand elle s'applique à la construction des êtres, elle est concrète, et à celle des phénomènes, elle est abstraite. La contemplation concrète a pour résultat final de former l'image d'un être, réel ou hypothétique, bien déterminé dans le temps et l'espace. La contemplation abstraite, au contraire, établit des images propres aux divers phénomènes distincts : pesanteur, chaleur, etc. ; vertu, droit, devoir, etc. Mais son résultat final est la construction des types abstraits, comme ceux de l'homme, de l'animal, de la famille, de la société. C'est là ce qu'Auguste Comte appelait les lois de similitude ; mais j'ai dû, à cet égard, opérer une rectification nécessaire, en ne reconnaissant, en réalité, que des lois de succession et en ramenant les lois de similitude à la contemplation abstraite, qui construit les types. Ces constructions sont, du reste, souvent des travaux scientifiques aussi importants que difficiles. Ainsi, lorsque Blainville a donné la définition de la vie en disant que c'est un mouvement intestin et continu de composition et de décomposition, il a fait faire un grand pas à la biologie en établissant le type de ce qu'il y a de commun et d'essentiel dans toute la série des phénomènes que manifestent les corps vivants. Les mêmes considérations peuvent s'appliquer à la définition systématique que j'ai donnée de la Patrie, qui est une des bases de la sociologie et de la morale.

La *méditation* a pour but, en s'appuyant sur les résultats de la *contemplation*, de construire des lois proprement dites, c'est-à-dire les lois de succession. S'il s'agit d'un être, par exemple, c'est par la méditation que nous arrivons à trouver les états successifs que nous présente cet être dans un temps déterminé. Comme, dans toute loi, il y a une variable arbitraire à la variation de laquelle on rapporte tout le reste, il est bon d'indiquer que, pour l'évolution d'un être proprement dit, la variable est le plus souvent le temps ; mais c'est aussi quelquefois et subsidiairement l'espace, comme, par exemple, quand un poète peint surtout les aventures de son héros, suivant les localités qu'il traverse. Quand la méditation porte sur les phénomènes, elle a pour but d'établir, avec plus ou moins de précision, comment l'un d'eux varie au moyen des autres. Ainsi, par exemple, pour Mariotte, la méditation a consisté à chercher et à trouver la relation qui existe entre le volume d'un gaz et la pression qu'il supporte, toutes les autres conditions du phénomène restant constantes. Pour Auguste Comte, la méditation dans la découverte de la loi des trois états a consisté à montrer que, suivant le temps, les opinions sont successivement théologiques, métaphysiques et positives. Les résultats de la méditation sont plus ou moins précis ; mais cette méditation est nécessaire, même dans les actes les plus simples de la vie pratique, puisque celle-ci suppose toujours une prévision qui implique la connaissance d'une certaine loi de succession.

Le travail de la méditation s'appuie nécessairement sur celui de la contemplation ou de la construction des images que nous avons étudiée dans la leçon précédente. Pour bien comprendre une telle proposition, il faut donner au mot image une généralité plus grande encore que celle que je lui avais d'abord accordée. Pour cela, il faut considérer *le mot* comme une image tantôt auditive, tantôt visuelle et ayant quelquefois simultanément ces deux caractères. Le mot est d'abord, naturellement, une image auditive, puisque c'est la reproduction affaiblie d'une sensation de l'oreille ; mais il devient une image visuelle quand il est pour nous la reproduction de la manière dont on l'a écrit ou imprimé. L'image que fournit le mot a l'avantage de synthétiser toutes celles qui s'y rapportent; ainsi le mot *arbre*, vu dans son écriture ou intérieurement entendu, fait surgir toutes les images élémentaires qui entrent dans la conception de l'arbre proprement dit. Si le mot, au lieu d'être purement abstrait, se combine avec d'autres, il peut donner l'image concrète d'un objet déterminé, comme par exemple : *l'arbre qui est au coin de mon jardin.* Cette assimilation des mots aux images est un pas, à mon avis, capital dans la théorie du travail cérébral, et, tant qu'il n'avait pas été fait, celui-ci ne pouvait être que très confusément compris. L'on voit, dès lors, l'importance de l'organe du langage dans la méditation, puisque c'est lui qui met en jeu les diverses images en évoquant les mots.

Le travail de la méditation sur les images fournies par la contemplation proprement dite s'opère par *induction* ou *déduction*. L'induction est cette opération de la méditation par laquelle nous saisissons ce qu'il y a de constant dans ce qui varie, ou mieux encore, la manière régulière dont une chose varie au moyen d'une autre. La déduction, au contraire, est l'opération par laquelle nous établissons entre les divers phénomènes les conditions de convenance et de disconvenance. Ainsi, par exemple, si nous plaçons un tigre ayant faim en face d'une vache qui paît, nous ne lui ferons pas employer son activité à supprimer, pour celle-ci, les obstacles qui pourraient empêcher sa locomotion dans la prairie. La déduction prend, surtout en mathématique, des formes très précises. Ainsi, par exemple, un géomètre établit que, si la ligne droite est le plus court chemin entre deux points, il est contradictoire d'admettre que le plus court chemin d'un point à un autre n'est pas la perpendiculaire.

Mais il est important d'observer que le travail cérébral de la méditation est influencé nécessairement par l'action du cœur, c'est-à-dire par celle de nos penchants. J'ai établi, en effet, que dans toute image il y a une liaison plus ou moins intense avec une émotion et que, réciproquement, l'intensité de l'émotion réagit sur celle de l'image ; or, comme la méditation s'opère sur les images, à ce titre seul, le cœur aurait une relation nécessaire avec la méditation.

Mais il y a plus, il est très probable que la méditation elle-même reçoit une réaction directe, par des filaments nerveux spéciaux, de l'action du cœur. Quant au caractère, l'influence sur la méditation est incontestable. Je rappellerai que le caractère se compose des trois fonctions suivantes : le courage qui entreprend, la prudence qui retient et la persévérance qui maintient. Or, qu'est-ce qui oserait nier l'influence de ces trois fonctions sur le travail cérébral de la méditation? Auguste Comte a déjà remarqué qu'il a fallu à Képler d'abord une grande énergie pour oser concevoir, contre l'opinion de tous ceux qui l'avaient précédé, que les orbites des planètes pouvaient bien n'être pas circulaires. Quant à la prudence, il en faut constamment dans le choix des documents ou des images que la méditation utilise ; et les caractères imprudents se montrent même dans les méditations les plus abstraites. Quant à la persévérance, elle est la condition de réussite de tous les grands travaux ; elle est la condition de l'attention et finalement de la force de tête, sans laquelle aucun grand travail ne peut être réalisé. Auguste Comte, en me parlant de la découverte de la loi des trois états, trouvée après quatre-vingts heures de méditation continue, me disait que cette longue attention avait été la condition de la réussite.

Enfin, si on considère le travail cérébral de la méditation quant à ses résultats, on pourra dire qu'ils sont : scientifiques, esthétiques ou pratiques. Mais il faut se rappeler que les lois générales de la production de ces divers ordres de résultats sont les mêmes; un savant, un poète ou un praticien obéissent à des lois générales semblables, dans les constructions qui résultent de leurs méditations. La diversité qui frappe tant le vulgaire provient d'éléments complémentaires dont ce n'est pas ici le moment de nous occuper.

Les fonctions de la méditation, comme celles de la contemplation, ont leur siège dans une certaine portion de la substance grise du cerveau. Cette considération est nécessaire pour comprendre et étudier l'activité latente et inconsciente dans la méditation. Nous avons déjà, du reste, fait la même observation dans la leçon précédente, au sujet de la contemplation elle-même. Il serait, en effet, tout à fait irrationnel d'admettre que les cellules cérébrales cessent d'agir au moment même où nous cessons d'en avoir conscience; l'on peu dire qu'une telle manière de voir rendrait absolument incompréhensible la nature humaine. Du reste, des observations directes constatent l'existence de ce travail inconscient. Tous les vrais observateurs ont constaté que dans un travail intellectuel, si, après un premier effort, on ne s'occupe plus de l'objet étudié et qu'on y revienne après un certain temps, l'on est étonné de la facilité nouvelle avec laquelle le travail est repris et conduit à son terme. Ceci est aussi vrai pour apprendre que pour trouver ; les deux opérations sont du reste de même nature et ne diffèrent que par leur intensité. S'il est permis de citer son expérience personnelle, je puis dire que, quant à moi, cette loi du travail latent et inconscient est une des bases de mon hygiène mentale.

Au travail de la méditation s'applique la loi de la *persistance*, qui n'est, comme on sait, que la généralisation de la loi de Képler. Quand le cerveau est lancé dans une certaine voie de méditation, il tend à y persister; et l'on peut considérer le travail latent comme la conséquence extrême d'une telle loi. Mais une expérience très simple, que j'ai faite souvent et qu'il est facile de répéter, met cela en pleine évidence. Que l'on lise, par exemple, quelques pages de Molière et que l'on passe ensuite à Bossuet, celui-ci vous apparaîtra d'abord sous l'aspect comique où vous avait placé la lecture de l'autre. Du reste, Auguste Comte avait signalé quelque chose d'analogue dans son expérience personnelle. Dans une lettre à John-Stuart Mill, de 1842, il lui écrit qu'après avoir terminé toute la partie sociale du 6° volume, il va laisser reposer son cerveau, pour en éloigner le point de vue auquel il se trouvait placé et reprendre celui qui convient à un travail plus purement philosophique.

Il faut observer que les lois biologiques de l'*activité*, de l'*habitude* et du *perfectionnement*, s'appliquent au travail de la méditation. Celle-ci devient, en effet, un besoin, une habitude et est facilitée par un exercice souvent répété. A propos de la loi de l'habitude appliquée au travail cérébral, il est bon de constater une certaine loi de *périodicité* que j'ai souvent constatée dans mon expérience personnelle. Il arrive, en effet, qu'à de certaines périodes plus ou moins longues, quelquefois annuelles, le cerveau tend à revenir à l'étude de certains sujets; ce qui constitue même, dans certains cas, une disposition embarrassante.

Auguste Comte a donné au travail de la méditation le nom d'*agitation cérébrale*; cette expression est heureusement choisie pour désigner le début plus ou moins tumultueux de la méditation, mais aussi quand son cours est revenu plus régulier. Dans la méditation, en effet, toutes les parties du cerveau sont en jeu; il en résulte même une agitation musculaire, que la marche ou une promenade tend à régulariser : et celle-ci, à son tour, réagit sur la méditation elle-même. L'activité musculaire que provoque la promenade réagit, quant à moi, sur ce que j'ai appelé depuis longtemps la partie préliminaire de la méditation, c'est la partie fondamentale, presque toujours incommunicable et où l'on ébauche l'ensemble du problème. Auguste Comte, dans une lettre à Mill, lui dit combien la promenade lui était utile pour la méditation et il appelle Paris son grand cabinet de travail. Dans cette agitation cérébrale, les circonstances les plus inattendues et quelquefois les plus étrangères au sujet, du moins en apparence, provoquent les rapprochements qui servent aux constructions de la méditation; quelquefois elles les troublent. Il y a là des relations anatomiques inconnues, qui expliquent de tels phénomènes.

Dans l'agitation cérébrale, l'appareil méditatif fait comparaître les images, les modifie, les transforme, de manière à tenir compte des diverses circonstances d'une manière conséquente ; cela a lieu, même dans le rêve. Je vais, pour préciser, citer une observation personnelle : on m'apprit un soir la mort d'une personne que je n'avais pas vue depuis un grand nombre d'années ; j'en rêvai pendant la nuit. La voix n'était pas altérée, mais je vis spontanément sur le visage les rides que de longues années avaient dû accumuler. L'appareil méditatif construisait donc l'image, en tenant compte des conditions nécessaires du temps et de son influence. Le travail de la méditation qui s'opère par l'action de l'induction et de la déduction est soumis aux trois grandes lois fondamentales de la philosophie première. Ainsi, le cerveau, inductivement ou déductivement, fait d'abord l'hypothèse la plus simple sur les renseignements fournis par l'appareil contemplateur ; il les lie par le mode de dépendance le plus simple. Ainsi, par exemple, si l'on a un certain nombre de renseignements sur une personne, on construit la conception de sa conduite dans une circonstance déterminée, d'après l'idée qui résulte le plus immédiatement des renseignements qu'on a sur elle. En même temps, tout travail de méditation suppose toujours, implicitement ou explicitement, l'admission du principe des lois naturelles ; ainsi, par exemple, on suppose toujours, dans chaque construction méditative, que les circonstances du phénomène restant les mêmes, le phénomène lui-même sera constant.

Le travail de la méditation, comme celui de la contemplation, est soumis à l'influence de circonstances générales dont l'action ne peut être bien comprise qu'en admettant un siège matériel dans le cerveau pour les fonctions méditatives. Il y a d'abord les *circonstances biologiques*. L'influence de la circulation sanguine, surtout artérielle, est évidente ; les expériences de Bichat ont parfaitement démontré l'influence excitatrice du sang artériel sur l'activité du cerveau. Il n'y a qu'à étendre son observation aux fonctions de la méditation. L'état de l'intestin, de l'estomac influe, comme tout le monde le sait, sur la facilité ou la difficulté de la méditation. Cette influence, évidemment, se produit par l'intermédiaire du système nerveux et du système circulatoire, qui sont les deux appareils de solidarisation de l'organisme humain. Certaines substances ont une action spéciale bien connue : comme l'alcool, le café et le tabac. Malgré de nombreuses indications précises à ce sujet, aucune étude systématique n'a été organisée; du reste, elle ne peut l'être sans une décomposition préalable du cerveau en ses fonctions élémentaires.

Les circonstances sociologiques sont non moins importantes; la principale de ces influences consiste dans le poids que tout le passé impose à tout cerveau quelconque, dans toute méditation. Chaque travail méditatif s'accomplit toujours, sous l'influence prépondérante des habitudes, des dispositions, des conceptions que l'évolution antérieure a créées. Cette action du passé nous apparaît d'abord comme régulatrice. Elle l'est en effet au plus haut degré; elle limite le cercle des divagations spontanées. Auguste Comte l'a formulée en disant : les morts gouvernent les vivants. Mais cette action fournit aussi l'excitant de notre activité méditative, en même temps que l'aliment. En d'autres termes, le milieu sociologique est pour l'organisme cérébral, comme le milieu cosmologique, un excitant, un aliment et un régulateur.

Nous allons appliquer ces vues générales sur le travail cérébral à quelques cas particuliers, afin de les rendre plus précises. Les résultats du travail cérébral peuvent être pratiques, ce qui conduit à *un projet;* esthétiques, ce qui donne un *poème* en prose ou en vers; ou bien ils peuvent appartenir à la science concrète, ce qui conduit à une *histoire;* et enfin scientifiques proprement dits, ou appartenant à la science abstraite, ce qui donne une *théorie*. Dans ces cas si divers par leur destination, la marche du travail cérébral reste essentiellement la même, comme nous allons le voir.

Dans la pratique le travail cérébral aboutit finalement à la construction d'un *projet,* plus ou moins compliqué, dont il faut ensuite opérer la réalisation. Supposons, par exemple, qu'il s'agisse d'établir le projet d'une exploitation agricole. Le premier degré du travail cérébral consistera à faire surgir, d'après des sensations préalables, bien entendu, ou des renseignements qui en sont résultés, une série d'images plus ou moins nombreuses se rapportant au terrain, à toutes ses particularités de forme et de substance ; puis les images relatives au personnel actuel et possible ; ensuite les images qui s'appliquent aux rapports du pays avec les autres, par suite à la nature des débouchés et à l'écoulement des produits ; enfin, viennent des images relatives aux ressources indispensables et à celles dont on peut effectivement disposer, soit directement, soit indirectement. Quand ces images ont été suffisamment élaborées dans leur base principale plus ou moins isolément, l'agitation cérébrale due à l'appareil méditatif les soumet à une élaboration particulière, pour les combiner de manière à tenir compte de tous ces éléments ; et de ce travail résulte le plan de l'exploitation. Dans l'élaboration du projet, le cerveau met en jeu les lois de la philosophie première ; il fait diverses hypothèses sur la liaison qui existe entre les renseignements fournis par ces diverses images. Ainsi, par exemple, il suppute ce que la nature du personnel pourra faire produire au terrain qu'il faut exploiter ; et il y aurait grave erreur à ne pas procéder ainsi, puisqu'un personnel médiocre peut compromettre l'excellence productive de la terre. Il faut donc mettre ainsi en rapport, par des hypothèses et des combinaisons inductives et déductives, les divers renseignements. Mais la construction d'un tel projet suppose encore la seconde loi de la philosophie première, à savoir : le principe des lois naturelles sans lequel il n'y aurait pas de prévision, faute de fixité ; et aussi la troisième loi qui établit l'oscillation de chaque système de choses autour d'une position moyenne. Enfin, la mise à exécution du projet donne une véritable vérification de la théorie construite par le praticien et, sous l'impulsion toujours présente de ses intérêts, il le modifie graduellement pour l'adapter à la réalité effective des choses. Cette analyse du travail cérébral du praticien était le cas le plus nouveau comme le plus difficile et je devais y insister davantage pour montrer la véritable identité de l'esprit humain dans toutes ses manifestations. Descartes avait pressenti implicitement cette conception précise, lorsqu'il disait que la science n'était que le prolongement du bon sens universel, et qu'il avait lui-même perfectionné son aptitude logique en considérant le raisonnement des gens sur leurs propres affaires.

Le travail esthétique est, au fond, de même nature que le travail théorique du praticien, mais il est infiniment moins compliqué; seulement il gagne en précision ce qu'il a de moins en complication. Quand un poète peut arriver à construire l'histoire d'un individu, dans des conditions déterminées, il est évident qu'il doit d'abord avoir une série d'images ou de renseignements sur les conditions de la nature humaine qu'il va mettre en jeu, et l'influence des circonstances cosmologiques et sociologiques sur le développement d'une telle nature; puis il combine ces diverses images et il les élabore d'une manière particulière pour opérer la combinaison, de manière à produire l'histoire de l'évolution d'un être humain. Mais il y a deux différences à signaler entre le travail du poète et celui du praticien. Dans le cas de celui-ci, il a immédiatement, par la nature même des choses, une vue synthétique de l'ensemble de son projet; ainsi, par exemple, la conception du terrain à exploiter, qui lui donne l'image autour de laquelle se coordonneront tous les autres renseignements. Le poète, au contraire, est obligé de construire cette vue synthétique; de là souvent confusion et divagation. En second lieu, le poète n'a pas, comme le praticien, la possibilité de la vérification de ses conceptions; de là aussi tant d'avortements dans les productions esthétiques et leur infériorité sous ce rapport, relativement aux projets pratiques. Il est vrai que les poètes qui réussissent construisent des tableaux idéaux de la nature humaine, qui servent indéfiniment à charmer et à perfectionner le genre humain.

Dans les sciences concrètes, il s'agit de faire l'histoire d'un être ou de plusieurs êtres. Prenons, par exemple, Buffon faisant l'histoire de la terre, celle du cheval ou du bœuf. La marche du travail cérébral est la même que celle de la construction d'un projet ou d'un poème; il y a néanmoins certaines différences qu'il faut signaler. La construction est plus abstraite que dans un projet, et plus objective ou plus vérifiable que dans un poème; mais dans ce cas, comme dans les deux autres, il faut combiner des images distinctes, qu'on soumet à une élaboration particulière, pour opérer la combinaison. Quant à la science abstraite proprement dite, la théorie consiste toujours à trouver la loi qui lie la variation d'un phénomène par rapport à un autre, en supposant constantes et fixes toutes les autres circonstances modificatrices. Dans ce cas-ci, le cerveau du savant cherche la combinaison entre des images essentiellement abstraites; il y arrive, en rendant constantes toutes les circonstances concrètes qui agissent sur le phénomène. Ainsi, par exemple, dans la recherche de la loi de Mariotte, l'observation et par suite l'image du volume, comme celle de la pression, doivent être dégagées de toutes les circonstances propres à la température. Puis le savant fait l'hypothèse d'une loi de variation entre les deux phénomènes, et il vérifie de nouveau la réalité de cette hypothèse jusqu'à ce qu'il arrive à représenter suffisamment la réalité extérieure.

II

Théorie de la sixième loi de philosophie première.

Nous venons de voir que le travail cérébral consiste toujours à combiner des images en les liant par des lois de succession. Ces images, pour être ainsi combinées, sont soumises à une élaboration qui les rend assimilables. Auguste Comte a énoncé une loi relative à cette élaboration, c'est cette loi que je vais maintenant expliquer avec les divers compléments que j'y ai apportés.

L'élaboration des images est produite par la réaction de l'appareil méditatif sur l'appareil contemplatif; c'est celui-là qui met celui-ci en action, pour préparer et faire surgir les images qui doivent servir aux constructions du premier. Ces images ainsi élaborées ont certains caractères, dont la sixième loi de philosophie première caractérise le principal, auquel j'en ai ajouté plusieurs autres, ce qui était absolument nécessaire.

Lorsque la réaction de l'appareil méditatif sur l'appareil contemplatif a commencé, il en résulte une action générale de tout le cerveau. L'élément émotionnel de toute image met le cœur en action; et quoiqu'elle se produise probablement d'abord sur un seul des sept éléments du cœur, la solidarité des diverses parties de celui-ci fait que toutes ses parties entrent plus ou moins en action. Le cœur, à son tour, agit sur l'appareil ganglionnaire, et le caractère, sous ces diverses excitations, se met de la partie. Du reste, cette action du cerveau met bientôt en jeu l'appareil circulatoire, essentiellement artériel, qui, à son tour, augmente l'activité cérébrale; on a alors la tête en feu.

Cette activité générale du cerveau, dont le point de départ est primitivement l'appareil contemplatif, explique un phénomène général qui est un des principaux compléments que j'ai ajoutés à la loi d'Auguste Comte et qui consiste dans ce grand fait, que ce travail cérébral, dès le début, fait surgir des *images homogènes* et des *images hétérogènes*. C'est là un des faits les plus singuliers et des plus méconnus parce qu'il ne pouvait comporter aucune explication sans la conception d'un siège cérébral des diverses fonctions mentales et morales. Deux lois doivent être établies au sujet de cette apparition des images *hétérogènes* dans l'appareil contemplatif, images le plus souvent révisables et qui n'ont aucune espèce de rapport apparent avec les images homogènes que la méditation doit utiliser.

Première loi. — Dans le travail d'invention, à son début, des images hétérogènes sont réellement nécessaires et elles seules expliquent, ce qu'on n'avait jamais fait jusqu'ici, ce qu'Auguste Comte a appelé la logique des sentiments. Le plus souvent, en effet, une ou plusieurs de ces images hétérogènes se lient à des émotions les plus vives de notre nature, quelquefois très personnelles, et la liaison de cette émotion aux images homogènes nécessaires à la méditation leur donne une intensité singulière. Ces images hétérogènes servent aussi à la logique des images, en augmentant l'intensité de celles qui sont homogènes.

Seconde loi. — Mais il est nécessaire que cette effervescence primitive se calme, que les images essentiellement homogènes soient prépondérantes. Sans quoi, les associations les plus bizarres empêcheraient tout vrai travail cérébral.

Les lois que je viens d'indiquer expliquent pourquoi il faut des âmes passionnées pour les grandes inventions; quoique nécessaire, cette condition n'est pas suffisante.

J'ai apporté un second complément à la sixième loi de philosophie première d'Auguste Comte. Celui-ci considère, dans les images homogènes, l'intensité relative des images entre elles ; il faut introduire une seconde considération relative à la vitesse dans la succession des images. Si, en effet, les images analogues, que l'activité cérébrale fait surgir, se succèdent avec une trop grande rapidité, le travail méditatif devient alors très difficile, l'attention ne pouvant pas se fixer suffisamment pour faire le choix indispensable. Si, au contraire, la vitesse de succession est trop lente, le souvenir de celles qui ont passé est déjà trop altéré pour qu'on puisse le comparer avec celle qui est présente ; car la simultanéité des images consiste essentiellement dans la comparaison de celle que l'on considère avec le souvenir de celles qu'on a déjà étudiées. La persévérance joue un rôle essentiel dans cette vitesse de succession des images, quoique cependant il faille considérer son action comme purement modificatrice et attribuer la loi de cette vitesse surtout à la constitution de l'appareil contemplatif. En résumé, la vitesse de succession des images doit être une vitesse moyenne. La détermination numérique de cette vitesse me paraît prématurée ; l'essentiel est de signaler le phénomène général, comme base de travaux ultérieurs. Il faut éviter l'imitation irrationnelle des géomètres qui tend à s'introduire dans de telles études et qui aborde l'analyse des conditions secondaires avant d'avoir suffisamment fait celle des phénomènes principaux.

Abordons maintenant l'explication de la sixième loi de philosophie première. Il faut, dit Auguste Comte, une image prépondérante parmi celles que l'agitation cérébrale fait surgir ; cette notion de prépondérance reste évidemment trop vague et trop indéterminée dans l'énoncé sommaire qu'Auguste Comte nous a donné de la sixième loi. Je vais tâcher de rendre ceci suffisamment clair. Il faut d'abord que les images soient homogènes ou semblables, c'est-à-dire soient essentiellement composées, dans la plus grande partie, du moins, des mêmes éléments. Ainsi, par exemple, s'il s'agit du travail du praticien réfléchissant sur le projet d'exploitation d'une terre, les images homogènes seront celles qui lui représenteront cette terre sous des aspects un peu différents, quoique analogues, puisqu'il s'agit toujours des mêmes objets. La prépondérance de l'image tient à ce que l'un de ses caractères prévaut au-dessus de tous les autres, de manière à rendre possible la combinaison cérébrale que l'on veut effectuer. Ainsi, par exemple, dans le projet du praticien, l'image de la terre deviendra prépondérante quand il y saisira l'image du ruisseau qu'il doit surtout utiliser. De même pour le poète, l'image de son héros, à un moment donné, deviendra prépondérante s'il saisit bien ce qui doit le mettre dans la meilleure harmonie possible avec le milieu dans lequel on l'a placé. C'est là le sens précis qu'il faut donner à l'idée de prépondérance dans l'image ; idée qui resterait vague, sans une telle explication. En somme, le travail méditatif ayant pour but une combinaison, c'est-à-dire la liaison inductive ou déductive de certaines images, il faut que les caractères qui comportent la combinaison soient prépondérants.

Mais il faut apporter un autre complément à la sixième loi de philosophie première ; il ne suffit pas qu'une image soit *prépondérante*, il faut encore qu'elle reste *fixe*, comme une sorte de motif principal autour duquel on fait tourner toutes les circonstances complémentaires. Un des dangers dans la méditation, c'est lorsqu'une image hétérogène reste fixe sans qu'on puisse s'en débarrasser. Ce danger est plus grand, au fond, que celui que signale Pascal, quand il montre le bourdonnement d'une mouche empêchant les plus profondes méditations ; attendu que la concentration du travail cérébral nous met à l'abri de l'influence des sensations proprement dites, comme le prouve l'exemple de la mort d'Archimède.

Mais, au contraire, cette concentration cérébrale contribue souvent à la trop grande fixité de l'image homogène ou de l'image hétérogène.

Les circonstances intérieures ou extérieures influent sur la facilité plus ou moins grande dans l'avènement de la prépondérance de l'image ou de sa fixité. Dans ce cas, comme tant d'autres, la notion d'un siège matériel des fonctions intellectuelles et morales pouvait seule permettre même la simple ébauche de telles recherches. Ainsi, en premier lieu, l'état de la circulation du sang agit au plus haut degré sur la fixité de l'image et sa prépondérance ; il en est de même de l'état de nos divers organes intérieurs.

Les conditions extérieures tenant au double milieu cosmologique et sociologique ont aussi une influence évidente sur la prépondérance de l'image et aussi sur sa fixité.

Il est évident que si le milieu cosmologique avait, par exemple, une excessive mobilité, les sensations comme les images auraient elles-mêmes une trop grande mobilité pour permettre de saisir dans les images le caractère prépondérant qui permet à la méditation la combinaison finale. Si, au contraire, le monde extérieur avait une trop grande uniformité, il serait difficile à l'appareil méditatif de faire surgir les images prépondérantes entre lesquelles il faut établir des rapports.

Des considérations analogues s'appliquent à l'influence du milieu sociologique ; la fixité des habitudes, des situations et des convictions influe nécessairement sur l'action de la méditation, sur l'appareil contemplatif. Cette action suppose toujours que l'on puisse s'abstraire suffisamment pour se livrer au travail intérieur; par conséquent, tout ce qui tend à troubler cette abstraction nécessaire trouble nécessairement l'action méditative et sa réaction sur les images. Aussi, dans les époques troublées, les penseurs sont-ils obligés d'imaginer des moyens artificiels pour s'abstraire de l'action perturbatrice de la situation sociale; et dans ce cas-là ils tâchent surtout de se subordonner à l'action immuable du passé en conservant l'action excitante de la considération de l'avenir.

Nous pouvons résumer maintenant, dans une conclusion synthétique, la conception des trois lois statiques de l'entendement qui constituent les quatrième, cinquième et sixième lois de philosophie première.

La méditation est l'aboutissant final de ces trois lois ; elles servent à la méditation, qui, à son tour, réagit sur elles, pour arriver à une construction finale, qui est un *projet* pour le praticien, un *poème* dans l'art, une *histoire* dans les sciences concrètes et enfin une *théorie* proprement dite dans la science abstraite. D'après la première loi, les sensations fournissent les matériaux de toutes nos constructions, elles en sont l'*aliment*, l'*excitant* et le *régulateur ;* ces impressions laissent des images plus ou moins simples, que l'appareil contemplatif, concret et abstrait combine de toutes sortes de manières, afin de former les images des êtres ou celles des phénomènes. L'appareil méditatif réagit à son tour sur l'appareil contemplatif, de manière à faire surgir dans les images les caractères prépondérants qui permettent leur combinaison par l'induction et la déduction et, sous la direction des trois premières lois de philosophie première, pour arriver enfin à une construction. Mais la nécessité de la vérification opère à son tour une réaction de l'appareil méditatif sur le système de la sensation, afin de recueillir de nouveaux matériaux, qui fournissent de nouvelles images. La sensation est alors gouvernée et dirigée, afin de fournir dans les images des caractères prépondérants, qui permettent de meilleures combinaisons cérébrales en plus complète harmonie avec la réalité effective des choses.

III.

Des modifications pathologiques que comporte la sixième loi de philosophie première.

Toute loi quelconque représente un état moyen qui constitue réellement la normale et autour duquel oscille la réalité effective; cette oscillation peut se faire, comme je l'ai établi au commencement de ce cours, en plus ou en moins, d'après le principe d'abord établi par Broussais, qui considère la maladie comme ne différant de l'état normal que par une exagération ou une diminution dans l'intensité d'un ou de plusieurs des phénomènes constitutifs de cet état. L'immense généralisation d'Auguste Comte en a fait la troisième loi de philosophie première. Par conséquent, une loi ne peut être bien connue, qu'en la considérant d'après ce point de vue des altérations pathologiques. J'ai suivi cette méthode dans l'étude de la quatrième et de la cinquième loi de philosophie première et je vais l'appliquer à la première. Mais il faudra, bien entendu, considérer dans cette sixième, non seulement la prépondérance de l'image normale, mais aussi les phénomènes complémentaires que j'y ai introduits, à savoir : la coexistence des images homogènes et hétérogènes, la vitesse plus ou moins grande dans la succession des images, et enfin leur fixité plus ou moins grande. Suivant que l'exagération ou la diminution a lieu dans l'intensité de ces divers phénomènes, il se produit divers états d'esprit qui peuvent arriver jusqu'à un véritable état maladif, sans cependant atteindre la folie, qui est leur limite extrême. J'ai indiqué précédemment, dans la seconde partie de cette leçon, quelques considérations générales, que je vais reprendre avec plus de précision.

Les travaux antérieurs des philosophes, des médecins sont tout à fait insuffisants à cet égard ; on peut même dire que le problème n'avait jamais été posé ; et comment aurait-il pu l'être, puisque la conception de la loi elle-même n'existait pas, et encore moins son harmonie nécessaire avec les lois que nous avons précédemment établies sur la philosophie première. Au Positivisme seul il appartenait de poser et de résoudre de telles questions. Nous n'avons certes pas la prétention d'avoir dit le dernier mot sur un tel sujet, mais la direction dans laquelle doit désormais marcher l'esprit humain est définitivement tracée par cette grande vue d'ensemble, qui institue enfin le gouvernement de telles études. Elles sont destinées surtout à jeter un grand jour sur l'étiologie, le traitement et surtout l'hygiène préservatrice des maladies mentales. Ce grand domaine de la médecine sort à peine des langes d'un empirisme plus ou moins grossier ; et le Positivisme est bien loin d'y avoir opéré une réaction convenable. Cela tient à ce que l'incomparable théorie cérébrale d'Auguste Comte portant sur l'analyse élémentaire du cerveau, posait sans doute la base inébranlable de toutes les constructions ultérieures, mais restait insuffisante comme donnant une théorie abstraite trop éloignée de la réalité effective. Il y fallait un double complément que la mort a empêché cet immortel penseur d'effectuer ; il fallait, en premier lieu, donner une théorie des fonctions composées du cerveau, qui, seules, se manifestent dans la pratique effective; c'est cette lacune que j'ai remplie dans mon cours de morale théorique. Faute d'en tenir compte, des positivistes, du reste distingués, ont été sujets quelquefois à de véritables illusions. En second lieu, il fallait donner, au moyen des lois fondamentales de la philosophie première posées par Auguste Comte, une théorie complète du travail cérébral. C'est ce que je fais dans ce cours de philosophie première ; dès lors, il sera possible d'apprécier suffisamment les perturbations du travail cérébral normal.

Néanmoins, il faut reconnaître qu'il y a sur ce grand sujet de nombreuses observations empiriques, qui se condensent le plus souvent dans des mots et des dénominations de la langue vulgaire, plus souvent encore que de la langue philosophique. Ces mots donnent une conception implicite d'observations qui se rapportent à la sixième loi de philosophie première, mais dont une théorie scientifique de cette loi peut seule permettre de donner la conception explicite et analytique. Je prends, par exemple, les deux termes d'*esprits judicieux* et *sagaces*. La réaction de l'appareil méditatif sur les images en dégage le caractère prépondérant qui peut servir aux combinaisons mentales. L'esprit judicieux est celui qui saisit les caractères au moyen desquels la réalité peut le mieux être représentée à un moment donné. Au contraire, esprit sagace est celui qui dégage de l'image un caractère très profond et très voilé, dont la portée ultérieure peut être très grande, sans que néanmoins la combinaison pour la réalité actuelle en soit vraiment suffisamment opportune. Les esprits judicieux dirigent le présent, les esprits sagaces préparent l'avenir. Les *esprits faux* sont ceux qui dégagent dans les images les caractères qui ne sont pas suffisamment combinables pour représenter la réalité; et suivant que la persévérance s'en mêle, ils forment des *entêtés*, au lieu de produire des *esprits fermes*. J'ai déjà expliqué précédemment, d'après cette sixième loi, le mot : force de tête. Il y aurait ainsi un travail intéressant à accomplir sur les diverses expressions de la langue universelle ; je viens d'en donner un exemple suffisant. Mais il y a deux maladies plus spécialement propres à cette sixième loi de philosophie première, c'est l'*incohérence* et l'*agitation*. Nous allons les étudier successivement.

L'*incohérence* consiste en ce que la méditation lie entre elles des images qui ne se conviennent pas, soit parce qu'elles sont contradictoires, soit parce qu'elles n'ont entre elles aucun rapport quelconque qui corresponde à la réalité effective des choses. Elle provient très souvent aussi de ce que, dans une construction mentale, on attache plus d'importance à une circonstance qu'elle n'en a effectivement dans la réalité. L'incapacité de dégager dans l'image complexe d'une chose ce qu'il y a d'essentiel en ne lui subordonnant pas les circonstances accessoires constitue une des conditions les plus fréquentes de l'incohérence. On voit, d'après cette analyse sommaire, que l'incohérence tient, en définitive, surtout à la sixième loi de philosophie première. Il est évident, en effet, que, si l'activité cérébrale ne peut pas faire surgir l'image prépondérante, il ne sera pas possible d'établir une véritable cohésion dans la construction mentale et celle-ci se fera souvent plus ou moins au hasard, sous l'influence de circonstances secondaires tenant le plus souvent à la surexcitation de nos passions.

Mais l'incohérence peut revêtir quelquefois un caractère encore plus grave, c'est lorsqu'on combine des images réellement hétérogènes au lieu de combiner seulement des particularités secondaires des images analogues ou homogènes. Il se produit alors des bizarreries singulières qui déterminent souvent de véritables antipathies morales ou des sympathies exagérées, résultant de ces constructions incohérentes avec des éléments hétérogènes. On voit souvent chez les femmes se manifester de tels phénomènes. Ils s'aggravent beaucoup, en effet, par la liaison constante de l'image à un sentiment.

L'incohérence provient aussi très souvent de la vitesse trop grande dans la succession des images, qui ne permet pas à l'esprit de saisir le caractère véritablement prépondérant dans les images analogues ; et si alors cette insuffisance mentale se complique du défaut de prudence et de persévérance, l'entendement se décide rapidement et combine souvent, presque au hasard, des images diverses. Les esprits trop actifs, mais qui ne sont pas assez puissants pour dominer et guider cette activité, sont par cela même prédisposés à l'incohérence.

L'incohérence peut présenter des degrés de fixité plus ou moins grands et si cette fixité devient trop grande, l'entendement marche dès lors vers un état véritable de maladie au lieu de présenter des indispositions passagères. Il est bon d'observer que l'incohérence peut s'étendre seulement à certains sujets sans en atteindre d'autres ; cette considération est importante, surtout au point de vue historique ; puisque pendant l'âge préliminaire de l'Humanité l'esprit humain a souvent employé des méthodes réellement contradictoires. On peut appeler esprits incohérents ceux chez lesquels cette maladie cérébrale s'étend à un très grand nombre de sujets. L'entendement est plus ou moins disposé à l'incohérence, suivant qu'il s'agit d'un *projet*, d'un *poème*, d'une *histoire* ou d'une *théorie abstraite*. C'est surtout dans l'ordre pratique et dans les conceptions qui s'y rapportent que l'incohérence se présente le plus souvent. La multiplicité des éléments à combiner, l'influence des passions les plus énergiques expliquent un tel phénomène. Dans la conversation et surtout dans la discussion, on peut se donner à loisir le spectacle de l'incohérence ; il y a là un sujet indéfini d'observations.

L'*agitation* n'est pas absolument l'incohérence, mais elle y conduit et y prépare l'entendement humain, elle tient aussi à la sixième loi de philosophie première. Nous avons vu que le travail cérébral fait surgir des images qui, liées à des émotions, se provoquent, s'excitent mutuellement et en font surgir de nouvelles. Cette agitation est d'autant plus grande que le nombre et la vitesse des images sont plus considérables. Cette agitation préliminaire du travail cérébral en est une condition nécessaire pourvu qu'elle ne dure pas. Mais si le phénomène continue on a l'agitation proprement dite. L'excitation des passions, une certaine vivacité d'esprit, combinées avec le manque de fermeté contribuent pour une longue part au phénomène de l'*agitation*. Les circonstances du milieu cosmologique ont une grande influence sur l'agitation proprement dite. Ainsi, que la fixité habituelle des choses extérieures vienne à manquer, comme dans le cas des orages, des tempêtes, des tremblements de terre, etc., etc., et l'agitation cérébrale se manifeste immédiatement sur une grande échelle; et il faut des cœurs bien fermes pour y résister. L'influence du milieu sociologique est de même nature ; les perturbations politiques et sociales, les grandes épidémies, etc., etc., provoquent à l'agitation cérébrale d'autant plus qu'elles surgissent plus brusquement. Un état d'affaissement succède habituellement à une agitation prolongée.

La *folie* résulte d'une intensité et d'une fixité plus grande dans l'incohérence et l'*agitation*. Il faut reprendre la conception de la folie et apporter à la vue profonde d'Auguste Comte des compléments indispensables pour la mettre suffisamment en rapport avec l'ensemble des observations. Auguste Comte a rattaché la folie à la première loi de philosophie première. Elle consiste, d'après lui, à ce qu'on complique l'hypothèse plus que ne le comporte l'ensemble des renseignements obtenus; ou pas assez, ce qui conduit à l'idiotisme. Dès lors l'hypothèse ou la construction mentale qui en est le résultat, non seulement n'est pas suffisamment en rapport avec la réalité extérieure, mais aussi n'y est pas d'une manière suffisamment opportune. On a dans ce dernier cas des utopistes, et dans la pratique ces esprits qui ayant trop tôt raison conduisent néanmoins aux aberrations les plus graves, faute de tenir suffisamment compte de toutes les conditions du problème, et surtout de l'influence du temps. Mais si cette complication ou cette insuffisance de l'hypothèse n'est que passagère, on n'est pas réellement fou.

La fixité d'un pareil état est une condition essentielle de la folie proprement dite. Mais analysons encore de plus près les caractères de la théorie fixe qui constitue l'état de folie. Dans les images que l'on combine dans les constructions mentales, il y a toujours une liaison avec une émotion ou un penchant. Dans la théorie qui constitue la folie, cette liaison a toujours un caractère extrêmement prépondérant ; et habituellement les notions et les images se lient à nos penchants les plus énergiques : conservateur, destructeur, orgueil, vanité, sexualité. Mais il faut pousser plus loin encore notre analyse et constater que la folie n'est vraiment complète que lorsque la théorie qui la constitue est incohérente avec toutes les autres, les domine et les absorbe. Dans ce cas-là, cette incohérence générale, où toutes conceptions sont subordonnées à une conception hétérogène, empêche l'harmonie de la vie de l'individu avec celle de tous les autres, faute d'une commune et semblable subordination à la réalité extérieure cosmologique et sociologique. Mais l'*agitation cérébrale* intense et continue produit effectivement le même effet qu'une conception insuffisante et fixe incohérente avec toutes les autres. En nous élevant donc au point de vue surtout sociologique, pour caractériser la folie en son vrai caractère pathologique, nous dirons que la folie consiste dans un état persistant de l'entendement humain, qui lui empêche d'avoir une représentation de la réalité extérieure cosmologique ou sociale, de manière à ne pouvoir établir l'harmonie de son existence personnelle avec celle des autres ; la folie est alors à l'état complet.

Cette conception de la folie fait surgir immédiatement le problème de la responsabilité dont nous devons dire quelques mots.

La théorie de la responsabilité consistera pour nous dans celle que j'ai appelée depuis longtemps : la *responsabilité sociologique*; seule, elle comporte une solution véritablement positive et scientifique, parce qu'elle repose sur une analyse incontestable de faits toujours vérifiables. Il ne s'agit pas, en effet, ici du problème métaphysique de la responsabilité fondée sur une prétendue responsabilité absolue où l'homme agit sans être déterminé par des motifs quelconques. Cette théorie a été reprise sous des formes et des apparences scientifiques par nos modernes aliénistes, dont l'action perturbatrice est d'autant plus dangereuse qu'ils traînent à leur suite le troupeau bruyant des littérateurs sensibles et la classe, non moins dangereuse, des philanthropes. La profession de philanthrope, souvent fructueuse pour celui qui l'exerce, devient ainsi nuisible pour la société. Les légistes ne résistent qu'empiriquement sous le poids des habitudes et des antécédents et sont eux-mêmes troublés par la faconde des avocats qui s'exerce sur ce difficile sujet. J'ai, dans mes cours depuis trente ans, réagi sous des formes très variées contre une telle tendance; mais je voudrais aujourd'hui donner un aperçu systématique, quoique très sommaire, de la théorie positive de la responsabilité.

Pour comprendre la responsabilité dans l'existence sociale, il faut remonter à la notion précise de société. La société est un *système* (1), c'est-à-dire un ensemble d'éléments humains liés entre eux et agissant et réagissant les uns sur les autres. Ces actions et ces réactions se produisent d'après des lois naturelles, qui créent à cet égard une véritable fatalité. Mais, d'après une conception plus ou moins précise des

---

(1) Je prends le mot *système* dans le sens que lui donne la mécanique générale, à savoir, une suite de points liés entre eux, qui agissent et réagissent les uns sur les autres.

choses et des situations, chaque homme peut exercer dans certaines limites une action modificatrice : normale si elle tend à maintenir le système et perturbatrice si elle tend à en altérer la constitution ; des conceptions mentales sont dans chaque individu la condition de cette action perturbatrice. La *responsabilité* n'est rien autre chose que la sanction de cette action modificatrice ; elle peut être considérée soit par rapport à l'individu, soit par rapport à la société. Par rapport à la société, la responsabilité consiste dans la réaction que la société peut et tend à exercer sur l'individu, d'après les lois naturelles mêmes de sa constitution. Cette responsabilité mérite donc d'être appelée sociologique, et son appréciation est un problème absolument positif qui, sans aucune vaine recherche des causes, résulte d'une appréciation scientifique d'un phénomène toujours observable, quoique souvent très compliqué. Par conséquent, la responsabilité sociologique n'est rien autre chose que la réaction inévitable de la société sur l'individu, réaction fatale dans ses bases fondamentales et que notre action modificatrice ne fait que systématiser dans quelques-unes de ses dispositions. Cette réaction de la société sur l'individu qui détermine la responsabilité sociale effective de celui-ci est une conséquence d'une des lois universelles de philosophie première que nous examinerons plus tard : la réaction égale l'action. Newton, comme on sait, l'a le premier découverte en mécanique générale.

Cette réaction de la société, dans son degré ultime et tout à fait légitime, consiste dans l'élimination définitive, c'est-à-dire par la mort, des éléments inassimilables ; et la responsabilité de l'individu consiste par conséquent, dès lors, à être détruit comme étant absolument et définitivement hétérogène au système dont il fait partie. C'est ce même principe qui guide la réaction des sociétés humaines contre les êtres vivants qui ne peuvent pas s'assimiler à elle. Ce principe, qui n'est que l'expression scientifique d'un phénomène incontestable et fatal, a été dès le début rigoureusement appliqué dans tous les cas. Ainsi, on trouve à l'origine des sociétés, l'élimination des enfants, qu'on pensait ne pouvoir pas vivre dans les conditions économiques difficiles des sociétés primitives, et aussi de ceux qui semblaient trop nombreux pour la situation économique de la société. De même, les vieillards étaient éliminés, parce que les capitaux disponibles de la société n'étaient pas suffisants pour nourrir les individus qui ne pouvaient plus concourir directement à leur production. Au début des sociétés, la mort est donc le procédé général de réaction de la société sur les individus et qui constitue la responsabilité de ceux-ci ; mais la fondation des capitaux, l'évolution des sociétés, a permis d'adoucir graduellement cette forme de la responsabilité sociologique de l'individu. L'évolution sociale, qui consiste à augmenter de plus en plus la division des fonctions et leur concours, a poussé la société à organiser la plus grande conservation possible des individus, pour les faire concourir à l'harmonie générale, au lieu de les détruire immédiatement et absolument. Mais le principe primitif reste inébranlable ; il est la conséquence même du système social. La complication croissante de la société a seule permis d'en varier les formes pour son utilité. Il y a quelque chose de plus à cet égard ; l'évolution sociale a permis de plus en plus le développement de notre sociabilité naturelle, des sentiments affectueux qui la constituent, où est à la fois le plus grand charme de notre vie et aussi la meilleure base de l'ordre et du progrès des sociétés humaines. Dès lors, l'enfant comme le vieillard ont été conservés alors même qu'ils n'étaient plus qu'une charge absolument matérielle, mais qui donnait lieu par leur conservation à un profond développement du cœur, par les soins mêmes qu'ils exigeaient chaque jour.

C'est d'après cette vue générale qu'on pourra suivre dans l'histoire les formes successives, de plus en plus compliquées, de la réaction de la société sur l'individu, pour constituer la responsabilité sociologique de celui-ci.

Nous venons d'établir que la société, au lieu d'exercer sa réaction inévitable par l'élimination, l'exerçait au contraire par une conservation plus ou moins complète de l'individu. Le principe qui détermine cette transformation de la réaction de la société sur l'individu repose toujours, bien entendu, sur une notion ou un sentiment plus ou moins précis, de l'utilité de celle-là et de la possibilité d'utiliser plus ou moins bien la conservation de celui-ci. Appliquons ces considérations à la manière dont la société réagit sur l'individu, et pour cela il faut apprécier les degrés successifs de la folie. La folie est complète, lorsque la théorie fixe qui domine l'individu le met dans un état absolument hétérogène avec la société dans laquelle il vit, de manière à ce qu'il ne puisse plus participer à l'exercice des fonctions qui constituent celle-ci. Au début des sociétés, il eût été éliminé ; actuellement il est conservé, d'abord dans l'espoir toujours possible de le guérir, et aussi pour la culture affectueuse dont j'ai parlé. Seulement il doit être mis dans l'impossibilité de nuire à lui-même ou aux autres. Les mêmes appréciations s'appliquent aux agités à l'état extrême, que j'ai fait rentrer sous un même point de vue dans la folie proprement dite. Mais il y a des conceptions qui dominent un individu et qui ne sont pas en rapport avec l'ensemble de quelques-unes des notions générales qui prévalent à un moment donné ; dans ce cas-là, l'individu doit être soigneusement respecté, quand même ses conceptions altéreraient à un certain degré l'accomplissement des fonctions de la vie générale. Car il faut remarquer que tout progrès quelconque des sociétés humaines résulte toujours de ce que l'individu peut, à un certain degré, se rendre indépendant du système social et agir sur lui comme une *force extérieure*. J'ai depuis longtemps caractérisé un grand homme, comme une force extérieure à la société et qui peut dès lors lui donner une véritable impulsion progressive. Les aliénistes ont une disposition malheureuse à déclarer irresponsables tous ceux qui ont sur certains points une idée fixe et à demander qu'on frappe leurs actes habituels de nullité. Les légistes ont été jusqu'ici plus progressifs et plus sages, et ils déclarent parfaitement valables les décisions des individus qui, présentant des particularités qui peuvent paraître singulières, n'en présentent pas moins une direction suffisamment raisonnable de leurs affaires journalières. On en a vu un exemple remarquable dans le procès Gama da Machado et dans celui d'Auguste Comte.

Le criminel diffère du fou, en ce qu'il exerce à degrés divers une action perturbatrice sur la société, sans que cela résulte d'une conception fixe hétérogène. La réaction que la société exerce dans ce cas-là présente des caractères et des degrés divers. Cette réaction naturelle étant faite pour la conservation et le progrès de la société, celle-ci doit y poursuivre deux buts essentiels. Le premier consiste à exercer sur l'individu une action moralisatrice, qui lui permette de rentrer un jour dans le cadre même des fonctions normales de la société. Le second est de réagir, par l'exemple, sur le reste de la société elle-même de manière à produire sur les individus un sage effet de crainte qui les perfectionne ; car la crainte, comme l'a si bien dit Richelieu, est une base fondamentale des sociétés. Dans d'autres cas, bien précis, on élimine définitivement l'individu comme inassimilable, et cela par la mort ou bien par le travail forcé perpétuel, surtout dans les lieux malsains de la planète, que les criminels peuvent ainsi assainir pour l'utilité future des honnêtes gens.

Nous allons maintenant apprécier l'évolution de *l'incohérence* et de *l'agitation* aux diverses époques de l'histoire, en général dans la société.

L'incohérence mentale a été, dans toute l'évolution préliminaire de notre espèce, une conséquence de cette évolution même qui s'est faite sous l'impulsion de doctrines successives, qui coexistaient néanmoins dans chacun des cerveaux, quoique pas sur le même sujet. Il y avait dès lors défaut d'homogénéité mentale ; ce qui néanmoins n'empêchait pas la vie réelle, parce que cette incohérence se tenait dans certaines limites et était dominée par le poids de fatalités cosmologiques et sociologiques. A l'époque fétichique, il y a eu une certaine homogénéité ; et la plus grande qui ait existé avant l'avènement du Positivisme. Cela résultait de ce que tous les phénomènes étaient assimilés aux phénomènes humains ; il est vrai que cette homogénéité correspondait à un faible développement mental. Mais quand le théologisme est venu présider au développement de la société, l'incohérence a surgi nécessairement, puisqu'on combinait les volontés plus ou moins arbitraires et de plus en plus puissantes des dieux et de Dieu, avec le principe plus ou moins implicite des lois naturelles sans lequel toute vie réelle est impossible. Mais l'incohérence a atteint son plus haut degré dans la systématisation même du catholicisme ; précisément parce qu'il y avait systématisation théologique en face des réalités positives plus ou moins aperçues. Aussi l'équilibre mental ne se soutenait pas par lui-même ; et pour qu'il ait pu se maintenir, il a fallu interdire la discussion, proclamer l'infaillibilité papale, qui décidait tout en dernier ressort en vertu d'une puissance mystérieuse ; et enfin faire un emploi inouï de la force contre ceux qui voulaient sortir d'un certain formulaire. Cette situation était évidemment contradictoire, puisque le but d'une doctrine générale est précisément de dispenser de l'emploi de la force, en déterminant le concours volontaire.

L'évolution révolutionnaire, par sa mobilité même, a combiné une *agitation* croissante avec une incohérence persistante. On avait des doctrines incohérentes, mais on en changeait sans cesse ; on joignait la versatilité mentale à l'inconséquence logique. Heureusement, l'évolution croissante de l'esprit positif, son influence de plus en plus grande dans les réalités pratiques, faisait un contre-poids de plus en plus grand à cette situation révolutionnaire de l'esprit humain ; sans cela l'espèce humaine serait devenue folle en Occident. Néanmoins, il faut reconnaître qu'il y a là une situation grave ; le milieu sociologique pousse à l'incohérence et à l'agitation mentale, et par suite provoque ces deux phénomènes dans ceux qui y sont spontanément prédisposés, au lieu de tendre à en limiter l'essor.

L'avènement du Positivisme viendra changer définitivement une telle situation en développant la cohérence et la stabilité mentale. Le Positivisme, en effet, vient enfin établir l'homogénéité de toutes nos conceptions en les concevant toujours comme ayant pour but de construire la représentation des lois de la réalité effective, envers laquelle l'esprit commence à se subordonner. D'un autre côté, le Positivisme réagit contre la domination perturbatrice de la notion de progrès ; il la subordonne à celle de l'ordre. En outre le Positivisme fait prévaloir la stabilité sur la mobilité ; il développe la fixité des habitudes ; celle des institutions et des relations. Enfin le Positivisme développe l'esprit de subordination et de hiérarchie qui tend à limiter les fantaisies individuelles qui conduisent si souvent à l'incohérence et à l'agitation.

En résumé donc, le Positivisme établit l'homogénéité et la cohérence mentale la plus complète et crée un milieu sociologique stable ou, du moins, dominé par un lent mouvement continu, de manière à réagir par une influence latente mais certaine sur la fixité de nos conceptions. Il arrivera ainsi à réaliser, pour chacun des individus, l'état de pleine raison.

Pierre LAFFITTE.

Cadillac-sur-Garonne (Gironde).
Le 11 mai 1887 (19 César 99, Paul-Emile).

COURS DE PHILOSOPHIE PREMIÈRE

PROFESSÉ PAR M. PIERRE LAFFITTE

DIXIÈME LEÇON

DE LA SEPTIÈME LOI DE PHILOSOPHIE PREMIÈRE (1).

Chaque entendement présente la succession de trois états : fictif, abstrait, et positif, envers les conceptions quelconques, avec une vitesse proportionnée à la généralité des phénomènes correspondants.

I.

Considérations préliminaires.

Après avoir étudié, dans les trois leçons précédentes, la théorie de l'état statique de l'entendement dans ce qu'il y a de commun à tous les cas, nous allons en étudier l'état dynamique. Il ne faut pas considérer l'expression *état dynamique* comme l'équivalent d'activité ; car celle-ci existe au plus haut degré dans ce que nous appelons l'état statique. Celui-ci a, en effet, pour but d'établir un équilibre mental, à un moment donné, dans l'appréciation des choses : et ce sont les lois d'après lesquelles l'entendement humain construit cet équilibre que nous avons étudiées dans les trois leçons pré-

---

(1) Ceci représente la rédaction de la dixième leçon de mon Cours de Philosophie première, professé le dimanche 17 février 1878, à Paris, 10, rue Monsieur-le-Prince.

cédentes. Nous avons dû pour cela donner une grande extension aux énoncés des lois formulées par Auguste Comte, et qui ne sont réellement relatives qu'à la nature des matériaux propres à nos constructions mentales ; tandis que j'ai dû y ajouter, autant que possible, les lois propres à la formation même de ces constructions. Cette extension était légitime, attendu que, suivant un usage invariable, Auguste Comte a posé dans le 4e volume du *Système de politique positive* les bases de la construction, qu'il aurait sans doute développée plus tard, si le temps le lui eût permis.

L'étude de l'état dynamique de l'entendement a pour but de rechercher les lois de succession des divers états d'équilibre, suivant les époques de l'évolution de notre espèce, et suivant les âges de l'individu. C'est à Auguste Comte qu'est due absolument l'introduction explicite d'un tel point de vue. Avant lui, les conceptions diverses du passé étaient représentées, ou comme des aberrations de l'esprit humain, ou bien comme des déguisements des doctrines contemporaines. Le premier, il a scientifiquement établi que la vérité était relative ; qu'elle était une approximation de la conception des choses, variant, sans arbitraire, suivant les époques de l'évolution de l'Humanité. Cette conception nouvelle, hardie et vraie, a pénétré bien moins qu'on le croit, malgré de bruyantes déclamations, même dans les esprits cultivés qui s'occupent de ces questions.

Puisque les lois dynamiques de l'entendement humain sont relatives à la succession de ces divers états d'équilibre, il faut rappeler en quoi consiste l'état d'équilibre et les modifications normales qu'il comporte ; de manière à pouvoir tracer la limite vers laquelle tendent ces états successifs, et pouvoir ainsi bien juger la marche nécessaire qui y conduit. L'équilibre mental d'un entendement consiste à nous représenter, le mieux possible, la réalité des choses, afin de les modifier, ou de nous modifier nous-mêmes pour notre propre perfectionnement et le service des êtres collectifs. On voit donc que, dans notre définition, nous faisons entrer, non pas seulement, comme on l'a fait jusqu'ici, la simple conception de la représentation des choses, mais aussi le but à atteindre et les moyens que fournit à chaque entendement la situation correspondante. En somme, nous ne faisons que systématiser ici la marche réelle des choses ; jamais aucun entendement ne s'est trouvé dans la situation abstraite où le placent les métaphysiciens, même les plus grands, quand ils organisent l'étude de l'activité mentale.

Dans les trois leçons précédentes, nous avons vu les trois lois auxquelles sont assujetties toutes nos constructions mentales pour représenter la réalité des choses. La première nous indique que, dans ce mode d'activité de l'organisme comme dans tous les autres, le monde extérieur fournit l'aliment, l'excitant et le régulateur, par les sensations qu'il produit sur nous. Mais les constructions mentales ne se font pas immédiatement sur la sensation ; elles opèrent sur les images qui résultent de ces sensations elles-mêmes ; c'est ce que nous avons vu dans la seconde loi statique de l'entendement. Enfin, nous avons étudié, dans la troisième, les transformations auxquelles ces images sont soumises pour pouvoir faire partie d'une construction. Le but de ces transformations est de permettre la liaison des images entre elles, afin de reproduire dans l'entendement les êtres ou la succession des évènements.

Pour opérer ces constructions au moyen des images transformées, l'entendement obéit aux trois premières lois de la philosophie première. La première, qui régit la contemplation comme la méditation, pousse l'entendement à instituer l'hypothèse la plus simple d'après l'ensemble des renseignements obtenus. La seconde, grande création de l'Humanité transmise à chaque individu, pousse à représenter dans les constructions mentales les lois naturelles. La troisième enfin, qui est aussi une force directrice de l'entendement créée par le passé, dispose l'esprit à représenter d'abord un premier état moyen que l'on complique par des approximations successives.

Il résulte ainsi du concours de ces six lois des constructions qui représentent plus ou moins exactement la réalité. Mais il est évident que le degré d'approximation doit varier suivant les époques, et c'est l'étude de la marche régulière de ces degrés d'approximation qui constitue au fond l'étude de l'état dynamique de l'entendement.

L'hypothèse métaphysique d'un cerveau qui agit directement, d'après les aptitudes qui lui sont propres, sur les matériaux fournis par la sensation, sans qu'on tienne compte des acquisitions antécédentes, constitue une hypothèse absolument contraire à la réalité. En fait, il y a trois choses dans le travail cérébral : les matériaux fournis par le monde extérieur ; les aptitudes cérébrales pour les utiliser ; et enfin des résultats acquis déjà par l'entendement, qui constituent le point de départ d'après lequel nos aptitudes s'exercent sur les matériaux. Quant à ces aptitudes elles-mêmes, elles sont modifiées par des liaisons anatomico-physiologiques avec les parties postérieure et moyenne du cerveau, résultant soit de dispositions héréditaires graduellement créées, soit de celles qui ont été produites par l'activité même de l'individu. Or, ces états antérieurs, qui précèdent le travail cérébral de chaque individu, varient d'après des lois qui ne sont pas arbitraires, mais dont, avant Auguste Comte, on n'avait pas songé à tenir compte d'une manière explicite. Cette succession se produit suivant les époques ou suivant les âges ; mais c'est la loi de succession suivant les époques qui est véritablement importante, celle suivant les âges n'en étant qu'un complément, d'après le grand principe que l'individu répète nécessairement l'espèce dans les phases successives de son développement mental. Concevons donc avec précision cette notion de la succession des époques.

Il est clair que tout individu qui vient au monde naît dans un milieu sociologique déterminé et que, outre les aptitudes héréditaires dont il peut être doué, il est, par la nécessité même des choses, initié aux conceptions, aux habitudes pratiques et aux sentiments du milieu dans lequel il est. Son activité et celle de ses semblables modifient plus ou moins cette situation, et il se transmet ainsi à la génération suivante un milieu sociologique différent à quelques égards du précédent et dans lequel devra vivre la nouvelle génération. Il y a donc ainsi une succession de milieux sociologiques s'engendrant les uns les autres. Ce sont les lois de cette succession que nous voulons étudier, en tant qu'elles règlent le cours des opinions de notre espèce, dans ce qu'elles ont de fondamental, c'est-à-dire commun à tous les lieux, et représentant ce qui résulte nécessairement du caractère de notre espèce et du milieu général planétaire dans lequel elle se développe. Il fallait une étonnante puissance d'abstraction pour résoudre un tel problème, et il n'en faut guère moins pour le comprendre convenablement, surtout à cause de l'absence de forte culture scientifique si caractéristique de nos jours. La difficulté du problème posé et résolu par Comte apparaîtra plus nettement en voyant tous nos théoriciens, si incapables de saisir cette solide base abstraite de l'évolution mentale, se perdre dans des détails à l'infini sur les particularités de l'évolution intellectuelle de l'Humanité, sans rien savoir de ce qui en constitue la base essentielle.

Les considérations précédentes acquièrent une grande netteté si l'on voit notamment le rôle singulier que l'on fait jouer à l'idée de race, dans l'explication que l'on donne des diversités intellectuelles parmi les hommes dans les différents pays. Le mot *race* est devenu une véritable entité, au moyen de laquelle on explique tout sans rien savoir ; c'est par la notion vague de différences cérébrales spécifiques que s'expliquent les différences ou les similitudes dans les conceptions humaines. On est arrivé à cet égard aux résultats les plus singuliers et les plus contraires aux plus simples et aux plus saines notions de la physiologie. Je vais donner un exemple de ces étranges aberrations de nos littérateurs. On est, en effet, arrivé à proclamer que la croyance à certains dogmes était une caractéristique de la race ; de telle sorte que, si un individu croit à un certain dogme, cela suffit pour qu'il appartienne à la race caractérisée par la croyance à ce dogme. On proclame donc implicitement ce principe singulier que l'hérédité transmet non-seulement des aptitudes, mais aussi des résultats. Il résulterait de là que, pour le langage, par exemple, il y a des gens qui parlent naturellement anglais et d'autres naturellement français ; tandis que l'expérience prouve que la langue que l'on parle ne résulte pas seulement du passé de ceux qui l'ont parlée, mais du milieu dans lequel se trouve l'enfant ; celui-ci parle toujours la langue du milieu où il a été élevé, sauf des particularités spéciales tenant à l'organe de la voix. D'après ces singulières théories littéraires, l'homme naîtrait non-seulement avec certaines prédispositions digestives, mais aussi avec des résultats effectifs de digestion qui se continueraient dans les diverses phases du développement.

Dégageons-nous de ces vaines conceptions, et cherchons les lois essentielles de l'évolution mentale communes à tous les lieux et tenant à notre nature même ; il faudra toujours subordonner à cette partie fondamentale toutes les particularités, dont on tiendra compte ensuite suivant leur degré d'importance. Mais, comme nous l'avons vu, toute construction mentale est nécessairement subjective dans sa destination finale, quelle que soit la part, plus ou moins grande, faite aux documents objectifs. La construction mentale est toujours déterminée, dans sa destination, et dans son degré d'approximation, par les nécessités pratiques et les dispositions effectives : par conséquent la théorie de l'évolution mentale se composera nécessairement de trois lois successives :

1° Loi de l'évolution mentale proprement dite ;

2° Loi de l'évolution pratique ;

3° Loi de l'évolution sentimentale.

Nous étudierons dans cette leçon la loi de l'évolution mentale proprement dite ; les deux autres lois seront traitées dans les deux leçons suivantes.

Il faut remarquer que la loi de l'évolution mentale se compose nécessairement de deux lois. La première étudie la marche nécessaire de nos opinions, quel que soit le sujet auquel s'applique notre entendement. Dès lors, cette marche se retrouve, quels que soient les phénomènes que l'on étudie et aussi quels que soient les êtres. Mais, dans une seconde loi, il faut tenir compte de la nature des phénomènes ou de celle des êtres ; ce qui influe surtout sur la vitesse du mouvement.

L'état final de l'évolution mentale est l'établissement de l'état positif. Il faut présenter quelques considérations sur ce qu'on peut faire actuellement sur ce sujet, et sur ce qu'on fera plus tard dans l'étude de l'évolution positive de l'entendement.

Jusqu'ici la loi d'évolution, telle que l'a exposée Comte, est de montrer seulement la marche vers l'état positif caractérisé sous ses aspects essentiels. Mais une fois cet état atteint, il évoluera suivant des lois propres ; ces lois d'évolution de l'état positif, étudiées plus tard, devront être sommairement résumées en philosophie première. Il résulte donc de là que, pour l'évolution dynamique de l'entendement, il y a un progrès toujours possible, et une question toujours ouverte en philosophie première.

II

De la loi des trois états.

Les divers êtres agissent les uns sur les autres d'après les phénomènes qui leur sont propres. L'entendement humain construit une représentation de ces actions et réactions en liant entre eux les phénomènes observés afin de prévoir les phénomènes et de les modifier. La loi d'évolution mentale consiste à déterminer comment les modes de liaison des phénomènes observés se sont succédé les uns aux autres. Une telle loi s'applique à la raison abstraite, à la raison concrète, comme à la raison pratique ; mais c'est surtout en tant que conduisant à la systématisation de la raison abstraite, qui systématise ensuite tout le reste, que nous devons la considérer.

Cette loi, si nous l'énonçons d'une manière sommaire, revient à dire que les phénomènes observés sont liés entre eux, dans nos conceptions mentales, par des fictions, des abstractions, ou simplement par la détermination scientifique des liens effectifs qui existent entre eux. Cela constitue trois états successifs de l'entendement : théologique ou fictif, métaphysique ou abstrait, positif ou scientifique proprement dit.

Pour bien comprendre la démonstration de cette loi, le mieux, je crois, est de donner la succession des vues de Comte à ce sujet, depuis sa découverte jusqu'à la mort du grand philosophe.

La loi fut découverte en 1822 et publiée dans l'opuscule fondamental de Comte. Voici son premier énoncé (1) : « Par la nature même de l'esprit humain, chaque branche de nos connaissances est nécessairement assujettie, dans sa marche, à passer successivement par trois états théoriques différents : l'état théologique ou fictif, l'état métaphysique ou abstrait, enfin l'état positif ou scientifique. » Auguste Comte signale cette loi comme un grand fait général découvert par induction.

Auguste Comte revint sur cette loi en 1825, dans ses *Considérations sur les sciences et les savants* (2). Il apporte à la

---

(1) Voy. *Système de Politique positive*, tome IV, Appendice, p. 77.
(2) Voy. *Système de Politique positive*, tome IV, Appendice, p. 137.

démonstration de sa loi de notables perfectionnements. En premier lieu, il montre que cette loi se vérifie dans l'évolution spontanée de l'individu lui-même. Ensuite il cherche à en donner une démonstration *à priori*, en la montrant « sous le point de vue physique de la nécessité, c'est-à-dire comme dérivant des lois naturelles de l'organisation humaine, et sous le point de vue moral de son indispensabilité, c'est-à-dire comme étant le seul mode convenable au développement de l'esprit humain ». Sous le premier point de vue, il remarque surtout que, ce que nous connaissons d'abord le mieux étant notre action sur les autres êtres, nous sommes portés à assimiler tout à un tel mode d'action. Puis il montre comment le progrès même de nos connaissances nous fait passer ainsi d'abord du fétichisme au polythéisme, du polythéisme au monothéisme, et enfin par l'intermédiaire de la métaphysique à l'état positif. Il montre ensuite que l'état fictif primitif est absolument indispensable; car, dit-il, « si les faits sont nécessaires pour établir les théories, les théories le sont pour voir les faits. » Il y a donc là un cercle vicieux dont l'homme ne sort que par la spontanéité même de la méthode théologique. Puis il fait voir que l'évolution mentale ne pouvant avoir lieu que par l'évolution collective de notre espèce, il en résulte la nécessité primitive de l'état théologique qui est une condition nécessaire de la formation des sociétés. Car les sociétés ne peuvent se former que par des opinions communes et la spontanéité théologique peut seule y présider au début.

Auguste Comte est revenu sur cette loi, en 1830, en tête du premier volume du *Cours de philosophie positive*. On peut voir son exposition dans la première leçon. Il se contente de reprendre sommairement ce qu'il a déjà indiqué dans son opuscule de 1825 sur les sciences et les savants.

Auguste Comte revient sur le même sujet en 1839 dans le tome IV du *Cours de philosophie positive*. Il apporte à sa démonstration un sensible perfectionnement en montrant le rapport de cette loi, non plus seulement avec les nécessités mentales de l'entendement, mais aussi avec notre état moral et social. Au point de vue moral, il fait voir que les fictions théologiques sont, au début, pour l'homme, si impuissant en face du monde extérieur, une consolation et un espoir qui ont fortement soutenu notre activité. Au point de vue social, il fait voir que les fictions théologiques ont été la condition primitive indispensable pour la consécration des pouvoirs, dont la force et la stabilité sont à la fois si nécessaires et si difficiles au début.

En 1853, Auguste Comte revient encore sur cette loi capitale (1). Il résume avec infiniment plus de précision et de netteté ses considérations antécédentes.

Enfin, en 1854, dans le tome IV du *Système de Politique positive*, il fait un pas de plus, en classant la loi des trois états en Philosophie première et en ne séparant pas cette loi de celles qui sont relatives à l'évolution pratique et à celle du sentiment.

En suivant la marche d'Auguste Comte, et en réalisant le vœu qui résulte de l'évolution de son esprit et de ses vues graduellement développées, on voit que l'établissement complet de cette loi consiste à lier l'état dynamique de l'entendement à son état statique. C'est ce que j'ai essayé de faire. Et d'abord, il est évident que la loi d'évolution mentale est dominée par la loi de Philosophie première qui consiste à faire l'hypothèse la plus simple en rapport avec l'ensemble des renseignements obtenus. Or, il est de toute évidence que ce que nous connaissons le mieux au début, c'est nous-mêmes. Dès lors nous devons lier les phénomènes observés en y supposant des affections et des penchants analogues à ceux que nous constatons en nous-mêmes. Mais, à mesure que la méditation fait apercevoir des relations plus générales, nous remplaçons ces penchants et ces affections par des abstractions qui n'en sont, au début, que des personnifications géné-

---

(1) *Système de Politique positive*, tome III, chapitre Ier.

rales. Enfin, les observations s'étendant, la méditation se perfectionnant, nous éliminons graduellement cet échafaudage devenu inutile et l'hypothèse la plus simple consiste alors à ne chercher que les relations effectives des phénomènes entre eux. Puis, après avoir défini les lois de l'équilibre mental, il est facile de voir que l'évolution dynamique de l'entendement a pour but d'arriver à la plus grande stabilité d'un tel équilibre par la simple représentation des rapports effectifs des choses entre elles, pour la meilleure satisfaction de nos penchants et de notre activité.

Voyons maintenant quelques observations sur ces trois phases de l'évolution mentale.

Les travaux d'Auguste Comte, à partir de 1839, ont surtout consisté à dégager de plus en plus l'importance du point de départ fétichique; ce qui l'a conduit finalement à l'incorporation esthétique et actuelle du fétichisme dans le Positivisme. Les travaux de de Brosses et de ses successeurs avaient sans aucun doute signalé la distinction entre le Fétichisme et le Positivisme; mais, ce qui était nécessaire à la fondation de la science sociale et ce qu'Auguste Comte seul a fait, c'était de démontrer la légitimité absolue du fétichisme dans l'évolution de l'esprit humain et sa supériorité en certitude mentale sur le polythéisme. J'ai pu, en appliquant ces conceptions fondamentales, expliquer enfin le cas de la Chine qui apparaissait comme une singularité dans l'évolution humaine. Il y a néanmoins une rectification à faire dans la théorie fétichique d'Auguste Comte, et que j'ai accomplie dans mon cours de sociologie dynamique, à la salle Gerson. Auguste Comte ne distingue pas le fétichisme comme méthode mentale générale du fétichisme comme religion. Un nombre déterminé d'êtres étaient seuls, en effet, l'objet d'un culte fétichique, sans cela la vie humaine serait restée incompréhensible; du reste l'observation historique justifie ma rectification. Quant au théologisme proprement dit, polythéique ou monothéique, l'indétermination inévitable de ce genre de conceptions a conduit Auguste Comte, avec sa profondeur habituelle, à chercher la détermination dans les influences morales et pratiques. C'est sous le poids de ces influences que les solutions, indéterminées sans être arbitraires, donnaient lieu à un choix par la nécessité de satisfaire à certaines conditions sociales. Un exemple frappant nous est donné par la formation graduelle du dogme catholique sur les bases posées par saint Paul.

La nature de la transition métaphysique exige des explications plus étendues. Auguste Comte caractérise l'état métaphysique en l'appelant l'état abstrait. En effet, dans cette situation de l'esprit humain, les observations, concrètes ou abstraites, sont liées entre elles par des abstractions proprement dites qui ne sont le plus souvent que de graduelles simplifications de la fiction théologique, par l'élimination graduelle des particularités concrètes qui caractérisent les êtres théologiques, et en ne conservant que leur mode plus ou moins abstrait d'activité. Pour bien comprendre le rôle de ces abstractions comme moyen de liaison mentale, il faut bien distinguer le cas des sciences naturelles proprement dites de celui des sciences sociologiques et morales. Voyons d'abord le premier cas.

Nous pouvons y constater d'abord des degrés successifs d'abstraction. Au premier degré, nous voyons une sorte de modification abstraite du fétichisme ; on prête aux corps de certains penchants communs par lesquels on réunit des effets semblables. La théorie de l'horreur du vide en est un exemple caractéristique. La liaison avait été si bien faite et la théorie métaphysique si bien construite qu'il a suffi de remplacer partout « horreur du vide » par « pesanteur de l'air » pour avoir de suite une théorie positive. La conception de la « force » au contraire est la forme la plus abstraite en philosophie naturelle de l'état métaphysique, et le passage à l'état positif se fait en précisant la notion du mot force, soit :
1° en n'y voyant que l'expression de l'intensité même du

phènomène, soit 2° en y voyant un artifice pour assimiler les activités intérieures des êtres à des actions extérieures ; ce qui constitue une sorte d'incorporation du Polythéisme à la science.

En philosophie morale, les conceptions sont liées par des abstractions qui dominent encore à peu près toutes les intelligences. Les notions de droit, de raison, de souveraineté collective, de race, etc., contiennent sans doute des faits positifs; mais pour le plus grand nombre des esprits cultivés, elles ne sont rien autre chose que des abstractions liant des observations sociologiques et morales plus ou moins précises. L'explication par l'abstraction *race* des phénomènes sociaux est un exemple caractéristique de la métaphysique en sociologie. Après avoir constaté qu'il y a des peuples distincts, on représente par le mot race la considération de ce fait, et on se sert ensuite de cette abstraction pour expliquer les phénomènes sociaux, au lieu de chercher, ce qui est plus difficile mais plus positif, les relations de ces divers faits sociaux aux circonstances multiples qui influent sur eux. Avec le mot race, les littérateurs se sont donné à bon marché une apparence scientifique. Un spécimen caractéristique se trouve dans le travail d'Augustin Thierry sur la conquête de l'Angleterre par les Normands. On peut, si l'on veut préciser mes observations, voir un autre spécimen de cet état métaphysique dans l'introduction de Michelet à son *Histoire de la Révolution*, où les abstractions : Christianisme, Révolution; Justice, Grâce, etc., servent à lier des faits historiques plus ou moins bien observés.

Cette loi des trois états d'Auguste Comte a été appliquée par lui, avec celles qui se rapportent à l'activité et au sentiment, et lui a servi à fonder la sociologie dynamique dont il a opéré la systématisation dans son système de Politique positive en opérant son intime subordination à la statique sociale. Un laborieux lexicographe à qui le journalisme français a fait pendant quelque temps une réputation de philosophe,

M. Littré, a voulu répondre à une telle destination. Il a proposé de substituer à la grande loi d'Auguste Comte ce qu'il a appelé la loi des quatre états. Son appréciation servira à éclairer la théorie que j'expose ici.

Voici les paroles de M. Littré : « Dans l'exquisse de déve-
« loppement que je viens de tracer (dit M. Littré, dans ses
« Paroles de Philosophie positive, page 44) (1), j'ai noté
« comme quatre degrés successifs : le besoin, qui est le de-
« gré inférieur et premier ; le moral qui est le second ; le
« sens et la culture du beau qui est le troisième, et la science
« qui est le quatrième. J'anticipe ici sur un travail qui
« m'occupe depuis longtemps et que je n'ai pas encore pu-
« blié. On voit aussitôt que je n'ai pas suivi Auguste Comte
« dans sa série sociologique. Lui l'a définie en disant que
« nos conceptions passent par trois états : l'état théologique,
« l'état métaphysique et l'état positif. Cette loi, car c'en est
« une, fut heureusement trouvée ; elle détermina le sens de
« l'évolution et fonda la sociologie. Mais elle est empirique,
« en ce sens qu'elle est seulement l'expression abstraite du
« fait lui-même ; Auguste Comte a constaté par l'histoire
« que nos conceptions subissaient cette évolution et, trans-
« formant en principe le fait, il y a établi la loi de l'histoire ;
« ..... J'ai été frappé qu'il n'y eut aucune concordance entre
« l'analyse mentale dont Auguste Comte a emprunté les ba-
« ses à Gall, et la loi empirique qu'il avait découverte en
« sociologie. J'ai donc conclu d'un tout autre point de vue
« cette même analyse mentale, et la posant comme point de
« départ de l'analyse sociologique, j'ai été amené à une loi
« rationnelle qui, sans toucher à la réalité de la loi empirique
« d'Auguste Comte, va au-delà, l'explique et en fait un cas
« particulier ».

Nous pouvons nous donner ici le spectacle du degré d'ab-

---

(1) Paroles de Philosophie positive, par E. Littré, chez Adolphe Delahaye, Paris, mars 1859, brochure in-8 de 62 pages.

surdité où peuvent descendre les littérateurs quand, au lieu de répéter, ils veulent avoir l'air de penser. En premier lieu, la prétendue loi de M. Littré n'a qu'un premier inconvénient, c'est de ne pas en être une. Une loi est la variation d'un phénomène d'après un autre qui est la variable indépendante et qui, en sociologie dynamique, est ordinairement le temps. Mais quel rapport et quelle homogénéité y a-t-il entre le besoin, le moral, le beau et la science qui se succèdent l'un à l'autre ? Ce sont là des phénomènes hétérogènes, et, par suite, leur succession ne peut pas donner lieu à une véritable loi. Que l'on considère, au contraire, la conception d'Auguste Comte, on est là en face d'une loi réelle; car il s'agit de la loi de succession nécessaire des modes de liaison propres à nos conceptions surtout abstraites; c'est donc toujours le même phénomène, liaison des observations, dont on étudie la loi de variations successives. En second lieu, M. Littré dit que la loi d'Auguste Comte est purement empirique. C'est vrai, et pour les lois de Képler aussi. Ç'a été d'abord la constatation d'un grand fait, mais il est inexact de dire qu'Auguste Comte s'en soit tenu là. Il a cherché à rattacher cette loi d'évolution aux dispositions théoriques plus générales encore de l'entendement humain, et il a fait voir que, comme toute théorie suppose des observations, réciproquement les observations supposent une théorie ; ce qui, au début, place l'entendement dans une situation contradictoire d'où l'on ne sort que par la spontanéité de l'esprit théologique, qui assimile tous les phénomènes aux phénomènes humains, dont nous avons d'abord la notion la plus immédiate. Ce point de départ étant établi, Auguste Comte montre comment l'harmonie entre les observations et les liaisons mentales engendre les états successifs de l'entendement humain dont il a constaté la loi. Enfin, la fondation de la philosophie première m'a permis de rattacher cette loi d'évolution, d'un côté à la première loi de philosophie première, et de l'autre à la théorie de l'équilibre mental qui, passant par plusieurs états successifs, tend vers la stabilité scientifique. Enfin M. Littré prétend que la loi d'Auguste Comte n'est qu'un cas particulier de la loi des quatre âges. J'avoue qu'ici la chose me paraît vraiment incompréhensible. Comment, diable, la loi d'Auguste Comte, qui trace la marche des modes successifs de philosopher ou de coordonner les observations, peut-elle être un cas particulier d'une loi où l'on montre la prétendue succession du besoin, du moral, du beau et de la science; tandis que la loi d'Auguste Comte n'est relative qu'aux divers états de la science, qui est d'abord théologique, puis métaphysique et enfin positive ? Il faut que l'aptitude à prendre les mots pour les choses soit susceptible d'une étonnante domination pour que M. Littré ait écrit pareille phrase, sans même donner aucune indication quelconque qui puisse fournir au moins une certaine apparence.

On a contesté à Auguste Comte à la fois la réalité de la loi et l'originalité de la découverte. Les critiques, quand elles ont été sincères sous ce dernier point de vue, ont tenu à ce qu'on a méconnu la distinction entre l'état implicite et l'état explicite de l'entendement humain. L'on n'a pas vu qu'autre chose était constater des états différents de l'entendement et montrer leur liaison nécessaire. Ainsi, il est certain qu'avant Auguste Comte on avait saisi la distinction qui existe entre les conceptions théologiques, métaphysiques ou positives. Des luttes s'étaient engagées sur la prépondérance de ces diverses manières de procéder et, par exemple, Descartes, dans une partie de son œuvre tout au moins, luttait pour la prépondérance de l'esprit positif sur l'esprit métaphysique. Mais une telle constatation ne constituait nullement la conception et la découverte d'une loi nécessaire de succession dans ces divers modes de philosopher, qui les rendait chacun légitime à un moment donné. Il semble que Turgot avait fait un pas de plus, puisqu'il constate l'existence de cette succession dans certaines études; mais la loi n'est pas trouvée encore. Et, en effet, Turgot n'arrive à l'élimination ni de la théologie ni de la métaphysique et n'a aucune conception précise de ce qui caractérise le véritable esprit positif. La découverte appartient à celui qui a caractérisé nettement ces trois modes de philosopher, leur succession légitime et nécessaire, et qui a coordonné d'une manière générale toute l'évolution humaine d'après une pareille loi, dont il a, du reste, montré l'harmonie avec la loi d'évolution pratique et même sentimentale. Il y a eu avant Auguste Comte des constatations de faits, des remarques, mais nullement l'établissement explicite d'une loi au moyen de laquelle on explique un nombre immense de phénomènes.

III

De la hiérarchie des conceptions abstraites.

La loi d'évolution mentale doit être surtout appliquée à la succession des conceptions abstraites véritablement scientifiques. Elle a pour destination essentielle, d'étudier la constitution de la raison abstraite qui, une fois accomplie, permet la coordination de la raison concrète ou de l'étude des êtres, et enfin de la raison pratique, de manière à instituer l'équilibre normal de la mentalité humaine. Il résulte de là la nécessité de considérer d'une manière générale la nature des phénomènes divers qu'étudie la raison abstraite; car cette nature doit influer tout au moins sur la vitesse du passage de l'entendement humain par les trois états successifs. Il y a donc là une loi nécessaire complémentaire de la loi d'évolution. C'est ce que nous allons voir d'une manière précise. Auguste Comte indiquait cette solidarité d'une manière familière lorsqu'il disait que dans la nuit où il avait découvert la loi des trois états il avait, quelques heures après, découvert la loi de la hiérarchie des sciences abstraites.

Énonçons d'abord cette loi.

Elle peut s'énoncer ainsi : Le passage de l'entendement humain par les trois états théologique, métaphysique et positif, s'accomplit selon la hiérarchie scientifique suivante: mathématique, astronomie, physique, chimie, biologie, sociologie et morale ; c'est-à-dire que c'est suivant cet ordre que l'entendement arrive à l'état positif, la mathématique accomplit la première son évolution complète et la morale la dernière. Auguste Comte n'avait d'abord considéré dans sa hiérarchie que les six premières sciences et la morale proprement dite se trouvait confusément renfermée dans la sociologie. Mais l'évolution même des idées de Comte le conduisit graduellement à séparer le point de vue individuel qui prévaut en morale du point de vue collectif qui convient à la sociologie. Il prépara en 1847 ce pas décisif en concevant que l'enseignement de la morale proprement dite devait avoir lieu en dehors de la sociologie dans la septième année de l'enseignement systématique. Il semble que la séparation entre la sociologie et la morale était déjà faite, et cependant il n'en était rien, faute d'une systématisation explicite, qui n'eut lieu définitivement qu'en 1852 dans le second volume du *Système de Politique positive*. Dans mon exposition, je prendrai toujours la hiérarchie à sept termes comme constituant l'état normal et définitif.

La conception de cette hiérarchie prend pour point de départ désormais indiscutable la distinction des phénomènes qui nous entourent en certaines espèces absolument irréductibles et, par suite, l'impossibilité de réduire tous ces phénomènes en un phénomène unique. En second lieu, la loi hiérarchique s'appuie sur l'existence objective de la dépendance des divers ordres de phénomènes, les uns par rapport aux autres. Cette loi est la constatation d'un grand fait scientifique et c'est ce qui lui donne une si grande importance. Elle classe, en effet, les divers ordres de phénomènes suivant leur généralité décroissante, leur complication et leur dépendance croissantes.

Le mot de généralité est pris ici dans son sens directement objectif. Le phénomène est d'autant plus général objectivement qu'il s'applique à un plus grand nombre d'êtres et qu'il nécessite pour sa manifestation un moins grand nombre de conditions. La généralité décroît à mesure que le phénomène s'étend à un moins grand nombre d'êtres et qu'il exige pour sa manifestation un plus grand nombre de conditions. Ainsi, par exemple, les phénomènes de forme et de mouvement dont s'occupe la mathématique s'appliquent à tous les êtres quelconques et à tous les moments quelconques, et ils n'exigent pour se produire aucune condition spéciale émanant de phénomènes plus compliqués. Au contraire, les phénomènes de la chaleur, par exemple, se manifestent sans doute dans tous les corps. Sous ce rapport ils semblent avoir autant de généralité que les phénomènes mathématiques ; mais ils sont plus compliqués que ceux-ci, car ils les exigent pour se produire. — Les phénomènes chimiques se produisent sans doute dans tous les corps, mais ils exigent pour se manifester l'intervention des phénomènes mathématiques et aussi des phénomènes physiques.

Quand on aborde les phénomènes biologiques, la généralité décroît alors sous le double point de vue qui m'a servi à la définir. A l'inverse des phénomènes précédents, ils ne se manifestent que dans certains corps et l'immense majorité des êtres réels en sont dépourvus. Mais, en outre, ils exigent pour se manifester l'intervention des phénomènes mathématiques, physiques et chimiques. La biologie qui les étudie est donc à la fois plus compliquée et moins générale que la mathématique, la physique et la chimie. — Les phénomènes sociologiques, caractérisés par la formation des êtres collectifs proprement dits, nous présentent aussi, sous le double aspect ci-dessus indiqué, une généralité décroissante et une complication croissante. Ils ne se produisent que dans les êtres vivants et dans un seul des deux groupes de ces êtres, les animaux. De plus ils n'ont lieu que dans un très petit nombre d'espèces animales, et enfin, par leur nature même, la manifestation complète de l'existence collective ne se produit que dans l'espèce humaine. La généralité décroît donc ainsi très rapidement dans les phénomènes sociologiques. Les conditions de leur manifestation sont, au contraire, extrêmement complexes, puisqu'ils supposent tous les phénomènes précédents. — Enfin la morale nous présente la spécialité la plus grande possible et la généralité la moindre, puisqu'il s'agit des phénomènes de l'homme ; de l'homme, non pas en tant qu'animal, mais comme ayant reçu le développement de la vie collective. En outre, les conditions de manifestation sont plus complexes qu'en sociologie, puisque la morale doit tenir compte des résultats sociologiques, outre ceux de toutes les sciences précédentes. Cette loi capitale nous offre donc une coordination de la dépendance effective des phénomènes distincts que nous pouvons étudier.

Plus tard, Auguste Comte a introduit dans son *Système de Politique positive* la distinction de la généralité subjective avec la généralité objective que nous venons d'étudier. La généralité subjective est surtout relative à nos conceptions au lieu de se rapporter surtout aux phénomènes. La généralité subjective augmente avec le nombre des éléments dont nos conceptions tiennent compte. Par conséquent, la généralité subjective va en croissant dans la hiérarchie scientifique; la sociologie et la morale ont le plus haut degré possible de généralité subjective. En résumé, cette conception d'Auguste Comte formule le fait, que j'avais tout-à-l'heure indiqué, de la complication subjective croissante des conditions de manifestation du phénomène à mesure que la généralité objective décroît.

Or, Auguste Comte a constaté comme un grand fait que le passage de nos conceptions par les trois états s'accomplit, comme je l'ai déjà dit, suivant les degrés de cette hiérarchie; de telle sorte que cette loi règle la vitesse d'évolution de nos conceptions suivant la nature des phénomènes. Mais il est évident, en voyant la réalité effective que représente cette hiérarchie, que l'on peut sans peine se rendre raison de cette inégalité de vitesse. En effet, dans cette hiérarchie les phénomènes sont classés suivant leur complication croissante ; c'est-à-dire, pour parler avec plus de précision, suivant le nombre des conditions nécessaires à leur manifestation. Dès lors, il est de toute évidence que l'évolution a dû d'abord s'accomplir pour les phénomènes les plus simples avant de s'étendre aux phénomènes les plus compliqués. L'on peut rendre très précise une pareille observation. Comment, par exemple, aurait-il été possible de traiter d'une manière positive les phénomènes chimiques si l'esprit scientifique ne s'était pas préalablement emparé de l'étude des phénomènes physiques qui sont indispensables à la manifestation des phénomènes chimiques. Par conséquent, on peut, *à priori*, concevoir que la loi hiérarchique a dû régler la vitesse dans la loi d'évolution.

Cette loi hiérarchique permet de répondre à la seule objection plausible qui ait été faite contre la loi d'évolution, à savoir la coexistence dans les mêmes cerveaux des trois manières de procéder : théologique, métaphysique et positive. La réponse consiste à dire que la coexistence n'a pas lieu pour le même ordre de phénomènes, et l'on peut être théologien en sociologie et en morale, métaphysicien en biologie, positif en mathématique, mais non pas dans l'ordre inverse. Seulement, il est bon d'observer que certains détails des sciences supérieures peuvent être néanmoins à l'état positif, quand les sciences inférieures n'y sont pas encore d'une manière régulière. Cela a lieu pour des phénomènes qui n'exigent pas absolument, pour être étudiés, l'étude de l'influence due aux conditions qu'apprécient les sciences qui précèdent. Ainsi, par exemple, des détails anatomiques étaient à l'état positif quand la Chimie et la Physique étaient encore à l'état théologico-métaphysique. La même observation s'applique à la Sociologie et à la Morale.

Pour mieux montrer l'intime liaison entre la loi d'évolution et la loi hiérarchique, Auguste Comte a indiqué qu'on pouvait, d'une manière générale, déduire celle-ci de celle-là. En effet, cette hiérarchie peut être conçue comme composée de deux parties fondamentales : la théorie des phénomènes inorganiques, et la théorie des phénomènes vitaux, surtout intellectuels et moraux. Or, la loi d'évolution consiste à assimiler les premiers aux seconds, en obéissant à la loi de philosophie première qui, consistant à faire l'hypothèse la plus simple, nous pousse à faire rentrer les phénomènes les moins connus dans ceux que nous connaissons le mieux. Mais comme, en définitive, les phénomènes inorganiques sont les plus simples et les plus généraux comme les plus indépendants, à mesure que, sous la direction de la première théorie, nous étudions de mieux en mieux et que nous étendons nos connaissances, nous opérons une inversion en subordonnant les phénomènes les plus complexes de la vie individuelle ou collective aux phénomènes plus simples de l'existence inorganique, ce qui constitue l'état positif, et le passage du premier état à celui-ci se fait graduellement par la métaphysique.

On a fait contre la hiérarchie scientifique une objection souvent répétée, à savoir que l'astronomie n'est pas une science abstraite, mais bien une science concrète. Auguste Comte a d'abord fait observer qu'en définitive nous n'étudions les astres qu'au point de vue abstrait géométrico-mécanique. Mais il faut ajouter à cette considération que nous pouvons les étudier aussi d'une manière générale au point de vue calorifique et lumineux. Dès lors la véritable astronomie, en tant qu'abstraite, doit être considérée comme l'étude générale d'un système mécanique sous l'influence duquel s'accomplissent tous les phénomènes quelconques, de telle sorte que cela constitue comme le milieu général dans lequel s'accomplissent d'autres phénomènes abstraits considérés d'une manière plus spéciale. Néanmoins, on plaçait jusqu'ici en astronomie des études essentiellement concrètes, comme celle de la constitution du soleil, l'étude spéciale des marées, etc. Mais ces études constitueront désormais, sous le nom d'*astrologie* qui était devenu disponible, un élément de la philosophie troisième.

Il est intéressant et utile, pour bien comprendre la loi hiérarchique, de suivre l'évolution des idées d'Auguste Comte à ce sujet.

Voyons d'abord comment Auguste Comte a découvert, en 1822, la loi hiérarchique ; suivons l'évolution de ses idées. Dominé par le point de vue social, il établit la nécessité d'une réorganisation occidentale. Mais cette réorganisation ne peut se faire, d'après lui, que par une nouvelle doctrine générale qui consistera à rendre positive la politique devenue une science d'observation. La politique n'était donc pas une science positive et Auguste Comte, la rapprochant des autres sciences, constate que celles-ci ont passé par trois états, théologique, métaphysique et positif, et qu'il faut accomplir cette évolution pour la politique elle-même. On a ainsi la loi des trois états (1). Il fait voir que l'astronomie, la physique, la chimie, ont suivi cette évolution, qu'il faut terminer pour les phénomènes sociaux. On dirait qu'il a la loi de la hiérarchie, puisqu'il en a énoncé les termes dans leur ordre régulier. Il ne l'a cependant pas encore ; car il n'y a jusqu'ici que l'énoncé d'un fait. Or, pour qu'il y ait loi, il faut lier ce fait à un autre dont il dépende et qui l'explique ; c'est ce qu'il fait un peu plus tard (3) : « Les sciences sont deve-
« nues positives l'une après l'autre dans l'ordre où il était
« naturel que cette révolution s'opérât. Cet ordre est celui
« du degré de complication plus ou moins grand de leurs
« phénomènes, ou, en d'autres termes, de leur rapport plus

---

(1) Appendice du *Système de Politique positive*, tome IV, p. 77.
(2) Voy. Appendice, p. 78.
(3) Voy. Appendice, p. 80.

« ou moins intime avec l'homme. Ainsi, les phénomènes
« astronomiques d'abord, comme étant les plus simples, et
« ensuite successivement, les physiques, les chimiques et les
« physiologiques, ont été ramenés à des théories positives ;
« ceux-ci à une époque toute récente. La même réforme
« ne pouvait s'effectuer qu'en dernier lieu pour les phéno-
« mènes politiques, qui sont les plus compliqués, puisqu'ils
« dépendent de tous les autres. Mais il est évidemment aussi
« nécessaire qu'elle s'effectue alors qu'il eût été impossible
« qu'elle arrivât plus tôt. »

Auguste Comte revient en 1825 sur la loi hiérarchique, dans le travail intitulé : *Considérations philosophiques sur les sciences et les savants*, et ce travail le conduit au second pas le plus capital de sa vie : la conception de la *philosophie positive*. En étudiant cette hiérarchie, il montre qu'elle éclaire la loi des trois états et qu'elle la précise, et il développe les considérations déjà indiquées dans son premier travail. Puis il indique que cette évolution des divers degrés de la hiérarchie d'après la loi des trois états conduit à se poser le problème de la formation d'un système de philosophie positive (1). Il revient sur cette idée et montre que la politique, étant enfin devenue positive, on pourra établir un système général et homogène des conceptions humaines qui donnera la base d'une véritable encyclopédie (2). Il est curieux de remarquer que, dans tout cela, la mathématique est oubliée.

Auguste Comte revient sur la question de la hiérarchie en 1830 (3). L'exposition générale qui ouvre ce volume contient deux leçons. La première indique la conception générale de la philosophie positive et la seconde est consacrée à la loi hiérarchique. Il commence par déterminer d'abord le champ abstrait de cette hiérarchie, d'après la

---

(1) Voy. Appendice, p. 150.
(2) Voy. Appendice, p. 158-161.
(3) *Cours de Philosophie positive*, Paris, 1830.

décomposition de nos connaissances en sciences pratiques, concrètes, et abstraites. C'est de ces dernières qu'il s'agit ici. Il y a là perfectionnement notable de ses premières vues. Il procède ensuite par décomposition binaire en montrant qu'il y a les phénomènes des corps bruts et les phénomènes des corps vivants; ce qui donne lieu à la physique inorganique, et à la physique organique plus compliquée qui lui succède. Puis, abordant la physique inorganique, il montre que, d'après le même principe, elle se partage en physique céleste ou astronomie et physique terrestre, celle-ci se décomposant à son tour en physique et chimie. La physique organique se partage en physiologie, qui considère l'activité de l'être vivant individuel et en physique sociale qui constitue l'étude des phénomènes de la vie collective. Mais, dit-il, à la base de toute cette hiérarchie se trouve la mathématique qu'il décompose en abstraite et concrète. On a ainsi la hiérarchie à six termes : mathématique, astronomie, physique, chimie, physiologie, physique sociale. Auguste Comte remarque que cette hiérarchie étudiée au point de vue des méthodes constitue une vraie logique, et qu'enfin la conception de cette hiérarchie doit fournir la seule base possible d'un système général d'enseignement. On voit qu'Auguste Comte a apporté des perfectionnements très notables à ses premières vues, mais il est très curieux de comparer ces travaux de 1830 à ceux de 1822 pour rendre frappante la différence de la marche de l'esprit dans la découverte avec celle de l'esprit dans le perfectionnement et la coordination.

En 1838, Auguste Comte remplaça le mot de physiologie par celui de *biologie* dont Blainville s'était déjà servi, d'après un penseur allemand, à ce que je crois. Comte lui-même créa le mot de sociologie en 1848.

En 1852, Auguste Comte fit un pas considérable dans le développement de la hiérarchie scientifique. Il décomposa la sociologie en deux éléments : l'ordre collectif et l'ordre

individuel, dont l'ensemble constitue l'ordre humain (1). Il constate que l'individu est subordonné dans son développement à l'ordre social : « L'ordre individuel s'y trouve, dit-il,
« subordonné à l'ordre social, comme l'ordre social à l'ordre
« vital, comme celui-ci à l'ordre matériel ». Et un peu plus loin : « Au reste, cette transmission indirecte (c'est-à-dire de
« l'espèce sur l'individu) deviendrait pleinement conforme à
« la loi du classement naturel, si l'on distinguait l'ordre in-
« dividuel de l'ordre social proprement dit, c'est-à-dire
« collectif, en ajoutant un degré final à la hiérarchie géné-
« rale des phénomènes. Quoique ce nouveau degré différât
« beaucoup moins du précédent qu'en aucun autre cas, ce-
« pendant il lui succèderait, comme partout ailleurs, en tant
« que le plus particulier de tous et le plus dépendant. Je
« ferai souvent sentir combien il importe de prolonger jus-
« qu'à ce terme extrême l'immense série qui, commençant
« au monde considéré sous son plus vaste aspect, aboutit à
« l'homme envisagé de la manière la plus précise. Ce perfec-
« tionnement définitif de ma hiérarchie encyclopédique... »
Enfin, à la fin du volume (2), il constitue définitivement ce nouveau progrès en introduisant la morale comme le dernier terme de la hiérarchie qui, dès lors, se compose de sept termes au lieu de six. Continuant son évolution, Auguste Comte rédige, en 1857, le plan de la *Morale positive*, mais la mort l'a empêché d'exécuter son projet.

Mais Auguste Comte devait encore réaliser un nouveau progrès dans la hiérarchie des conceptions humaines, dont le germe avait été posé en 1842 dans les conclusions du tome VI du *Cours de Philosophie positive*. Auguste Comte avait remarqué, en effet, qu'il y avait des lois communes aux divers ordres de phénomènes. En 1854, il les coordonne en un ensemble sous le nom de *Philosophie première* (3). Dès

(1) *Système de Politique positive*, tome II, p. 54-55.
(2) *Système de Politique positive*, tome II, p. 432-433.
(3) *Système de Politique positive*, tome IV, p. 173, 181, 186. Paris, 1854.

lors, la Philosophie première devient la base de la hiérarchie à laquelle succède la *Philosophie seconde*. Auguste Comte n'a pas eu le temps d'exécuter son cours de philosophie première ; j'ai essayé, comme pour la morale, de remplir, autant que possible, une telle lacune ; ce qui était nécessaire pour l'installation du positivisme.

Mais un dernier progrès était indispensable pour compléter la véritable hiérarchie des conceptions humaines. Il fallait, après avoir systématisé la théorie des évènements, systématiser celle des êtres au point de vue subjectif. Cela m'a conduit à ajouter à la hiérarchie un nouvel élément sous le nom de *Philosophie troisième*. Elle se compose, comme on sait, de trois parties : la Terre, l'Humanité, l'Industrie. On a donc ainsi, en une hiérarchie rangée suivant l'abstraction décroissante, la Philosophie première, la Philosophie seconde, la Philosophie troisième. En montant les degrés successifs de cette hiérarchie, l'entendement de chaque individu arrivera enfin à l'état suffisamment systématique pour le service des êtres collectifs.

COURS DE PHILOSOPHIE PREMIÈRE

PROFESSÉ PAR M. PIERRE LAFFITTE

ONZIÈME LEÇON (1)

HUITIÈME LOI DE PHILOSOPHIE PREMIÈRE

L'activité est d'abord conquérante, puis défensive, et enfin industrielle.

I

Considérations préliminaires.

Nous avons, dans la leçon précédente, exposé la théorie générale de l'évolution mentale de l'Humanité. Il faut maintenant exposer celle de l'activité qui la complète ; puisque, comme nous l'avons vu, l'activité sert surtout à constituer la vie collective, condition nécessaire du développement intellectuel de notre espèce. Pour bien comprendre une telle loi, il est indispensable de remonter à la source biologique de toute activité.

Toute activité quelconque de l'homme se réduit finalement en une contraction musculaire, soit qu'il *agisse*, qu'il *retienne* ou qu'il *maintienne*. Grâce à cette contraction, l'homme pro-

(1) Ceci représente la rédaction de la onzième leçon de mon Cours de philosophie première, fait à Paris, 10, rue Monsieur-le-Prince, le dimanche 24 février 1878.

duit ou empêche des mouvements. A ce point de vue général, l'activité nous est commune avec toute l'espèce animale chez qui l'*irritabilité* est une propriété fondamentale et caractéristique. A mesure que l'organisme animal s'élève dans la série, les contractions peuvent se coordonner de plus en plus, de manière à tendre vers un but déterminé ; elles sont dès lors liées à l'état du système nerveux central, surtout du cerveau. Le cœur, l'esprit et le caractère concourent à une telle coordination. Le rôle direct appartient aux fonctions du caractère. Le courage excite les contractions, la prudence retient les mouvements et la persévérance les maintient. Mais si le caractère contient les causes directes du mouvement, c'est l'intelligence qui apprend à les coordonner vers un but déterminé. Enfin, le cœur fournit le mobile, sous l'impulsion duquel agissent l'intelligence et le caractère pour produire et coordonner les mouvements. On ne peut comprendre nettement ce rôle du cœur qu'en considérant les fonctions composées, qui consistent en une relation constante entre une impulsion aveugle du cœur et une image ou une conception plus ou moins nette de l'esprit. Ainsi, par exemple, on ne comprend pas bien nettement l'action de l'instinct conservateur sur l'intelligence et le caractère, pour produire les mouvements ; mais, si l'on considère l'*avarice*, l'*instinct nutritif*, etc., on voit tout de suite comment ces fonctions composées du cœur peuvent être un mobile d'excitation des mouvements composés. Enfin ces mouvements jouissent de la propriété caractéristique de l'habitude qui fait qu'ils se reproduisent plus ou moins spontanément sans nous obliger à une délibération attentive et voulue ; et enfin ces habitudes sont elles-mêmes susceptibles de perfectionnements graduels. C'est ainsi que deviennent possibles tous ces mouvements si compliqués que les hommes accomplissent dans leurs divers modes d'activité, à mesure que la société se complique.

Mais il y a deux sortes d'activités, suivant que l'homme agit sur les hommes ou sur les choses. L'activité sur les hommes consiste dans la série des contractions de toute nature par lesquelles l'homme modifie les autres en traduisant à l'extérieur son état cérébral intérieur. Ainsi, par exemple, les contractions du visage, celles qui déterminent l'attitude de l'individu, ses gestes, etc., etc., traduisent l'état intérieur, surtout moral, de l'individu. Les contractions du larynx produisent une série coordonnée de sons par lesquels l'homme traduit non seulement son état moral intérieur, mais aussi ses vues, ses projets, ses conceptions dans les détails les plus précis. Notre loi d'activité n'est pas relative à ce mode d'action sur les hommes. Elle s'applique à la marche de l'activité sur les choses. L'action sur les choses consiste à déplacer ou à modifier tout ce qui nous entoure, êtres inorganiques ou vivants, par des contractions coordonnées. Ainsi, quand l'homme fend du bois, le travaille, remue la terre, dirige le mouvement des hommes et des animaux, il agit sur les choses. Notre loi est relative aux divers modes d'activité sur les choses.

Il faut maintenant, afin de bien comprendre la destination de notre loi, opérer une seconde restriction, en distinguant entre les moyens et le but de l'activité. Il ne s'agit pas, dans notre seconde loi sociologique, de la considération des *moyens*, qui dépendent surtout de l'intelligence et peuvent se rapporter à des buts d'activité absolument différents. Ainsi, par exemple, la construction d'un fossé peut avoir pour but de nous défendre dans une lutte militaire, tout aussi bien que de nous servir en agriculture; en outre, si la réalisation du fossé ne peut s'accomplir que par des efforts d'activité, sa conception et son plan dépendent essentiellement de l'intelligence. Sans doute, ce sont les besoins de l'activité qui ont poussé au développement de nos moyens, mais ces moyens dépendent surtout de notre puissance intellectuelle. Dans notre seconde loi sociologique, il ne s'agira nullement de l'étude de la formation des moyens destinés à atteindre le but, quoique nous puissions les considérer subsidiairement.

Dès lors, quelle est donc la destination de la loi sociologique de l'activité? Elle consiste dans la détermination des buts successifs de notre activité collective; c'est ce qu'il faut nettement expliquer. Si on ne considérait que l'activité individuelle de l'homme en tant qu'animal, il n'y aurait pas lieu à l'établissement d'une loi. Le mammifère autre que l'homme, qui n'agit qu'individuellement, poursuit par tous les moyens la conservation de son existence; il y a variation dans les moyens employés, mais il n'y en a pas dans le but, qui reste toujours le même. Au contraire, quand l'homme agit collectivement il y a non seulement coordination des mouvements de chaque individu, mais il y a aussi coordination des mouvements des divers individus entre eux. Cette coordination des mouvements individuels se fait pour atteindre un but assigné à l'activité collective. Dès lors, on peut concevoir que la société s'organise pour atteindre des buts qui ne soient pas toujours les mêmes. Il faut entendre ici qu'il s'agit surtout du but principal poursuivi par une société et auquel se subordonnent les buts secondaires qui coexistent toujours avec lui. La destination de notre loi est donc de chercher s'il n'y a pas une succession régulière de buts principaux, que les sociétés se proposent successivement dans leur évolution graduelle. C'est là la destination précise de la loi d'évolution active, que nous nous proposons d'exposer aujourd'hui.

Mais il est nécessaire d'indiquer avec plus de précision comment cette seconde loi sociologique se lie à la première, c'est-à-dire à la loi d'évolution mentale, et peut en être considérée comme un complément nécessaire. Le point de vue métaphysique nous a placés sous ce rapport dans un complet état d'irrationnalité, en ne considérant dans l'activité mentale que le point de vue individuel. Pour les métaphysiciens, même les plus éminents, on étudie l'activité mentale de l'homme comme si elle était seule; on néglige absolument les moyens fournis à chaque homme par le travail mental des autres. Ce qui est plus grave, on ne comprend pas que le travail mental de chaque individu se produit toujours dans un milieu intellectuel qui en détermine la marche d'une manière fatale dans ses dispositions principales. Les métaphysiciens même les plus grands, comme Aristote, Hume ou Kant, considèrent l'homme qui pense, comme un être absolument libre dans ses pensées et qui n'est influencé, dans ses conceptions, que par l'impression des phénomènes qui l'entourent. Or, c'est là une hypothèse absolument contraire à la réalité. L'homme reçoit du milieu social qui l'entoure des vues, des conceptions, des méthodes, sous l'influence fatale desquelles il pense; c'est là, comme je l'ai déjà dit, la vue puissante et originale produite par le génie d'Auguste Comte, et qui change complètement la conception du travail mental de l'individu en l'assujettissant à la domination de l'espèce. Il résulte de là, *a priori*, que l'activité mentale de l'individu dépend de l'évolution de l'organisme collectif auquel il appartient; et comme l'activité pratique de celui-ci domine cette évolution, il s'ensuit, qu'*a priori*, il est impossible de concevoir l'évolution mentale sans l'évolution active; c'est cette vue qu'il nous faut préciser davantage.

L'intelligence humaine est à la fois faible dans sa puissance et plus ou moins incohérente dans sa destination. Quand les loisirs créés par la société permettent une activité purement mentale chez quelques individus, cette incohérence tend beaucoup à s'augmenter, comme on le voit trop souvent dans ceux qui, ayant des loisirs avec une légère excitation mentale, passent leur vie à voltiger d'études en études, de lectures en lectures. Notre situation actuelle vérifie singulièrement cette observation; il s'est produit dans les classes riches des êtres singuliers dont l'attention intellectuelle flotte sur tout, sans s'arrêter jamais sur rien, et dont les intarissables divagations fatiguent les esprits sérieux. Le développement anormal de la lecture des journaux tend à propager cette fâcheuse maladie. Sa considération m'a permis seulement de mettre en évidence la notion fondamentale sur l'incohérence, plus ou moins inévitable, du travail mental abandonné à lui-même. Cette incohérence ne peut cesser et n'a cessé effectivement que par l'action régulatrice de l'activité matérielle, liée à la prépondérance de nos besoins organiques les plus nécessaires; dès lors, l'activité pratique crée, et peut seule créer, une situation qui trace une destination aux spéculations mentales des individus. Ainsi, quoique l'évolution intellectuelle de notre espèce s'accomplisse d'après des conditions qui lui sont propres, comme nous l'avons vu dans la leçon précédente, néanmoins sans la domination de la vie pratique, elle eût été exposée à des divagations indéfinies. Ces divagations se seraient, du reste, combinées avec une véritable inertie. Les nécessités pratiques ont seules imposé, surtout au début, les difficiles efforts intellectuels ; car la pratique effective donnant une vérification expérimentale apprend à juger les solutions de l'intelligence quand elles sont illusoires. L'évolution mentale de l'humanité a donc reçu de son évolution pratique un aliment, un excitant et une direction.

Il résulte de ce que nous venons de dire qu'il y a une corrélation nécessaire entre les deux lois sociologiques de la mentalité et de l'activité ; nous pouvons préciser cette corrélation en la rapportant au but objectif de la destinée humaine. Le but objectif de notre destinée, est de vivre, comme je l'ai établi, pour et par la Famille, la Patrie et l'Humanité. Chacun de ces êtres présente nécessairement une activité collective de plus en plus étendue et de plus en plus complexe. D'un autre côté, l'activité mentale ne peut se développer que par l'action de ces trois êtres. Or, l'on peut concevoir subjectivement que toutes nos conceptions mentales doivent avoir pour destination, sous peine de divagation indéfinie, la connaissance des lois de l'organisation et de l'activité de la Famille, de la Patrie et de l'Humanité. D'après cela, la corrélation entre la loi d'activité et la loi mentale nous apparaît, d'après l'identité des objets auxquels elles s'appliquent l'une et l'autre. La première, en effet, a pour destination de tracer les modes successifs du service des êtres collectifs, tandis que la loi d'évolution mentale règle la succession des conceptions qui s'y rapportent.

II

Théorie de la loi de l'évolution active.

L'activité humaine est d'abord militaire et finalement industrielle ; mais l'activité militaire présente deux phases successives : d'abord conquérante, ensuite défensive. En résumé donc, notre activité présente trois phases successives : conquérante, défensive, et industrielle. Il faut entendre, quand on dit que l'activité est conquérante, défensive ou industrielle, que la société est organisée dans sa vie collective, d'une manière prépondérante pour l'un de ses buts car il est bien évident, par exemple, qu'aucune société quelconque n'a jamais pu vivre sans industrie et a toujours eu une certaine organisation industrielle. Seulement, à l'époque conquérante, la direction, le gouvernement, appartiennent aux militaires et la société est surtout organisée par eux et pour eux. En outre, si l'on veut appliquer une telle loi, il faut comprendre qu'il y a une série de transitions, plus ou moins précises, entre ces divers états. On peut d'abord considérer cette loi comme un grand fait empirique dont la vérification peut être faite par l'observation directe. Ainsi, en Occident, il est évident que l'antiquité a présenté une activité surtout conquérante, le moyen âge essentiellement défensive, et que nous tendons de plus en plus vers un régime pleinement industriel, quoique nous soyons bien loin d'y être arrivé ; mais nous l'entrevoyons comme limite. La Chine nous présente aussi une vérification de cette loi dont nous allons donner la démonstration. Celle-ci doit consister à faire voir qu'une telle évolution est nécessaire ; c'est à dire, aussi indispensable à la formation des êtres collectifs, Patrie et Humanité, qu'inévitable, d'après les tendances de notre nature et les conditions de notre situation.

Je dis d'abord que l'activité militaire a été indispensable, au début, pour la formation des êtres collectifs qu'on appelle des nations. Il est évident, en effet, qu'au début une nation ne peut se former et s'organiser ni par l'industrie ni pour l'industrie. L'organisation industrielle est sans doute la seule normale pour notre espèce, puisque seule elle peut faire concourir tous les peuples et tous les individus en appliquant spontanément d'abord, systématiquement ensuite, une fonction distincte à chacun d'eux. Cette activité est la seule qui puisse être pleinement universelle ; elle seule aussi présente une suffisante stabilité, quand chacun a pu acquérir la notion précise de son concours à l'harmonie universelle et de la réaction de cette harmonie universelle sur sa propre activité ; mais tout cela suppose évidemment des sociétés déjà très développées, où les fonctions économiques se sont déjà largement décomposées et hiérarchisées. Au début le caractère de l'activité industrielle est d'abord purement personnel et nullement social ; et la principale révolution à accomplir aujourd'hui est de faire comprendre à chacun la possibilité de la socialisation des fonctions industrielles. Au début donc, nous sommes dans une situation contradictoire ; l'industrie, qui est le seul état normal de notre espèce, ne peut surgir que grâce à l'existence sociale, mais celle-ci ne peut résulter de la seule industrie. Nous sortons de cette situation contradictoire par la spontanéité même de l'activité militaire et par son caractère naturellement collectif. Il y a là pour l'activité une parfaite analogie avec ce que nous a offert l'évolution mentale. L'état normal de notre intelligence est évidemment l'état positif, dans lequel les théories stables et cohérentes reposent sur des observations ; mais, d'un autre côté, il n'y a pas d'observation sans théorie ; l'esprit humain sort de cette situation contradictoire par la spontanéité même de la théorie théologique.

L'activité militaire, au début, est, en effet, inévitable et complètement spontanée à cause du caractère carnassier de notre espèce, qui nous pousse avec la plus vive intensité à combattre et à détruire ; l'homme, comme la plupart des animaux, est un animal de combat. Buffon, le premier, a constaté cette grande loi biologique de la destruction des espèces les unes par les autres, à la tête desquelles brille l'espèce humaine. Lamarck, en poussant son active investigation scientifique sur les animaux sans vertèbres et surtout sur les petites espèces, a rendu plus générale encore cette loi, dont il a montré la nécessité. Enfin, Auguste Comte, dans la partie biologique du premier volume du *système de politique positive*, a coordonné toutes ces vues et a montré que, si l'animal est un être qui se nourrit d'êtres ayant déjà vécu, végétaux et animaux, l'espèce prépondérante doit se trouver parmi les carnassiers, c'est-à-dire parmi ceux qui vivent eux-mêmes d'animaux. Ainsi l'homme tend à détruire et à combattre les autres espèces, y compris la sienne ; néanmoins, s'il n'y avait que cela, l'homme ne différerait pas sensiblement des grands carnassiers. Mais il y a autre chose : grâce à son intelligence d'un côté, à sa sociabilité de l'autre, l'homme peut organiser des combats collectifs, au lieu de simples luttes individuelles. C'est ainsi que se forment les grandes chasses, où plusieurs familles réunies commencent l'apprentissage de la vie collective. Mais, lorsqu'il est arrivé à l'état pastoral, l'homme présente aussi les luttes militaires, pour défendre ses troupeaux ou ses pacages ou conquérir ceux des autres ; on a alors des guerres collectives entre plusieurs groupes humains. Mais de telles luttes pourraient continuer indéfiniment en ne donnant lieu qu'à la formation d'êtres collectifs peu étendus et très instables ; il faut quelque chose de plus pour que cette activité militaire remplisse enfin sa haute fonction dans l'évolution de notre espèce : il y faut le passage à l'état sédentaire et la conquête. La conquête ou l'annexion de divers groupes collectifs autour d'un autre qui les domine n'est possible, en effet, que quand l'une tout au moins des nations qui agissent l'une sur l'autre est à l'état sédentaire. Car, si les nations nomades ont souvent conquis, ce sont surtout des nations sédentaires qu'elles s'incorporaient et au milieu desquelles elles s'installaient.

La conquête est donc la forme capitale de l'activité militaire ; c'est par elle et par elle seule que se forment les grandes nations, c'est-à-dire des êtres collectifs suffisamment étendus pour poser les bases de toute civilisation, et développer les vrais caractères et les conditions de la vie collective. C'est ce que nous allons maintenant démontrer.

La conquête, en effet, peut seule former des patries à la fois suffisamment étendues et consistantes. Autour d'un noyau primitif, elle annexe graduellement des territoires plus ou moins étendus. En second lieu, la patrie acquiert ainsi une grande consistance ; car le but à atteindre est clair pour chaque individu, la nécessité du concours y est évidente, soit pour effectuer la conquête, soit pour éviter les conséquences terribles, surtout dans les premiers âges, de la défaite. Lorsque la patrie n'est pas formée surtout par l'action militaire et que l'influence théocratique y domine trop la patrie manque de consistance et la destination collective de précision. Quant à la vie purement industrielle, il n'y a aucun exemple jusqu'ici qu'elle ait permis la formation d'un grand être collectif ; elle est toujours restée essentiellement individuelle. Mais en formant l'être collectif, l'action conquérante en développe toutes les conditions. D'abord, elle conduit à l'organisation d'un véritable gouvernement avec tous les éléments qui lui sont propres ; c'est par la conquête militaire que surgit ce grand appareil de la réaction du tout sur es parties, qui est la condition fondamentale des organismes sociaux. En outre, la vie militaire pousse à l'organisation de la hiérarchie, à l'établissement de la discipline et de la subordination ; l'homme en fait là le véritable apprentissage. Mais cette subordination n'a rien de servile et se combine avec un véritable sentiment de la dignité personnelle, par la notion qu'a le moindre soldat de la nécessité de son concours à l'œuvre commune, qu'il aperçoit avec une irrécusable netteté. Enfin, c'est là que surgit la grande notion du civisme, dont Corneille a, dans *Horace,* si bien décrit le grand type : « Et du bonheur public fait sa félicité. » Ainsi donc, c'est l'activité conquérante qui a introduit dans le monde le véritable être collectif fondamental, la Patrie, par laquelle et pour laquelle on vit. Une condition fondamentale du régime conquérant est nécessairement l'esclavage des travailleurs ; il n'a pas, dans sa période normale, les graves inconvénients de l'esclavage moderne, qui ne sert qu'à protéger l'oisiveté du maître, tandis que dans l'antiquité il était la condition de son activité.

Mais l'aboutissant final du régime conquérant doit être le régime industriel lui-même. En premier lieu, il faut remarquer que la formation des grandes patries a permis l'accumulation de capitaux qui ont poussé à la division du travail, et au perfectionnement industriel qui en est la conséquence. On pourrait même concevoir que si la planète avait été suffisamment petite, la nature humaine restant la même, une seule conquête, comme celle de Rome, eût suffi pour établir le régime pacifique-industriel de notre espèce. Mais avec les dimensions de la terre et la nature de sa surface, il n'a pu en être ainsi ; il s'est formé un certain nombre de groupes nationaux, dont aucun ne pouvait avoir la prétention d'assujettir tous les autres. Il s'est donc établi entr'eux un équilibre, plus ou moins instable ; des relations économiques de toute sorte ont surgi entre ces divers groupes et de nos jours la planète tend évidemment, d'après ces relations, vers un régime industriel et pacifique. La doctrine du libre-échange, malgré les dangers de son caractère absolu, formule un tel pressentiment, en étendant la notion de la division du travail aux diverses nations; tandis que cette notion n'avait d'abord surgi que pour les fonctions propres à chacune d'elles. Quoi qu'il en soit, ce régime industriel final vers lequel on tend est, en effet, le seul qui puisse être suffisamment stable, le seul qui convienne à la situation développée par la civilisation. La conception de cet état final industriel de notre espèce fait surgir enfin la notion du grand être collectif suprême, l'Humanité, qui doit embrasser et coordonner finalement toutes les patries.

Mais la loi d'évolution serait incomplète si nous réduisions notre appréciation aux deux termes extrêmes : « Conquête et Industrie. » Il faut apprécier le terme intermédiaire, c'est-à-dire le système militaire défensif, qui nous offre une suite de transitions graduelles entre l'état primitif et l'état final. La conquête n'ayant pu embrasser, par des raisons surtout cosmologiques, la planète entière du premier coup, il en est résulté le passage, pour chaque grand groupe, de l'état conquérant, qui devenait de plus en plus difficile, à l'état essentiellement défensif. A mesure, en effet, que la conquête s'étendait, la force d'impulsion diminuait inévitablement et la résistance augmentait chez les populations refoulées, souvent nomades. Alors surgit le système militaire défensif dont il faut apprécier le rôle, pour la formation de l'Humanité. Voyons d'abord son action sur la création de la masse industrielle. La conquête, par l'esclavage des travailleurs, avait imposé à la masse humaine l'habitude du travail continu, si antipathique à notre nature primitive ; mais le travail restait absolument forcé. La formation du régime industriel rendait nécessaire qu'il devînt volontaire. La condition indispensable était la libération des travailleurs. Celle-ci a été graduellement conquise par eux sous un régime qui n'exigeait pas, comme le système conquérant, l'esclavage des masses industrielles. En conquérant graduellement la liberté avec la famille et un certain degré de propriété, la masse humaine devait donner une immense poussée vers l'établissement du régime industriel, qui seul peut assurer à chacun l'existence avec la liberté.

Ainsi donc, par une évolution nécessaire, notre espèce passe de la conquête qui crée les patries ou êtres collectifs élémentaires au régime industriel et pacifique, qui les coordonne toutes dans l'être collectif suprême : l'Humanité.

Il est intéressant de suivre l'évolution des idées d'Auguste Comte sur ce grand sujet de la loi de l'évolution active. Ses travaux s'étendent de 1822 à 1853, c'est-à-dire pendant une génération entière. Cette loi a été découverte en 1822 et publiée dans l'opuscule fondamental de Comte, qui parut au mois de mai de cette année et qui a posé les bases de toute l'évolution ultérieure de ce grand philosophe (1).

Au début de son travail, Auguste Comte n'énonce nullement, d'une manière explicite, la loi d'évolution active, mais bien d'une manière implicite, au moins quant aux deux termes extrêmes. Il indique, en effet, que son but est d'organiser le passage du système féodal et théologique au système scientifique et industriel (2). Un peu plus loin, il précise ses idées sur les deux grands buts d'activité propre à l'homme, l'industrie et la guerre (3). Mais quoiqu'on aperçoive la tendance de son esprit vers la conception d'une loi d'évolution temporelle, nous n'y sommes pas encore, puisqu'il n'a pas conçu d'une manière précise le terme intermédiaire, et que toute succession exige nécessairement trois termes. Il arrive enfin à la conception et à l'énonciation de la loi (4). Il conçoit alors que l'Humanité passe successivement par trois états successifs : conquérant, défensif et industriel ; et il énonce nettement que ces trois états de l'activité se trouvent en rapport avec les trois états de la mentalité : théolo-

---

(1) Plan des travaux scientifiques pour réorganiser la société. Mai 1822
(2) *Système de politique positive*, tome IV. Appendice, p. 48.
(3) Appendice, p. 64.
(4) Appendice, p. 112.

gique, métaphysique et positif. Il est aussi instructif qu'intéressant de suivre cette génération graduelle, par laquelle un grand esprit, sur un grand sujet, s'élève d'un état implicite plus ou moins précis à une loi scientifique explicite et précise. Pour tout vrai connaisseur de la marche de notre entendement, il y aurait là une preuve décisive et suffisante de l'originalité d'Auguste Comte ; mais les esprits littéraires conçoivent difficilement ces choses. Après avoir analysé l'évolution créatrice d'Auguste Comte, qui le rend ainsi possesseur de cette loi sociologique, il est intéressant de voir la marche de son exposition, qui, en devenant systématique, apporte d'importants perfectionnements à la conception primitive. Auguste Comte n'est revenu sur cette loi qu'en 1839 (1). Dans le tome IV de son *Cours de philosophie positive*, il expose la loi d'évolution temporelle et, au lieu de la constater comme un simple fait, il en donne la démonstration en en indiquant la nécessité. Il insiste surtout sur sa corrélation avec la loi d'évolution spirituelle. Enfin, en 1853, il revient pour la dernière fois sur cette loi capitale, dans le premier chapitre de son *Traité de dynamique sociale* (2). Il apporte à la loi elle-même quelques perfectionnements ; mais surtout il introduit une troisième loi, celle de l'évolution sentimentale, et montre l'harmonie des trois lois, mentale, active et sentimentale, pour l'établissement de l'équilibre normal de notre nature.

Il faut maintenant terminer par quelques considérations historiques sur le rapport de la loi d'Auguste Comte avec les opinions contemporaines, depuis la fin du XVIIIe siècle.

Personne avant Auguste Comte n'avait formulé, ni même conçu, la loi d'évolution active de notre espèce ; seulement depuis le XVIIIe siècle, il s'était formé parmi les hommes supérieurs un ensemble d'opinions qui constituait comme le fonds

---

(1) *Cours de philosophie positive*, tome IV, Paris, 1839.
(2) *Système de politique positive*, tome III, Paris, 1853.

implicite sur lequel le génie d'Auguste Comte a travaillé, pour en déduire la loi abstraite et explicite qui, à son tour, réagissant sur les opinions et les dispositions contemporaines, les conduira vers un état systématique et stable. C'est ce que nous allons expliquer.

Au xviii° siècle, l'école économique, surtout par l'action de Quesnay, a fait une analyse de la vie industrielle et même donné le tableau de l'équilibre économique général. Les travaux de Hume, d'Adam Smith et de beaucoup d'autres ont développé et perfectionné une telle étude. Le régime industriel a donc été ainsi conçu d'une manière distincte, d'après les lois qui lui sont essentiellement propres. C'était sans doute un grand pas, mais ce n'était certainement pas la conception de l'avènement nécessaire du régime industriel. Hume apporta un perfectionnement important, dans ses *Discours politiques* traduits et publiés par l'abbé Leblanc en 1755, notamment dans le discours X : « *De la population des nations anciennes.* Il considère d'abord comme un des signes du degré de civilisation la possibilité de faire vivre un plus grand degré de population. Il compare ensuite, d'après cela, la civilisation militaire de l'antiquité avec l'esclavage, avec la société sans esclaves et infiniment plus pacifique de l'époque moderne et fait voir la supériorité de celle-ci. Il a donc comparé la civilisation antique et la civilisation moderne, établi la supériorité de celle-ci et montré leurs différences essentielles. Enfin, il y avait au xviii° siècle, sous cette impulsion et sous celle de l'émancipation, un courant et une aspiration vers un régime de paix et d'harmonie universelle. La fin de l'*Esquisse des progrès de l'esprit humain*, de Condorcet, nous en offre une expression d'autant plus vive, que cette affirmation de la perfectibilité humaine se produisait au milieu d'une des plus terribles tempêtes qui ait agité notre espèce. Mais, il faut bien le reconnaître, tout cela préparait sans aucun doute un régime rationnel et pacifique et la conception d'un tel régime, mais cela ne constituait nullement la notion scientifique de ce régime, ni la connaissance des lois de son avènement. Au commencement du XIXᵉ siècle, la notion de l'avènement nécessaire d'un régime industriel surgit sous forme utopique. En 1808, Charles Fourier publie sa *Théorie des quatre mouvements et des destinées générales,* où il propose l'organisation, du reste, complètement utopique, du régime industriel. En 1817, Saint-Simon publie l'*Industrie*, avec cette épigraphe caractéristique : *Tout pour l'industrie et par l'industrie.* D'un autre côté, les beaux travaux de Dunoyer ont montré, à cette époque, la supériorité du régime industriel.

De tous côtés donc l'évolution sociale, en Occident, donnait au régime industriel une prépondérance de plus en plus grande, et les conceptions des penseurs formulaient plus ou moins bien un tel phénomène et lui donnaient à la fois plus d'intensité et de consistance; mais tous méconnaissaient plus ou moins la nécessité préliminaire du régime militaire et, en proclamant l'industrie, ils ne savaient que maudire, dans le passé autant que dans présent, le régime de la conquête. Joseph de Maistre fit entendre une énergique protestation contre de telles tendances ; en 1796, dans ses *Considérations sur la France*, il proclama comme un grand fait général et fatal la nécessité de la guerre, qu'il rattacha à la loi biologique établie par Buffon : « *De la loi générale de la destruction des espèces animales les unes par les autres.* » Mais il fut trop dominé par le phénomène biologique et ne sut pas dégager le rôle civilisateur de la conquête. Il y avait donc des analyses spéciales mais divergentes et incohérentes; c'est du milieu de tout cela que le génie d'Auguste Comte fait surgir la loi abstraite de la loi d'évolution active : conquête, défense, industrie, où le terme intermédiaire lui appartient exclusivement. A son tour cette loi réagit sur la connaissance du passé, qu'elle coordonne enfin; car, jusqu'à lui, il avait dû paraître tout à fait contradictoire et incohérent. Cette loi permet enfin de concevoir l'avenir comme une conséquence fatale et nécessaire de toute l'évolution de notre espèce. Comte a donné un tableau général de cet avenir. Il reste à ses successeurs à étudier d'une manière plus précise les lois d'évolution qui doivent y conduire.

III

Corrélation entre les deux lois d'évolution mentale et active.

L'activité collective ne peut s'accomplir sans des opinions communes. Ces opinions communes constituent le lien nécessaire entre des êtres séparés et indépendants comme sont les hommes; sans elle, ils ne pourraient former que des associations contradictoires et instables, mais non un être collectif consistant et continu. Ces opinions communes ont d'abord pour destination supérieure de tracer le but général de toutes les activités individuelles, et aussi de montrer l'harmonie des divers buts spéciaux avec le but général. En outre, c'est d'après cette action des opinions communes que se déterminent les conditions précises de subordination nécessaires à toute vie sociale. Enfin, ce sont les doctrines qui fournissent à l'activité proprement dite les moyens de réalisation. Leur importance est tellement grande qu'Auguste Comte, après Condorcet, a pu caractériser les phases générales de l'histoire, d'après la nature des opinions successives qui ont dominé.

Les évolutions mentale et active ont chacune une origine et une marche propre; mais, comme nous venons de le voir, l'évolution mentale a une action capitale sur l'activité. Ce sont deux éléments ayant une marche propre, mais liés entre eux d'une manière intime, agissant et réagissant constamment l'un sur l'autre; ils forment un véritable *système* dans le sens mathématique du mot. On a dû, théoriquement, les considérer à part, mais il faut approcher la réalité de plus près en cherchant les lois des actions et des réactions réciproques.

En fait, comme Auguste Comte l'a établi, il s'est formé trois couples successifs qui constituent les états successifs de la vie collective : premier couple, théologico-militaire; deuxième couple, métaphysico défensif; troisième couple, scientifico-industriel. Une vue d'ensemble du passé justifie ce fait général, mais il s'agit maintenant de l'analyser de plus près et de tâcher de l'expliquer d'après la nature même des éléments du couple.

D'abord une première considération générale nous montre, *a priori*, qu'il a dû y avoir nécessairement, à chaque époque, harmonie entre l'état mental et l'état actif de la vie sociale; sans cela, celle-ci eût toujours été contradictoire. Il y a donc eu, à chaque époque, un équilibre entre l'état mental et l'état actif; mais il faut voir de quelle manière ces éléments ont agi et réagi l'un sur l'autre et les limites entre lesquelles s'est maintenu l'équilibre. Voyons d'abord le premier couple.

L'esprit théologique a agi sur l'activité conquérante. Le théologisme dont il s'agit ici est le polythéisme, qui est seul en corrélation spontanée avec le régime de la conquête. En premier lieu, le théologisme sanctionne et consacre les pouvoirs en leur donnant une origine divine; les familles prépondérantes descendant presque toujours des dieux eux-mêmes. Le théologisme sanctionne même les décisions spéciales, comme on le voit dans le cas des augures et des aruspices. Cette action des doctrines était nécessaire au début, où il est si difficile de former les pouvoirs et de les faire durer. Le théologisme, par la fondation des fêtes communes, aide à la fois à la formation et à l'idéalisation des êtres collectifs; ces fêtes communes donnent à chacun le sentiment renouvelé de la Patrie. Enfin le théologisme n'invente pas sans doute les règles morales que l'empirisme pratique fait découvrir, mais il les sanctionne, les coordonne et les consacre. En outre, c'est le théologisme qui permet l'avènement d'une classe spéculative, qui peut seule trouver les formules de la morale.

Réciproquement, voyons l'action de l'activité militaire sur l'esprit théologique.

D'abord, l'activité militaire fournit à l'activité théologique une destination sociale précise, qui tend à limiter les divagations de celle-ci ; en outre, par le développement de la Patrie, par l'accumulation des capitaux résultant de la conquête, l'activité militaire permet de fournir à la vie d'une classe spéculative, qui devient ainsi disponible pour les travaux intellectuels. Il est bon néanmoins de rappeler que les dons spontanés des populations elles-mêmes ont été aussi la source très étendue et très pure des sociétés sacerdotales.

Mais l'harmonie des deux éléments théologique et militaire du premier couple a été loin d'être absolue ; le système a présenté des luttes ou, si l'on veut, des oscillations autour d'une certaine situation d'équilibre. Chacun des éléments tend, en effet, à la prépondérance complète : le pouvoir théologique, au nom des dieux ; le pouvoir militaire par le sentiment de sa force, et aussi de la nécessité d'une complète subordination pour atteindre son but. Aussi, l'équilibre entre les deux éléments du système n'aurait-il pu avoir une stabilité suffisante pour le régime de la conquête effective, sans une certaine subordination de l'un des éléments à l'autre ; et quand le régime de la conquête a été véritablement réalisé, la subordination a eu lieu, du pouvoir théologique au pouvoir militaire ; les chefs militaires remplissant eux-mêmes souvent une portion des fonctions théologiques.

Il est important de reconnaître que, quoiqu'il y ait une harmonie spontanée entre les deux activités théologique et militaire, néanmoins, cette harmonie est nécessairement insuffisante, au point de vue des moyens fournis par la théologie à la guerre. Car la théologie sanctionne les résultats des investigations intellectuelles, mais elle ne les découvre pas.

Toute découverte intellectuelle quelconque est toujours due à la méthode positive; elle seule découvre les faits et les relations effectives, qui peuvent servir à notre activité pratique; la théologie consacre, mais elle n'éclaire pas. Par conséquent, dans le premier couple, l'harmonie entre l'intelligence et l'activité est nécessairement imparfaite, plus ou moins instable, et ne peut avoir qu'une valeur transitoire et préparatoire dans l'évolution humaine.

On comprendra mieux l'harmonie du premier couple en appréciant le défaut d'équilibre entre la science et la guerre; la nécessité exclusive du premier système en sera plus évidente. Sans doute, la science fournit à la guerre de nombreux moyens; Platon l'a indiqué d'une manière systématique, et j'ai moi-même fait voir que c'est la réaction de la philosophie et de la science grecques qui ont fondé la guerre abstraite, qui émane exclusivement de l'Occident. Néanmoins, les deux esprits, dans leur complet développement, sont au fond antipathiques et contradictoires. La science développe un esprit de liberté d'investigation et de discussion, qui est véritablement incompatible avec la subordination militaire. La Grèce nous offre une vérification de cette théorie; car le mouvement intellectuel n'y a surgi que parce qu'elle n'a eu qu'un régime militaire de conquête avorté.

Après avoir étudié les lois générales du premier système théologico-militaire, qui est le point de départ du développement de notre espèce, il faut apprécier les conditions d'équilibre du couple final scientifico-industriel, qui en est l'aboutissant. La véritable industrie systématique doit embrasser l'espèce entière et ne peut le faire qu'autant qu'elle est réellement abstraite; c'est-à-dire qu'autant qu'elle repose sur la connaissance des lois élémentaires des divers phénomènes. Or, la science seule, peut découvrir ces lois; par conséquent, la science prise dans toute son extension est indispensable à l'industrie finale pleinement systématique. Réciproquement, l'industrie, en se développant, fournit à la science une destination qui tend à donner à ses travaux une direction précise et à lui éviter les divagations toujours plus ou moins inhérentes au développement de l'esprit abstrait. Si on considère les dispositions mentales propres à l'industrie et à la science, on voit qu'il y a entre elles une harmonie spontanée ; l'une et l'autre développent l'esprit de liberté de discussion et, en même temps, de conciliation, qui les rend naturellement compatibles.

Mais le service capital de l'esprit scientifique à l'état philosophique, ce sera de donner à l'industrie sa véritable coordination. Seule, la philosophie scientifique peut rendre ce service ; si la destination collective est évidente pour chacun dans l'activité militaire, il n'en est pas de même pour l'industrie. Il faut une analyse scientifique très profonde pour trouver les lois de l'harmonie, de l'activité industrielle des individus, des familles et des nations. Et néanmoins, sans la conception familière d'une telle harmonie, la vie industrielle collective, embrassant notre espèce, ne pourrait être réellement organisée ; sans cette coordination scientifique, les hommes continueraient à travailler comme des esclaves émancipés, pour des motifs purement personnels, au lieu de le faire comme de véritables citoyens, avec le sentiment de leur concours à l'harmonie générale de l'espèce. En un mot, la science seule, à l'état philosophique, pourra socialiser le travail et la richesse.

Néanmoins, malgré cette harmonie spontanée, il ne faut pas croire qu'un tel système ne présentera pas des oscillations plus ou moins étendues. Il y aura des luttes entre la science et l'industrie ; l'esprit trop général de la science se heurtera souvent contre l'esprit trop spécial de l'industrie, et l'orgueil de la richesse luttera souvent contre celui de la capacité mentale et de la haute possession des capitaux intellectuels. Mais la religion positive, embrassant l'ensemble des affaires humaines, réduira nécessairement et de plus en plus de tels chocs, dans des limites suffisamment restreintes.

Après avoir apprécié les lois d'équilibre des deux couples extrêmes, il faut étudier le couple métaphysico-défensif, qui fait la transition de l'un à l'autre. En fait, il y a eu corrélation entre le développement de l'esprit métaphysique et le régime militaire défensif. Mais c'est un fait qu'il faut expliquer. En premier lieu, l'esprit métaphysique développe un esprit de discussion incompatible sans doute avec le régime de la conquête, mais compatible avec celui de la défense; car celle-ci ne nécessite pas le même degré de concentration du pouvoir, et développe au contraire la nécessité de conciliations diplomatiques continues et, par suite, de fréquentes discussions. Mais il faut préciser de telles vues; pour cela il faut mieux caractériser que nous ne l'avons fait jusqu'ici le régime métaphysique. La métaphysique vraiment normale, c'est le monothéisme coordonné en religion; quand celle-ci se décompose graduellement, on a la métaphysique plus ou moins individuelle et qui n'est qu'une transition, avec des caractères plus ou moins pathologiques, vers l'état normal. Or, le monothéisme religieux qui est, comme je viens de le dire, la métaphysique normale, permet la coordination de patries distinctes en systèmes caractérisés par une foi commune; la religion n'est plus purement nationale, sans pouvoir, malgré ses prétentions, devenir réellement universelle. Le véritable régime défensif consiste alors à organiser la défense contre des systèmes analogues, qu'on peut arrêter ou même dissoudre, mais sans les assimiler ni les incorporer; et en luttes intérieures entre les divers éléments de chacun de ces systèmes, ce qui produit de nouvelles répartitions sans véritable assimilation. C'est alors que nous apparaît la véritable corrélation entre l'état métaphysique et le régime militaire défensif. Il est facile de concevoir qu'un tel système facilite le développement et de l'industrie et de la science; cela résulte, d'un côté, du régime intermittent des guerres et, de l'autre, du progrès inévitable qu'amène le concours habituel de populations, distinctes sans doute, mais liées par des opinions communes. Enfin, c'est dans l'établissement de ce couple moyen que surgit empiriquement l'un des plus grands progrès de l'organisation sociale, à savoir : la division des deux pouvoirs, ou l'organisation systématique de la division entre la théorie et la pratique. L'instabilité même, inhérente au couple métaphysico-défensif, le rend véritablement apte à fournir toutes les transitions nécessaires entre les couples plus stables du départ et de l'arrivée.

En résumé, l'équilibre entre l'activité mentale et l'activité pratique, ou entre la théorie et la pratique, a toujours existé; et le passé nous a offert des états d'équilibre de plus en plus étendus. Au début, le système présentait un équilibre très stable avec peu d'extension ; puis le système s'est étendu, en offrant une succession d'états de plus en plus rapide, pour tendre enfin vers l'état positif, scientifique et industriel, qui nous offrira finalement l'extension la plus complète, c'est-à-dire planétaire, et le plus haut degré de stabilité compatible avec les imperfections de notre nature et de notre situation. La religion positive a pour destination d'en opérer la systématisation.

COURS DE PHILOSOPHIE PREMIÈRE

PROFESSÉ PAR M. PIERRE LAFFITTE

DOUZIÈME LEÇON (1)

NEUVIÈME LOI DE PHILOSOPHIE PREMIÈRE :

La Sociabilité est d'abord domestique, puis civique, et enfin universelle.

I

Considérations préliminaires.

Nous avons étudié d'abord la loi d'évolution mentale, c'est-à-dire celle de la succession des procédés généraux de liaison de nos idées. Elle nous conduit finalement à l'entière cohérence mentale, qui consiste à coordonner toutes nos recherches vers le but unique de l'étude des êtres collectifs ; et spécialement de l'Humanité.

Mais cette évolution ne peut s'accomplir sans l'existence d'une société de plus en plus développée, et qui se trouve graduellement en rapport avec l'extension de nos conceptions.

---

(1) Ceci représente la rédaction de la douzième leçon de mon Cours de philosophie première, fait à Paris, 10, rue Monsieur-le-Prince, le dimanche 3 mars 1878.

C'est la société en effet qui, seule, peut créer les ressources matérielles au moyen desquelles certains hommes deviennent disponibles pour les hautes spéculations mentales. En outre, elle conserve les résultats acquis du travail intellectuel, et les transmet, de manière à fournir à chaque penseur une situation meilleure que la précédente; d'où résulte ainsi une série de créations mentales constituant une véritable succession. De plus, l'évolution de la société crée des situations pratiques qui règlent d'abord, plus ou moins spontanément, le travail intellectuel, en lui fournissant une destination qui évite les divagations indéfinies, si naturellement propres à notre intelligence. D'après toutes ces raisons, l'on voit qu'il a été nécessaire d'exposer la loi d'évolution pratique, sans laquelle celle de l'évolution mentale eût été réellement incompréhensible; c'est ce que nous avons fait dans la leçon précédente.

En résumé, le concours de l'évolution mentale et de l'évolution pratique permet à l'entendement d'instituer le service systématique de l'Humanité; ce qui organise ainsi le règlement normal de l'intelligence.

Mais dans ce tableau apparaît immédiatement une grande lacune, celle du sentiment, c'est-à-dire des penchants multiples, personnels et altruistes, que l'on a désigné sous le nom collectif *de cœur*. Il semble d'après cela que l'évolution mentale et pratique se trouve en dehors des impulsions énergiques du sentiment; et néanmoins sa prépondérance physiologique est absolument incontestable; ce que vérifie l'observation la plus élémentaire de la nature humaine. Il y a là une contradiction qu'il faut expliquer.

Sans doute en ne parlant pas des penchants de notre cœur dans l'exposition de la double loi mentale et active chacun sous-entend plus ou moins implicitement le rôle de ces divers penchants; ainsi chacun sait que la cupidité, la vanité, l'orgueil, l'esprit de critique, jouent un rôle considérable dans l'impulsion qui pousse les hommes aux divers travaux spéculatifs. L'on sait aussi, et trop clairement, que de tels penchants influent dans nos opérations pratiques; l'on reconnaît aussi l'influence des bons sentiments, il est vrai moins intenses, et moins apparents. Mais cette influence apparaît comme spéciale, dispersive, infiniment variable d'un individu à un autre, et aussi dans le même individu; il y a plus, quand on parle des passions, c'est surtout pour maudire leur influence et la réfréner autant que possible.

Il semblerait d'après ce tableau que la double systématisation mentale et pratique, qui est le résultat de notre doubl loi d'évolution, ne se trouverait dès lors en rapport avec aucun état de systématisation sentimentale; de telle sorte que la double coordination, théorique et pratique, se trouverait en rapport avec une véritable action incohérente des penchants les plus énergiques de notre nature. Si cela devait avoir lieu effectivement, comme cela semble au premier abord, il est évident que tout équilibre mental serait absolument impossible, et que la vie humaine nous apparaîtrait comme contradictoire. On voit donc, d'après cela, comment le problème de la coordination systématique du sentiment avec l'intelligence et l'activité s'impose à nos recherches.

Cette recherche paraît d'autant plus difficile qu'au premier abord il semble qu'il y ait, par la nature même du sentiment, impossibilité de trouver une loi d'évolution sentimentale qui puisse nous conduire à un état du cœur, susceptible d'être coordonné avec l'état systématique de l'intelligence et de l'activité.

L'intelligence et l'activité s'exercent sur le monde extérieur pour le comprendre ou le modifier. De cette action résultent des produits; de telle sorte que chaque travailleur mental ou pratique part toujours d'une situation créée par ses prédécesseurs. Il résulte de là une succession de produits dont la loi est précisément celle de l'évolution mentale et pratique. Ces produits sont une *fonction* dont la variable est le temps. Pour le sentiment, rien de semblable ne paraît possible; il n'est pas anatomiquement en rapport avec le monde extérieur; et quoique la sensation puisse agir immédiatement sur lui, il ne semble pas qu'il en résulte des produits dont la succession puisse donner lieu à une véritable loi. Il semble donc qu'il n'y a de possible pour le cœur qu'une étude des variations d'intensité des penchants qui le constituent. Ces intensités sont, d'ailleurs, si variables et si complexes, qu'il paraît impossible d'en trouver la loi véritable. Au surplus, la découverte de cette loi laisserait subsister l'incohérence entre la systématisation intellectuelle et pratique et la multiplicité indéfinie de nos penchants.

L'Humanité semble donc devoir rester sous ce rapport dans une situation contradictoire et dans un défaut d'équilibre, qui ne permettrait jamais de résoudre le problème de l'unité humaine. Mais, heureusement, nous allons sortir de cette contradiction par la théorie des fonctions composées du sentiment.

Le cerveau est un appareil très synergique, dont toutes les parties concourent dans chaque manifestation cérébrale; quoique la dénomination appliquée au phénomène soit tirée habituellement de l'influence prépondérante. Les relations anatomiques qui, par la substance blanche, établissent les communications entre les divers amas de substance grise du cerveau, expliquent parfaitement cette synergie. Les amas de substance grise correspondent aux diverses fonctions cérébrales et la substance blanche étant un instrument d'action et de réaction des divers organes du cerveau, il se forme ainsi des *systèmes* composés, c'est-à-dire une liaison et un concours d'action de forces distinctes qui forment ainsi un tout. Ces systèmes sont plus ou moins passagers, se forment et se déforment sous l'influence de causes extérieures ou intérieures; quelques-uns, néanmoins, à cause probablement de relations anatomiques plus intenses, se forment plus facilement: comme, par exemple, la relation bien connue entre l'instinct destructeur et l'instinct sexuel. Mais ce ne sont pas là des fonctions composées proprement dites. La *fonction composée* résulte d'une relation constante, persistante et habituelle entre deux ou plusieurs fonctions simples du cerveau. J'appelle fonctions simples celles qu'Auguste Comte a consignées dans son tableau cérébral. La fonction composée est donc une véritable résultante de deux ou plusieurs forces; résultante soumise comme une fonction simple aux lois de l'activité, de la persistance, de l'habitude et du perfectionnement. Néanmoins il est évident que la fonction composée est, par son caractère même, soumise à des lois de modificabilité et même de dislocation passagère, que ne comporte pas la fonction simple.

Le langage démontre l'existence des fonctions composées; car les dénominations usuelles de toutes les langues se rapportent bien plus à ces fonctions qu'aux fonctions simples. On le voit par les expressions : gourmandise, paresse, pudeur, désintéressement, gloire, générosité, peur, etc., etc. Ce sont elles dont les moralistes se sont surtout occupés avant Gall et Auguste Comte. Celui-ci les a nécessairement admises d'une manière implicite, puisque son grand travail, dans le chapitre troisième du tome premier du *Système de politique positive*, consiste à les décomposer en leurs éléments absolument irréductibles. Dans mon Cours de morale théorique, professé salle Gerson, de 1884 à 1885, je me suis proposé le problème inverse ; c'est-à-dire trouver les fonctions élémentaires qui interviennent dans la formation des fonctions composées, montrer le rôle de celles-ci, indiquer les lois de la création possible d'une infinité d'autres. Ce travail était nécessaire pour organiser le passage, en morale, de la théorie à la pratique; et c'est faute probablement de l'avoir compris que l'admirable travail d'Auguste Comte sur le tableau cérébral n'a pas eu encore une influence caractéristique sur le mouvement scientifique et philosophique. Je vais appliquer aux fonctions composées du sentiment quelques-unes des vues que j'ai formulées, et seulement dans le degré que nécessite la philosophie première.

Toute fonction composée du sentiment consiste dans une relation constante, persistante et habituelle entre une impulsion prépondérante du cœur et un produit de l'activité mentale. L'élément mental peut être une image, une relation, mais surtout la conception ou la vue plus ou moins précise d'un être ; c'est surtout ce dernier cas qui est le plus fréquent. Toute impulsion du cœur nous pousse et nous attache, mais cette impulsion est aveugle et elle est par suite plus ou moins vague; elle ne se précise qu'en se liant d'une manière plus ou moins constante à la notion d'un être déterminé. Ainsi, l'instinct conservateur produit : la gourmandise, l'amour de la boisson, celui de l'or, des terres, etc.; cette relation une fois produite constitue une résultante qui agit comme une force simple et se combine avec les autres fonctions, simples ou composées, d'après les lois d'une sorte de mécanique générale. Pour compléter une telle vue, il faut remarquer que cette fonction composée du sentiment se lie d'une manière complémentaire avec les fonctions du caractère, de manière à donner des forces sentimentales qui, habituellement, ou poussent, ou retiennent, ou maintiennent.

Les fonctions composées du sentiment se distinguent naturellement en deux classes qu'on peut appeler les fonctions composées de l'égoïsme ou de l'altruisme.

Les fonctions composées de l'égoïsme sont celles qui ont pour base une des sept fonctions élémentaires du cerveau : les instincts conservateur, sexuel, maternel, destructeur, constructeur, la vanité et l'orgueil. Les fonctions composées de l'altruisme ont pour base une des trois fonctions élémentaires : l'attachement, la vénération et l'amour. Il n'est pas nécessaire pour le moment de donner une conception plus étendue de ces diverses fonctions composées.

Mais il est essentiel d'insister davantage sur les fonctions composées du sentiment qui nous attachent aux êtres collectifs, et dont le sentiment social est le type véritablement le plus admirable. C'est lui que nous allons surtout analyser.

L'être collectif, Patrie, étant conçu plus ou moins nettement, devient, par l'admirable disposition fétichique de notre esprit, susceptible de nous inspirer un véritable attachement; en outre, la supériorité de la Patrie, par rapport à nous, nous inspire le respect ; et les services que nous pouvons lui rendre évoquent un sentiment de bonté. Toutes les fonctions altruistes élémentaires concourent donc dans la formation de cet amour de la Patrie, ou du sentiment social sous la forme la plus pure ; mais les instincts égoïstes y apportent aussi leur énergique influence : nous avons, en effet, la vanité et l'orgueil de cette Patrie et aussi la haine de ce qui peut lui nuire. On peut appliquer des considérations analogues à l'amour de la Famille et à celui de l'Humanité. Par conséquent, les trois êtres collectifs, Famille, Patrie et Humanité, donnent lieu à des sentiments composés plus ou moins puissants, et susceptibles d'agir, par rapport à ces êtres, avec une plus ou moins grande intensité.

Cette théorie de l'amour des êtres collectifs nous permet déjà d'entrevoir la possibilité d'une loi sentimentale en rapport avec la double loi d'évolution mentale et pratique. Nous avons vu en effet que cette double loi se résume à assigner à l'activité le service des êtres collectifs, et à l'intelligence l'étude des lois naturelles, de leur existence et de leur développement. Mais s'il peut se former, comme je l'ai établi, du reste, par une combinaison des fonctions simples du cerveau, un véritable amour des êtres collectifs, on conçoit, dès lors, qu'il puisse y avoir une loi d'évolution de cet amour des êtres collectifs. Par conséquent, la contradiction que nous avons signalée entre la loi d'évolution mentale et pratique, qui nous conduit à un état systématique, et l'incohérence sentimentale dont nous avons parlé ; cette contradiction, dis-je, nous apparaît comme pouvant être enfin résolue.

Néanmoins, cette appréciation reste encore insuffisante ; il faut remarquer, en effet, que, si le but objectif de la vie humaine est de connaître et de servir les êtres collectifs, il faut, en rapport avec cela, une destination subjective qui est la suivante : l'effort continu de l'homme sur lui-même, au point de vue physique, intellectuel et moral, afin de pouvoir mieux connaître et servir la Famille, la Patrie et l'Humanité.

La théorie des fonctions composées du sentiment nous permet de concevoir l'avènement de fonctions composées en rapport avec une telle destination. C'est ce que l'on peut en effet vérifier par les sentiments composés du devoir, du perfectionnement et de l'effort sur soi-même.

Mais, outre la loi d'évolution fondamentale qui se rapporte à la formation des sentiments composés, on peut concevoir qu'il y en ait une autre, comme je l'ai déjà dit, relative à la variation d'intensité des fonctions simples. Cette recherche est excessivement complexe et difficile ; elle n'est pas même ébauchée. Elle donnera lieu, sans doute, en morale, à des études systématiques qui dépasseront le pur empirisme qui a prévalu jusqu'ici. Une autre étude différente, dont je dirai quelques mots, parce qu'elle se rapporte plus directement à l'étude de la loi d'évolution sentimentale propre à la philosophie première : c'est la théorie de la proportion relative entre les divers groupes des fonctions composées, proportion qu'il est bien plus facile de saisir que la variation d'intensité des fonctions simples.

II

De la loi d'évolution sentimentale.

Auguste Comte s'est occupé très tard d'une loi de l'évolution sentimentale ; ce n'est qu'en 1853, dans le premier chapitre du tome troisième du *Système de politique positive*, qu'il en parle pour la première fois. Au commencement de ce premier chapitre, il établit que la région affective du cer-

veau n'étant pas en rapport direct avec le monde extérieur ne peut donner lieu à une loi distincte, et qu'il n'y a, par suite, que deux lois sociologiques fondamentales, celles relatives à l'évolution de l'intelligence et de l'activité. Il observe néanmoins qu'il résulte du concours de ces deux lois un perfectionnement dans l'état sympathique de l'homme, sans du reste expliquer le *comment* d'un tel effet. Dans le cours du même chapitre, il revient sur cette question et donne un premier énoncé de la loi d'évolution sentimentale (1). Il considère cette loi comme une résultante des deux lois de l'intelligence et de l'activité. Voici l'énoncé qu'il en donne : « Cet
« extrême complément de ma théorie dynamique consiste à
« reconnaître, envers le sentiment, trois états successifs
« dont la correspondance spontanée avec ceux de l'intelli-
« gence et de l'activité devient ici la suite nécessaire d'une
« telle connexité. En effet, l'instinct social dut être pure-
« ment civique dans l'antiquité, puis collectif au moyen-
« âge pour devenir finalement universel, comme l'indiquent
« ses aspirations modernes ». Il apporte à cette loi un complément qu'il énonce ainsi : ...« L'ensemble de la civilisa-
« tion présente évidemment une diminution continue dans
« la prépondérance et même l'intensité des penchants per-
« sonnels, sauf les oscillations, d'ailleurs plus apparentes
« que réelles, propres aux temps anarchiques. Il suffit de
« citer ainsi les deux cas principaux en signalant le décrois-
« sement collectif que subissent toujours l'instinct nutritif et
« l'instinct sexuel, comme dans l'évolution individuelle ».
Auguste Comte est revenu une seconde fois sur cette question de la loi d'évolution sentimentale, en traçant le tableau général de la philosophie première (2) : « Quant à sa théorie
« dynamique (de l'entendement), je l'ai suffisamment insti-
« tuée, dans le volume précédent, en établissant les trois

---

(1) *Système de Politique positive*, tome III, p. 67 à 70. Paris, 1853.
(2) *Système de politique positive*, tome IV, p. 177. Paris, 1854.

« lois fondamentales de l'évolution humaine, tant indivi-
« duelle que collective. Elle règle respectivement les mou-
« vements simultanés de l'intelligence et du sentiment. La
« première consiste dans la succession des trois états fictif,
« abstrait et positif que présente chaque entendement en-
« vers des conceptions quelconques, mais avec une vitesse
« proportionnée à la généralité des phénomènes correspon-
« dants. Par la seconde, on reconnaît une progression ana-
« logue pour l'activité d'abord conquérante, puis défensive,
« enfin industrielle. Dans la troisième, on étend la même
« marche à la sociabilité, d'abord domestique, puis civique,
« enfin universelle, suivant la nature propre à chacun des
« instincts sympathiques. Sans que les deux dernières lois
« concernent directement l'intelligence, elles sont réelle-
« ment indispensables pour caractériser son mouvement.
« Car elles règlent la relation nécessaire et continue des
« conceptions théoriques, soit aux opérations pratiques, soit
« aux impulsions morales qui constituent respectivement
« leur destination et leur source. »

Il est évident que les deux énoncés donnés par Auguste Comte, à un an de distance, ne sont nullement identiques et sont au fond différents. Auguste Comte n'a pas cherché à opérer une conciliation quelconque ; l'on peut dire qu'à cet égard son intelligence n'était pas arrivée en véritable état d'équilibre. Il fallait donc soumettre les vues de Comte à une nouvelle analyse ; c'est ce que j'ai fait ; et j'ai donné à mon travail une base solide, par la théorie des fonctions composées du sentiment, pour lesquelles il est possible d'établir rationnellement la loi d'évolution sentimentale.

La loi d'évolution sentimentale peut s'énoncer ainsi : « La sociabilité (ou, en d'autres termes, le sentiment social) est d'abord domestique, puis civique et finalement universelle. »

J'adopte donc le second énoncé d'Auguste Comte comme celui qui doit être finalement conservé. Cette loi constitue l'énoncé d'un grand fait, que l'histoire vérifie partout. Au début les sociétés ne sont que des groupements passagers de famille, pour quelques opérations communes, mais où la notion de l'être collectif, Famille, est seule prépondérante et peut seule, par suite, en se combinant avec les impulsions du cœur, donner lieu au sentiment composé de la sociabilité domestique. La formation, par la conquête, surtout de Patries fortement constituées, fait naître le sentiment civique, dont Rome a fourni le type immortel. A mesure que les Patries agissent et réagissent de plus en plus les unes sur les autres, la notion d'Humanité émerge de plus en plus et, se combinant avec les impulsions du cœur, fait surgir enfin le sentiment composé de l'amour de l'Humanité, le plus général mais le moins intense des sentiments sociaux.

Mais il faut remarquer qu'entre ces trois sentiments sociaux fondamentaux il s'en intercale d'autres, de telle sorte qu'il se forme ainsi une série presque continue d'impulsions sentimentales, en rapport avec les situations créées par le double mouvement de l'intelligence et de l'activité. Ainsi entre le sentiment domestique et le sentiment civique s'intercalent les deux sentiments de l'amour de *la tribu* et de celui de la *classe*.

Entre le sentiment *civique* et le sentiment *universel*, se trouvent deux autres sentiments : 1° l'amour d'un groupe ou système de patries, comme le *patriotisme occidental*, suivant l'heureuse expression d'un positiviste. Nous pouvons, dans ce cas, voir l'intervention capitale de l'intelligence dans la formation des sentiments composés; ce qui offre une vérification spéciale de ma théorie. Le sentiment occidental, en effet, est extrêmement confus et plus implicite qu'explicite. Il ne pourra acquérir la force et la précision qui lui conviennent que lorsque la théorie de l'*occidentalité* instituée par Auguste Comte, étant devenue vraiment familière, se combinera avec les impulsions du cœur et donnera lieu ainsi à un sentiment composé, qui agira comme une force unique ; nous n'en sommes pas encore là. 2° Entre le sentiment civique et le sentiment universel s'intercalent des sentiments composés qui résultent de l'amour de ceux qui sont liés avec nous par une foi commune indépendamment des nationalités distinctes. C'est ainsi que surgissent les sentiments qui attachent entre eux les chrétiens, les juifs et les musulmans. Il y a là évidemment un intermédiaire qui opère la transition du sentiment civique au sentiment universel.

La démonstration inductive que je viens d'accomplir nécessite une démonstration déductive en montrant la nécessité de cette évolution sentimentale, sous peine de rendre contradictoire le développement de l'Humanité.

Cette évolution fondamentale était indispensable. Comment en effet la vie collective serait-elle possible, par un simple concours de l'intelligence et de l'activité, où le sentiment ne rapporterait ses fortes impulsions qu'aux actes purement spéciaux? On aurait alors des penchants énergiques, mais qui, n'ayant pas un caractère collectif, ne seraient nullement aptes à produire le concours.

Ce mouvement était inévitable; car l'homme est doué d'une aptitude fétichique incomparable, qui le pousse à aimer et à animer toutes choses sans compter sur une réciprocité quelconque. Par suite d'une telle disposition, le cœur humain devait s'attacher aux situations générales créées par l'intelligence et l'activité; de manière à produire des sentiments composés en rapport avec ces situations.

Mais la loi d'évolution sentimentale, en tant qu'elle explique la formation des sentiments composés qui nous attachent aux êtres collectifs, reste insuffisante; il faut, en effet, pour atteindre le but de notre destinée, tel que je l'ai tracé, que l'homme exerce constamment sur lui un effort continu de perfectionnement physique, intellectuel et moral, sans lequel il lui serait impossible de vivre pour et par la Famille, la Patrie et l'Humanité. Il faut une évolution de sentiments composés, en rapport avec cette grande destination. Les trois sentiments composés qui s'y rapportent sont, celui du *devoir*, celui *du perfectionnement*, et finalement celui *de l'effort sur soi*.

La notion du devoir est la base du sentiment correspondant, qui consiste dans la fétichisation préalable de cette notion, et sa combinaison avec nos diverses impulsions sentimentales. Le devoir c'est l'accomplissement d'une fonction plus ou moins collective, par un organe libre ; il implique donc la relation plus ou moins étendue de l'individu avec les autres et aussi avec les diverses institutions. La notion seule de la fonction à accomplir serait insuffisante, s'il n'y avait pas liaison avec des impulsions du cœur de manière à constituer une force véritablement agissante. La vie collective deviendrait impossible à ses divers degrés sans le développement du sentiment du devoir. Mais il se développe en effet avec la complication croissante de l'évolution humaine.

Un second sentiment doit s'adjoindre au précédent, pour constituer la disposition de notre cœur à un effort continu de progrès physique, mental et moral : c'est le sentiment du perfectionnement. L'homme tend naturellement à améliorer sa situation comme sa nature et c'est le but spontané de la double évolution mentale et pratique. Par le mode déjà indiqué précédemment il se produit, en rapport avec cette notion plus ou moins précise, un sentiment composé correspondant. Ce sentiment composé se lie toujours au sentiment du beau, qui est au fond celui du perfectionnement appliqué à sa limite idéale. L'intervention de l'intelligence dans la formation de ces sentiments composés est tellement indispensable, que ce n'est que de nos jours qu'a surgi le sentiment et l'amour du progrès social avec la notion correspondante, émanée des philosophes du XVIIIe siècle.

Enfin, un troisième sentiment est nécessaire pour donner aux deux autres toute leur valeur et constituer la force totale d'impulsion qui nous pousse à atteindre le but, l'objectif de notre destinée : C'est le sentiment ou l'amour *de l'effort sur soi-même*. Nos diverses impulsions sont bien loin d'être concourantes et l'homme n'est pas seulement double, suivant l'expression de saint Paul, il est infiniment multiple. De là l'effort continu sur nous-mêmes, pour remplir nos devoirs, pour suivre notre perfectionnement, afin d'atteindre le but collectif de notre destinée. Il se forme pour cela un sentiment composé qui résulte, comme à l'ordinaire, de la relation habituelle d'une vue avec divers penchants et surtout avec les fonctions du caractère, le *courage*, la *prudence* et la *persévérance*.

Ces trois sentiments *du devoir, du perfectionnement, de l'effort sur soi-même*, se développent en même temps que les sentiments domestiques, civiques et universels, de manière à constituer une évolution sentimentale, en harmonie avec la double évolution mentale et pratique.

Mais, outre ces sentiments composés et généraux, qui sont directement en rapport avec le but de notre destinée, il y en a beaucoup d'autres qui en constituent un complément nécessaire. L'évolution sociale complique les relations à un degré de plus en plus grand et, dès lors, la vie sociale deviendrait tout à fait contradictoire, s'il ne se formait pas des sentiments composés en rapport avec ces diverses relations. Il y aurait insuffisance dans les impulsions nécessaires pour l'activité mentale et pratique. Aussi cette formation de sentiments composés a-t-elle réellement lieu.

Un certain nombre de ces sentiments ont pour base fondamentale des penchants surtout égoïstes, et d'autres des penchants altruistes. Mais dans les premiers il y a toujours une action modificatrice des seconds, et dans les seconds une action modificatrice des premiers. Du reste, ces sentiments composés forment une sorte de chaîne continue; et l'on passe graduellement de l'un à l'autre. Si l'on considère l'instinct conservateur proprement dit, sous forme surtout d'instinct nutritif, nous trouvons un sentiment composé correspondant, celui *de la sobriété*. Il résulte primitivement d'une vue de l'esprit, spontanée ou acquise, sur les conséquences fâcheuses, personnelles ou sociales, des effets nutritifs, combiné avec la disposition à un effort habituel pour limiter les manifestations du penchant nutritif. Il en résulte un sentiment et une habitude qui, sous le nom de sobriété, constituent un des éléments les plus essentiels de la vie domestique et sociale. Par rapport à l'instinct sexuel, surgit un autre sentiment composé, qui est une des plus belles créations de notre espèce : celui de *la pudeur*. Ce sentiment se forme d'après les mêmes lois que celui de la sobriété. Par rapport à la vanité se forme le sentiment composé de la *modestie*, que l'évolution humaine a graduellement développé. Sans cette théorie des sentiments composés il faut reconnaître que l'organisation d'un système d'éducation est véritablement impossible; puisque, pour pouvoir les inculquer, il faut avoir une idée des lois de leur formation.

Un sentiment composé qui, avec un instinct personnel pour base, a la plus grande efficacité sociale, c'est celui de *la gloire*. L'intervention de l'intelligence apparaît ici d'une manière frappante, puisque un tel sentiment ne peut se produire sans la notion d'une existence collective plus ou moins durable. Il y a un autre sentiment composé qui correspond à la partie la plus fondamentale des relations humaines : c'est celui de *la justice*.

Il y a d'autres sentiments dont la base est plus ou moins directement altruiste, ce sont ceux du *désintéressement*, de la *magnanimité*, du *respect de soi-même* ou de la *dignité personnelle*. Ce dernier sentiment est un des plus indispensables à l'existence et à l'évolution des sociétés. Toute société se compose, en effet, de concours et d'indépendance; or, si la vanité et l'orgueil contribuent à assurer cette indépendance, c'est toujours avec de graves inconvénients quant au concours; au contraire, le sentiment de la dignité personnelle assure l'indépendance individuelle indispensable sans nuire au concours nécessaire.

Il résulte donc, en somme, de l'analyse nouvelle et difficile que nous venons d'accomplir, que, en rapport avec l'évolution mentale et active qui crée une évolution collective de plus en plus complexe, il existe une évolution sentimentale, qui crée aussi des sentiments composés de plus en plus développés. Il y a donc alors une harmonie véritable, spontanément produite, entre l'évolution de l'intelligence, celle de l'activité et celle du sentiment; de manière à créer des états successifs d'équilibre cérébral, que systématise la religion de l'Humanité.

III

Des relations entre les trois lois d'évolution mentale, active et sentimentale.

Nous avons établi d'une manière abstraite la loi de l'évolution sentimentale et la formation des sentiments composés qui la caractérisent. Mais pour que notre appréciation devienne suffisamment précise, il faut mettre cette évolution sentimentale en rapport avec les diverses phases successives de l'évolution mentale et pratique. Il faut montrer comment chacune de ces phases contribue à la formation des sentiments composés et, réciproquement, comment ces sentiments composés une fois formés réagissent à leur tour sur l'activité mentale et pratique.

Il est évident que c'est le régime conquérant de notre espèce qui a formé le sentiment civique. L'activité militaire, seule, peut, par la conquête, créer un être collectif ou une patrie, seule aussi, cette activité développe en chacun le sentiment de la liaison de la personnalité à la collectivité, avec une intensité incomparable; car c'est la liberté, la vie de chaque individu et de chaque famille, qui sont liées intimement à la conservation de la patrie à laquelle on appartient. C'est sous l'action prolongée de ces influences intenses que le sentiment civique a pu surgir, apparaître dans le monde, vaincre l'incohérence primitive de nos penchants, et la prépondérance de notre personnalité. Le régime de la conquête a aussi contribué à former dans l'homme les sentiments du devoir, du perfectionnement et de l'effort sur soi-même. Les obligations, dans le régime militaire, ont une précision extrême, et aussi une sanction, à la fois immédiate et terrible, de leur violation; aussi, est-ce cette rude éducation, longtemps prolongée, qui a pu accomplir cette grande création du sentiment du devoir. Le sentiment du perfectionnement personnel, pour l'accomplissement des fonctions militaires, résulte aussi du sentiment précis de la nécessité de certaines conditions et de la notion des graves conséquences immédiates, personnelles ou collectives, de leur violation. Les mêmes considérations s'appliquent facilement au sentiment de l'effort sur soi-même. L'activité conquérante est donc la grande éducatrice morale du genre humain.

Réciproquement, ces sentiments une fois formés donnent à l'activité correspondante toute sa cohésion et assurent sa durée. Ils constituent un véritable capital moral qui, conservé par le langage, transmis par l'action de la famille et de la société, rend chaque individu de plus en plus apte à la vie collective.

Les croyances théologiques contribuent à l'évolution morale de l'Humanité et à la formation de ce grand capital moral, que chaque génération transmet à la suivante par une éducation spontanée ou systématique. Toutes les doctrines ont, du reste, une influence, qui leur est commune, dans la formation de ce capital moral; car seules elles sont capables de formuler les résultats de l'influence pratique, de les sanctionner, de les coordonner, d'en conserver le dépôt et de les rendre, par suite, plus facilement transmissibles.

La doctrine fétichique a joué le rôle le plus décisif dans la formation du sentiment domestique; car c'est le fétichisme qui, par sa conception des *mânes*, a conduit à l'institution de la tombe! C'est donc le fétichisme qui, seul, a pu développer ainsi dans la famille la notion de la continuité. Dès lors, le fétichisme a pu seul donner au sentiment domestique toute son extension nécessaire, en instituant l'amour d'un être qui a son présent, son passé et son avenir.

Le polythéisme, à son tour, a contribué d'une façon spéciale à l'évolution morale de notre espèce. Divers dieux ont été, en effet, souvent le type concret et idéal des divers sentiments composés qui avait créé l'Humanité. Ces types offraient ainsi à l'homme une excitation permanente à son propre perfectionnement, avec le sentiment d'un appui permanent pour l'atteindre.

Etudions maintenant l'influence de l'activité militaire défensive dans l'évolution sentimentale de notre espèce et dans la formation de notre capital moral.

L'activité militaire défensive, telle qu'elle s'est développée au moyen âge, a fait naître un sentiment composé plus étendu que celui de l'amour de la patrie et moins que celui de l'amour du genre humain : c'est le sentiment *de l'Occidentalité*. Il est évident qu'à cette époque les diverses nations groupées autour de la France avaient entre elles des intérêts communs de défense contre les invasions du nord et du sud, et aussi la notion d'institutions communes en rapport avec cette destination, outre l'influence d'une foi commune sur laquelle nous reviendrons tout à l'heure. D'après le mécanisme cérébral, que j'ai déjà analysé précédemment, il devait en résulter le sentiment composé de l'amour de l'Occidentalité, ou du groupe des nations semblables, malgré leurs luttes personnelles. Sans doute, ce sentiment était trop implicite et par suite confus, faute d'une analyse philosophique convenable ; il n'en avait pas moins, à certains moments surtout, une véritable intensité !

Le système défensif propre à l'Occident et qui, au point de vue social et politique, est caractérisé par le régime de la féodalité, a fait naître un sentiment composé des plus importants, celui de l'*honneur*, qui constitue une des plus belles créations de notre espèce. Ce sentiment vraiment admirable est combiné, dans la *Parole d'honneur*, avec celui de la dignité personnelle, l'amour de la gloire, le respect de la Famille considérée dans son passé et dans son avenir, et qui est prise à témoin, comme le passé et l'avenir de l'individu lui-même. *La parole d'honneur* substituée au serment théologique, où l'on prend Dieu à témoin, est, du reste, parfaitement en harmonie avec un régime qui tendait à développer les relations volontaires et le sentiment de l'indépendance pour mieux assurer le concours. Cette grande création du moyen âge restera, sans aucun doute, à jamais, comme un des joyaux les plus précieux de notre capital moral. Réciproquement ces sentiments composés, une fois formés sous l'influence du régime défensif, tendent à rendre plus stable et plus satisfaisant ce régime lui-même. Il faut observer qu'une fois créés, sous l'influence d'une certaine situation, ils lui survivent, et le Positivisme en assurera la durée, par une incorporation systématique au régime normal de notre espèce.

La doctrine monothéique ou le catholicisme, qui prévalait au moyen âge, a eu une part considérable dans l'évolution sentimentale de notre espèce et il faut l'apprécier sommairement.

Le catholicisme rallie par une foi commune des peuples tout-à-fait différents ; il place même les intérêts de cette foi commune au dessus de ceux de la vie pratique et politique. Il résulte des lois de notre nature cérébrale, que j'ai si souvent invoquées, un amour général plus ou moins précis de tous ceux qui participent à cette foi commune. Comme, d'un autre côté, le catholicisme a la prétention d'être une religion universelle, ou du moins de le devenir, cet amour tend à embrasser l'ensemble du genre humain. Par conséquent, cette action du catholicisme a été une énergique préparation au sentiment universel.

Le catholicisme a eu une autre influence sur notre évolution mentale; le problème qu'il s'est proposé est celui de la *purification*, c'est-à-dire de l'effort continu pour comprimer les instincts égoïstes, plus que pour exciter les instincts sympathiques, qui sont toujours restés dans le domaine arbitraire de la grâce. Il résulte de là que le catholicisme a eu une influence considérable, qui continuait, il est vrai, celle du Polythéisme, sur la formation des sentiments composés de la *sobriété et de la pudeur*. Sa part est surtout caractéristique, quand on le compare à l'antiquité sur la formation du sentiment de l'*humilité*, qui entraine néanmoins avec lui l'idée d'une certaine exagération et qui sera définitivement remplacée par le sentiment analogue, mais moins exagéré de la *modestie*.

Le catholicisme s'étant proposé comme un des buts essentiels de son œuvre, la culture morale proprement dite, il en résulte qu'il a généralisé et systématisé dans toutes les classes, et dans les deux sexes, le sentiment de *l'effort sur soi-même*, que la vie guerrière avait surtout développé dans l'élite militaire. Dans ce cas-là comme dans tant d'autres, le catholicisme a surtout servi les intérêts généraux des masses.

L'évolution du régime industriel a contribué à l'évolution sentimentale de notre espèce, surtout par la formation du sentiment composé de la *justice*. Les rapports industriels, en effet, reposent toujours sur des relations réciproques où l'on vise l'équivalence des services; de là résulte le sentiment précis et rigoureux de la justice. Ce sentiment peut d'abord paraître étroit à des esprits vaguement sentimentaux; néanmoins il est la base essentielle de toute société. Lui seul peut permettre d'éviter l'arbitraire et l'indétermination, qui sont les grands maux de notre espèce; lui seul, en assurant la part indispensable de la personnalité dans la vie économique des sociétés, peut néanmoins faire la part nécessaire de l'intérêt social. Le sentiment de la justice est donc une des grandes bases de l'équilibre et du mouvement des sociétés humaines. Du reste, il se lie directement et d'une manière très précise avec le sentiment du devoir, qu'il rattache ainsi à l'énergique impulsion de nos instincts personnels les plus puissants; puisqu'en définitive le sentiment de la justice s'applique surtout aux rapports que déterminent les nécessités matérielles de notre existence. On peut remarquer du reste que l'homme, étant surtout chargé de pourvoir à ces nécessités, manifeste le sentiment de la justice plus que la femme; sans parler de l'infériorité de celle-ci au point de vue de l'esprit abstrait.

Néanmoins le rôle de l'industrie dans notre évolution sentimentale est surtout réservé à l'avenir; car c'est la substitution du régime pacifique et industriel au régime militaire qui permettra l'avènement final du sentiment universel, jusqu'ici préparé et entrevu, mais nullement installé systématiquement. Mais pour que cela puisse avoir lieu, il y a nécessité absolue de l'intervention d'une philosophie scientifique. Ce n'est que lorsque le Positivisme aura fait pénétrer dans le public sa socialisation systématique de la richesse et du travail, quand il aura montré la solidarité à cet égard, non seulement des contemporains mais aussi des générations passées et futures, que l'amour de l'Humanité cessera d'être une vague aspiration pour devenir un sentiment précis et suffisamment énergique; de manière à être le grand couronnement mental de notre évolution sentimentale. Ce sera là le véritable rôle capital, dans cette évolution, de l'esprit scientifique.

Mais, outre cette fonction suprême de la science arrivée à son état pleinement systématique par son extension à la sociologie et à la morale, elle a aussi servi d'une autre manière l'évolution sentimentale.

La science, qui a pour but de subordonner notre esprit au monde extérieur qu'elle veut représenter, développe la véritable modestie, avec le sentiment de notre dignité et de notre valeur, par le caractère durable des résultats obtenus; mais elle développe aussi le sentiment de la continuité, puisque toute création scientifique est bien nettement, en effet, une opération collective.

Il faut maintenant conclure cette longue élaboration en montrant le rôle du sentiment dans l'ensemble du travail mental dont l'étude a été le but essentiel de cette première partie de la philosophie première. L'évolution sentimentale se caractérise par la formation des sentiments composés, de plus en plus généraux, c'est-à-dire embrassant des collectivités de plus en plus étendues. Or, le sentiment composé se compose de l'intime liaison entre une affection et une vue. La vue qui intervient dans cette force résultante est plus ou moins vague, mais toujours synthétique de manière à embrasser un ensemble. Par suite sous l'impulsion du sentiment composé, et grâce à son élément mental, le cœur, avec l'intensité qui lui est propre, pose une solution synthétique et implicite du problème à résoudre, en établissant une persistance suffisante dans la poursuite de la solution. Cette solution consiste à rendre explicite cette solution implicite, qui est comme la première hypothèse qui sert de point de départ et coordonne les efforts de l'activité analytique. L'intelligence alors, sous cette impulsion, recherche les matériaux, les coordonne par des hypothèses de plus en plus précises, et conduit ainsi à la solution scientifique, avec le degré de précision que demandent les nécessités sociales correspondantes, dont le sentiment social est toujours disposé à tenir compte. Ainsi se réalise l'harmonie générale du travail mental dans les divers états d'équilibre par lesquels l'intelligence doit passer, suivant les diverses époques de notre évolution.

www.ingramcontent.com/pod-product-compliance
Lightning Source LLC
Chambersburg PA
CBHW052337230426
43664CB00041B/2122